权威·前沿·原创

皮书系列为
“十二五”“十三五”国家重点图书出版规划项目

数字经济蓝皮书

BLUE BOOK OF
DIGITAL ECONOMY

全球数字经济竞争力发展报告（2017）

ANNUAL REPORT ON DEVELOPMENT OF GLOBAL DIGITAL ECONOMY COMPETITIVENESS (2017)

上海社会科学院信息研究所
主　编／王　振
副主编／王滢波　赵付春　惠志斌

社会科学文献出版社
SOCIAL SCIENCES ACADEMIC PRESS (CHINA)

图书在版编目(CIP)数据

全球数字经济竞争力发展报告.2017/王振主编.--北京：社会科学文献出版社，2017.12
（数字经济蓝皮书）
ISBN 978-7-5201-1818-7

Ⅰ.①全… Ⅱ.①王… Ⅲ.①信息经济-经济发展-研究报告-2017 Ⅳ.①F491

中国版本图书馆 CIP 数据核字（2017）第 284305 号

数字经济蓝皮书
全球数字经济竞争力发展报告（2017）

主　　编 / 王　振
副 主 编 / 王滢波　赵付春　惠志斌

出 版 人 / 谢寿光
项目统筹 / 郑庆寰
责任编辑 / 王　展　郑庆寰

出　　版 / 社会科学文献出版社·皮书出版分社（010）59367127
地址：北京市北三环中路甲29号院华龙大厦　邮编：100029
网址：www.ssap.com.cn
发　　行 / 市场营销中心（010）59367081　59367018
印　　装 / 北京季蜂印刷有限公司

规　　格 / 开 本：787mm×1092mm　1/16
印 张：22.75　字 数：341 千字
版　　次 / 2017 年 12 月第 1 版　2017 年 12 月第 1 次印刷
书　　号 / ISBN 978-7-5201-1818-7
定　　价 / 79.00 元

皮书序列号 / PSN B-2017-673-1/1

全球数字经济竞争力发展报告（2017）
编　委　会

上海社会科学院信息研究所

上海社会科学院信息研究所是上海社会科学院负责重大战略信息和社科学术信息汇集、分析的专业研究所，负责承建“丝路信息网”“长江经济网”两大专业数据库和“联合国公共行政网”（亚太地区），2012年起承办两年一届的“全球城市信息化论坛”。信息研究所成立于1978年10月，原名学术情报研究所，1992年12月经上海市机构编制委员会同意正式更名为信息研究所。信息研究所自成立以来，始终紧跟时代步伐，坚持以马克思主义为指导，坚持理论联系实际，以专业的学术情报研究资政建言、服务社会，取得了丰硕的学术研究成果，为上海社会科学院的智库建设做出了积极的贡献。

2016年，在上海社会科学院入选25家国家高端智库建设试点单位的背景下，信息研究所紧紧围绕“建设国内一流、国际知名的社会主义新智库”这一发展目标，根据社科院的统一部署，着重围绕党和国家的重大战略布局，优化学科配置和队伍建设，努力建设以重大战略情报信息研究为重点，以专业大数据库建设为依托，以各类论坛、智库报告为发布载体的新型情报信息研究体系。

主要编撰者简介

主　编：

王　振　1998年毕业于日本京都大学农学部农林经济学系，获博士学位。2001年上海社会科学院应用经济学博士后流动站出站。

现任上海社会科学院研究员、产业经济学博士生导师、副院长、信息研究所所长、互联网研究中心主任、丝路信息网总负责人、长江经济网总负责人，主要从事长三角及长江经济带区域经济发展、数字经济发展、人才战略与政策、中小企业问题研究，任《长三角地区经济发展报告》主编、《长江经济带蓝皮书》主编。上海市政协委员、市政协社会与法制委员会副主任。上海市城市规划学会副会长、上海市人才研究会副会长。获得全国留学回国人员成就奖、上海市领军人才、国务院政府特殊津贴等荣誉。

副主编：

王滢波　上海社会科学院互联网研究中心高级研究员，主要研究方向为数字经济、宏观经济和金融，主要作品包括《全球数字经济概述》《美国数字经济》《全球网络安全企业竞争力评价》等。

赵付春　管理学博士，上海社会科学院信息研究所副研究员，研究领域为创新管理、智慧城市，已发表专著1部、学术论文30余篇。

惠志斌　管理学博士，上海社会科学院互联网研究中心执行主任，信息研究所信息安全研究中心主任、副研究员。主要研究方向为网络安全和数字经济，已发表专业论文30余篇，在《人民日报》、《光明日报》、《解放军报》等重要媒体发表专业评论文章近10篇。

摘　要

当今世界，以互联网、大数据、云计算、物联网、人工智能、区块链等为代表的新一代网络信息技术飞速发展，并在经济、社会、文化等各个领域得到迅速、广泛的渗透应用，催生出以数字经济为主导的全球经济发展新范式。

当前，中国是全球最活跃和最具潜力的数字经济体之一，与美国共同构成了全球数字经济发展的双引擎。党的十九大报告中专门提出加快建设“网络强国”和“数字中国”的战略倡议，数字经济发展成为我国迈入中国特色社会主义新时代的重要标志。

为了更好地推动我国数字经济的健康发展，我们需要系统观测全球数字经济发展的现状和趋势，客观评价我国数字经济发展水平、成就和问题，为今后我国数字经济发展提供科学指引。因此，上海社会科学院信息研究所联合应用经济研究所等专业研究力量组成数字经济研究团队，从社会科学的视角，以年度报告的形式对全球数字经济展开研究。本报告基于国家竞争力理论建立全球数字经济竞争力分析模型，并对全球主要国家的数字经济发展进行综合性和多角度的分析、评价和展望。这是国内首部关于全球数字经济发展的年度性研究报告，可以为广大读者提供较为全面的数字经济发展的立体图景，为推动我国建设网络强国提供决策支持。

作为聚焦数字经济发展的首部蓝皮书，《全球数字经济竞争力发展报告（2017）》以2016年全球数字经济相关数据为基础，观测全球数字经济的发展。全书分为总报告、分报告、区域国别篇、创新篇和附录。其中总报告介绍了数字经济的基本概念与发展沿革、2016年全球数字经济发展概况、全球数字经济竞争力评价、全球数字经济发展展望以及全球数字经济竞争力评价方法；分报告根据总报告的数字经济竞争力模型框架，分别从数字基础设施、数字产业发展、数字创新和数字治理等维度对全球数字经济发展进行评价；区域国别篇是对全球重要区域/国家数字经济发展的研究，覆盖对象包括“一带一路”、欧盟、美国、中国等；创新篇是对数字经济新技术、新模式的研究，包括商业变革、人工智能、区块链、政府开放数据等数字经济的热点议题。附录包括近年来的数字经济大事记和重要学术成果。

本年度报告认为，数字经济的发展伴随网络信息技术的创新与扩散，迄今为止大致经历了四个典型阶段，分别是数字化阶段、网络化阶段、数据化阶段和智能化阶段。一个国家的数字经济竞争力取决于数字基础设施、数字产业、数字创新、数字治理等四个方面的交互作用。通过对 2016 年全球数字经济发展国家竞争力的评价研究，发现当前的全球数字经济发展格局中，中美两国呈现双引擎引领态势，美国综合优势明显，中国产业动能强劲，其他国家数字经济竞争力与中美两国存在一定差距，短期内难以撼动两国在数字经济领域的竞争优势。未来一段时期，全球数字经济将持续高速增长，数字经济将依靠中美双轮驱动。数字经济将促进全球实体经济的转型，推动公共治理变革，颠覆现有就业结构，数字经济将引发数字安全威胁。

数字经济蓝皮书由上海社会科学院信息研究所策划编撰，旨在从社会科学的视角，以年度报告的形式观测全球数字经济发展的现状和趋势，为广大读者提供较为全面的全球数字经济发展立体图景，为推动我国数字经济发展提供决策建议。

目 录

Ⅰ 总报告

Ⅱ 分报告

Ⅲ 区域国别篇

Ⅳ 创新篇

Ⅴ 附　录

皮书数据库阅读**使用指南**

总 报 告

General Report

B.1
2017年全球数字经济发展报告
——基于国家竞争力的评价分析

王 振 惠志斌 王滢波 赵付春*

摘 要： 数字经济发展伴随着网络信息技术的创新与扩散，迄今为止大致经历了四个典型阶段，分别是数字化阶段、网络化阶段、数据化阶段和智能化阶段。一个国家的数字经济竞争力取决于数字基础设施、数字产业、数字创新、数字治理等四个方面的交互作用。当前的全球数字经济发展格局中，中美两国呈现双引擎引领态势，美国综合优势明显，中国产业动能强劲，其他国家数字经济竞争力与中美两国存在一定差距，短期内难以撼动两国在数字经济领域的竞争优势。未来一段时

* 执笔人：王振，上海社会科学院副院长、信息研究所所长、研究员；惠志斌，上海社会科学院互联网研究中心执行主任、信息研究所信息安全研究室主任、副研究员；王滢波，上海社会科学院信息研究所助理研究员；赵付春，上海社会科学院信息研究所副研究员。

期，数字经济依靠中美双轮驱动，将持续高速增长，促进全球实体经济的转型，推动公共治理变革，颠覆现有就业结构，引发数字安全威胁。

关键词：　数字经济　网络信息技术　国家竞争力

当今世界，以大数据、云计算、人工智能、物联网、区块链等为代表的新一代科技革命席卷全球，并在经济社会领域得到更加迅速、更加广泛的渗透应用，催生出以数字经济为代表的新一轮产业变革。全球进入数字经济主导的新时代。

联合国贸易与发展组织在《2017 全球投资报告——投资和数字经济》报告中指出，数字经济是全球投资增长和发展的主要动力，它可以提升所有行业的竞争力，为商业和创业活动提供新机会，帮助企业进入海外市场和参与全球电子价值链，也为解决可持续发展问题提供了新的工具。截至 2017 年 2 月 20 日，全球市值最高的前 13 家企业中已经有 7 家是纯粹的数字经济公司，比例惊人。麦肯锡全球研究院发布的《中国的数字经济：全球领先力量》认为，中国是世界上几个最活跃的数字投资和创业生态系统之一，并认为中国数字市场的上行潜力比许多观察者预期的要大得多。

数字经济正在成为全球经济发展的新动能。为全面跟踪和评价全球及主要国家数字经济发展的动向和成效，上海社会科学院信息研究所联合新闻研究所、应用经济研究所的专业研究力量，组成合作研究团队。研究团队运用国家竞争力分析模型，建立了全球数字经济竞争力分析模型，并对全球及各个国家的数字经济展开综合性和多角度的分析、评价和展望。这是首部关于全球数字经济发展的年度报告，为此我们在本报告中还对数字经济的概念和发展历程做一简要的梳理。

一　数字经济的基本概念与发展沿革

近现代以来，科技革命的浪潮推动了世界各国从农业文明向工业文明再向信息文明的跨越。作为信息文明的标志性经济形态，数字经济依托于网络信息技术的创新驱动，渗透在经济社会的各个领域，重塑着人们生产、生活和思维的方式。正因为如此，数字经济的内涵和外延始终在不断演进，人们对数字经济的认识也在持续深化[①]。

（一）数字经济的兴起

数字经济概念发端于20世纪90年代的美国。根据牛津英语词典的记录，数字经济（Digital Economy）一词最早产生于1994年3月1日美国《圣迭戈联合论坛报》的一篇报道。[②] 1995年，加拿大商业策略大师唐·塔普斯科特（Don Tapscott）出版《数字经济：网络智能时代的希望和危险》（*The Digital Economy: Promise and Peril in the Age of Networked Intelligence*）一书，不仅书的标题突出了数字经济的概念，而且书中详细描述了数字经济各方面的情况，使得数字经济成为专有概念。此后，曼纽尔·卡斯特（Manuel Castells）的《信息时代三部曲》（*The Information Age Trilogy*）、尼古拉斯·尼格鲁庞蒂（Nicholas Negroponte）的《数字化生存》（*Being Digital*）等重要著作出版，让学术界和产业界进一步关注数字经济的现象和趋势[③]。1998年，美国商务部发布《浮现中的数字经济》（*The Emerging Digital Economy*）系列报告，提出数字经济是20世纪90年代中后期美国经济繁荣增长的重要因素，并从政府角度判断数字经济时代的到来，开始设计测量指标、搜集数

---

① 数字经济概念与信息经济、网络经济、数据经济等概念相互继承且高度近似，在不同的历史时期和应用场景中占据主流，但总体反映的是网络信息技术催生的新经济发展形态，本报告不对上述概念做进一步辨析。

② 李长江：《关于数字经济内涵的初步探讨》，《电子政务》2017年第9期。

③ 马化腾：《数字经济——中国创新增长新动能》，中信出版社，2017，第5页。

据，将数字经济纳入官方统计中，这一系列报告对数字经济的发展起到了推波助澜的作用，数字经济概念开始被广泛使用。

进入21世纪，随着互联网技术的创新和扩散，主要国际组织和各国政府开始将政策重心转向数字经济，纷纷加大对数字经济的研究，希望以数字经济为抓手促进产业创新、拉动经济增长。例如，世界经济论坛从2002年起每年发布《全球信息技术报告》（*The Global Information Technology Report*），其首份报告就提到数字经济。经济合作与发展组织（OECD）连续多年发布数字经济相关测度报告，并在多个报告标题中明确使用数字经济一词，如《测度数字经济：一个新的视角》（*Measuring the Digital Economy: A New Perspective*）。[①] 根据《2015经合组织数字经济展望报告》，截至2015年，80%的OECD成员国家都制定了数字经济国家战略框架。2016年9月，二十国集团（G20）杭州峰会发布的《G20数字经济发展与合作倡议》，成为全球首个由多国领导人共同签署的数字经济政策文件。经历20多年的发展，数字经济正从新兴走向主流，已经成为世界经济创新发展的主流模式。

（二）数字经济的内涵

数字经济是继农业经济、工业经济之后一种全新的经济社会发展形态，不同时期、不同学者/机构对数字经济的定义并不相同。本报告遵循2016年《G20数字经济发展与合作倡议》对数字经济的理解，认为数字经济指以使用数字化的知识和信息作为关键生产要素、以现代信息网络作为重要载体、以信息通信技术的有效使用作为效率提升和经济结构优化的重要推动力的一系列经济活动。[②]

基于上述定义，本报告将数字经济分为主体产业部分和融合应用部分。

数字经济主体产业主要包括电子信息制造业、软件和信息技术服务业、

---

① OECD, *Measuring the Digital Economy: A New Perspective*, Paris, OECD Publishing, 2014.

② 《G20数字经济发展与合作倡议》，http://www.g20chn.org/hywj/dncgwj/201609/t20160920_3474.html，2017-11-9。

通信业等。数字经济主体产业有两个类型：一是资源型数字经济，主要包括数据采集、数据存储、数据分析挖掘、数据可视化、数据交换交易等，大致对应大数据核心业态部分；二是技术型数字经济，主要是数字技术硬件产品研发制造、软件开发和技术服务，包括智能终端产品、软件开发、信息系统集成、网络通信服务、数字安全等技术领域以及虚拟现实、可穿戴设备、人工智能等产业领域，大致对应大数据关联业态部分。

数字经济融合应用部分也分为两类。一是融合型数字经济，即数字技术与一产、二产的融合创新应用，这部分在生产过程中的融合特征较明显，通过推广实体经济与数字技术的融合来实现，直接推动产业转型升级，比如智慧农业、能源互联网、智能制造等新型业态。二是服务型数字经济，即数字技术与服务业的融合应用及创新业态。有的提升服务、培育新业态的特征明显，如传统餐饮、娱乐、家政、旅游、健康医疗等领域的线上线下整合协同；有的提供一种新服务，导致商业模式与产品服务创新，如智慧物流、现代金融、数字化会展服务等。①

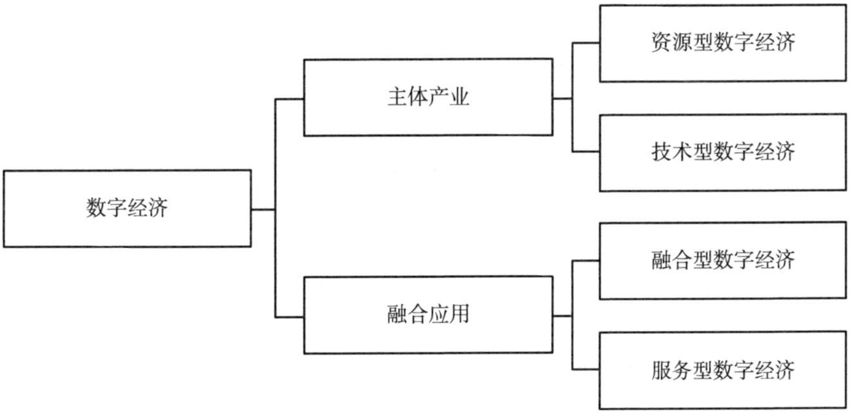

图1　数字经济的分类

资料来源：《贵州省数字经济发展规划（2017～2020）》。

① 马宁宇：《四型经济是贵州对数字经济的答卷》，http：//news. gog. cn/system/2017/02/06/015394822. shtml，2017－11－8。

（三）数字经济的特征

作为一种全新的经济形态，数字经济呈现出有别于传统工业经济的独有特征，具体表现为以下四点。

一是“云＋管＋端”成为数字经济的核心基础设施。传统工业时代的经济基础设施以铁路、公路、电网等为代表，数字经济时代的基础设施基于“云＋管＋端”的架构运行。其中云计算具有资源共享、可扩展性、高可用性、高容错率、快速部署、按需付费、集约高效等优势，使各类用户便捷、高效、低成本地使用各类网络计算资源成为可能；“管”不仅包括原有的互联网，还拓展到物联网领域，网络承载能力不断得到提高、新增价值持续得到挖掘；“端”则是用户直接接触的个人电脑、移动设备、可穿戴设备、传感器，乃至以软件形式存在的应用。“端”是数据的来源，也是服务提供的界面。“云＋管＋端”的数字基础设施通过对传统物理基础设施进行数字化改造，使得传统农业基础设施（土地、水利设施等）和工业基础设施（交通、能源等）趋向智能。①

二是数据资源成为数字经济的关键生产要素。如同农业时代的土地和劳动力，工业时代的资本、矿产、物资等，数据资源是数字经济发展的关键生产要素。随着移动互联网和物联网的蓬勃发展，人与人、人与物、物与物的互联互通得以实现，数据量呈现指数级增长。企业竞争力的核心是产品和服务的创新引领能力，企业创新的核心是对用户、环境等各类数据资源的获取和分析能力，基于数据的按需生产日益成为可能。因此，数据资源也被称为是数字经济时代的“石油”。

三是平台经济成为数字经济的主流商业模式。美国哈佛大学的一项研究表明，全球市值最大的100家互联网公司中，有60家主要收入来自平台模式，不仅如此，O2O、分享经济、众包、众筹等新业态也都采取了平台模式。截至2017年7月，全球十大平台经济体市值已经超过十大传统跨国

① 阿里研究院：《互联网＋从IT到DT》，机械工业出版社，2015，第20页。

公司，平台经济已成为推动经济发展的重要引擎（见表1）。但是，与工业时代垄断型企业不同，平台经济体呈现出生态性、开放性、共赢性、普惠性等特征，为中小企业的创新发展提供了土壤，推动了数字经济的可持续发展。

表1　平台经济体与传统跨国企业比较

平台经济体				传统跨国企业			
名称	国家	市值（亿美元）	成立时间	名称	国家	市值（亿美元）	成立时间
苹果	美国	7808	1976	伯克希尔哈撒韦	美国	4341	1956
谷歌	美国	6491	1998	强生	美国	3596	1886
微软	美国	5619	1975	埃克森美孚	美国	3322	1882
Facebook	美国	4841	2004	摩根大通	美国	3277	1859
亚马逊	美国	4721	1995	富国银行	美国	2697	1852
阿里巴巴	中国	3946	1999	雀巢	瑞士	2623	1867
腾讯	中国	3811	1998	沃尔玛	美国	2455	1962
Priceline. com	美国	997	1998	美国电话电报公司	美国	2394	1877
百度	中国	784	2000	宝洁公司	美国	2325	1837
Netflix	美国	781	1997	通用电气	美国	2233	1892

注：市值以2017年7月31日收盘价格计算。

四是多元共治成为数字经济的科学治理方式。数字经济时代，社会治理的模式发生深刻变革，过去由政府监管的治理模式加速向多元主体协同共治方式转变。数字经济是一个复杂的生态系统，海量主体参与市场竞争，线上线下融合成为常态，跨行业跨地域竞争日趋激烈，老问题在线上被放大，新老问题交织会聚，仅依靠政府监管难以应对。将平台、企业、用户和消费者等数字经济生态的重要参与主体纳入治理体系，发挥各方在治理方面的比较优势，构建多元协同治理方式，已成为数字经济治理创新的新方向。平台成为数字经济时代协调和配置资源的基本单元，对于平台上的各类经济问题，平台有治理责任和义务，也有治理优势。将平台纳入治理体系，赋予其一定的治理职责，并明确其责任边界，已经成为社会各界的共识。数字经济时代，激发用户和消费者参与治理的能动性，形成遍布全网的市场化内生治理方式，可有效应对数字经济中分散化、海量化的治理问题①。

（四）数字经济的演进

数字经济的发展伴随网络信息技术的创新与扩散，迄今为止大致经历了四个典型阶段，分别是数字化阶段、网络化阶段、数据化阶段和智能化阶段，这四个发展阶段有一定的先后关系，但并非绝对的线性关系，而是一种相互促进、彼此融合的发展关系。

数字化阶段，即以二进制的形式来表示和处理信息，将包括文字、图片、视频、声音等在内的诸多信息转化为计算机能够读取、处理和传输的二进制代码。20 世纪中叶计算机的发明标志着数字化的起步，这一时期主要的商业模式是芯片生产和制造、计算机生产和制造、操作系统开发、相关软件开发等，代表公司为 IBM、微软、英特尔。虽然如今大部分信息都能以数字化的形式表示，但数字化的进程仍远未结束，还有大量信息和设备游离在数字系统之外。

网络化阶段，即通过网络通信技术实现人与人、人与物、物与物之间的实时连接。20 世纪 60 年代末，阿帕网的诞生标志着网络化的萌芽，20 世纪 90 年代以后互联网的全球普及为数字经济发展构筑了至关重要的基础设施。根据国际电信联盟（ITU）的统计，截至 2016 年底全球互联网用户数约为 39 亿，全球互联网渗透率达到 50%。除了互联网以外，物联网也在高速成长。2017 年 2 月，Gartner 发布报告，预测 2017 年将有 84 亿台联网设备，较 2016 年增长 31%，到 2020 年将达到 2040 亿台。2017 年，终端和服务的

---

① 中国信息通信研究院：《中国数字经济发展白皮书（2017 年）》，2017。

总支出将接近 2 万亿美元①。

数据化阶段。21 世纪以后，移动互联网、云计算、大数据、物联网等技术相继成熟，各类数据资源被广泛采集、深度挖掘，数据资源成为驱动商业模式创新和发展的核心资源，全社会进入数据驱动的时代，围绕数据的竞争日趋激烈，由此产生一系列的数据安全与治理问题。

智能化阶段。2015 年以来，人工智能研究在多个领域实现突破，数字经济进入以智能化为核心的发展阶段。目前其商业模式还主要集中在单一的弱人工智能应用上，包括语音识别、自动驾驶、机器人写稿、图像识别、医疗辅助等诸多领域，代表性公司有谷歌、百度、科大讯飞、阿里巴巴、苹果、NVIDIA 等。未来智能化技术发展将对数字经济发展产生质变效应，推动人类生产生活方式的新变革。

二　2016年全球数字经济发展概况

2016 年，全球数字经济蓬勃发展，数字经济增速显著超越同期的 GDP 增速，这也导致数字经济占 GDP 的比重进一步提高。美国数字经济规模依然排世界第一②，达到 11 万亿美元，占 GDP 的比重高达 59. 2%；中国排世界第二，数字经济规模达到 3. 8 万亿美元，占 GDP 的比重为 30. 1%；第三名为日本，数字经济规模为 2. 3 万亿美元，占 GDP 的比重为 45. 9%；第四名为英国，数字经济规模为 1. 43 万亿美元，占 GDP 的比重为 54. 5%。中国的数字经济规模虽然已经位居世界第二，但是占 GDP 的比重仍然低于发达国家，这表明中国的数字经济发展程度仍然不足。

通过对产出和增速两个维度进行分析，可以发现高产出高增速国家基本

① *Gartner Says 8. 4 Billion Connected "Things" Will Be in Use in 2017, Up 31 Percent From 2016*, http：//www. gartner. com/newsroom/id/3598917, 2017 - 11 - 8.

② 《"数字经济" 写入政府工作报告　2016 年我国数字经济规模达 22. 4 万亿》, http：//www. 360doc. com/content/17/0305/22/32589450_ 634276681. shtml, 2017 - 11 - 10。

都是亚洲和拉丁美洲的新兴经济体国家，如中国、印度、印度尼西亚、泰国等，这些国家处于全球经济发展最活跃的地区，拥有较强的经济增长潜力，且其数字经济的发展较少受到原有经济发展的路径依赖限制；高产出低增速国家则大多为欧美经济发达国家，如美国、德国、日本、英国、法国等，这些国家大多为传统发达国家，具有较为雄厚的经济实力和发展完善的产业结构，依仗其传统经济的雄厚实力，这些国家的数字经济在较大规模水平上保持较低的增速；低产出高增速国家以东南亚国家（马来西亚、菲律宾）和中东欧国家（匈牙利、立陶宛、爱沙尼亚、塞尔维亚、波兰、罗马尼亚）为主，这部分国家是数字经济的新兴国家，从其增速来看，其发展潜力巨大，有后来者居上的可能；低产出低增速国家以北欧（丹麦、芬兰）和中东欧国家（拉脱维亚、斯洛文尼亚、捷克共和国、斯洛伐克共和国、保加利亚、克罗地亚）为主。

从各区域来看，欧盟总体实力强于其他区域，而且发展较为均衡。在基础设施方面，欧盟通过数字一体化的议程，加大对基础设施投资。据《2016 欧洲数字化进程报告》统计，截至 2016 年，22% 的欧盟家庭办理了访问速度至少为 30Mbps 的宽带网络，比 2010 年增加 7 倍；从整体来看，高速宽带已经覆盖了 71% 的家庭。欧盟是全球数字产业发达地区，但语言差异和人口规模两大障碍使得互联网发展难度大、成本高，全球市值最高的 20 家互联网公司没有一家来自欧洲。近年来，欧盟数字经济重点发展的领域为智能制造、移动通信网络等。根据《2016 欧洲数字化进程报告》，2013 年欧盟 ICT 总增值达到 5810 亿欧元，然而，欧盟 ICT 产业自 2009 年以来仍处于结构性下滑的状态。2013 年，欧盟 ICT 产业增值（操作性定义）占 GDP 的 3.9%，明显低于美国的 5.2% 和中国的 4.4%。

相比之下，“一带一路”沿线 64 个国家的数字经济则呈现出另一种景象。根据移动宽带渗透率、B2C 电子商务、网络安全服务器拥有量三个代表性指标，对“一带一路”国家的数字经济发展水平进行评估，发现总体从西到东、从北向南呈现梯度下降的态势。中东欧和西亚北非组显著强于其他三组，他们占据了领先组的大多数席位（88.2%）。部分基础相对较好的

“一带一路”国家（如马来西亚、罗马尼亚等）的增长数据表现亮丽，数字经济发展增长速度远高于全球平均，可以预见这些国家在未来五年中会脱颖而出，升至更高的发展水平。但另外一些基础薄弱的国家，其增长几乎处于停滞状态，特别是南亚国家，除了唯一处于追随组的不丹增长速度位居世界前列外，其他国家增长均不乐观。

整体而言，2016 年，全球数字经济蓬勃发展，增速远超同期的 GDP 增速，全球经济进一步向数字经济迁移，数字经济公司的市值大幅上升。就国家而言，中美两强争霸之势已经形成，同其他国家之间的差距越拉越开。

三　全球数字经济竞争力评价

根据数字经济竞争力评价指标体系（见总报告附录），本报告基于 2016 年底的相关数据，计算出全球主要国家和地区的数字经济竞争力，相关结果如下。

（一）数字经济竞争力50强排名

本报告根据排名，遴选出全球数字经济竞争力 50 强，具体排名情况如表 2 所示。

表 2　数字经济竞争力排名

排　名	国家/地区	数字基础设施竞争力得分	数字产业竞争力得分	数字创新竞争力得分	数字治理竞争力得分	总得分
1	美国	88. 20	88. 93	83. 02	83. 41	85. 89
2	中国	50. 30	84. 10	58. 92	54. 97	62. 07
3	新加坡	52. 98	13. 20	83. 30	63. 54	53. 26
4	英国	37. 98	31. 58	69. 47	72. 78	52. 95
5	日本	44. 14	18. 51	78. 51	64. 30	51. 37
6	韩国	47. 54	12. 98	75. 61	67. 93	51. 01
7	芬兰	38. 76	7. 21	88. 09	66. 51	50. 14
8	德国	36. 87	24. 79	75. 69	58. 19	48. 88

续表

排　名	国家/地区	数字基础设施竞争力得分	数字产业竞争力得分	数字创新竞争力得分	数字治理竞争力得分	总得分
9	瑞典	41.62	11.52	73.68	66.26	48.27
10	荷兰	39.47	12.62	68.81	69.22	47.53
11	法国	32.60	23.23	68.58	61.15	46.39
12	挪威	40.82	8.12	75.39	57.32	45.41
13	澳大利亚	40.91	9.25	63.17	66.91	45.06
14	奥地利	34.23	8.38	71.76	65.39	44.94
15	丹麦	40.65	7.84	71.17	58.77	44.61
16	以色列	30.32	7.92	76.54	61.20	43.99
17	瑞士	35.32	11.06	74.03	54.97	43.84
18	加拿大	29.17	13.02	63.52	68.60	43.58
19	比利时	32.07	11.83	68.27	53.26	41.36
20	西班牙	35.01	12.90	50.89	64.04	40.71
21	马来西亚	30.12	16.44	57.61	54.60	39.69
22	意大利	31.16	12.79	48.35	61.61	38.48
23	中国香港	19.21	9.32	61.25	63.54	38.33
24	爱沙尼亚	34.11	8.32	56.82	52.47	37.93
25	爱尔兰	33.39	17.77	59.16	35.85	36.54
26	葡萄牙	29.71	8.75	54.71	51.26	36.11
27	捷克	32.83	5.48	56.26	49.75	36.08
28	波兰	30.36	9.14	46.52	57.58	35.90
29	印度	19.03	29.80	38.01	56.47	35.83
30	俄罗斯	31.01	10.15	51.22	49.37	35.44
31	立陶宛	21.23	7.09	52.91	52.17	33.35
32	土耳其	24.38	9.81	44.88	53.19	33.07
33	泰国	29.20	12.17	39.57	50.70	32.91
34	克罗地亚	31.44	6.09	43.78	49.37	32.67
35	保加利亚	30.46	6.46	43.22	49.75	32.47
36	斯洛文尼亚	12.95	6.64	65.01	44.67	32.31
37	沙特阿拉伯	34.54	8.97	46.11	39.51	32.28
38	罗马尼亚	27.20	10.16	38.99	52.17	32.13
39	巴西	28.91	12.72	32.70	53.59	31.98
40	拉脱维亚	12.85	6.78	51.32	52.17	30.78
41	匈牙利	17.88	7.80	42.31	53.84	30.46
42	墨西哥	25.80	10.39	32.14	51.87	30.05

续表

排　名	国家/地区	数字基础设施竞争力得分	数字产业竞争力得分	数字创新竞争力得分	数字治理竞争力得分	总得分
43	南非	24.10	10.69	31.62	52.60	29.75
44	哥伦比亚	22.54	10.32	32.50	52.07	29.36
45	斯洛伐克	11.32	6.54	45.07	52.74	28.92
46	阿根廷	26.59	10.60	30.28	47.64	28.78
47	菲律宾	15.48	14.01	34.96	48.89	28.33
48	印度尼西亚	18.55	14.98	39.88	36.89	27.57
49	格鲁吉亚	11.40	6.32	28.86	52.17	24.69
50	塞尔维亚	10.12	8.08	32.72	52.07	23.24

注：报告编写组根据相关机构权威数据计算整理所得。

表2数据显示，全球数字经济竞争力排名中，美国以85.89分的明显优势位居榜首，体现出各个领域的整体领先。中国虽然紧随其后，位居第二，但是总得分仅为62.07分，与美国存在明显差距。此后新加坡、英国、日本、韩国等国与中国也存在一定的差距。在此之后，各个国家之间的得分差距开始缩小。可以看出，当前的全球数字经济发展格局中，中美两国呈现双引擎引领态势，美国综合优势明显，中国产业动能强劲，其他国家数字经济竞争力与中美两国存在一定差距，短期内难以撼动两国在数字经济领域的竞争优势。

从前十名国家的分布情况来看，除美国外，亚洲国家占得4席，分别是中国、新加坡、日本和韩国，欧洲有5个国家入围，分别是英国、芬兰、德国、瑞典和荷兰，而前五名当中，亚洲国家更是占据3席。非洲和拉丁美洲没有国家进入数字经济竞争力前十名。在前五十名榜单当中，非洲仅有1个国家入围，南美洲有2个国家入围，分别是非洲的南非和南美洲的阿根廷、哥伦比亚。非洲和拉丁美洲国家受限于本国或地区较为匮乏的资源、动荡的社会政治环境所致的有限政府能力以及低迷的经济发展状况，数字经济的发展远远落后于其他地区的国家。因此，目前数字经济的主要格局可以概括为以中美双骑绝尘，亚欧国家争雄，非洲与拉丁美洲较为落后。

除排名前十的国家之外，其余入围的亚洲国家均在二十名开外，其中以东南亚国家表现最为突出，主要有马来西亚（21）、泰国（33）、菲律宾（47）和印度尼西亚（48），排名第29的印度也是唯一进入前四十名的南亚国家。除此之外，榜单基本被欧洲国家所占据，由此可以看出，目前欧洲仍然是数字经济发展的主要地区，亚洲虽然有中国位居世界第二，但是其他国家在数字经济方面表现较为逊色。非洲和拉丁美洲国家的数字经济竞争力仍然十分落后。

从各个国家和地区的数字经济竞争力差距状况来看，排名第一的美国得分为85.89，第50名塞尔维亚的数字经济竞争力得分仅为23.24，体现出竞争力较强国家与竞争力较弱国家之间的差距，表明了当今世界各国之间仍然存在较为严重的“数字鸿沟”问题。“数字鸿沟”现象将逐渐渗透到各国的政治、经济和社会生活当中，深刻影响信息时代全球政治经济竞争格局。

（二）数字经济国家竞争力结构性分析

对数字经济竞争力榜单的前十名国家进行竞争力内部结构分析。如图2所示，美国的各项竞争力指标均超过80分，数字经济强大的竞争力来源于其数字经济活动中各个环节的均衡发展能力。中国位居第二，在各项竞争力指标当中，较大的经济规模和较快的经济增速、完善的国民经济体系使得中国的数字产业竞争力得分超过80分，位居世界第二，但是其他三项不算高。新加坡的数字创新竞争力得分较高，超过80分，然而，受限于自身狭小的经济腹地和较为单一的国民经济产业结构，新加坡的数字产业竞争力得分很低，仅为13.2分，但是其数字基础设施和数字治理竞争力指标得分与中国差别不大，所有总体竞争力全球领先。日本、韩国、芬兰、瑞典和荷兰的数字经济竞争力的短板均为数字产业竞争力，可以发现，这些国家近些年来经济持续低迷，直接影响了其数字产业的发展。德国依仗其发达的传统制造业，尤其是汽车制造业，在数字产业竞争力指标得分方面好于上述5个国家，但是在数字基础设施竞争力指标上得分较低，仅为36.87分，数字基础设施作为数字经济发展依托的重要载体，一旦不够完善和充分，将直接影响该国或地区数字经济的发展潜力。与上述国家形成对比的是，英国的各项竞争力指标得分较为均衡，尽管各项得分不是很高，但是其数字经济的各个环节均衡发展的态势较为明显。

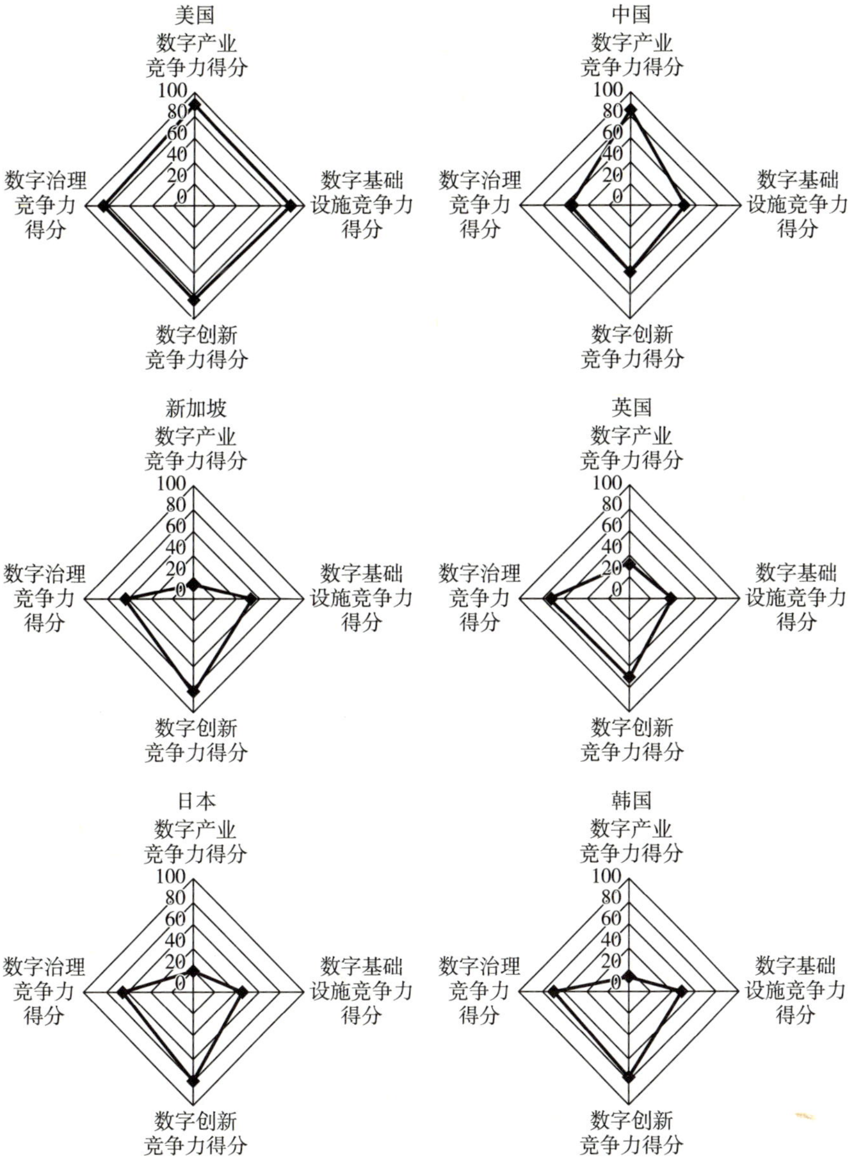

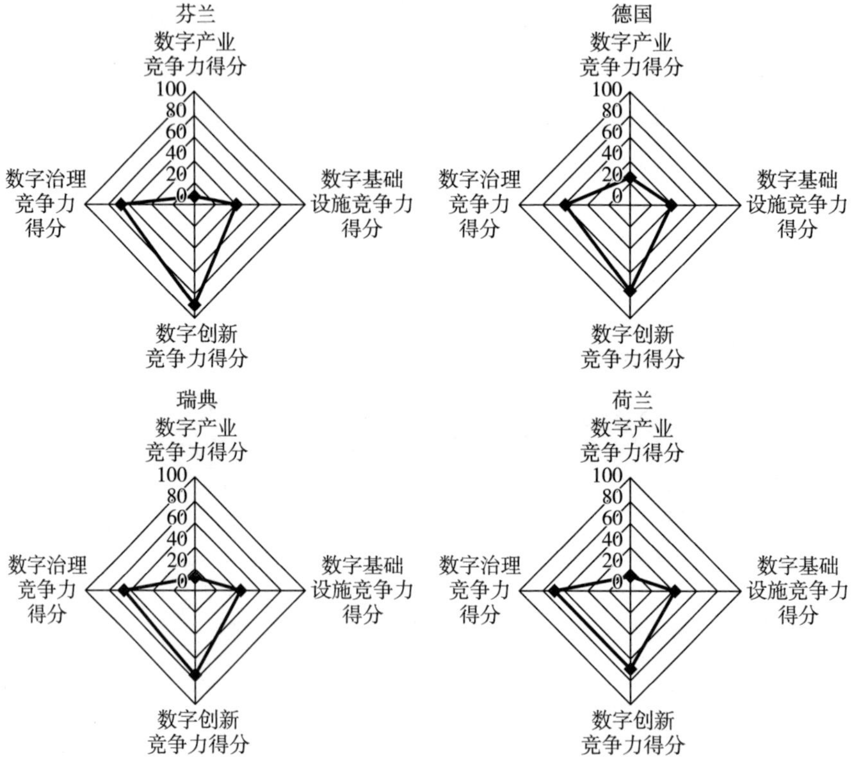

图 2　数字经济竞争力前十名国家竞争力结构

进一步分析，可以将数字产业发展与数字创新归纳为数字经济市场竞争维度，将数字基础设施和数字治理水平归纳为数字经济环境竞争维度。通过对数字经济市场竞争力和环境竞争力进行数据可视化处理，得到图 3 散点图。从图 3 可以看出，数字经济的市场竞争力与环境竞争力具有高度的正相关关系，即数字经济环境竞争力较强的地区，其数字经济市场竞争力也较强。这带给我们的启示是，数字经济的快速发展离不开良好的数字治理环境和先进的数字基础设施，因此需要政府加大对数字基础设施的投入力度，同时加强数字经济方面的立法和规范治理，为数字经济的发展营造良好的环境。从地区维度看，数字经济竞争力较强的国家和地区大多为西欧和北欧发达国家以及东亚的韩国、日本等；而数字经济竞争力较弱的国家多分布在中东欧、东南亚、非洲和拉丁美洲。

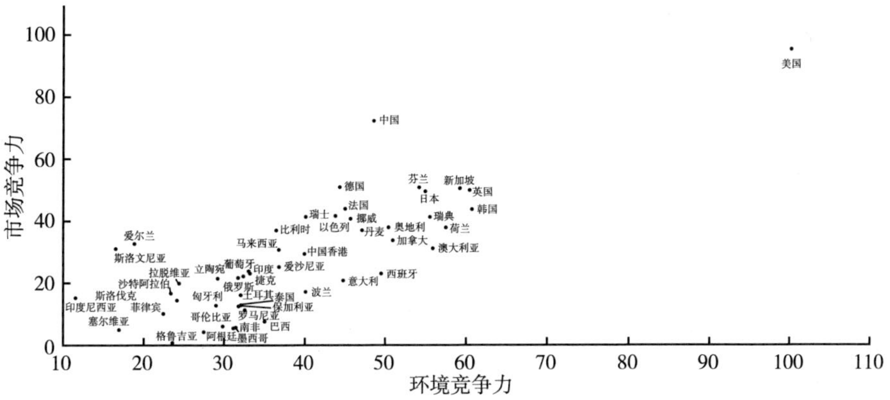

图3　数字经济竞争力散点

（三）分指标排名分析

本报告将数字经济评价分为四个一级指标：数字基础设施竞争力指标、数字产业竞争力指标、数字创新竞争力指标与数字治理竞争力指标。本节将分别介绍各分指标的评价情况。

1. 数字基础设施竞争力评价结果

数字基础设施是全连接的数字世界中商业创新、交互与送达的基础，未来支撑各种数字化商业实践的是由物理基础设施和数字基础设施融合组成的下一代基础设施。

在本评价框架下，美国和韩国数字基础设施比较完善，无论是面向现在的服务还是面向未来的服务分项均表现不俗，是领先型国家；而中国的数字基础设施略欠一筹，预计随着智能手机的进一步普及以及移动应用的进一步丰富，再加上数字素养的培育，逐步完善面向现在的数字基础设施，中国有可能成为全球数字基础设施的领先者。新加坡和日本这两个国家没有成为领先型国家，而是进入追随型国家的第一梯度。虽然这两个国家在“管”方面投资巨大，而且其相应的产业政策均倾向于物联网的研发与应用，但实际展现的面向未来的数字基础设施并不出色，导致智能终端在线数量较少，使得面向未来的分项值略低。欧盟大多数国家是追随型国家，如英国、法国、德国等。同样意外的还有中国台湾地区和俄罗斯，与大多数人的印象相反，这两者在本评价框架下均进入落后型数字基础设施的地区这一组。在纳入统计的合计 179 个国家和地区中，落后型国家和地区合计为 156 个，占总数的 87.1%，说明大多数国家和地区的数字基础建设有欠缺，有待继续加强，否则随着技术的进一步发展，未来国家或地区间数字鸿沟将可能进一步加大。

另有一组令人印象深刻的数据是物联网服务器占在线服务器比重，该数据可展现移动网络及未来物联网的应用水平。其中新加坡、韩国较为突出，无论是在线服务器数量还是在线物联网服务器数量，与其国家体量相比均属于较高水平。在录得的全部服务器中，物联网服务器占全部在线服务器比重最高的为克罗地亚，达到 14.2‰；新加坡为 7.8‰，位居第二；之后依次为芬兰（7.8‰），中国台湾（5.6‰），韩国（3.8‰），西班牙（3.4‰），爱尔兰（2.9‰），中国内地（2.6‰），俄罗斯（1.9‰）等。而美国在此项并不突出，占比约为 1‰，但总量仍为第一，达到 1.6 万余实例；与美国占比持平的还有日本、英国、法国、德国等，均在 1‰左右。即便这些物联网应用服务器尚未投入商业应用，仍处于测试阶段，也可说明这些地区在为未来的万物互联做准备。

2. 数字产业竞争力评价结果

在数字产业竞争力评价中，美国以 88.933 分位居世界第一，中国以 84.099 分紧随其后，第三名的英国及之后的其他国家与中美两国的得分均有较大差距。在排名前十的国家当中，亚洲国家有 5 个，欧洲国家有 4 个。非洲、拉丁美洲以及大洋洲没有国家进入榜单前十名。东南亚国家表现抢眼，有 5 个国家进入前二十名，分别是马来西亚（9）、印度尼西亚（10）、菲律宾（11）、新加坡（12）和泰国（19）。排名后十位的国家主要为中东欧和北欧国家。

数字经济的产业竞争中，中美几乎并驾齐驱，美国主要是在前沿技术创新方面占据优势，而中国在互联网应用领域方面已经对美国完成了超越，而且优势越拉越大。以移动互联网为例，根据华尔街证券分析师玛丽·米克尔（Mary Meeker）在美国发布的《2017 年互联网趋势报告》，从 2012 年到

2016 年，中国移动支付市场规模每年都保持了同比 100% 以上的增长。艾瑞咨询发布的数据也显示，中国移动支付规模是美国的 50 倍左右，超市、餐馆、商场及线下交易正全面被移动支付占领，移动支付在中国的普及率和渗透率远远超出美国等任何一个国家，并形成了成熟的消费习惯。从公司竞争角度来看，全球前十大互联网企业由中美垄断，其中美国 6 家、中国 4 家，而且规模越来越大，市值越来越高。2016 年，阿里巴巴市值只用了不到 6 个月的时间就从 2000 多亿美元增长到 3840 亿美元。美国的互联网企业市值也在飞速增长，相对而言，其他国家的数字经济表现略显黯淡，与中美之间的差距越拉越大。

3. 数字创新竞争力评价结果

数字创新是将一组数字技术应用于各社会经济领域，通过重新组合产生创新，推动经济、社会等方面事业发展的过程。数字创新已经成为一种全球现象，它的影响无所不在。基于国家创新体系理论，各国正在努力建构国家数字创新体系，它决定着一国数字创新发展。数字创新的前提是数字化基础设施的广泛安装、数字人才和资本等资源的获得和重新组合，在恰当的政策支持（或默认）的情况下，通过对原有各个领域的改造，创造出全新的产品、流程、组织和商业模式，最终体现为就业结构的变化、经济增长和可持续发展。本报告从数字技术研发、数字人才支撑和数字创新转化三个方面对数字创新体系进行测量。

本报告对全球 122 个地区的数字创新竞争力进行评价。从总排名看，各地区得分与其人均收入呈高度相关性，相关系数达到 0.819；与 GDP 总量也相关，但相关系数相对较弱，只有 0.364。前十名地区，亚洲有 4 个、欧洲有 5 个、北美 1 个。最后十名国家，非洲有 7 个，亚洲 1 个，中南美洲各 1 个。

在数字技术研发方面，前十名国家亚洲占了 4 席，欧洲占了 5 席，北美 1 席。韩国有两项指标位列全球第一，表现突出。在数字人才支撑方面，得分与人均收入、GDP 总量的相关性均偏低，相关系数为 0.625、0.205。根据回归分析，GDP 总量对数字人才方面没有显著影响。前十名国家亚太占了 5 席，欧洲占了 5 席，美国被挤到第 15 名，大洋洲有两个国家进入前十。

希腊、斯洛文尼亚、中国香港在这一项上表现突出，希腊的大学教育普及度较高，为其赢得了分数。数字创新转化指标得分与人均收入相关系数为0.779，与GDP总量的相关性0.277。根据回归分析，GDP总量对数字人才有微弱影响。前十名中，亚洲国家有5个，欧洲国家有4个，北美洲国家有1个。亚洲国家中，中东三国卡塔尔、以色列和阿联酋表现突出，尤其是卡塔尔。

值得关注的是那些中低收入但是增长情况较好的国家。此类国家创新和经济发展潜力非常大，从创新驱动发展的角度看，它们未来发展前景更好。

另外一组数据显示国家收入较高，但是在创新特定指标上的表现与其经济地位不相符。这些国家包括科威特、塞浦路斯等，其经济发展其实不是建立在创新的基础上的，更多的是由于资源禀赋，其经济发展的可持续性是值得怀疑。

4. 数字治理竞争力评价结果

在当今全球物联网、云计算、大数据和人工智能技术不断应用与普及的数字经济时代，政府部门一方面要出台各种战略、政策、法规来引导和规范数字经济的发展，另一方面还要通过设置新的机构和部门来监督数字经济的发展，同时有关组织、企业和个人也要积极行动起来，通过开放数据、购买信息安全产品和服务、增强自身信息安全意识等行动提升数字治理的水平。

本报告从政府公共服务、数字治理体系和基础安全保障三个维度构建了全球数字治理竞争力评价模型，对全球各国数字治理情况进行评价。在本评价框架下，美国以83.41分居世界第一位；第二位是英国，得分为72.78分，与美国存在一定差距；而在排名前十的其他8个国家之间的得分差距不是很明显，分别是荷兰、加拿大、韩国、澳大利亚、芬兰、瑞典、奥地利、日本。排名前十的国家中，北美洲国家有2个，亚洲国家有2个，大洋洲国家有1个，欧洲国家有5个，而非洲和南美洲没有国家进入前十。在排名11~20的名单中，欧洲国家的表现更为抢眼，共有7个国家，分别是西班牙、意大利、法国、丹麦、德国、波兰、挪威；亚洲国家有2个，分别是新加坡和以色列；大洋洲国家有新西兰；非洲和南美洲依然没有国家进入名单。排名前20的国家中，欧洲国家有12个，亚洲国家有4个，北美洲国家和大洋洲国家分别有2个，这也在一定程度上说明了传统发达国家的数字治理竞争力非常强劲。金砖五国的印度、中国、巴西、南非和俄罗斯作为新兴经济体，分别位居第21、23、28、36和45，还有一定的提升空间。

在今后一段时期，全球各国数字治理推进需要具有综合协调能力的实体管理机构来统筹和监督有关法律、政策、路线图的制定与实施以及部门间的协调。由于各种因素存在巨大差异，国家间的数字治理能力鸿沟将会持续存在。政府数据开放运动在世界各地将得到快速发展，会有更多国家将开放政府数据上升为国家战略，通过设立专业化网站进行数据开放和分享。未来各国会更加注重政府数据对于促进经济增长和鼓励创新的作用，会更加重视个人信息和隐私安全，出台更严格的保护个人信息安全和隐私的法律法规。另外，各国会加大信息安全技术和产品的采购，信息安全产业规模会持续扩大。

四　全球数字经济发展展望

当前，以互联网为代表的数字技术正在加速与经济、社会各领域的深度融合。数字经济已经成为引领经济、社会发展的先导力量，是推动各国经济、社会转型，培育经济新动能、构筑竞争新优势的重要抓手，未来全球数字经济将呈现以下态势。

数字经济将持续高速增长。全球互联网普及率仅仅过半，未来30亿新增网民将为数字经济发展创造巨大增长空间，而技术进步更是数字经济发展的不竭动力。移动互联网、大数据、云计算、物联网、人工智能等技术融合发展将推动智能时代的来临，智能化社会具备雏形，数字经济未来的发展不可限量。

数字经济将依靠中美双轮驱动。美国是数字信息技术发源地，是全球数字经济1.0时代的核心引擎。中国是数字经济的后起国家，拥有世界最大的数字消费市场，双方合作潜力巨大。预计未来中美将在相互竞争和合作中发挥全球数字经济的双引擎作用，共同推动全球数字经济进入 2.0 时代。

数字经济将促进实体经济转型。未来数字经济的内涵和外延都将持续扩展，互联网与制造业的融合将不仅带来技术和模式的创新，还将掀起制造业的数字化革命。数字经济主要模式将从消费互联网主导转向产业互联网主导，进而重构全球工业体系，带来生产力的深刻变革。

数字经济将推动公共治理变革。数字经济发展将不断推动组织从层级结构向网络化和扁平化发展，进而打破组织内外部的边界，形成平台化、社会化的新型组织。在数字经济浪潮下，政府也将积极向社会公众开放公共数据并形成数据驱动的社会治理模式，进而改变和重塑传统的经济和社会结构，推动国家治理体系和治理能力向现代化发展。

数字经济将颠覆现有就业结构。数字经济是技术进步驱动下的经济形态。未来，随着人工智能等技术的发展，大量单一领域的重复性工作将被取代，除了流水线工人，翻译、记者、会计、司机等专业工作者也将大大减少。与此同时，数字经济智能化发展也会创造新的工作岗位，就业结构的变化要求教育、社会保障等领域加快变革，并做好培训以避免结构性失业导致的社会风险。

数字经济将引发数字安全威胁。随着数字经济的发展，网络系统和用户数据的价值将不断凸显，重要信息系统和关键基础设施面临重大威胁，物联网的发展将带来全所未有的安全挑战，安全保障的覆盖面和复杂度都将远超过互联网。安全事故不仅会导致财产损失，还会威胁大量民众的生命安全。因此，加强网络安全保障对数字经济健康发展尤为关键。

总报告附录

全球数字经济发展竞争力评价方法研究

随着数字经济对经济社会影响越来越突出，全球主要的国际组织和发达国家都对如何提升数字经济水平予以高度关注。然而不能测量就无法管理，一国数字经济发展情况究竟如何，需要通过一些可量化的指标进行评估和比较，因此不同方面都在尝试建立一套新的统计和测评体系。正如OECD于2014年发布的《测量数字经济：一个新视角》报告中所提出的，虽然现有的统计数据能衡量信息通信技术的传播，但它们很难跟上新兴的、快速发展的技术以及个人和企业对其的使用方式和深度。显然数字经济已经超越传统信息产业，迫切需要提出一个新的视角和研究框架来准确测量数字经济。

一、国内外数字经济评价方法综述

（一）国外数字经济评价方法

全球关于数字经济发展相关的测评指标较多，具有代表性的包括经合组织数字经济测量推荐框架、美国商务部有关数字经济评测建议、欧盟委员会的数字经济和社会指数（DESI）、世界经济论坛的网络就绪度指数（NRI）、国际电信联盟的ICT发展指数（IDI）、埃森哲数字化密度指数等，本报告对不同的测评体系优缺点的比较如附表1所示。

鉴于世界经济论坛的网络就绪度指数、国际电信联盟的ICT发展指数、埃森哲数字化密度指数等聚焦于某些特定领域，不能完全反映数字经济整体发展水平，以下重点介绍经合组织数字经济测量推荐框架、美国商务部有关数字经济评测建议、欧盟委员会的数字经济和社会指数等三大指标。

附表 1　部分国际机构对数字经济的测评体系比较

机构	经合组织	美国商务部	欧盟委员会	世界经济论坛	国际电信联盟	埃森哲
测评方案名称	数字经济测量推荐框架	有关数字经济评测建议	数字经济和社会指数(DESI)	网络就绪度指数(NRI)	ICT 发展指数(IDI)	数字化密度指数
发起时间	2014	2016	2014	2002 *	1995	2015 **
优点	前瞻性强	前瞻性较强，适应美国情况	兼顾传统和前瞻性，可操作性好	综合反应一国信息化水平	可操作性较强	可操作性强
缺点	鉴于技术方面的难题，可操作性需要探索	前期报告，可操作性还需要探索	偏重于发达国家	过于综合，指标体系复杂，部分指标难以适应各国特别情况	偏传统 ICT，与数字经济发展存在差距	偏于企业微观层面，代表性差，不定期

说明：* 前身为世界 IT 报告，2017 年更名；** 不定期报告。

1. 经合组织数字经济测量推荐框架

经合组织认为传统的经济测度方式已经不能充分用于准确描述和理解数字经济的发展，例如，需将商品和服务价格调低，以反映数字经济带来的质量和生产效率改善，借此来评数字经济对整体经济的贡献度。为了理解 ICT 的结构性影响以及数字经济对竞争性质的改变，需要考虑通过在线和离线方式提供的商品和服务之间的价格差异，以及不同生产商之间的价格差异。此外，为了评估 ICT 对服务行业的影响，也需要对产出进行量度和估值。因此，经合组织认为应当围绕以下六个领域建立新的测量标准：

（1）提高对 ICT 投资及其与宏观经济表现之间关系的度量能力；

（2）定义和度量数字经济的技能需求；

（3）制定度量安全、隐私和消费者保护的相关指标；

（4）提高对 ICT 社会目标及数字经济对社会影响力的度量能力；

（5）通过建立综合性和高质量的数据基础设施来提高度量能力；

（6）构建一个可将互联网作为数据源使用的统计质量框架。

2. 欧盟委员会的数字经济和社会指数

欧盟委员会数字经济和社会指数（DESI）是一个综合性的指数，它总结了欧洲数字经济的相关指标，用于追踪欧盟各成员国数字竞争力的发展趋势。DESI 指标汇集了一系列关于欧洲当前数字政策组合的相关指标，包括 5 个方面的 31 项指标。

（1）连接性：用于衡量宽带基础设施及其质量和费用。宽带相关服务是衡量竞争力的一个基本条件，具体包括固定宽带、移动宽带、速度和可支付能力等八项指标。

（2）人力资本/数字技能：用于衡量国民利用科技提高生产率和促进经济增长的能力，包括基本技能和使用、高级技能和发展等四项指标。

（3）互联网使用：包括在线内容（视频、音乐、游戏等）消费、网络通信、在线购物和在线银行等七项指标。

（4）数字科技的融合：反映企业的数字化整合程度，如电子发票、云服务等，包括企业数字化、电子商务等八项指标。

（5）数字公共服务：用于衡量公共服务的数字化程度，特别是电子政务在线服务、数据开放等，共分为四项指标。

3. 美国商务部有关数字经济评测建议

美国商务部认为数字经济是人类历史上最快速且最波澜壮阔的经济社会变迁，数字科技正在全面改变民众消费、交易、互动、组织和工作方式。但是这些变化带来的经济影响还未得到充分理解，这部分是因为当前对数字经济的测量方式并未充分反映数字经济在经济中的主导作用以及数字经济对经济活动性质的改造。有鉴于此，美国商务部提出了一个四步框架，用于测量数据经济。该框架的四个部分包括：

（1）公司、行业和家庭等经济不同领域的数字化程度；

（2）数字化的效果或产出，诸如搜索成本、消费者盈余和供应链效率；

（3）对于实际 GDP 和生产率等经济指标的综合影响；

（4）新出现的数字化领域。

（二）我国主要的数字经济评价方法

近年来，我国从官方到企业界对数字经济予以广泛的关注，其中中国信息化百人会课题组对数字经济的测评体系和中国信息通信院的数字经济指数较为权威。

1.《信息经济发展报告》测评体系

中国信息化百人会课题组将信息经济分为基础型、融合型、效率型、新生型和福利型五种。但是在测算时，仅考虑基础型、融合型和新生型三类。数据来源为现有统计体系中不同行业和区域的统计数据。

基础型信息经济是指信息产品和信息服务的生产和供给，包括电子信息制造业、信息通信业、软件服务业、广播电视业等，通过现有统计体系直接进行采集和测算。

融合型信息经济是指信息采集、传输、存储、处理等信息设备不断融入传统产业的生产、销售、流通、服务等各个环节，形成了新的生产组织方式。该体系对于此类测算采用增长核算方法，即通过采集不同国家和行业的面板数据，根据要素投入、生产率增长和产出增长之间的数量关系来推算出边际产出，对各国或各行业的非信息产业部门边际产出加总，得到融合型信息经济总量。

新生型信息经济是指信息通信技术的发展不断催生出新技术、新产品、新业态，这一部分暂时融入在基础型信息经济之中。

2.《中国数字经济发展白皮书（2017）》测评体系

2017 年 7 月，中国信息通信研究院发布《中国数字经济发展白皮书（2017）》，提出数字经济指数（DEI）的概念，用以观测全国数字经济发展状况。这一指数类型为景气指数，包括先行指数、一致指数和滞后指数三类。在指标选取方面，主要从宏观经济、基础能力、基础产业、融合应用四个层面选取 23 个指标。

（1）宏观经济层面反映数字经济发展的宏观背景情况，指标包括第一产业增加值、第二产业增加值、第三产业增加值、信息消费规模。

（2）基础能力层面立足于数字技术及基础设施，从网络、终端、用户等的发展情况来反映支撑数字经济发展的基础能力，指标包括大数据投融资、云计算服务市场规模、物联网终端用户数、移动互联网接入流量、移动宽带用户数、固定互联网宽带接入时长、固定宽带用户数、固定资产投资完成额。

（3）基础产业层面从信息产业自身视角，用行业运行的总体态势来反映支撑数字经济发展的产业基础，指标包括ICT主营业务收入、ICT综合价格指数、计算机通信和其他电子设备制造业价格指数、互联网投融资、电子信息产业进出口总额。

（4）融合应用层面对行业细化分解，从典型业务的具体发展情况和“互联网+”重点领域增加值情况来反应数字经济对国民经济其他行业的带动作用，指标包括电子商务规模（网络零售交易额、B2B营收规模）、互联网服务市场规模（网络约租车服务规模、网络视频日均点播量、微信月度活跃用户数、搜索引擎市场规模、电子支付业务量）、“互联网+”协同制造、“互联网+”智慧能源、“互联网+”普惠金融、“互联网+”高效物流。

二、数字经济竞争力评价模型

数字经济成为世界经济发展的全新形态，国家竞争越来越聚焦于数字经济领域的竞争，为了更好地反映数字经济时代各国竞争发展的态势，本报告以国家竞争力理论为基础，研究并构建数字经济竞争力模型，以此来观测全球各国数字经济的动态发展水平。

（一）国家竞争力的相关研究

竞争力与生产率、创新密切相关。根据国际管理开发研究院[①]的观点，竞争力不能简单用GDP来代表，它是一个相对的概念，含有竞争对手之间对抗的含义，与竞争优势的意义相同。

---

① International Institute for Management Development（IMD），*The World Competitiveness Yearbook*，Lausanne，Switzerland，1996.

哈佛大学教授迈克尔·波特基于产业竞争战略理论①，将竞争力延伸到国家层面，认为国家竞争力是指一个国家使其公司或产业在一定的领域创造和保持竞争优势的能力，尤其应将技术进步与创新作为重点。他提出了国家竞争优势钻石模型，即影响一国竞争优势最大、最直接的因素有四项：生产要素，需求状况，相关与支持性产业，企业战略、结构和同业竞争。此外，机遇和政府两个变量能够对国家竞争优势产生重要影响②。波特的研究超越了李嘉图提出的比较竞争优势理论，奠定了国家竞争力新的研究范式，对各国公共政策产生深远的影响③。

与此同时，国家竞争力引起了很多国际组织的高度关注。OECD 从国家层面对竞争力下的定义是：竞争力是对一国在国际市场销售产品的优劣势测评，可从资源禀赋、政策和绩效三个方面 12 个指标对国家竞争力进行评估④。1996 年以来，世界经济论坛（World Economic Forum，WEF）持续发布国家竞争力年度研究报告，到2004 年，这一评估体系将宏观（Sachs 的增长发展指数）和微观（波特的企业发展指数）两个指数体系整合成三类子指标 12 个支柱，共 110 个指标。它们采纳的经济发展三个阶段（要素驱动阶段、投资驱动阶段和创新驱动阶段）正出自于波特⑤。

各国政府对国家竞争力也有一些专门的评估报告。如美国商务部 2012 年对本国竞争力和创新进行了评估，提出创新是美国保持竞争力的关键，而提升长期竞争力存在三个基础支柱：联邦政府对基础研究的资助、教育、基础设施。而为了促进创新，美国还需要制订形成区域集群的激励政策，促进

---

① 迈克尔·波特：《竞争优势》，陈小悦译，华夏出版社，2005。

② 迈克尔·波特：《国家竞争优势》，李明轩、邱如美译，华夏出版社，2002。

③ Huggins R.，Izushi H.，“The Competitive Advantage of Nations：Origins and Journey”，*Competitiveness Review*，2015，Vol. 25 No. 5，pp. 458 – 470.

④《竞争力指标解释》，http：//stats. oecd. org/glossary/detail. asp？ID = 399；Eun-Pyo HONG. Development of OECD Competitiveness Indicators Platform。

⑤ World Economic Forum and INSEAD，*The Global Information Technology Report 2016*，2016，www. weforum. org/gitr，2017 – 11 – 10.

产品或服务出口，改善公司税务的水平和结构，加强有效的知识产权保护等[1]。

英国的 Robert Huggins 团队将波特国家竞争力扩充到区域竞争力领域，对英国各地区竞争力进行评估，他们主要从企业和就业质量两方面对竞争力进行界定，提出竞争力是指经济体通过某项活动稳定或上升的市场份额来吸引和保留企业的能力，同时能够为参与其中的人们提供稳定的或不断提升的生活质量[2]。

（二）数字经济竞争力的概念提出

基于数字经济和竞争力两方面的理论，本报告对数字经济竞争力定义如下：一个经济体（国家、地区等）在数字经济的一定领域创造和保持竞争优势的能力。随着数字化技术日益向经济社会渗透，未来国家竞争力越来越体现为各国对数字资源的配置和利用能力。在数字经济时代，数字经济竞争力赋予了国家竞争力新的含义，代表着未来的国家竞争力。

根据钻石模型的分析框架，数字经济竞争力的提升应当包括生产要素的突出表现，需要作为基本节点的数字化企业能够形成集群和生态体系，加强互补性企业之间的联系，同时要满足消费者日益挑剔的态度和需求。在此方面，需要特别注意的是，互联网环境下，网络正向反馈的效应特别明显，即当一个节点提前成为中心节点时，它对于后来竞争者的优势将是压倒性的[3]。这从谷歌、Facebook、腾讯和阿里等平台企业发展案例可以看得很分明。

与一般产业竞争具有明确的边界不同，占据主导的数字化企业可以轻易地实现跨界，向其他产业渗透和扩散。这种革命性的特性，赋予了数字经济竞争力新的含义。以阿里巴巴为例，除了电商，其所涉足的行业包括金融、体育、文学、传媒、电影、教育、交通、医疗等，其他互联网巨头大体类

---

① U. S. Department of Commerce, *The Competitiveness and Innovative Capacity of the United States*, January 2012.

② Huggins R. & Thompson P. , *UK Competitiveness Index 2016*, Nottingham Trent University, 2016.

③ 艾尔伯特·拉斯洛·巴拉巴西：《链接：网络新科学》，徐彬译，湖南科技出版社，2007。

似。而如何让数字化技术应用于不同产业，需要社会整体有一个支持数字化创业创新的制度和文化氛围，让更多的人参与到创业这种“试错”活动中，加快创新的扩散过程。

这导致的一个结果是，一个国家如果要在此方面获得优势，快速反应取得先发优势非常重要。而先发优势的形成离不开基础研发优势和能够敏锐把握市场趋势的企业家精神。这离不开政府适当的政策支持，以及政府与企业的合作。

本报告提出数字经济竞争力 I^3G 模型，将数字经济竞争力分为数字基础设施竞争力、数字产业竞争力、数字创新竞争力、数字治理竞争力等四个方面（见附图1）。其中数字基础设施、数字产业和数字创新是一国数字经济竞争力的三大支柱，数字治理则是这一体系健康运行的保障。

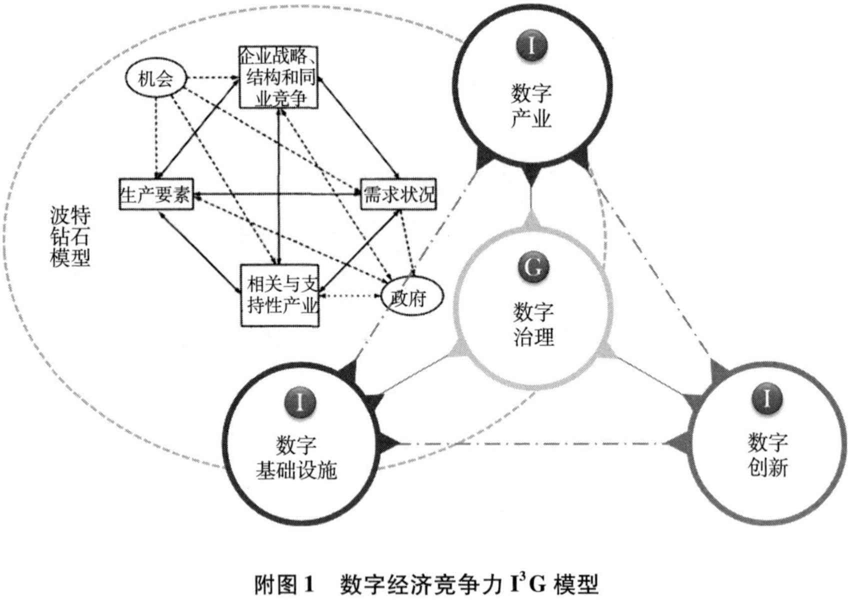

附图1　数字经济竞争力 I^3G 模型

数字基础设施（Digital Infrastructure）竞争力，包括“云”“管”“端”三个方面具有良好的表现。具体反映在出口带宽、移动接入服务、移动互联网渗透率、终端、服务资费等方面有优势。

数字产业（Digital Industries）竞争力。数字化技术作为一种通用技术，其应用深度和广度具有竞争优势。包括：（1）数字经济总量规模较大，或者增长迅速；（2）在数字化贸易方面规模较大，或者增长迅速；（3）数字化平台企业在全球具有竞争力。

数字创新（Digital Innovation）竞争力。数字创新竞争力包括科学家（计算机、数据）、工程师等科技人才教育培训体系完善，供给较为充足，且对国外人才有吸引力，最终体现在数字技术基础和应用研究方面。此外，数字企业家能够将数字技术产业化，是各国数字经济发展最为稀缺的人力资源。

数字治理（Digital Governance）竞争力。数字治理竞争力体现在两方面：一是数据相关法规完善，法治水平高，信息安全保障水平较高，公民隐私数据得到合理的保障；二是政府公共数据和信息开放度较高，民众与各相关方能够参与到数字化政策制订之中，体现良好的公私互动和合作，具有良好的数字化治理能力和水平。同时，政府作为制度的供给者，还需要在相应的制度方面进行改革，废除与数字经济不符合的旧制度，提供符合数字经济发展规律、适合其发展的相应制度性框架，如信息化基础设施提供、基础研发资助、知识产权保护、数字鸿沟消除等方面，为数字经济发展营造环境。

随着数字技术日新月异的发展，全球数字经济已经发展到一个新阶段，对此很多国家提出了应对策略，用以提升本国竞争力。从发展趋势看，未来数字经济竞争力无疑将成为国家竞争力的决定性因素。从过去几十年的发展经验看，国家和产业的先发优势非常明显，美国硅谷已经成为当今世界数字经济的动力源，欧洲、日本已经被远远甩在身后。后发国家如果不能迅速跟进，将很难实现超越。

（三）数字经济竞争力指标确定

有鉴于此，本报告提出了一组新的数据经济度量指标，包括数字基础设施、数字产业、数字创新和数字治理四个一级指标，在四个一级指标之下，各有三个二级指标对一级指标进行细化，每个二级指标又包括两个三级指标，三个级别的指标层层递进，最终形成本报告完整的数字经济竞争力评价指标体系。该指标体系覆盖了数字经济所包含的经济活动的所有环节。

（1）数字基础设施竞争力指标主要包括云、管、端三个二级指标，云主要是指云投入情况，即数据中心服务器装机数量，以及安全互联网服务器数量，这是进行数字经济活动的重要技术支撑。管主要是指出口带宽和连接速度，这一指标主要衡量数据传输的速度和效率，这一指标所衡量的就好比传统经济中的交通运输基础设施的构建情况，数据传输效率的不断提高，就如同传统经济活动中，交通运输成本的不断降低，数据传输效率的高低将直接影响数字经济活动过程中的生产效率。端主要是指移动渗透率（智能设备）和可负担性。

（2）数字产业竞争力指标用以衡量一个国家或地区的数字经济产出为市场所接受的程度，即一国或地区的数字经济有效产出情况，主要包括经济产出、国际贸易和平台企业三个指标。经济产出从总量上来衡量一国或地区数字经济的有效生产能力，从增速上来衡量一国或地区数字经济的未来发展潜力；国际贸易指标以数字贸易的规模和占比等指标来衡量一国或地区数字经济在世界市场的份额和地位；而平台企业指标则是从数字经济自身的特征出发，考虑数字经济活动进行所需依托较为集中的平台型机构。因此，一国平台型企业的数量和规模将直接影响该国数字经济的各项活动和产出效率，从而最终影响该国数字经济的竞争力。

（3）数字创新竞争力指标包括技术研发、人才支撑和创新转化，主要涵盖了一国用以进行数字经济活动的资源禀赋情况，表明一国用以发展数字经济的生产要素是否充足，分析其生产要素的配置是否合理有效。

（4）数字治理竞争力指标是主要针对数字经济强大外部性，以及特殊经济活动形式衍生出来的数据安全、个人隐私等问题构建的指标体系，主要衡量一国政府克服数字经济外部、规避数字经济衍生风险问题的能力。

综合上述四点，本报告竞争力指标体系将数字经济各个环节全面覆盖，能够较为全面地反映一国或地区的数字经济竞争力情况。其具体指标体系情况如附表 2 所示。

附表 2　数字经济竞争力评价指标体系

最终指标	一级指标	得分权重	二级指标	三级指标
数字经济竞争力	数字基础设施竞争力	25%	云	云投入:数据中心服务器装机数量
				安全互联网服务器数量
			管	出口带宽
				连接速度
			端	移动渗透率(智能设备)
				可负担性
	数字产业竞争力	25%	经济产出	数字产业总量
				数字产业增长
			国际贸易	数字(跨境)贸易总量
				数字(跨境)贸易占比
			平台企业	服务业平台型企业规模
				制造业平台型企业规模
	数字创新竞争力	25%	技术研发	数字研发投入水平
				数字专利水平
			人才支撑	国民基本数字素养
				数字创新人才培养
			创新转化	最新技术可用度
				风险资本可用度
	数字治理竞争力	25%	公共服务	电子政务
				数据开放
			治理体系	法律政策
				治理机构
			安全保障	安全人才
				安全产业

数字经济竞争力的评价得分满分为 100 分，四个二级指标所占权重各为 25%。在计算出二级指标得分的基础上，将各自得分乘以 25% 的权重之后加总，最终得到各个国家或地区的数字经济竞争力总体得分，然后以此为依据进行排名。

（四）数字经济竞争力计算方式

在具体计算方式上，本报告借鉴了 ICT 的指标构建方式，具体方法包括以下几种。

（1）缺失数据填补

构造指数的一个重要步骤是创建一个不缺少数值的完整数据集。为了预测丢失的数据，可以使用多种填补方式。每种方式都有其优势和不足，最重要是要确保填补的数据能够反映一个国家真实的互联网接入、使用和技术水平。

例如考虑到 ICT 的接入和使用与国民收入密切相关，本报告采用热卡填充方式来填充丢失的前一年数据，并据此计算增长率。热卡填充方式使用具有诸如人均 GNI 和地理位置等类似特性的国家数据。国家 A 丢失的数据首先使用同一区域具有类似人均 GNI 水平的国家指标以及另一个已知和该指标具有相关关系的指标进行预测。例如，国家 A 的互联网用户数据可使用同一地区，具有类似人均 GNI 和程度相近的固定互联网和无线宽带用户的国家 B 的数据进行预测。使用同样逻辑可以预测所有缺失的数据。

（2）数据归一化处理

为了确保数据集使用同一度量单位，在进行任何加总之前，必须对数据进行归一化处理。就具体指标而言，需要将其转换为同一单位的数值。有些数据以百分比表示，如互联网渗透率，其数值不会超过 100；有些数据，例如宽带带宽的数值则远远超过 100。这些数据需要进行归一化处理。

选择归一化处理方式时，首先需要考虑一些特殊的因素，例如，为了识别数字鸿沟，需要测量国家之间的相对差异。其次，归一化程序应当产生指数式的结果，以反映国家信息社会的演进过程。

选择归一化方式的另一个重要标准是可复制性，即这种方法也可以应用在国家或区域层面上。对数据进行归一化处理后，再重新进行缩放，使得所有值介于 1 到 100 之间，以便于比较。

（3）加权和数据加总

在上述计算的基础上，再对各指标赋权。

（4）计算指数

将各指标的加权值进行加总即可得到三个子指标，采用的方法是加权平均。最后再将三个子指标加权平均。

（5）敏感度分析

敏感度分析指的是用多种方法和技术的组合来计算指数，以保证指数排名的可靠性。在指标选择、缺失数据填补、数据归一化处理、加权和数据加总等计算过程中都会出现数值的偏离或不确定性，并最终影响指标数值。为了验证最终排名，需进行多种测试，计算上述不同流程组合所导致的可能指数值和排名。

分 报 告

Topical Reports

B.2 全球数字基础设施发展报告

石建兵*

摘 要： 当代社会的经济发展已离不开完善的基础设施，数字经济时代同样依赖可靠的数字基础设施，但如何测量数字基础设施的发展尚处于研究探讨阶段。本报告主要梳理从通信基础设施到信息基础设施，再至数字基础设施的演化发展脉络，把握内在的发展趋势，设计测量模型，定义"云""管""端"三个维度共六个指标，结合收集和整理的数据评估全球主要国家的数字基础设施发展现状。本报告发现全球数字基础设施发展存在"一超多强"现象，但更多国家处于落后阶段。为更好地理解数字基础设施如何服务于当下及着眼于未来，本报告在已开发的模型中选出面向现在和面向未来的指标进

* 石建兵，上海社会科学院应用经济研究所博士研究生，主要研究方向为数字经济、信息安全产业政策。

行基础设施评估，发现各国的数字基础设施发展阶段差异较大、特质也不尽相同，最后提出了数字基础设施发展的趋势。

关键词： 数字基础设施 云管端 数字经济

“基础设施”一词原本泛指支撑一个社会运转的一系列实体资产和机制，是能源、电信、半成品、原材料等生产要素的载运途径，是一国经济社会发展的基石。在信息社会发展浪潮中，逐渐衍生出“信息基础设施”这一概念，成为信息化发展的基础；在当今如火如荼的数字经济中，“信息基础设施”融入一些新的要素演变为“数字基础设施”。

20 世纪 80 年代，计算机及网络技术进入生产生活，标志着信息社会的来临。最早出现的主要概念是信息基础设施，以 1993 年美国政府发布《国家信息基础设施：行动计划》为标志，该行动计划启动了美国国家信息基础设施（NII）建设，明确了美国信息基础设施建设的总体目标：通过发展高等级的国家信息基础设施和保持美国在全球信息基础设施的优越地位，保证美国公民享有广泛的信息资源及信息服务；充分运用通信和信息技术的创新成果，通过企业、劳动者、消费者和各级政府的相互配合，实现美国更广泛的经济和社会目标。该行动计划明确指出信息基础设施建设与经济和社会发展之间的关联，意图将信息技术推入人们的日常工作、生活和娱乐中。美国政府认识到该项建设投资巨大，而且并无短期利益，但是将对国家未来的发展产生巨大的推进作用。因此，1994 年比尔·克林顿总统签署了《建立国家空间数据基础设施》（*National Spacial Data Infrastructure*，*NSDI*）的 12906 号总统令，计划投入 4000 亿美元、耗时 20 年建成 NII，从而拉开了人类历史首次大规模信息基础设施建设的序幕。在这个阶段，信息基础设施主要由计算机服务器、网络和计算机终端组成①。

① 宋克振、周朴雄：《信息资源管理》，清华大学出版社，2005，第 55 页。

互联网历经十多年的商用开发，迸发出旺盛的生命力，不仅突破了人际沟通的界限，还走进工业、商业，并最终深刻地影响了经济的发展。人类开始了数字化商业的运营，而高效可靠的通信网络和服务是数字经济的基础①。正如每次工业革命都伴随着基础设施的变革与飞跃，网络和IT设备构成的信息基础设施超越了人与人的互联，开始了人与物以及物与物之间的物理连接，这就组成了全连接的数字世界的坚实基础，使数字化成为可能。

数字基础设施赋予了物理基础设施中流动的比特新的意义，通过数字化使社会生产、商业运作与物理实体解耦，从而更加灵活易用（例如移动支付，社交网络），并且通过对数字信息的重新组织与处理，挖掘其中新的机会与价值。简而言之，数字基础设施是连接物理基础设施与数字经济世界的纽带，是全连接的数字世界中商业创新、交互与送达的引擎。

数字基础设施包含两个关键因素：数字生态系统和在线数字化运营。这些系统均由最先进的软件技术驱动。企业通过数字基础设施广泛互联、开放资源共享、聚合生态系统，使得数字生产、数字经营和数字物流高效运转并实现价值最大化，最大限度地促成了数字经济的飞速发展。未来支撑各种数字化商业实践的则是由物理基础设施和数字基础设施共同融合组成的下一代基础设施②，这颠覆了传统意义上基础设施仅服务于可见实体世界的界限。与数字基础设施融合后，物理基础设施的运行也将极大地依赖数字基础设施，而数字基础设施之于人们的生产生活，终将同人们随手可得的自来水、电力、煤气等基础设施一样。唯一不同的是，我们享受的是虚拟的比特数据流和远端计算能力，甚至都不再需要我们动手，自有各种传感器、智能设备与计算、存储能力无限的云端来支撑

① OECD：《促成中国向知识经济的转型》，2016，第12页。

② 华为：《共建数字基础设施，加速数字经济发展》，2015年世界移动大会，http://www.huawei.com/minisite/mwc2015/cn/articles/build-a-new-digital-infrastructure.htm，2017-11-8。

我们的生活、商业活动。

美国信息技术与创新基金会（Information and Technology and Innovation Foundation，ITIF）在2016年5月发布的《给政策制定者的数字基础设施指引》报告中指出，数字基础设施有如下作用：能力扩充（提高现有和新基础设施的使用率）、节省时间和便利（减少拥堵、简化操作、使决策更明智）、节约成本（减少浪费、提高效率、为关键服务提供更大的灵活性）、提高可靠性（为关键服务提供领域降低不可预测性）、增强安全性（提高面临威胁和干扰时的弹性）①。

2017年3月1日，英国政府正式发布了酝酿已久的《数字英国战略》（*UK Digital Strategy*），提出了建立世界级数字化基础设施。英国认为数字化连接是公用事业，可推动生产力发展和创新，是建设数字化国家的物理基础，希望再一次引领全球性的工业革命。而德国，早在2013年就将其联邦交通、建筑及都市事务部原先这一专注于发展基础设施的行政机关改名为联邦交通和数字基础设施部，积极推进数字基础设施建设，推动数字与工业相融合的“工业4.0”。荷兰作为全球港口基础设施最优的国家，并不满足于仅充当进入欧洲物理世界的门户，还计划通过建设领先的数字基础设施，让荷兰继续担当欧洲数字世界的门户。以上种种案例，一方面说明数字基础设施的重要性，另一方面也说明由于各个国家资源要素禀赋的不同，它们对于数字基础设施的理解和建设方向也不相同，各有侧重点。

本报告首先概述全球数字基础设施的发展历程，结合当今数字经济的发展的脉络，探讨如何对主要经济体在数字基础设施建设成就和未来发展进行测量。然后从“云”“管”“端”这三个方面对各国数字基础设施进行评估，通过相关数据对此进行排名并分析。最后讨论数字基础设施的发展趋势。

---

① Robert D. Atkinson et al. , *A Policymaker's Guide to Digital Infrastructure*, http：//www2. itif. org/2016-policymakers-guide-digital-infrastructure. pdf，2017 –11 –9.

一　数字基础设施发展概述

（一）发展沿革

1. 通信基础设施的出现

1844 年，电报这种长程通信手段正式用于公众通信，开创了人类利用电能来传递信息的历史，继而出现可持续沟通的电话，这些发明及其快速普及构筑了最早的信息基础设施，揭开电信时代的序幕。这些新式通信手段拓展了当时人们的沟通能力，对于信息的传播起到极大的作用，但由于同时代交通基础设施以及运输方式不断发展，相比之下，物理互联对于经济的发展起了更大的作用，而电话、电报在推动实体经济发展方面的作用远不及后来的信息化或数字化那么明显。一百多年后，人们敷设并连接世界各地用于通信的网络，组成通信基础设施。

2. 信息基础设施的发展

20 世纪 60 年代起，电子计算机等技术开始应用于生产、生活领域，人们已经开始展望信息社会生活。1980 年，未来学家托夫勒（Alvin Toffler）出版了轰动世界的《第三次浪潮》，洞见了社会的变革方向—信息时代的来临。他认为，此次变革是继农业文明、工业文明之后的第三次浪潮，是一种独特的社会状态，也是人类文明史的新阶段。这本跨时代的巨著，也给人类发展带来更大的梦想和希冀。在 20 世纪 90 年代，随着移动通信与互联网开始步入普通人的生活，这些梦想逐渐成为现实。此时的信息基础设施从电报、电信网络扩张到相应的网络通信资源、提供计算能力的硬件、相应的软件及服务等构成，这些网络资源主要的表征在于连通性、连接速率等。连接全球的互联网络也激发人们更多的思考，一批商业领袖敏锐地观察到互联网可能给企业、社会和经济发展带来的潜在影响，如时称“全球第一 CEO”的美国通用电气公司（GE）的前总裁杰克・韦尔奇（Jack Welch）在其回忆录中提到，20 世纪 90 年代才开始进入商业领域的互联网，已给企业界带来“旧经济”与“新经济”的讨论，他认为互联网可以给类似 GE 这样的工业巨头带来三个机会：采购、制造和销售①。如今，在当时杰克·韦尔奇参与制定的 GE 电子商务战略中，这些不仅逐渐成为现实，甚至还使 GE 得以成功转型为工业无线互联网的领导者，有望引领以物联网、智能制造为特征的下一代数字经济的潮流。

而英特尔公司的安迪·格鲁夫（Andrew S. Grove）在其著作《格鲁夫给经理人的第一课》的自序“从 20 世纪 80 年代的巨变谈起”中指出这样一个事实：电子邮件对信息流通及新式管理的革命敲响了第一声的战鼓，电子邮件“化天为秒”“化繁为简”，使得信息传递的时间大为缩短，而且邮件还可以同时发送给很多人，许多人可以更快速地和你做生意。因此“美国的电子邮件战胜日本的大方桌”，让美国企业在 20 世纪 90 年代反超日本企业的高效率沟通从而更能应对局势、赢得竞争②。在信息化早期，这些商业巨头对于网络技术应用的潜能基于朴素的认知和理解，虽然没有预料到会出现与以往完全不同的商业运营模式乃至以往都没有存在过的商业形态，但已经意识到这些潜在的改变，而且敏锐地把握到数据全链接对于生产效率的提升作用。

信息基础设施的发展与繁荣，在于信息产品有着互联的内在需要，信息基础设施越完善、规模越大，越充分展现网络的正外部性。从实际发展成果来看，说明这些智者或者未来学者的观念与想法并非天方夜谭，使用网络进行快捷的信息传输是不言而喻的道理，而且应当是必然的事物。

此时的基础设施主要以满足全球互联和企业内部信息化应用为主，主要由信息技术的技术扩散和与其他行业的渗透融合所推动，通常由服务器、网络和客户端所组成。最直接的商业利益拉动了经济体以企业信息化服务为目标的基础设施投资，与此同时，大型电信企业开始进行大规模的骨干网络建设，逐渐组建为泛域连接的国际、洲际直至全球互联互通的互联网。信息基

① 杰克·韦尔奇、约翰·拜恩：《杰克·韦尔奇自传》，曹彦博、孙立明、丁浩等译，中信出版社，2004，第 314 页。

② 安迪·格鲁夫：《格鲁夫给经理人的第一课》，巫宗融译，中信出版社，2013，第 13 页。

础设施的逐步完善，首先促进了以“眼球经济”为特征的第一代互联网经济，以更复杂、更直观的形式改变了人类的沟通和信息处理模式，进而在此基础之上催生了各类精彩纷呈的应用，在经济的生产、流通及消费层面也开始进行各种各样的网络化尝试与努力，也为数字基础设施的发展指明了方向。

3. 数字基础设施的形成

阿里研究院 2017 年 1 月发布的《数字经济 2.0》报告，将此阶段定义为数字经济 1.0 时代，并以 1998 年美国商务部发布《浮现中的数字经济》报告作为数字经济 1.0 的起点标志事件；又因为 2016 年 8 月 1 日当日，全球 15 大互联网科技公司和有着上百年积累的工业化时代的工商业公司的市值相当，报告将该日作为数字经济 2.0 时代的起点①。这份报告还指出，数字经济 1.0 的核心是 IT 化，而数字经济 2.0 的核心是 DT 化，即数据化的万物互联。

这意味着信息基础设施向以“云”“管”“端”为基础的新基础设施，即数字基础设施转变。从普遍意义上来看，信息基础设施推动信息技术的发展来服务商业的演化，而数字基础设施以信息技术的发展来推动产业的融合。

（二）“云”“管”“端”

本报告采用“云”“管”“端”即云计算、网络管路和智能终端来分析数字基础设施。

1. 云

“云”主要是指云计算，云计算作为在线数据存储、处理、分析的主要技术，历经 10 余年的发展，其成本、效率优势成为创新的技术基石②。

---

① 阿里研究院：《数字经济 2.0 报告——告别公司，拥抱平台》，第二届新经济智库大会，第 6 页。

② 阿里研究院：《数字经济 2.0 报告——告别公司，拥抱平台》，第二届新经济智库大会，第 13 页。

信息技术因应新的商业需求而发展与演化，但由于技术的日渐复杂、庞大、昂贵，商业企业独立建设和维护专有的数据中心已变得异常困难，并且也不经济。因此，互联网巨头 Google 公司首席执行官埃里克·施密特（Eric Schmidt）在 2006 年搜索引擎大会（SES San Jose 2006）提出“云计算”（Cloud Computing）的概念。美国国家标准与技术研究院（NIST）对“云计算”给出的定义如下：云计算是一种按使用量付费的模式，这种模式提供可用的、便捷的、按需的网络访问，进入可配置的计算资源共享池（资源包括网络、服务器、存储、应用软件以及相应的服务），这些资源能够被快速提供，只需投入很少的管理工作，仅与服务供应商进行很少的交互。Rajkumar Buyya 等人所著的《云计算原理与范式》一书给出的定义或更接近“云”这种技术给数字基础设施带来的根本性的变化：它（云计算）是一种突破性技术商业化模式，它使用分布式大型数据中心为客户提供可扩展的虚拟化基础设施或一系列符合服务水平协议（SLA）标准的抽象服务，仅对已使用的抽象 IT 资源收费①。

综合来看，云计算给数字基础设施资源带来共享化的可能，并促成集约化和标准化的生产服务，其出现和快速发展使商业企业应用信息技术降低难度和成本，企业可将运算能力和存储作为电力一样的公用资源，企业不必“以我为主”建设数据中心，可专注在商业模式转型与开发上。这给经济发展带来不一样的视角和思路，也是数字基础设施演进的重要意义之一。

2. 管

与云的发展相对应，“管”可统指为终端用户提供云端服务的综合，也就是通常意义上的网络。

“管”作为最终用户接入网络的重要途径，其发展是外在的，通常可直观观察和感受到。从起初的拨号接入到固定宽带接入，再到如今的无线宽带接入，管对于整个信息社会的发展起到至关重要的作用（见图 1）。

---

① Rajkumar Buyya、James Broberg、Andrzej Goscinski：《云计算原理与范式》，李红军等译，机械工业出版社，2013，第 31 页。

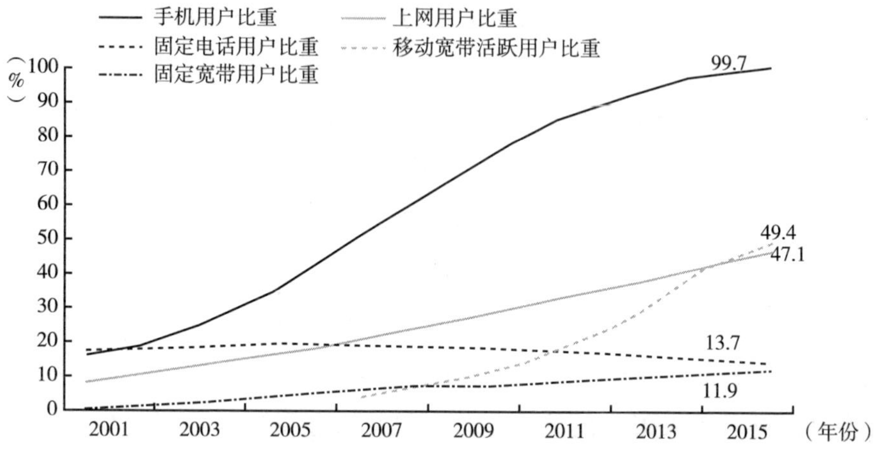

图1　2001～2015年全球ICT发展对全球用户的影响

说明：数据来源为ITU World Telecommunication /ICT Indicators Database.

虽然“管”一直是信息或数字基础设施建设的重点，但要满足新型数字经济的发展，“管”应满足万物互联、随时随地的条件。与信息基础设施注重“管”的跨域连通略有不同，数字基础设施的“管”偏重于到达率和覆盖率，并且要能根据万物互联的需求提供高效率、低成本的通信。因此，“管”通常以各类无线通信为主。在信息基础设施时代，早期部署的蜂窝通信、卫星、微波等通信网络构成广域范围的无线通信，以Bluetooth、WiFi、ZigBee等技术构成局域范围的无线通信，已基本满足固定范围内的互联互通要求。但在数字基础设施时代，这些显然已无法满足万物互联、随时随地的要求，因此以基于蜂窝通信的LTE演进网络为代表的低功耗广域网（Low-Power Wide-Area Network，LPWAN）将逐渐成为主流。

近年来ICT技术的发展，主要是无线通信技术的发展，使得用户不再依赖固定宽带接入，已经将更多用户接入全球虚拟网络，其发展趋势如图2所示。

3.端

而数据产生或消费的“端”作为最终用户单元，同时也是经济体的末

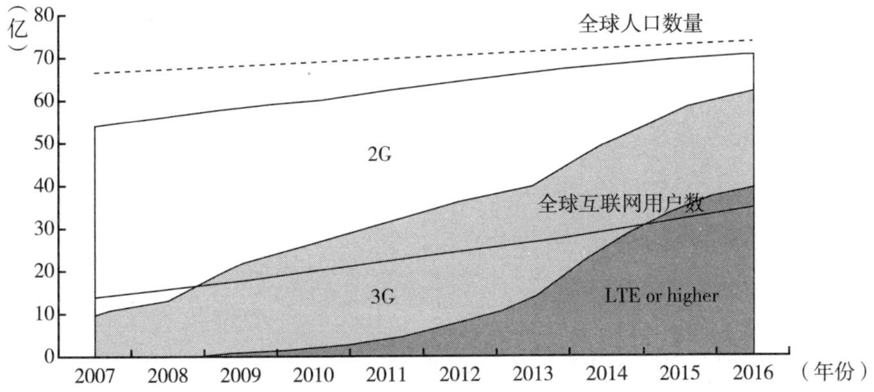

图 2　无线通信技术促成更多用户接入网络

资料来源：ITU World Telecommunication.

梢神经。“端”的普遍性和多样性将决定未来数字经济发展的宽度和深度，“端”包含计算机终端、消费类电子（如手机、PAD 等），还包括针对各种生活和生产应用的智能设备。在未来，以智能设备为代表“物物互联”的“端”的数量将远远超过人类的数量，预计到 2020 年，可能会有超过 250 亿只联网智能设备同时在线，其发展过程如图 3 所示。

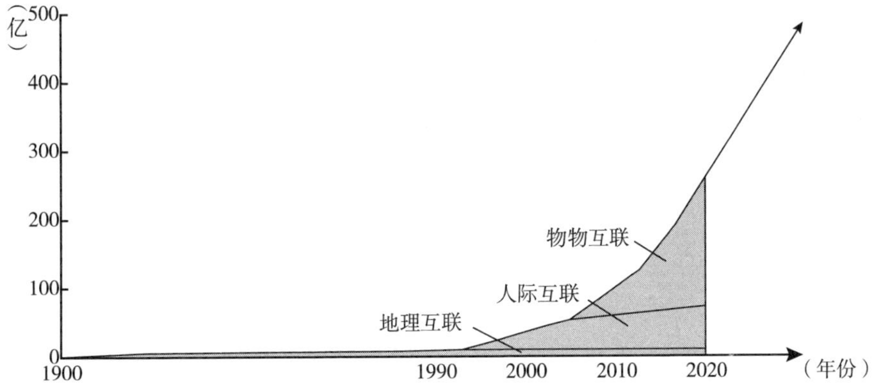

图 3　联网设备数量估算

资料来源：*Ericsson White paper*：*IOT SECURITY*，2017.

(4) 从2G、3G、4G+到NB-IoT, "管" 和 "端" 的同与不同

数字基础设施在新时期的一个重要目标就是要适应和满足万物互联的需要，即物联网的应用。简言之"物联网"就是可以实现物物之间进行信息交换和通信的网络，"窄带物联网"（NB-IoT）是专为物物互联的应用场景而设计的通信技术。与传统"人际互联"应用需要高带宽、长连续的互联网相比，物物互联一般属于低耗流、片段应用。以前物联网推进较慢，部分原因是超过60%的低速率传感器应用没有合适的传输手段，WiFi、Bluetooth等连接技术不可靠且传输距离短、覆盖窄，使用光纤与移动通信又不经济。从应用来看，物物互联主要需满足长距离、低速率、低功耗、多终端物联网业务的通信技术。窄带物联网承载物联网世界的信息通路，除了"管"的层面外，也包括"端"层（终端）的相关标准，从这个角度来看，面向物联网应用的数字基础设施应当具备支持物联网相关的技术能力。

低功耗广域网目前主要有两种主流技术：一类是如LoRa、Sigfox等，可工作在非授权无线电频段，这类技术大多由开放联盟主导非标准化、自定义实现；另一类可工作在GSM、CDMA、WCDMA等较成熟的蜂窝通信技术，以及最新的LTE及其演进技术的授权频段。后者一般被称为NB-IoT，当前商用的NB-IoT一般采用LTE技术，因此是否支持LTE网络及其演进技术，可代表该数字基础设施面向未来服务的准备度测量。

概括起来看，"云""管""端"构成数字基础设施的三个基本特征，以往建设的信息基础设施也可按层次对应划分，但三者不是绝对孤立或隔离的概念，随着应用的深化，未来的数字基础设施必然是多元化和复杂多态的。如，"云"可能因应现场大规模计算的需要，自"管"的顶端下沉至"管"的末端，从而组成"现场云"；"管"和"端"也从来不是可完全区分的概念，在现实某些场合中，"管"与"端"的边界其实也是模糊的。但为了进行数字基础设施研究的方便，我们将数字基础设施的特征从概念分开。

二　全球数字基础设施的综合评价

（一）数字基础设施指标选取

本报告主要从“云”“管”“端”三个方面选择合适的指标来评估各国数字基础设施发展状态，具体如表1所示。

表1　数字基础设施评价体系

指标	二级指标	三级指标	数据来源
数字基础设施	云(33%)	在线服务器总数(50%)	https://www.shodan.io,查询服务器数量(nginx、Apache、lighthttp)
		在线物联网服务器总数(50%)	https://www.shodan.io,查询服务器数量(MQTT、AMAQ、STOMP、XMPP、CoAP、WAMP、Restful Http、DDS)
	管(33%)	移动宽带普及率(%)(50%)	CNNIC,第38次《中国互联网络发展状况统计报告》
		LTE网络覆盖率(%)(50%)	opensignal.com中4G Availability(2016年11月), https://opensignal.com/reports/2016/11/state-of-lte
	端(33%)	智能手机渗透率(%)(50%)	1. newzoo.com中“前50 COUNTRIES BY SMARTPHONE USERS AND PENETRATION”, https://newzoo.com/insights/rankings/前 – 50 – countries-by-smartphone-penetration-and-users/ 2. 部分国家来自statista,https://www.statista.com/,另有部分国家国际电信联盟(ITU)官方网站数据库
		在线智能设备数量(50%)	https://www.shodan.io,查询服务器数量(X10协议),以智能家居/E-Housing终端设备为代表

注：如无特殊说明，本表数据查询时间为2017年7月10日。

该评价体系将“云”“管”“端”三者作为对等因素进行数字基础设施的评估，因此，这三部分权重相同。在进行各项打分时，首先选取该项指标当中表现最好的国家，以该国家的这一指标为满分（100 分）参照系，并将该国的这一指标标准化为 100，然后将其他国家的该项指标按照以下公式进行评分：

$$\text{i 国指标 } N \text{ 得分} = \frac{100 \times i \text{ 国 } N \text{ 指标值}}{\text{参照系国家 } N \text{ 指标值}}$$

其综合指标计算公式如下：

$$\text{i 国综合指标} = \frac{\sum_{1}^{n} i \text{ 国 } N \text{ 分项指标值}}{n}$$

除综合评价指标外，根据数字基础设施的当前状况和未来的发展趋势，另设计了一组分指标用来评估一国数字基础设施面向现在就绪度分指标和服务未来准备度分指标。面向现在的数字基础设施主要指满足现有商业应用的相关指标（就绪度），而面向未来的数字基础设施主要指因应其发展方向（移动化、物联网、智能化等）的指标，其指标设置如表 2 所示。

表 2　数字基础设施面向现在和未来的指标设置

指标	二级指标	三级指标
面向现在的数字基础设施	云(33%)	在线服务器总数
	管(33%)	移动宽带普及率
	端(33%)	智能手机渗透率
面向未来的数字基础设施	云(33%)	在线物联网服务器总数
	管(33%)	LTE 网络覆盖率
	端(33%)	在线智能设备数量

根据最终评分将参与评估的国家分为四类，分别为领先型、追随型、创新型、落后型。

当前指征数字基础设施的数据较少，本报告采用技术查询的方式获取相关数据，但数据仍然不完全，不过经过初步分析可用来评估各国数字基础设施的发展状况。

（1）“云”数据说明

对于“云”的相关数据，本报告主要从云计算的规模来评估，一般可用在线服务器总数来代表。我们选择三种云计算常用且较为通用的应用服务器名称进行统计，分别为 Nginx、Apache、Lighthttp。这三种服务器占全球在线服务器数量的 70% 以上，而且在各国均有使用，经统计全球总共约有 4210 万个在线服务器实例。

对于物联网专用服务器，主要查询运行如下八类物联网专用协议的服务器实例：MQTT、AMAQ、STOMP、XMPP、CoAP、WAMP、Restful Http、DDS。这八类专用协议基本上可覆盖目前在线可检索的 90% 的服务器，但由于物联网目前尚未大规模运用，目前检索到约 6.3 万个在线物联网服务器实例。

此类通过技术分析采集的服务器数据或有差异，主要有如下三个原因。

一是样本数据收集偏差：由于 Shodan. io 是搜索引擎，其数据采集可能存在样本偏差。

二是由于部分国家可能更习惯使用私有云或部分服务器未放在公网中，无法进行统计。

三是即便一台服务器位于某国的数据中心，但其可能是跨国公司的一个组成部分。

尽管存在上述误差，使用服务器数量仍然可以表明一国的数字基础设施的云计算规模，这些数据仍然存在一定的指向意义。

（2）“管”数据说明

如前文所述，“管”实际存在多种方式，在本报告分析框架中，主要使用移动宽带普及率以及 LTE 覆盖率作为指标，这是因为数字基础设施应具备随时随地连接的能力，移动宽带是目前无线智能设备主要采用的方式，而 LTE 网络的覆盖率可为物联网的发展打下基础。

（3）“端”数据说明

在本分析框架中，“端”主要采用智能手机渗透率和在线智能设备数量作为指标，其中智能手机渗透率为各国每百人使用智能手机的比重，而智能手机可支撑各类移动应用。

由于目前智能设备种类繁多，其自身的智能化和应用方式也千差万别，协议也不尽统一，所以本分析框架主要使用目前相对协议统一的智能家居类智能设备作为指标。在 Shodan. io 检索统计使用 X10 协议的智能设备，共得到约 59 万个实例。

（二）各地数字基础设施评价分析

根据本报告构建的数字基础设施评价模型，同时整理相关数据，得出具体排名和得分情况（见表3）。

表3 数字基础设施排名/得分

排名	地区	总评分	云	管	端	排名	地区	总评分	云	管	端
1	美国	88.20	100.00	73.83	90.76	18	爱沙尼亚	34.11	0.22	76.71	25.4
2	新加坡	52.98	8.72	93.16	57.07	19	爱尔兰	33.39	5.34	48.64	46.19
3	中国	50.30	56.52	51.96	42.43	20	捷克	32.83	1.30	58.23	38.98
4	韩国	47.54	6.89	84.79	50.94	21	法国	32.60	8.25	47.03	42.52
5	日本	44.14	9.96	86.97	35.48	22	比利时	32.07	0.91	55.16	40.15
6	瑞典	41.62	2.01	79.76	43.08	23	中国台湾	31.55	5.81	40.78	48.08
7	澳大利亚	40.91	2.87	77.39	42.46	24	克罗地亚	31.44	0.73	54.62	38.96
8	挪威	40.82	0.60	72.85	49.02	25	意大利	31.16	2.60	51	39.87
9	丹麦	40.65	0.44	74.27	47.24	26	俄罗斯	31.01	8.47	46.83	
10	荷兰	39.47	7.98	66.07	44.37	27	保加利亚	30.46	1.13	54.04	36.21
11	芬兰	38.76	1.26	84.26	30.77	28	波兰	30.36	2.71	49.79	38.59
12	英国	37.98	7.13	61.88	44.94	29	以色列	30.32	0.41	46.83	43.73
13	德国	36.87	15.13	50.21	45.26	30	马来西亚	30.12	0.67	51.42	38.28
14	瑞士	35.32	1.23	61.89	42.85	31	葡萄牙	29.71	1.73	48.86	38.55
15	西班牙	35.01	4.87	59.78	40.39	32	泰国	29.20	1.15	62.07	24.39
16	沙特阿拉伯	34.54	0.14	64.87	38.6	33	科威特	29.19	0.03	87.5	0.06
17	奥地利	34.23	0.80	56.21	45.69	34	加拿大	29.17	4.69	39.4	43.41

续表

排名	地区	总评分	云	管	端	排名	地区	总评分	云	管	端
35	阿联酋	29. 13	0. 14	39. 66	47. 58	68	巴基斯坦	11. 66	0. 14	29. 17	5. 65
36	巴西	28. 91	7. 54	53. 16	26. 03	69	格鲁吉亚	11. 40	0. 01	34. 2	0
37	罗马尼亚	27. 20	1. 75	46. 19	33. 65	70	斯洛伐克	11. 32	0. 30	33. 41	0. 27
38	希腊	26. 76	0. 55	44. 37	35. 36	71	文莱	11. 24	0. 01	33. 72	0
39	智利	26. 69	0. 47	46. 38	33. 21	72	厄瓜多尔	10. 85	0. 34	32. 13	0. 08
40	阿根廷	26. 59	0. 87	50. 17	28. 74	73	埃及	10. 71	0. 05	13. 93	18. 15
41	哥斯达黎加	26. 42	0. 16	55. 52	23. 58	74	阿尔巴尼亚	10. 71	0. 04	32. 09	0
42	墨西哥	25. 80	7. 04	45. 53	24. 84	75	加纳	10. 52	0. 02	19. 15	12. 38
43	卡塔尔	25. 52	0. 00	76. 52	0. 04	76	危地马拉	9. 94	0. 03	29. 75	0. 05
44	土耳其	24. 38	1. 60	41. 29	30. 26	77	洪都拉斯	9. 60	0. 03	5. 22	23. 56
45	南非	24. 10	2. 08	47. 94	22. 28	78	柬埔寨	9. 59	0. 05	28. 67	0. 04
46	卢森堡	23. 32	0. 11	69. 58	0. 28	79	越南	9. 48	2. 49	9. 93	16. 01
47	哈萨克斯坦	23. 23	0. 14	46. 32	23. 24	80	突尼斯	9. 40	0. 07	28. 07	0. 06
48	哥伦比亚	22. 54	0. 36	45. 69	21. 58	81	多米尼加	9. 08	0. 02	27. 18	0. 04
49	约旦	22. 18	0. 01	36. 5	30. 03	82	阿尔及利亚	8. 58	0. 01	6. 66	19. 08
50	立陶宛	21. 23	0. 44	63. 04	0. 21	83	斯里兰卡	8. 44	0. 07	25. 2	0. 03
51	秘鲁	20. 29	0. 14	39. 39	21. 33	84	吉尔吉斯斯坦	7. 32	0. 02	21. 94	0
52	新西兰	20. 14	0. 30	59. 93	0. 18	85	乌拉圭	6. 43	0. 09	19. 15	0. 03
53	摩洛哥	20. 11	0. 76	39. 84	19. 75	86	乌克兰	6. 19	1. 41	2. 4	14. 75
54	冰岛	19. 70	0. 05	59. 05	0. 02	87	肯尼亚	6. 10	0. 03	2. 91	15. 37
55	中国香港	19. 21	4. 48	44. 15	9. 01	88	白俄罗斯	5. 94	0. 10	17. 62	0. 1
56	印度	19. 03	3. 41	39. 17	14. 51	89	尼日利亚	4. 18	0. 03	3. 75	8. 77
57	印度尼西亚	18. 55	1. 07	41. 85	12. 71	90	伊拉克	3. 94	0. 10	0	11. 71
58	匈牙利	17. 88	0. 65	52. 57	0. 44	91	纳米比亚	3. 79	0. 00	11. 37	0
59	黎巴嫩	17. 45	0. 03	21. 69	30. 63	92	塞内加尔	3. 73	0. 00	0	11. 19
60	伊朗	17. 10	0. 47	28. 43	22. 41	93	牙买加	3. 54	0. 02	10. 6	0
61	委内瑞拉	16. 54	0. 09	27. 97	21. 56	94	苏丹	2. 90	0. 00	8. 71	0
62	菲律宾	15. 48	0. 25	32. 37	13. 83	95	尼泊尔	2. 77	0. 04	5. 57	2. 7
63	巴拿马	13. 94	0. 10	41. 65	0. 08	96	布基纳法索	2. 75	0. 00	0	8. 24
64	阿塞拜疆	13. 04	0. 01	0	39. 11	97	坦桑尼亚	2. 17	0. 04	0	6. 47
65	斯洛文尼亚	12. 95	0. 27	38. 48	0. 09	98	孟加拉	1. 89	0. 27	2. 05	3. 36
66	巴林	12. 86	0. 00	38. 57	0	99	缅甸	1. 59	0. 00	4. 77	0
67	拉脱维亚	12. 85	0. 34	38. 03	0. 16	100	埃塞俄比亚	0. 79	0. 01	0	2. 35

注：数字基础设施满分为 100 分。

美国以88.20分雄踞榜首；第二名新加坡综合得分为52.98分；中国为第三名，综合得分为50.30；其后直至第十五名，综合得分差异均不大，这也体现出当今数字基础设施“一超多强”的格局。全球仅75个地区得分在10分以上，对前一百名地区的数字基础设施进行综合梯度分析，可更直观地观察到这个现象（见图4）。

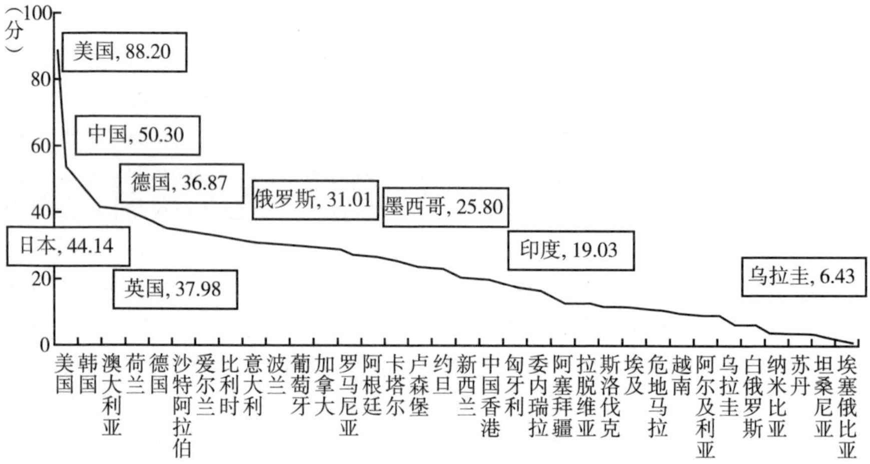

图4 世界前一百名地区数字基础设施梯度

为更好地了解此现象，我们将排名前五的地区进行分项对比，其结果如图5所示。

中美两国“云”“管”“端”结构相似，只是中国的各分项得分均略低于美国。“云”设施中，美国的在线服务器数量（云服务器约1647万个实例、物联网服务器1.6万个实例）均远远超过其他国家，而中国的在线服务器数量（云服务器约525万个实例、物联网服务器1.3万个实例）占据第二位，其余国家的在线服务器数量远少于这两国。新加坡、韩国、日本等三国结构同样相近，在“管”这一分项均更为突出，其国内的移动宽带覆盖率和LTE的覆盖率在全球均属于极高水平。

将数字基础设施拆分为面向现在的基础设施和面向未来的基础设施进行分析，结果分别如图6和图7所示。在面向现在的数字基础设施中，美国仍

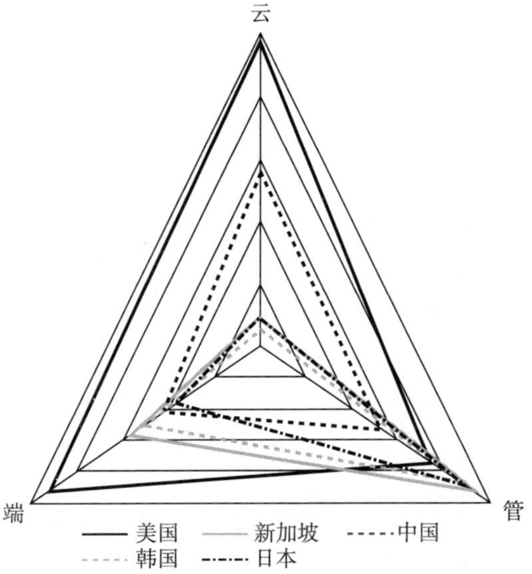

图 5　世界前五名国家数字基础设施综合对比

然是当之无愧的强者；在面向未来的数字基础设施中，美国可能会暂时领先，但有可能会被中国超越，中国持续在物联网领域进行研究和应用。相较而言美国目前在“端”的应用更强，总体趋势是各国在线物联网服务器数量差异已经没有在线服务器总量那么明显，随着窄带物联网技术的进步，未来数年将有可能形成新的格局。

由图 6 可见，由于仅选取各国以移动互联为表征的数字基础设施指标（在线云服务器总数、移动宽带普及率及智能手机渗透率），更可清晰地看出排名前五位国家数据基础设施结构的不同与相似之处：中美两国在“云”“管”“端”构成相似，而新、日、韩三国在“管”和“端”更为突出，但“云”端稍显薄弱。

当选取各国以“万物互联”为表征的数字基础设施指标（在线物联网服务器总数、LTE 网络覆盖率及在线智能设备数量）时，发现如下事实（见图 7）。

（1）中美在云端的差异已缩小，两者在线的物联网服务器数量相近，而且两者的 LTE 覆盖率差距也较小。随着中国 2017 年三大运营商持续发

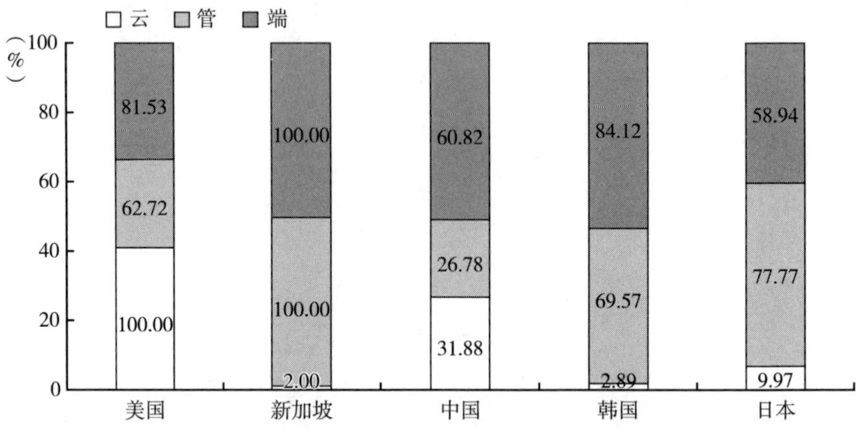

图 6　世界前五名国家面向现在的数字基础设施对比

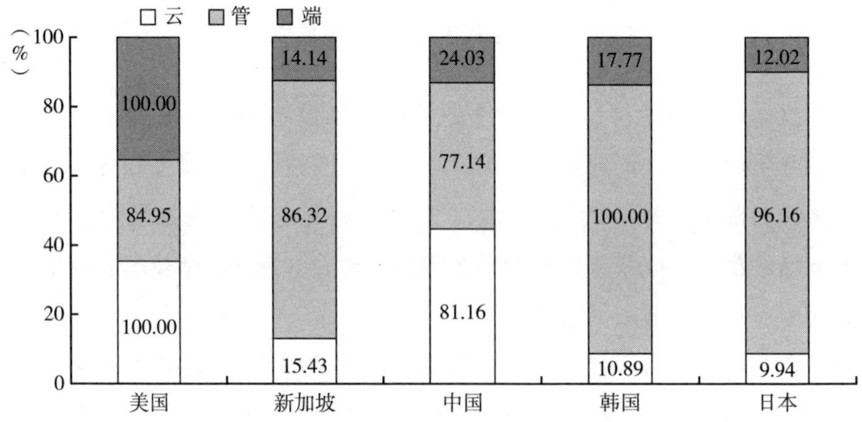

图 7　世界前五名国家面向未来的数字基础设施对比

力，以及更多的城市或地区参与 LTE 商用测试，中国可能在“云”和“管”超过美国。

（2）新、日、韩三国在物联网的云端表现也较为出色，其实这三国“LTE 的覆盖率”实际非常高，韩国则已超过 95%，基本可说是覆盖全境。

（3）由于本次在线智能终端采用小样本统计，预计未来将会有较大的发展。

（三）各地区基础设施数据发展现状评述

将排名前五十的地区按面向现在及面向未来进行评分，以40分为界限，可将这50个地区分为四种类型。

（1）领先型：该地区数字基础设施完善，无论是面向现在还是面向未来均能满足应用，其面向现在和面向未来的分项值均超过40分。

（2）追随型：该地区数字基础设施基本完善，但更多的是面向现在的服务，面向未来的服务还需要加大投入，其面向现在的分项值超过40分，但面向未来的分项值低于40分。

（3）创新型：该地区面向现在的数字基础设施服务能力不足，但可满足未来的应用，一般这类地区以往基础设施建设较为落后，但抓住物联网机遇，在此领域加大了投入。其面向现在的分项值低于40分，但面向未来的分项值高于40分。

（4）落后型：该地区数字基础设施落后，无论是面向现在还是面向未来均发展不足，有可能与其他国家进一步拉大数字鸿沟，其面向现在和面向未来的分项值均低于40分。

将世界前五十名国家的根据面向现在的分项值和面向未来的分项值进行分布，结果如图8所示，分类结果如表4所示。

在本评价框架下，美国和韩国数字基础设施完善，无论是面向现在的服务还是面向未来的服务分项均表现不俗，是领先型国家。而中国由于移动宽带普及率在全球属于中下游水平，使得面向现在的数字基础设施略欠一筹，成为唯一的创新型国家，预计随着智能手机的进一步普及以及移动应用的丰富，再加上数字素养的培育，未来逐步完善面向现在的数字基础设施，将有可能成为全球数字基础设施的领先者。新加坡和日本这两个国家没能成为领先型国家，而是进入追随型国家的第一梯度，虽然这两个国家在“管”投资巨大，而且其相应的产业政策均倾向于物联网的研发与应用，但实际展现的面向未来的数字基础设施并不出色，可能是其内部数字创新不足，智能终端在线数量较少使得面向未来的分项值略低，或者其选择的智能设备方向更

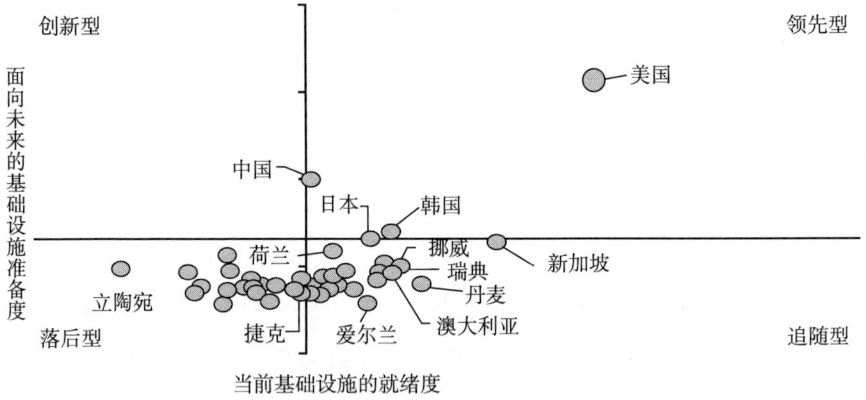

图 8　排名前五十地区数字基础设施分布

表 4　数字基础设施发展现状归类

领先型地区	美国、韩国
创新型地区	中国
追随型地区	新加坡、日本、瑞典、澳大利亚、挪威、丹麦、荷兰、芬兰、英国、德国、瑞士、西班牙、沙特阿拉伯、奥地利、爱沙尼亚、爱尔兰、法国、克罗地亚、意大利、以色列
落后型地区	捷克、比利时、中国台湾、俄罗斯、保加利亚、波兰、马来西亚、葡萄牙、泰国、科威特、加拿大、阿联酋、巴西、罗马尼亚、希腊、智利、阿根廷、哥斯达黎加、墨西哥、卡塔尔、土耳其、南非、卢森堡、哈萨克斯坦、哥伦比亚、约旦、立陶宛（排名在 50 名之后的全部国家或地区）

为独特，使得数据采集出现偏差。而欧盟大多数国家同样为追随型国家，如英国、法国、德国等。同样意外的还有中国台湾地区和俄罗斯，与大多数人的印象相反，这两者在本评价框架下均属于落后型数字基础设施的地区这一组，幸好落后并不多，若加大投入或可迎头赶上。实际在纳入统计的合计 179 个地区中，落后型地区合计为 156 个，占总数的 87.1%，说明大多数地区的数字基础建设有欠缺，有待继续加强。这些地区需要重视数字基础设施建设，否则随着技术的进一步发展，未来数字鸿沟将可能加大。

另一组令人印象深刻的数据是物联网服务器占在线服务器比重，该数据可展现各地区对移动网络及未来物联网的应用也是非常重视的，其中尤以新加坡、韩国较为突出，这两国无论是在线服务器数量还是在线物联网服务器数量与其国家体量相比均属于较高水平。在录得的全部服务器中，物联网服务器占全部在线服务器比重最高的为克罗地亚，达到 14.2‰；新加坡为 7.8‰，位居第二；第三名后依次为芬兰（7.8‰）、中国台湾（5.6‰）、韩国（3.8‰）、西班牙（3.4‰）、爱尔兰（2.9‰）、中国（2.6‰）、俄罗斯（1.9‰）等。美国在此项并不突出，占比约为 1‰，但总量绝对数仍为第一，达到 1.6 万余实例，与美国占比持平的还有日本、英国、法国、德国等，均在 1‰左右，即便这些物联网应用服务器尚未投入商业应用，仍处于测试阶段，也可说明这些地区在为未来的万物互联做准备。

（四）典型国家数字基础设施独立分析

各个国家的数字基础设施发展形态差异较大，本报告选择部分典型的国家进行对比分析，发现美国在诸多方面仍是标杆，如在线服务器数量、在线物联网服务器数量和在线智能设备数量；在其他方面如移动宽带的普及率美国略有落后。

1. 美国

美国目前在“云”的两项指标（在线服务器实例总数及在线物联网服务器总数）均为第一，同时“端”的指标中在线智能设备数量也是位列第一，但“管”的指标尚有改善的余地（见图 9），但美国毫无疑问是数字基础设施的大国和强国。

2. 中国

中国各方面均衡，与美国的结构较为相近，但数值略小（见图 10）。实际在“云”的两项指标中国位居第二，仅落后于美国。中国作为数字基础设施的创新者，一方面在保有面向现在的数字基础设施中追赶美国，另一方面在面向未来的万物互联的基础设施中提前布局，将会引领新一代的数字经济发展的浪潮。

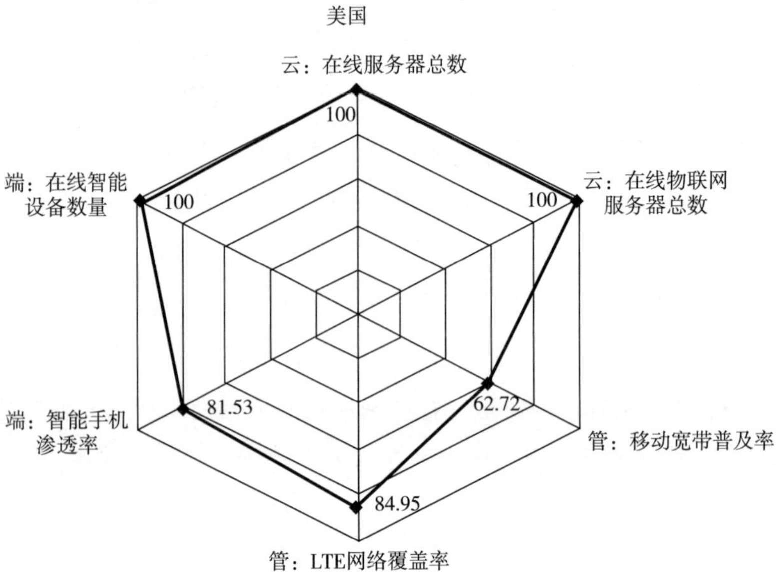

图 9　美国各分项数据对比

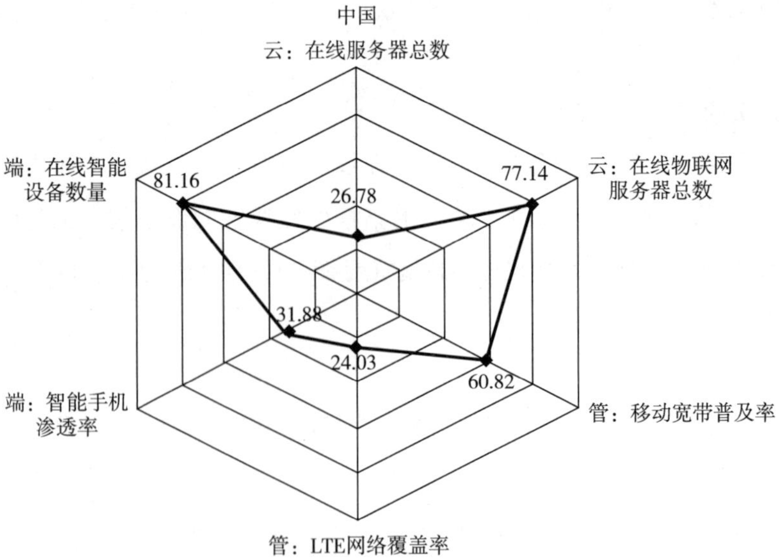

图 10　中国各分项数据对比

3. 日本

不同于中美两个大国数字基础设施的均衡发展，日本作为数字基础设施的领先国，其“管”的部署更为发达（见图 11），也就是更注重数字基础设施的到达能力。

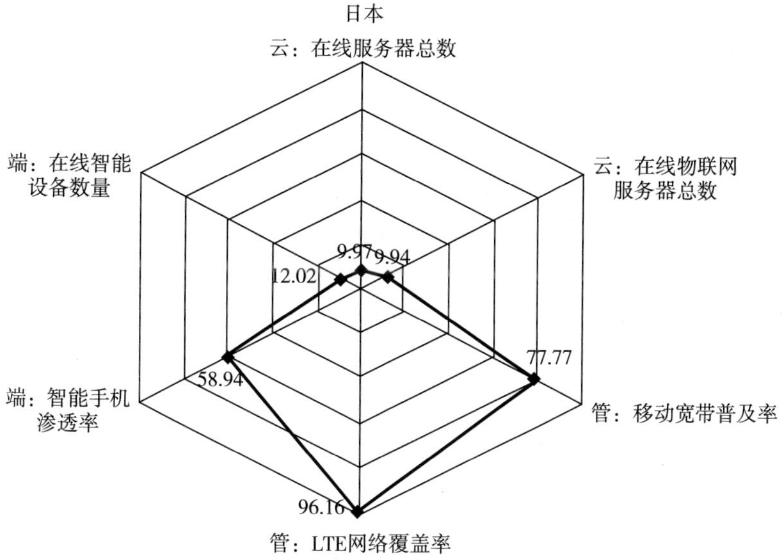

图 11　日本各分项数据对比

日本早在 2004 年就提出以发展 Ubiquitours 社会（泛在网络）为目标的 u-Japan 构想，成果有目共睹。日本的在线服务器数量远高于新加坡和韩国，在线服务器实例数达到 164 万台，接近中国的 1/3，而且物联网在线服务器也超过 20 万台。日本将推动物联网建设作为 2017 年经济增长新战略的一部分，预计未来将有更好的表现。

4. 韩国

与日本相似，韩国信息通信部于 2004 年 2 月发布了“IT－839 计划”，随后，韩国信息通信部成立了“u-Korea”战略规划小组，并在当年 3 月提出了为期 10 年的“u-Korea”战略，其目标是在全球最优的泛在基础设施上，将韩国建设成全球第一个泛在社会。为了更好地实施“u-

Korea”战略，2006年2月，韩国政府在“IT－839计划”中引入“无处不在的网络”概念。韩国信息通信部根据当时韩国IT产业的发展情况对“IT－839计划”进行了修订，将“IT－839计划”修订为“u-IT 839计划”，在“u-IT 839计划”中，韩国将RFID（无线射频技术）/USN（泛在网络）列为发展重点。“u-Korea”战略旨在通过布建智能网络、推广最新的信息技术应用等信息基础环境建设，建立无所不在的信息化社会（ubiquitous society）。

韩国率先将LTE网络覆盖率提升到95.71%，接近覆盖全境水平，同时将移动宽带覆盖率提升到108.6%。其移动智能设备的应用也属于领先水平，但可能过于注重“泛在”网络的建设，“云”和“端”的发展并不突出（见图12），说明其消费类物联网或无线智能的应用不算特别出色。

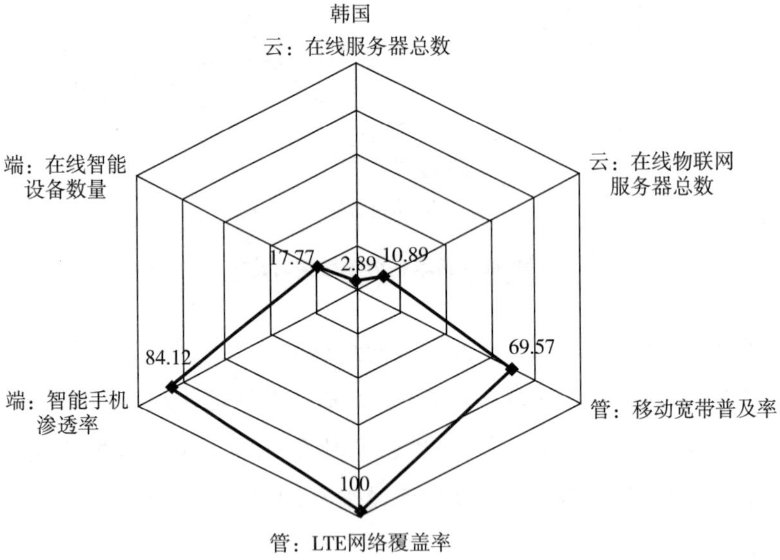

图12　韩国各分项数据对比

5. 英国

英国当前的数字基础设施各项指标并不突出（见图13），在综合排名中位列第12，属于追随者。但日前公布的《英国数字化战略》将建设世界级数字基础设施列为“数字英国”的优先发展目标，认为网络连接度驱动生产力和创新，因此2020年将致力于提高网络连接的普遍性，如在全国普及4G应用和超高速宽带。英国远期将关注更广泛的全光纤连接及5G技术应用，为更智能和更弹性的下一代数字基础设施做准备。

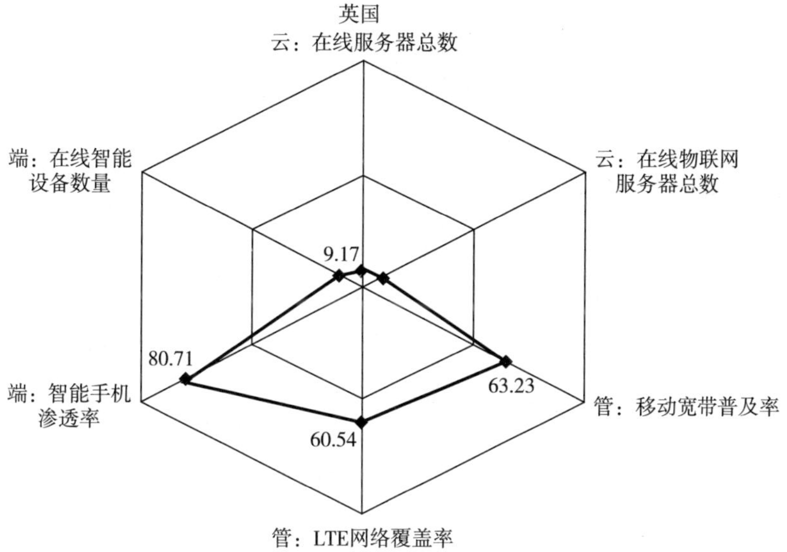

图13　英国各分项数据对比

6. 德国

与其他欧盟国家相似，德国以往在电信网络及信息基础设施网络建设方面较为完善（见图14），所以在敷设新一代数字基础设施中转换和重置成本过高，使得德国当前的数字基础设施表现不佳，在综合排名中居第13位。与英国略有不同的是，德国实际在线服务器数量达到242万台，在线物联网服务器为0.26万台，从绝对数量来看均位居全球第三。德国长期倡导的“工业4.0”战略及智能家居应用撬动了物联网发展，在当前表现尚属领先，预计未来能取得更好的成绩。

7. 俄罗斯

俄罗斯的数字基础设施相对落后，综合排名为第26名，属于基础设施落后者，其原因主要在于面向未来基础设施得分较低，同时面向现在

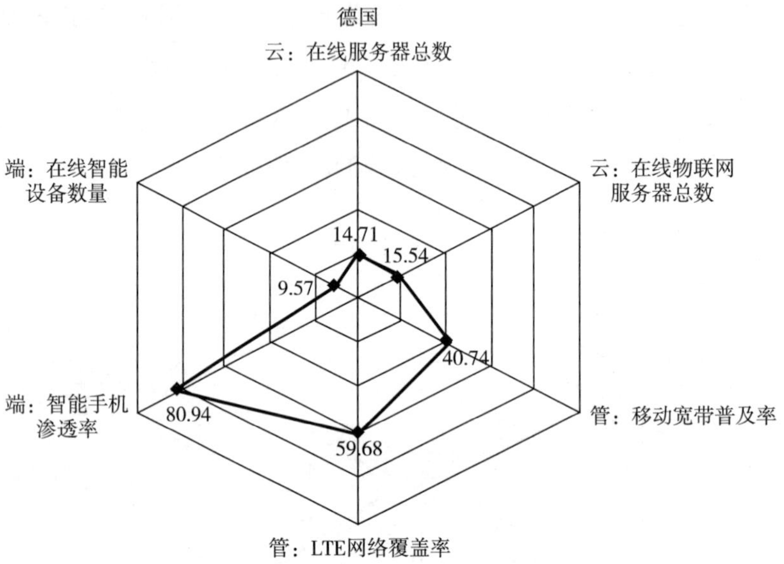

图 14　德国各分项数据对比

的基础设施得分也不佳（见图 15），但其基本结构与德国比较相像，在“管”方面表现稍稍落后。由于俄罗斯幅员辽阔，要达到较高的移动宽带覆盖率及 LTE 网络覆盖率，其需要投入巨资，只有这样，方能保持在数字经济大潮中不掉队。

8. 墨西哥

墨西哥的数字基础设施总体相对落后，其综合排名为第 42 位（见图 16）。但墨西哥的在线服务器总数达 223 万台，位列世界第四，其余指标相对落后，这种情况可能与墨西哥的电信企业以往重点开拓云托管服务有一定的关联度。

9. 印度

印度的综合排名为第 56 位，属于基础设施落后者（见图 17）。印度在 DataCenterMap. com 中记录有 118 个数据中心，居于世界前十，但实际统计的在线服务器数量仅为 34 万余台，单数据中心平均在线服务器约为 0. 46 万台，处于全球中间水平。其“管”和“端”发展较为落后，移动宽带普及率和智能手机渗透率均较低。印度 LTE 网络覆盖率相对较高，达 71. 6%；

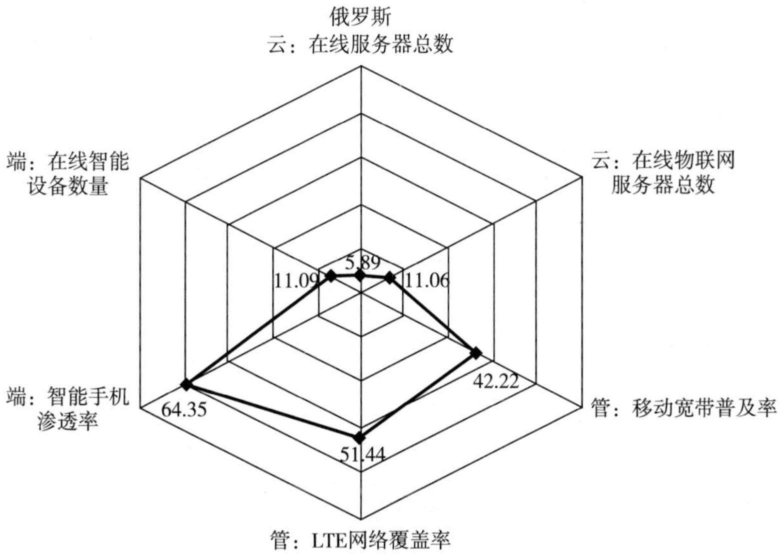

图 15　俄罗斯各分项数据对比

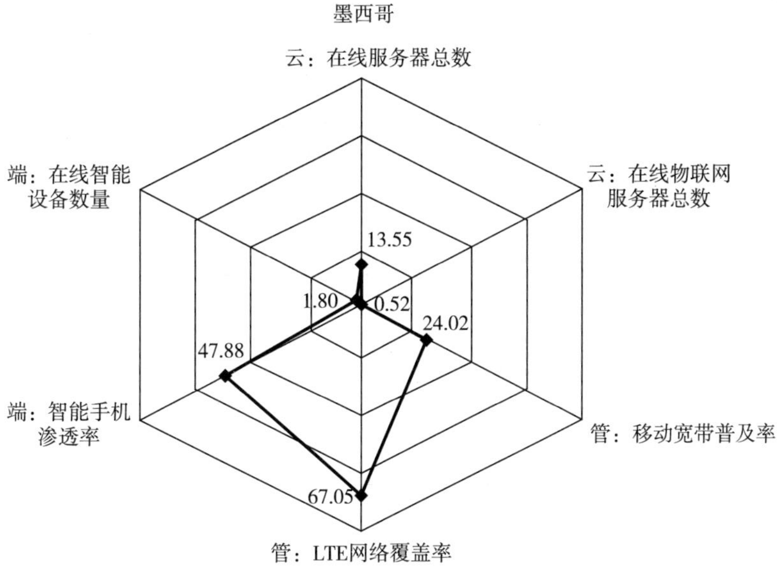

图 16　墨西哥各分项数据对比

但 LTE 平均速率仅为 6.39M/S，在 opensignal.com 中获取的约 100 个国家中为倒数第三（全球 LTE 平均速率中位数为 22.16Mbps）。同时，印度的在线智能设备数量指标得分也较低，印度若要取得更佳的数字经济成绩，还需要在数字基础设施中加大投入。

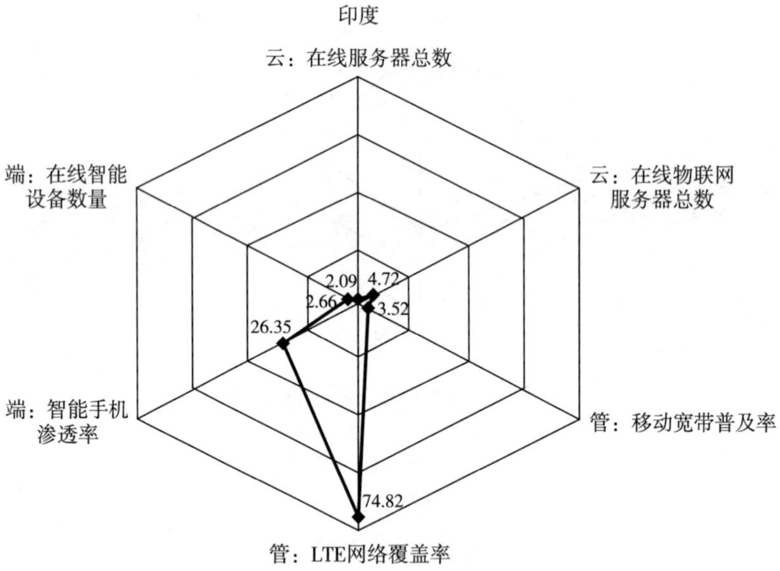

图 17　印度各分项数据对比

三　全球数字经济基础设施的发展新趋势

在数字基础设施发展趋势的相关议题中，已有较多企业或商业咨询公司提出自己的见解，也有部分政府开始倡导“下一代”或“面向未来”的数字基础设施计划。中国、美国、欧盟、英国及荷兰均明确提出建设下一代数字基础设施的计划或战略。中国明确提出建设下一代信息基础设施，从国家层面确立了下一代信息基础设施的战略地位，将建设宽带、安全、泛在、融合的下一代信息基础设施；美国密西根州政府则为下一代数字基础设施总结出敏捷、开放和常在等三个特征；欧盟总体认为物联网将深刻影响数字基础设施；英国将具有弹性的全光纤和5G技术这两种对于“管”发展影响甚大的技术应用作为重点；荷兰成立了下一代基础设施基金会（Next Generation Infrastructures Foundation），以满足“端”的普遍性应用为目标构建数字基础设施。

一些技术供应商也都根据各自的优势提出解决方案，如华为提出“云”融合，建设以5G技术为基础的更宽广智能的全连接“管”，以“管”技术标准化拉动“端”应用的面向未来的数字基础设施；爱立信则将提供泛在连接和“端”应用标准的LTE演进技术作为自己的下一代数字基础设施方案的核心。

其他一些研究机构更注重技术应用给数字基础设施带来的影响，如Gartner的资深副总裁Peter Sondergaard在2016年度的“Gartner：IT服务及采购盛会”（Gartner Symposium Itxpo，2016）发表题为“数字企业依赖于核心IT、物联网和人工智能”（*Digital Business Depends On Core IT*，*IoT*，*AI*）的主题演讲，指出传统的核心IT系统、客户体验、物联网、智能化和生态圈框架将构成未来的数字基础设施①。另有一些基础设施运营企业如NTT Data（隶属于日本电信电话公社NTT）旗下专注于管理型ICT业务的Dimension Data集群总经理Kevin Leahy提出如下五个趋势：集成式混合IT环境成为实现业务期望的交付和用户体验中心、超聚合和闪存存储应用、数据中心接近云端、应用程序定义基础结构（SDI）、物联网是传递大数据的保证等②。

概括起来看，技术的进步仍是推动数字技术设施发展的关键要素，我们总结了如下两个发展趋势。

---

① Curtis Franklin Jr.，*Gartner*：*Digital Business Depends On Core IT*，*IoT*，*AI*，，http：//www.informationweek.com/infrastructure/gartner-digital-business-depends-on-core-it-iot-ai/a/d-id/1327200，2017-11-9.

② Kevin Leahy，*Top IT trends 2017*：*digital infrastructure*，http：//www2.dimensiondata.com/fr-fr/it-trends/digital-infrastructure，2017-11-9.

（一）大数据与物联网在数字基础设施中广泛应用

物联网的发展对于数字基础设施中云计算、网络覆盖、软件服务和存储等均有特殊的要求。物联网应用将融合传感器网络的多元信息采集，基于互联网、电信网乃至广电网的信息传送，以及基于信息服务网络的新兴业务与应用三个主要部分，其典型特征为广泛的信息获取能力、可靠的信息传送能力、高效的信息应用能力①。

物联网应用将日益普遍，处于应用各种传感器设备“端”侧可近距离、多视角、多参数地采集环境和事件的海量、多元信息，具有信息表现形式的多样性、信息数量的巨大性、信息关系的复杂性等特点。物联网发展的基础是处于信息感知和处理末梢的传感器网，与现有基础设施“管”有很大的不同。融合无线传感器网络的数字基础设施需在各种现有网络融合与协同的基础上运行，需要可靠有效的传输技术来适应泛在智能服务，泛在网络将成为“管”发展的重要目标。因此增强移动宽带功能尤其是快速普及 LTE 就成为满足需求的关键，未来 4G 及 5G 技术将成为“管”的主要发力方向。

对于“云”侧而言，复杂数据采集的终端可能要求计算前置，在广域网中集中部署的云计算服务可能不能满足计算需求，需要进行“现场云”的技术规划与研发。物联网的应用中大多数是长距离、低密度、低速率、低功耗、多终端的通信，将对“管”产生影响；同时，由于物联网应用场景较为分散，未来也将面对更复杂多样的“端”，这将对数字基础设施产生重大影响。

在 Gartner 看来，大数据技术是对大容量、高周转率、高可变性的信息资产的管理，它要求经济实惠的、创新的信息处理形式以提升洞察力和决策水平②。数字基础设施中不仅有数字经济在其中产生的数据，还有数字基础设施运营时产生的数据。前者需要数字基础设施提供足够的数据处理和存储能力，因

① 谢东亮、王羽：《物联网与泛在智能（1）》，《中兴通信技术》2010 年第 4 期。

② Gartner，*Top 10 Technology Trends Impacting Information Infrastructure*，https：//www. gartner. com/doc/2340315/top-technology-trends-impacting，2017 - 11 - 9.

此高速闪存存储技术、现场数据处理技术、混合 IT 技术将成为面向大数据的数字基础设施的基本要求。后者可使数字基础设施更智能、更具弹性，具有更高的安全性和可靠性，从而满足数字基础设施的动态管理。

（二）ICT 技术发展对于数字基础设施的推动

当前，对数字基础设施有影响的 ICT 技术主要有超融合基础设施和软件/应用定义基础设施（SDI）服务等，这些技术的发展让基础设施更具弹性及易于维护管理，进一步提升了数字基础设施的利用率并降低了使用成本。超融合基础设施将计算、存储、管理程序和间歇网络组成一个单一模块化系统，将所有这些功能集中在一套共同的管理控制台中，通过单一的软件进行管理，类似一站式服务。而 SDI 由 IBM、Intel、HP 等 IT 厂商推动，本质上是一种开放、高效、灵活、可扩展的平台，通过统一的软件来管理相关的零散资源，其与超融合基础设施的不同之处在于不强求基础设施的集成融合，而是通过更智能的软件来弹性管理和使用这些资源。

这两种技术的推进与演变将对数字基础设施的演化产生一定的影响，但总的来说，会让数字基础设施更具弹性和智能，满足最终用户快速应用的需求。这两种技术只需要通过定义业务或服务，就可以将用户的想法在数字基础设施的支撑下快速实现，从而进一步促进数字经济的发展。

B.3
全球数字产业发展报告

张伯超　王滢波*

摘　要：　数字经济方兴未艾，以大数据和人工智能为代表的新数字经济产业革命刚刚揭开序幕。数字经济的发展一方面会使得社会福利极大改进，降低人类的工作时间，提高人类的自由度；另一方面，数字经济也会加大人类之间的差距，导致更剧烈的社会分层。人类如此，国家同样如此。数字经济的发展会加大国家之间的差距。数据的密集度会导致产业聚合和技术进步，为国家带来不可替代的竞争优势。本报告基于各国的数字经济数据，尝试分析各国的数字产业竞争力，描绘全球数字产业的发展现状。

关键词：　数字经济　产业竞争力　大数据　人工智能

一　全球数字经济呈现快速发展趋势

联合国贸易和发展会议（UNCTAD）在其《2017 全球投资报告——投资和数字经济》报告①中指出，数字经济是全球投资增长和发展的主要动力。它可以提升所有行业的竞争力，为商业和创业活动提供新机会，帮助企

---

* 张伯超，上海社会科学院经济研究所博士研究生，研究方向为创新集聚与经济增长；王滢波，上海社会科学院互联网研究中心高级研究员，主要研究方向为数字经济。

① *World Investment Report 2017*，http：//unctad. org/en/pages/PublicationWebflyer. aspx？ publicationid =1782，2017 -11 -9.

业进入海外市场和参与全球电子价值链；它也为解决可持续发展问题提供新的工具。然而，它面临着严峻的政策挑战，包括弥合数字鸿沟、尽可能减少潜在的对社会和发展的负面影响以及处理复杂的网络监管问题。数字经济面临的这些机遇与挑战对于发展中国家尤为重要。

数字跨国企业的海外销售额占其销售总额的70%，但其资产只有40%位于海外。数字跨国公司对东道国的影响不太容易在实体投资和创造就业中看到，但其投资可能有重要的间接影响，能够促进生产力和数字化发展。

数字技术在全球各行业供应链中的应用将会深刻影响国际生产。投资促进政策和制度应考虑跨国企业跨国经营模式的演变。大多数国家都在积极追求数字经济的发展机会。全面的数字化发展战略应涵盖数字基础设施投资、数字公司以及所有行业中企业的数字化应用。

促进对当地数字内容和服务的投资对于加快数字化发展至关重要。这意味着为数字公司创造和维护一个有利的监管框架并提供积极的支持措施，包括建设技术创新中心和孵化器，改善电子政务服务并配套风险投资等创新融资方式。与全球公司的合作有所裨益，但发展数字行业更多意味着支持当地企业发展，而不是促进数字跨国企业的投资。

投资决策者应采取更积极的态度来制定数字发展战略。他们不仅应该为自己政策领域的关键变化做好准备，还应该为数字产业政策的设计和实施做出重要贡献。数字化发展应纳入投资政策的框架中，而投资政策应嵌入整体的数字发展战略中。

（一）数字经济是经济增长的发动机

过去几十年里，数字经济从无到有，迅猛发展。有“互联网女皇”之称的华尔街证券分析师玛丽·米克尔（Mary Meeker）在美国Code大会上发布的《2017年互联网趋势报告》中指出，目前全球互联网用户数已超34亿，互联网全球渗透率达到46%。其中，印度互联网用户数达到3.55亿，为仅次于中国的全球第二大互联网市场。2017年，全球智能手机出货量同比增长3%，2015年增长10%，2014年增长28%，增速持续放缓。2016年，全球网络广告支出达370亿美元，增长22%，2015年增长20%。预计未来网络广告支出将超越电视广告，其中，移动广告增速已经超越PC广告。云基础设施迅速发展，份额正逐步接近传统数据中心。2016年，全球公有云与私有云基础设施建设支出达360亿美元，占IT基础设施建设总支出的37%，比2014年增长37%。中国互联网已进入在线娱乐和共享出行的黄金时代。在线娱乐方面，2016年，互联网已经占据中国用户55%的媒体时间，移动互联网使用时长超过电视。2016年，中国超过美国，成为全球第一大网络游戏市场。目前中国每年共享出行次数已过百亿，占全球市场份额的67%。中国移动支付市场迅猛发展，百元以下小额交易占比快速增长，逐步取代现金。中国电商占中国社会商品零售总额的15%，在全球各大市场中的渗透率增长最快。

伴随着数字经济的高速发展，截至2017年2月20日，全球市值最高的13家企业中已经有7家是纯粹的数字经济公司。按照市场估值计算，数字经济在GDP中的比重已经超过50%。数字经济对投资具有重要意义，而投资对于数字化发展至关重要。数字技术的应用将改变跨国企业的国际业务运营方式以及外国子公司对东道国的影响。所有国家的数字发展，特别是发展中国家参与全球数字经济需要针对性的投资政策。

信息通信技术（ICT）跨国企业在国际生产中的重要地位在过去五年中急剧上升。2010～2015年，UNCTAD排名前100的跨国企业中，科技公司的数量翻了一番。这些公司的资产增加了65%，其营业收入和员工数量增长了约30%，而这100家跨国企业中的其他企业则基本持平。数字跨国公司，包括互联网平台、电子商务和数字内容公司的重要性也在迅速上升。

根据埃森哲的统计，目前全球数字经济占GDP比重最高的是美国，为33%，随后是英国、澳大利亚、法国、德国、荷兰、巴西、西班牙、日本、意大利、中国。在这11个样本中，中国排最后，其数字经济占GDP的比重为13.3%，只有世界平均水平的一半左右。但根据中国2016年的政府

表 1 全球市值最高企业排名

单位：亿美元

排名	企业	市值	排名	企业	市值
1	苹果	7167.8	8	强生	3310.2
2	谷歌	5842.6	9	摩根大通	3262.5
3	微软	4995.1	10	富国银行	2936.2
4	伯克希尔——哈撒韦	4219.7	11	通用电气	2656.8
5	亚马逊	4020.9	12	阿里巴巴	2608.6
6	Facebook	3871.7	13	腾讯控股	2587.3
7	艾克森美孚	3393.9			

注：数据截至 2017 年 2 月 20 日。

公告，2016 年美国数字经济规模为 11 万亿美元，占 GDP 的 59.2%，而中国的数字经济规模达到 22.4 万亿元人民币（当年价，约为 3.8 万亿美元），增速高达 16.6%，占 GDP 的比重为 30.1%。目前我国数字经济规模位居世界第二，超过日本（约 2.3 万亿美元）、英国（约 1.43 万亿美元），和美国 11 万亿美元的规模仍有差距，占 GDP 的比重也低于美国、英国和日本，但增速位居世界第一。两个数据有如此大的差距，说明数字经济的定义仍有相当的模糊地带，这也说明数字经济和实体经济之间的界限并非泾渭分明，而是你中有我，我中有你。但重点是数字经济的发展已经势不可挡。

这种增幅也反映在相关数字经济股票的走势上。在两个月不到的时间里，2016 年 4 月 6 日，腾讯的市值已经从第 13 位飙升到第 10 位。上市公司的估值本身就已经较为充分，若计入未上市阶段，其涨幅更为惊人。2000 年，马化腾曾经千方百计要以 100 万人民币的价格将 QQ 出售，却到处碰壁。截至 2017 年 4 月 13 日，腾讯的市值已经达到 2.19 万亿港元，累计涨幅达到 200 万倍，如果当时投资 1 万元，目前的回报就是 200 亿，其回报率远远超过中国一线城市的房地产。很多股票的涨

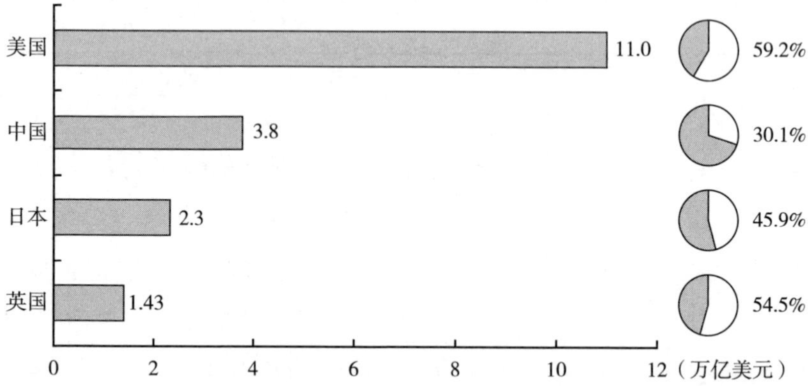

图1 各国数字经济占 GDP 比重

资料来源：《“数字经济”写入政府工作报告 2016 年我国数字经济规模达 22.4 万亿》，https：//470089. kuaizhan. com/50/72/p4123542483ae22，2017 - 11 - 8。

幅远远高于房地产的增速。以网易为例，若从 2001 年 7 月 26 日最低价 0.51 美元每股起算，2015 年网易复权股价累计涨幅达 2023 倍。谷歌、腾讯、NVIDIA 等一众数字经济代表性公司的涨幅也十分惊人（见图 2）。即使不看具体股票，数字经济总规模的涨幅也远远高于中国一线城市的地产。

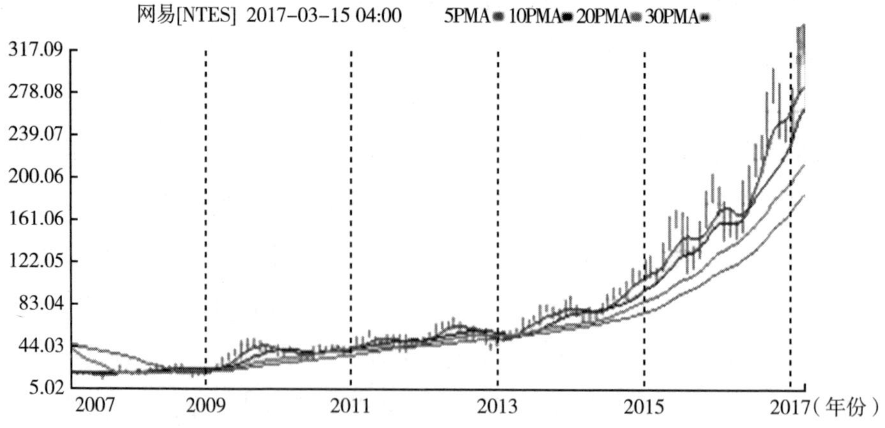

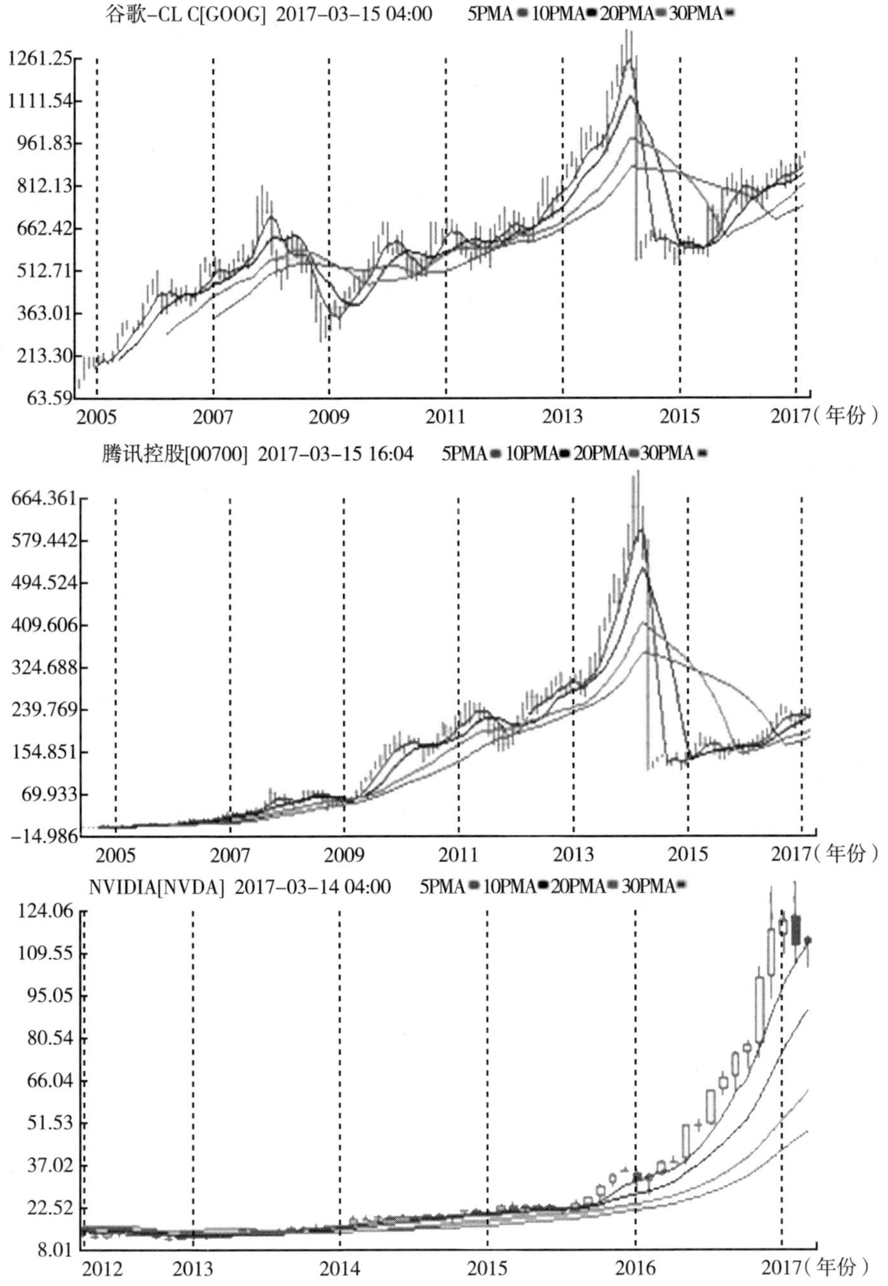

图 2　数字经济相关股票走势

资料来源：东方财富网站，http：//www. eastmoney. com/。

（二）数字经济正在进入以人工智能和大数据为代表的第三阶段

数字经济方兴未艾，以大数据和人工智能为代表的新数字经济产业革命刚刚揭开序幕。如果将数字化视为数字经济的第一阶段，网络化视为数字经济的第二阶段，那么目前数字经济已经进入以大数据为代表的第三阶段，即智能化阶段。人工智能虽然不是个新概念，但一直停滞不前，直到大数据出现，人工智能才通过数据训练的方式实现了新的突破，开始快速发展。这一突破具有里程碑的性质，从图像和语音识别到无人驾驶，在大数据的助力下，人工智能几乎全面开花，在很多方面都迅速逼近甚至超过人类的认知水平。

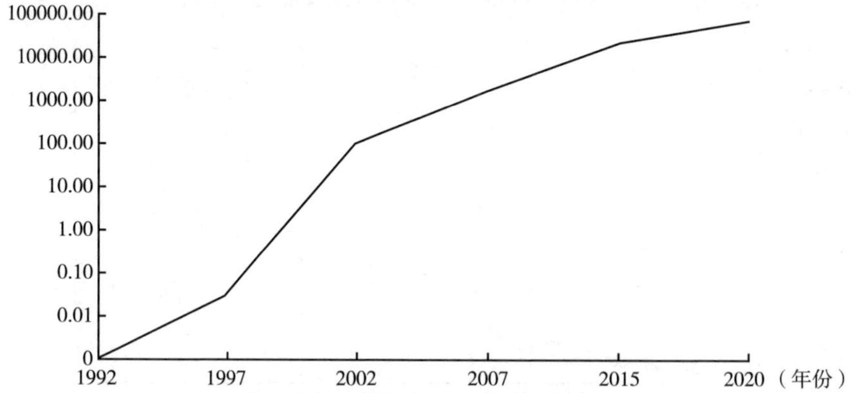

图 3　全球网络流量以对数形式增加

说明：2016 年后为预测数据。

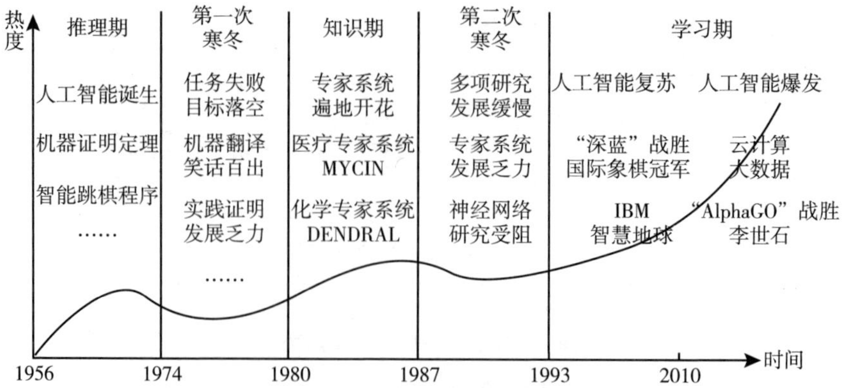

图 4　人工智能发展历程

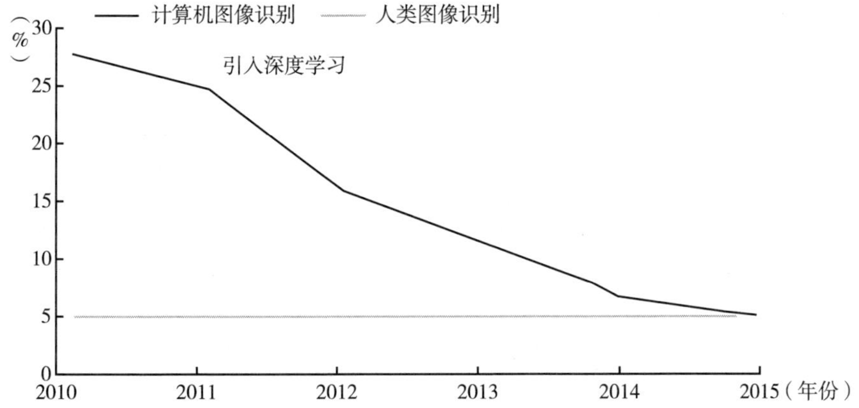

图5　人类的图像识别水平

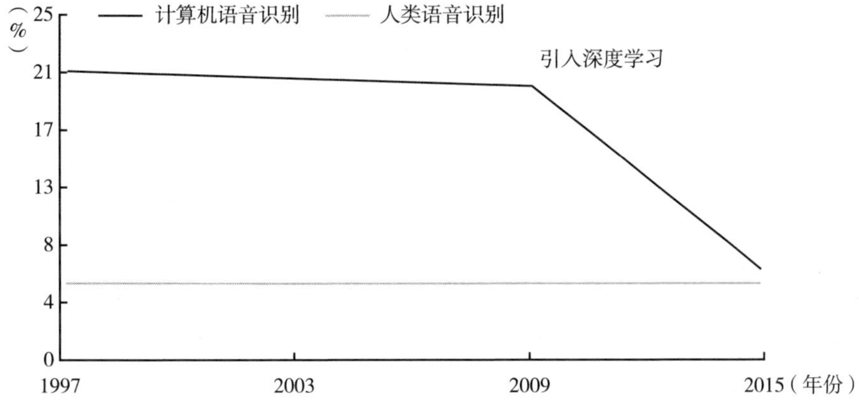

图6　人类的语音识别水平

人工智能会带来社会效率的极大改进和人类整体福祉的大幅提升。所有的科技进步都会带来生产效率的改进，人工智能也不例外，但是其改进幅度却是其他技术无法望其项背的。以特斯拉为例，在特斯拉的机器工厂里，几乎所有的工序都由机器人完成。

但这只是一个开始，随着未来人工智能的飞速发展，大部分的工作岗位都可能被机器人取代。这会带来生产成本和服务成本的大幅下降，从而导致整体效率的大幅改进，人的价值会被凸显。我们只需要很少的劳动时间就可以获得基本的生活资料。人类的自由空间和自由时间会得到极大的拓展。人工智能会带来巨大的失业潮，这是肯定的，但是完全没有必要担心。技术进步一定会带来结构性的失业，但是新的产业模式会带来新的就业，这本身就是社会进步的一种表现。著名经济学家弗里德曼（Milton Friedman）1990 年代发现工人在用铲子挖运河而没有重型机械，便问原因。官员答："用铲子是为了创造更多就业。"弗里德曼说道，"既然是想创造就业，那别用铲子了，用勺子挖吧。"对于新技术导致的失业担忧通常都是杞人忧天。淘宝的兴起导致大量实体店铺运营艰难绝对是一个好现象，新技术和新模式的出现和发展无疑会导致人类福利的极大提升。

（三）人工智能在提高效率的同时也会加剧分化

人工智能可以大幅提高效率，埃森哲研究认为，到 2035 年，AI 有能力将平均利润率提升至 38% 的水平，将导致 12 个经济体 16 个行业的经济增长达到 14 万亿美元[①]。但另一方面，我们也必须看到，在自由竞争的市场环境下，马太效应是一个颠扑不破的真理。随着效率的改进和财富的增加，贫富差距在不断扩大，而人工智能的发展无疑会进一步加剧这种分化。如果说，在人工智能出现之前，人类之间的差距还主要体现在财富上，那么在人工智能时代，这一差距可能会反映到生存还是毁灭上。人类会因此而分层，阶级分化会更加明显。

总之，数字经济的发展一方面会使得社会福利极大改进，极大降低人类的工作时间，提高人类的自由度；另一方面，数字经济也会加大人类之间的差距，导致更剧烈的社会分层。人类如此，国家同样如此。数字经济的发展同样会加大国家之间的差距。数据的密集度会导致产业聚合和技术进步，为国家带来不可替代的竞争优势。

数字经济如此重要，也使得我们有必要了解全球数字经济的发展现状以

① *How AI Boosts Industry Profits and Innovation*，https：//www. accenture. com/us-en/_ acnmedia/36DC7F76EAB444CAB6A7F44017CC3997. ashx? la = en，2017 - 11 - 9.

及各国在数字经济领域的不同发展阶段，对数字经济的竞争力进行分析和排名，以寻找发展数字经济的促进因素，从而促进全球繁荣，消除数字鸿沟，使人类共享数字经济红利。

二　全球各国数字产业竞争力模型

（一）数字产业竞争力指标选取

国际上研究产业竞争力主要有三大经典理论模型。一是钻石模型。钻石模型由美国哈佛商学院战略管理学家迈克尔·波特提出，他认为一个产业要在国际上获得竞争优势，需具备4个基本要素——生产要素，需求条件，相关与支撑产业，企业战略、竞争结构与同业竞争。此外，政府行为和发展机会对产业竞争优势也影响巨大，以上各要素双向强化，形成影响产业竞争力的钻石模型。二是竞争力过程理论模型。该模型由世界经济论坛（World Economic Forum，WEF）和洛桑管理学院（International Institute for Management Development，IMD）提出，认为国际竞争力是竞争力资产与竞争力过程的统一，其变化取决于变革因素、变革过程、环境、企业信心和工业结构五大因素。三是集聚理论，该理论认为集聚于某一集群内的产业具有强大竞争力，这种竞争力主要源于规模经济和范围经济。

与其他传统成熟产业相比，数字产业无论是文化内涵、发展脉络，还是产出的社会效应，都有特殊性，主要体现在两个方面：一是数字产业作为新兴产业，其产业边界较为模糊，兼具软件和信息服务产业、文化创意产业等多产业特性；二是产业内各细分领域间的融合现象日趋明显，产业结构有待调整。基于此，结构清晰、内容丰富的钻石模型是最适合用于梳理数字产业竞争力来源与结构关系的理论范式。

基于钻石模型的理论框架，遵循数字产业的独特性，本报告构建出数字产业竞争力的评价模型，具体如表2所示。

表 2 数字产业竞争力评价体系

指标	二级指标	三级指标	数据来源
数字产业竞争力	经济产出（75%）	数字产业总量	世界经济论坛《全球信息科技报告》
		数字产业增长速度	世界经济论坛《全球信息科技报告》
	数字贸易（20%）	数字产品/服务进出口规模	世界银行数据库
		数字产品/服务进出口盈亏占比	世界银行数据库
	平台企业（5%）	服务业平台型企业水平	福布斯 2000 服务业平台企业数量
		制造业平台型企业水平	福布斯 2000 制造业平台企业数量

表 2 展示的评价体系重点考察经济产出和数字贸易额（尤其是出口额）对各国数字产业竞争力的影响，因此，本报告将这两部分赋予较高的权重。在进行各项打分时，首先选取该项指标当中表现最好的国家，以该国家的这一指标为满分（100 分）参照系并将该国的这一指标标准化为 100，然后将其他国家的该项指标按照以下公式进行评分：

$$\text{i 国指标 } N \text{ 得分} = \frac{100 \times i \text{ 国 } N \text{ 指标值}}{\text{参照系国家 } N \text{ 指标值}}$$

世界经济论坛《全球信息科技报告》当中将数字产业分为数字媒体（Digital Media）、电子商务（E-Commerce）、电子服务（E-Service）、智能家居（Smarthome）、金融科技（Fintech）、电子健康（E-Health）、车联网（Connected Car）以及电子旅行（E-Travel），本报告将这 8 个产业的产出进行加总，得到各国的数字产业总产出水平。

由于现有数据库当中没有各国数字产业总产出的总量增长速度数据，因此，本报告在评价各国数字产业增长速度时，选取数字产业当中比重最大的电子商务产业的增长速度作为代理工具变量进行评价。

（二）各国数字产业竞争力评价分析

根据构建的上述数字产业竞争力评价模型，本报告通过搜集世界经济论坛《全球信息科技报告》、世界银行数据库以及福布斯 2000 排行榜的相关数据，最终得到各个国家数字产业竞争力的最终排名情况。考虑数据的可得性，本报告对47个地区的数字产业竞争力进行评价和排名。具体排名和得分如表3所示。

表3 各地区数字产业竞争力排名/得分情况

排名	地区	总分	排名	地区	总分
1	美国	88.933	25	罗马尼亚	10.165
2	中国	84.099	26	俄罗斯	10.153
3	英国	31.579	27	土耳其	9.810
4	印度	29.803	28	中国香港	9.322
5	德国	24.793	29	澳大利亚	9.252
6	法国	23.230	30	波兰	9.139
7	日本	18.511	31	沙特阿拉伯	8.968
8	爱尔兰	17.767	32	葡萄牙	8.752
9	马来西亚	16.435	33	奥地利	8.382
10	印度尼西亚	14.976	34	爱沙尼亚	8.322
11	菲律宾	14.005	35	挪威	8.123
12	新加坡	13.204	36	塞尔维亚	8.087
13	加拿大	13.015	37	以色列	7.919
14	韩国	12.977	38	丹麦	7.837
15	西班牙	12.898	39	匈牙利	7.798
16	意大利	12.794	40	芬兰	7.207
17	巴西	12.718	41	立陶宛	7.097
18	荷兰	12.621	42	拉脱维亚	6.778
19	泰国	12.171	43	斯洛文尼亚	6.640
20	比利时	11.830	44	斯洛伐克	6.540
21	瑞典	11.515	45	保加利亚	6.468
22	瑞士	11.057	46	克罗地亚	6.091
23	南非	10.691	47	捷克	5.478
24	阿根廷	10.595			

说明：数字产业竞争力满分为100分。

根据表3排名情况可知，美国以88.933分位居世界第一位，中国以84.099分紧随其后，第三名的英国及后面的其他国家与中美两国的得分均有较大差距。在排名前十的国家当中，除美国以外，亚洲有5个国家进入前十名，占据半壁江山；欧洲国家有4个；非洲、拉丁美洲以及大洋洲没有国家进入榜单前十名。东南亚国家表现抢眼，在榜单前二十名当中，有 5 个国家来自东南亚，分别是马来西亚（9）、印度尼西亚（10）、菲律宾（11）、新加坡（12）和泰国（19）。排名后十位的国家，主要为中东欧和北欧国家（丹麦、匈牙利、芬兰、立陶宛、拉脱维亚、斯洛文尼亚、斯洛伐克、保加利亚、克罗地亚、捷克）。

一般而言，经济增长率会随着经济总量的增加而递减，即规模较小的经济体往往会具有较高的增长率，反之则具有较低的增长率。为考察各个国家数字产业产出总量与其增长率之间的关系，本报告将各国数字经济的产出总量与增长率排名放入象限图中综合考察分析，用以考察各个国家的数字产业发展特征。

图 7 将 47 个地区分为 4 个类别，分别是高产出高增速地区、高产出低增速地区、低产出高增速地区以及低产出低增速地区。本报告以排名 25 为基准，将图 7 划分为四个象限，从而将 47 个地区划分为上述 4 类，归类结果如下。

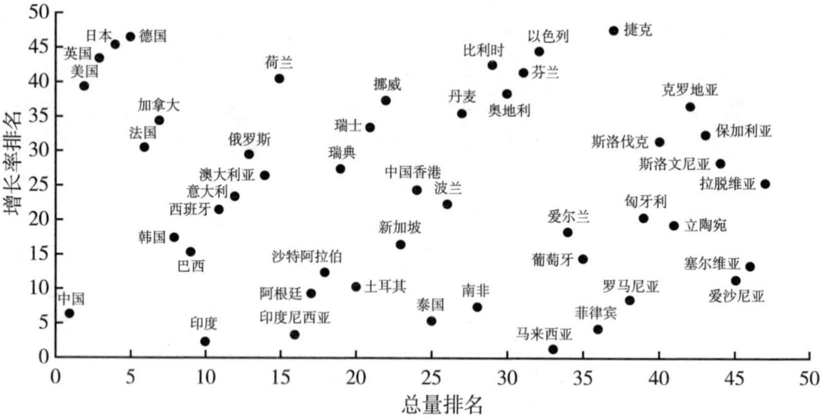

图 7 各地区数字产业产出总量与增长率排名分布

根据表 4 可得，高产出高增速地区基本都是亚洲和拉丁美洲的新兴经济体，这些经济体处于全球经济发展最为活跃的地区，拥有较强的经济增长潜力，且其数字经济的发展较少受到原有经济发展的路径依赖限制。这些经济体大多属于发展中地区，在寻找自身经济增长点的过程中，能够敏感而灵活地抓住传统经济与数字经济融合和互动发展的新机遇，实现数字经济在总量和增速上的双高效果。高产出低增速地区则大多为欧美发达国家，这些传统发达国家具有较为雄厚的经济实力和发展完善、充分的产业结构。依仗其传统经济的雄厚实力，这些地区的数字经济规模较高，但是受累于其疲软的经济形势（日本、英国、法国、意大利）或较为僵化的经济制度（俄罗斯），这些地区的数字经济在较大规模水平上保持较低的增速。低产出高增速地区以东南亚国家（马来西亚、菲律宾）和中东欧国家（匈牙利、立陶宛、爱沙尼亚、塞尔维亚、波兰、罗马尼亚）为主，这部分国家是数字经济的新兴地区，且从其增速来看，数字经济在这些国家具有很大的发展潜力，这些地区在未来有后来居上的可能。低产出低增速地区主要以北欧（丹麦、芬兰）和中东欧地区（拉脱维亚、斯洛文尼亚、捷克、斯洛伐克、保加利亚、克罗地亚）为主。

表4　各地区按增速与产出高低分类情况

高产出高增速地区	中国、印度、印度尼西亚、泰国、阿根廷、沙特阿拉伯、土耳其、西班牙、中国香港、韩国、巴西、新加坡
高产出低增速地区	德国、日本、英国、法国、美国、加拿大、荷兰、俄罗斯、澳大利亚、意大利、瑞典、挪威、瑞士
低产出高增速地区	波兰、南非、马来西亚、菲律宾、罗马尼亚、葡萄牙、爱尔兰、匈牙利、立陶宛、爱沙尼亚、塞尔维亚
低产出低增速地区	拉脱维亚、斯洛文尼亚、捷克、斯洛伐克、保加利亚、克罗地亚、丹麦、奥地利、比利时、芬兰、以色列

（三）各国数字产业内部竞争力分析

世界经济论坛《全球信息科技报告》当中将数字产业分为数字媒体、电子商务、电子服务、智能家居、金融科技、电子健康、车联网以及电子旅行，本节将对榜单前十名国家的数字产业内部各细分产业竞争力进行评价和分析。评价方法如下：将该产业中的最高产出额标准化为100分，以此为参照系将其余各国该产业的产出进行标准化处理，得到各国该产业的标准化得分情况。

如表5和图8所示，美国的数字产业，几乎每一个细分产业都走在世界的前列，具有顶尖的竞争力，各细分产业的竞争力均在75分以上，其中有5个细分产业竞争力评分为100分。中国的电子商务、金融科技和电子服务产业竞争力评分为100分，高居全球第一，而且与第二名美国的差距越拉越大。比如，2017年中国电子商务市场的规模为4700.55亿美元，居全球第一，而美国电子商务市场的收入为3536.85亿美元，居全球第二，中国的电子商务市场规模比美国大30%以上。中国金融科技市场的交易额2017年将达到10864.93亿美元，为全球最高，预期未来5年（2017~2021）的年度复合增长率为27.4%，到2021年将达到28611.26亿美元。但是，中国其余数字经济产业的竞争力评分较低，均不足60分，作为数字产业竞争力排名第二的国家，与排名第一的美国差距较大。

表5　数字产业竞争力全球前十名国家数字产业内部产出总量

单位：百万美元

国家	数字媒体	电子商务	电子服务	智能家居	金融科技	电子健康	车联网	电子旅行	总额
美国	34301	353685	32218	14649	1025519	3097	8194	205061	1676724
中国	15042	470055	43775	2071	1086493	1495	3039	93885	1715855
英国	5885	93158	8596	1425	190774	353	1888	42232	344311
印度	1144	20007	2127	67	44068	325	161	13918	81817
德国	3389	61408	6208	1439	115016	520	2621	35019	225620
法国	2630	37303	4348	552	83303	374	951	28252	157713
日本	13121	84533	5215	460	145105	457	1735	21143	271769
爱尔兰	265	3557	332	10	6986	21	55	1619	12845
马来西亚	239	1121	382	34	7207	44	22	4405	13454
印度尼西亚	1025	6963	621	72	18646	72	32	8939	36370

美国

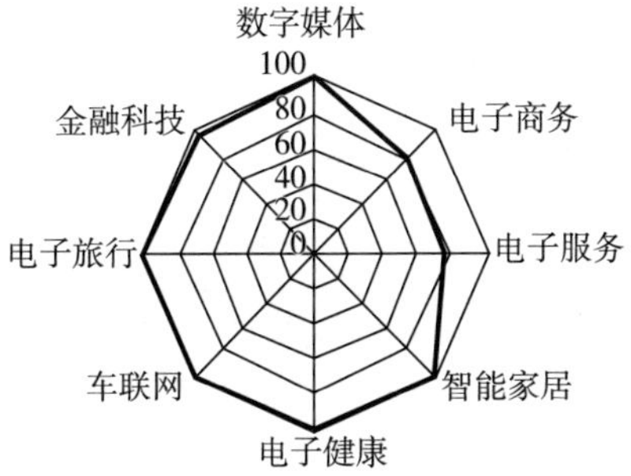

中国

英国

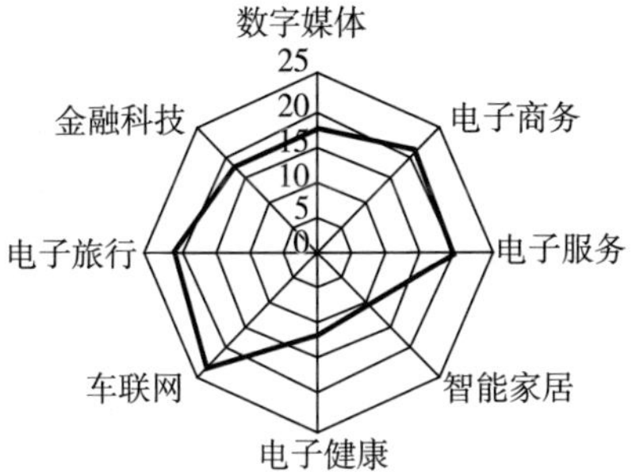

德国

法国

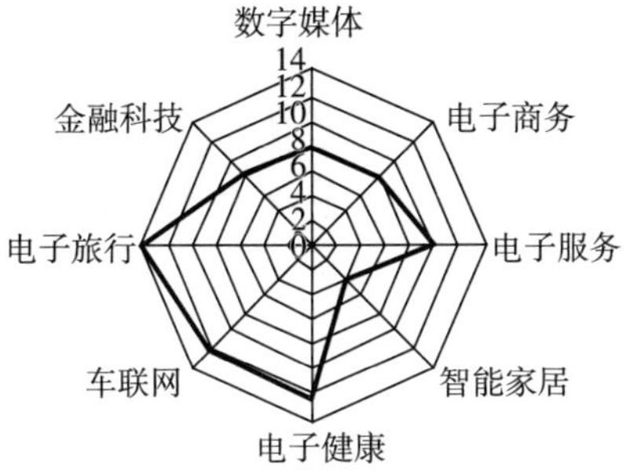

日本

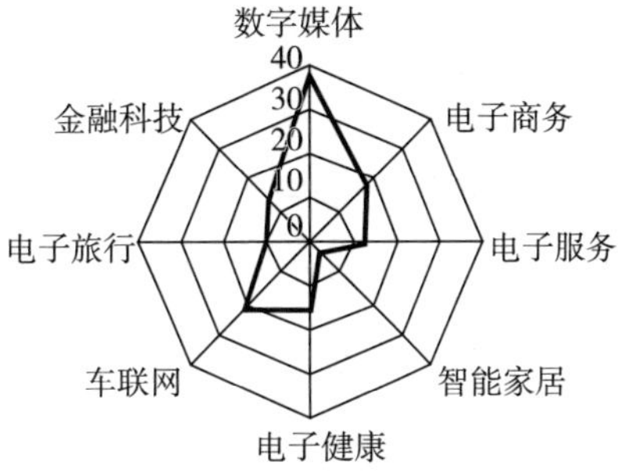

印度

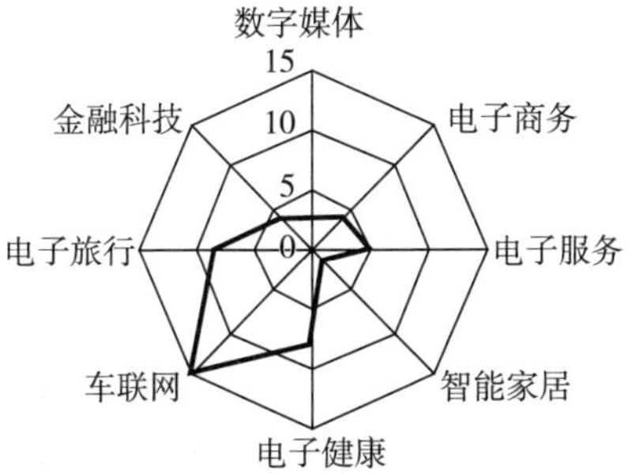

印度尼西亚

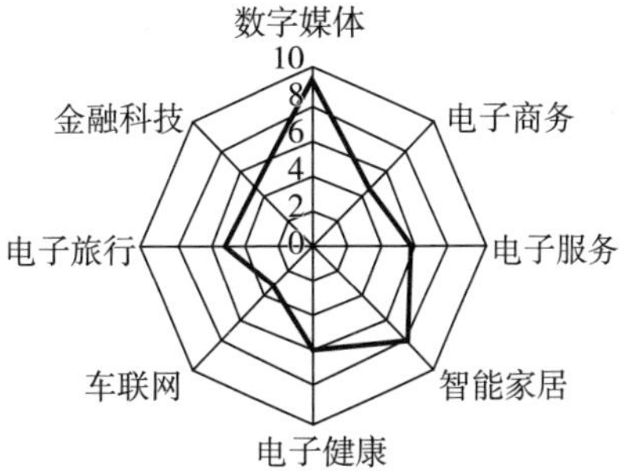

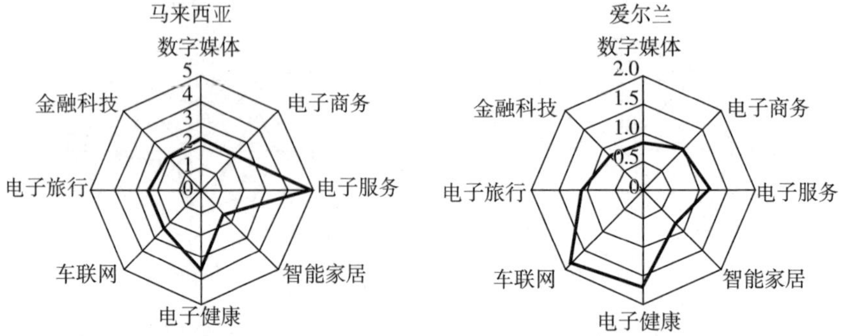

图 8　数字产业竞争力全球前十名数字产业内部竞争力结构情况

英国、法国和爱尔兰的数字产业当中的各细分产业发展较为均衡，但是竞争力平均得分都比较低，各个细分产业竞争力得分均没有超过 25 分，与美国和中国的差距较大。

与英国、法国以及爱尔兰形成鲜明对比的是，德国、日本和印度的数字产业当中，均有一项细分产业是其主打产业。德国以车联网产业为主要数字产业，日本以数字媒体为主要数字产业，印度则以车联网为主要数字产业，但是这三个国家的其他数字产业细分产业竞争力评分比较低。尽管如此，德国、日本和印度仍然是数字产业竞争力排世界前列的国家，这三个国家的数字经济产业结构具有一定的代表性和启示性，即某国数字经济内部的产业结构很大程度上是由该国的资源禀赋和传统产业结构所决定的，德国作为汽车制造业强国，带动了车联网产业的发展，并成为该国数字经济的主导产业。日本则依仗本国强大的电子制造业，迎合电子制造业的市场需求趋势，趁势发展数字传媒产业，并以此作为本国数字经济的主导产业。由此可见各国在发展数字经济和进行产业选择的过程中，需要结合本国的传统产业结构及其引致需求和资源禀赋情况。

此外，印度尼西亚和马来西亚这两个进入前十名的东南亚国家的数字经济主导产业主要为电子旅行。这两个东南亚国家的经济结构当中，旅游业具有十分重要的地位，在数字经济蓬勃发展的今天，印度尼西亚和马来西亚的旅游业呈现出与数字经济相互融合、相互促进的发展趋势，两国也凭借电子旅行行业快速发展的竞争力，打入数字经济产业竞争力的前十名榜单。

三 主要结论

数字鸿沟越拉越大。在数字经济的竞争中，中美几乎并驾齐驱，美国略领先半个身位。美国主要是在底层技术方面占据优势，而中国在消费互联网领域方面已经完成了对美国的超越，而且差距有越拉越大的趋势。以移动互联网为例，“互联网女皇”发布的《2017 年的互联网趋势报告》显示，从 2012 年到 2016 年，中国移动支付市场爆发式增长，每年都保持了同比 100% 以上的增长。艾瑞咨询发布的数据也显示，中国移动支付规模是美国的 50 倍左右，超市、餐馆、商场及线下交易正全面被移动支付占领，移动支付的普及率和渗透率远远超出世界上其他任何一个国家，形成了成熟的移动支付消费习惯。

中美两强与其他国家之间的差距越拉越大。全球十大互联网企业由中美独霸，其中美国六家，中国四家，而且规模越来越大，市值越来越高。2016 年阿里巴巴只用了不到 6 个月的时间，市值就从 2000 多亿美元增长到 3840 亿美元，2017 年以来涨幅高达 86.87%；腾讯 2017 年的涨幅也超过了 50%。美国的互联网企业市值也在飞速增长，首字母简称 FAAMG 的五大科技股——Facebook、Amazon（亚马逊）、Apple（苹果）、Microsoft（微软）和 Alphabet（谷歌母公司）2017 年以来，合计增加市值 6000 亿美元，相当于中国香港和南非的 GDP 之和。作为成分股，FAAMG 在标普 500 的比重只有 13%，却贡献了 2017 年以来标普 500 涨幅的 40%。相对而言，其他国家的数字经济表现略显黯淡，与中美两国的差距越拉越大。

数据附件：

附件1　各地区数字产业产出总量

单位：百万美元

地区	数字媒体	电子商务	电子服务	智能家居	金融科技	电子健康	车联网	电子旅行	总额
美国	34301	353685	32218	14649	1025519	3097	8194	205061	1676724
中国	15042	470055	43775	2071	1086493	1495	3039	93885	1715855
英国	5885	93158	8596	1425	190774	353	1888	42232	344311
印度	1144	20007	2127	67	44068	325	161	13918	81817
德国	3389	61408	6208	1439	115016	520	2621	35019	225620
法国	2630	37303	4348	552	83303	374	951	28252	157713
日本	13121	84533	5215	460	145105	457	1735	21143	271769
爱尔兰	265	3557	332	10	6986	21	55	1619	12845
马来西亚	239	1121	382	34	7207	44	22	4405	13454
印度尼西亚	1025	6963	621	72	18646	72	32	8939	36370
菲律宾	332	1237	488	38	5495	69	5	2511	10175
新加坡	354	3323	405	37	13476	29	60	6433	24117
加拿大	1825	20159	4207	280	51271	196	488	14269	92695
韩国	3259	21381	2471	1083	51239	175	249	10379	90236
西班牙	1197	17078	2100	200	36689	186	187	10008	67645
意大利	1303	10979	4587	254	29841	271	261	8540	56036
巴西	1018	18696	2185	170	42576	247	1179	17399	83470
荷兰	772	10417	2167	224	21439	109	201	4924	40253
泰国	353	2945	331	36	11531	47	14	7250	22507
比利时	379	5298	655	170	10397	58	209	2105	19271
瑞典	726	7409	1019	177	16766	67	303	4820	31287
瑞士	396	7590	1198	199	17474	84	354	3773	31068
南非	182	2689	507	48	11365	72	8	4997	19868
阿根廷	491	5928	742	30	18625	66	16	8289	34187
罗马尼亚	87	2020	192	20	3731	30	13	1065	7158
俄罗斯	960	1606	2341	73	35688	284	1287	11321	53560
土耳其	498	5852	894	32	16963	123	149	6731	31242
中国香港	414	3710	557	122	13951	31	20	4126	22931
澳大利亚	943	10502	2168	432	26749	122	285	4939	46140
波兰	422	6843	578	23	11815	87	58	2510	22336

续表

地区	数字媒体	电子商务	电子服务	智能家居	金融科技	电子健康	车联网	电子旅行	总额
沙特阿拉伯	212	5471	781	124	22538	65	41	2604	31836
葡萄牙	180	2965	269	36	5580	33	40	1142	10245
奥地利	279	4757	529	127	9239	53	151	2241	17376
爱沙尼亚	13	273	30	14	1025	3	2	448	1808
挪威	357	6650	714	164	13507	48	187	3535	25162
塞尔维亚	22	275	61	8	942	11	1	396	1716
以色列	131	2766	350	79	8911	24	149	1339	13749
丹麦	422	4912	668	107	11487	47	70	3173	20886
匈牙利	86	1655	134	19	3146	17	12	780	5849
芬兰	307	4300	368	63	8745	33	54	2297	16167
立陶宛	19	517	60	12	1239	8	3	490	2348
拉脱维亚	11	283	35	17	878	5	2	376	1607
斯洛文尼亚	11	292	44	6	1085	8	7	424	1877
斯洛伐克	31	746	100	13	1799	16	9	655	3369
保加利亚	24	537	50	16	1184	11	3	426	2251
克罗地亚	24	407	75	10	1315	10	5	497	2343
捷克	177	2610	202	25	4660	33	30	992	8729

附件 2　各地区数字产业增长率及数字贸易情况

地区	增长率(%)	增长率排名	数字产品/服务出口额(美元)	数字产品/服务出口排名
美国	8. 2	39	170543000000. 00	1
中国	15. 6	6	82951802003. 80	7
英国	7. 5	43	125270869355. 59	2
印度	22. 6	2	105143142165. 97	3
德国	7. 2	46	104448414811. 53	4
法国	9. 6	30	98132695632. 13	5
日本	7. 2	45	37121633222. 10	11
爱尔兰	10. 7	18	88685700545. 86	6
马来西亚	23. 2	1	8230192552. 09	30
印度尼西亚	20. 1	3	6044177133. 81	36
菲律宾	17. 3	4	21011451873. 67	19
新加坡	11. 2	16	43654792428. 13	10

续表

地区	增长率(%)	增长率排名	数字产品/服务出口额(美元)	数字产品/服务出口排名
加拿大	9.2	34	32624568777.50	14
韩国	11.1	17	22561400000.00	18
西班牙	10.5	21	31930854301.72	15
意大利	10.2	23	30063828731.40	16
巴西	11.7	15	19061787753.62	20
荷兰	8.1	40	50968814661.47	9
泰国	15.9	5	9415340000.00	29
比利时	7.8	42	52128469580.49	8
瑞典	10.1	27	33178891830.65	13
瑞士	9.4	33	33199499872.34	12
南非	15	7	2543759113.56	37
阿根廷	13.4	9	6282246712.22	35
罗马尼亚	14.1	8	6815421909.23	32
俄罗斯	9.8	29	16581520000.00	22
土耳其	13.4	10	460000000.00	46
中国香港	10.2	24	16422990254.08	23
澳大利亚	10.1	26	9456754875.18	28
波兰	10.3	22	14485000000.00	24
沙特阿拉伯	12.1	12	268493333.33	47
葡萄牙	11.8	14	6522156615.12	33
奥地利	8.7	38	18334969749.32	21
爱沙尼亚	12.5	11	1514607656.47	42
挪威	8.8	37	13249184418.30	25
塞尔维亚	12.1	13	1739363207.30	40
以色列	7.3	44	23187700000.00	17
丹麦	9	35	10984697485.84	27
匈牙利	10.6	20	6313013100.09	34
芬兰	8	41	12534504515.78	26
立陶宛	10.7	19	828067002.19	45
拉脱维亚	10.2	25	1089216386.56	44
斯洛文尼亚	9.9	28	1487644916.97	43
斯洛伐克	9.5	31	2393981219.63	38
保加利亚	9.5	32	2111640000.00	39
克罗地亚	9	36	1624647978.77	41
捷克	6.7	47	7171117983.24	31

B.4

全球数字创新发展报告

赵付春*

摘　要：　数字化已成时代潮流，它正在创造一个智慧的、基于信息的、高效率的和万物互联的世界。各类产品创新、工艺创新、方法和原则创新呈现生机勃勃的繁荣局面，这些因素正在影响和塑造我们的工作、生活和社交活动。本报告通过数字技术研发、数字人才支撑和数字创新转化三个方面，对各国数字创新情况进行评估，借助于相关数据对此进行排名。结果表明，尽管总体上高收入国家仍然保持绝对的领先，但是一些中低收入国家的数字创新潜力巨大，在未来有超越的可能，也有部分高收入国家并未能跟上数字变革的步伐。

关键词：　数字创新　创新体系　技术革命　研发投入

数字技术革命是人类历史上最新一次影响深远的科技革命。演化经济学家佩蕾丝在其名著《技术革命与金融资本》一书提出："每次技术革命带来了巨大的财富创造效应，充分展开这种潜力需要每次都建立一套完整的社会－制度框架。现有的框架——用于协调基于前一组技术的经济增长——并不适于新的技术"①。显然，我们当前仍然处于她描述的导入期向展开期过

* 赵付春，博士，上海社会科学院信息研究所副研究员，主要研究方向为创新管理，信息管理。

① 卡萝塔·佩蕾丝：《技术革命与金融资本：泡沫与黄金时代的动力学》，田方萌等译，中国人民大学出版社，2007。

渡的阶段，新的技术范式正在形成过程中，旧的范式并未完全撤出。对于国家竞争力而言，这意味着一次重新洗牌的机会。西方发达国家正努力把握它带来的机遇，将其作为未来经济社会发展的全新平台，实现经济持续领先。很多发展中国家则将其视为一次弯道超车的机会，不断加大数字创新的研发投入，以期缩小与发达国家之间的鸿沟。

本报告首先概述全球数字创新的特征以及数字创新体系的构成，对主要国家和经济体在数字创新方面的部署和战略典型做介绍，然后讨论数字创新竞争力的测量问题，从数字技术研发、数字人才支撑和数字创新转化三个方面对各国数字创新情况进行评估，借助相关数据对此进行排名和分析。最后讨论数字创新的趋势。

一　发展概述

数字创新是将一组数字技术应用于各社会经济领域，通过重新组合产生创新，推动经济、社会等方面发展的过程。

数字创新建立在万物互联的基础上，表现出以下明显的特征。首先，开放性与平台化的特征，能够在更广泛的范围（从区域到全球）组织和合作，从而使得创新无处不在。尽管目前已经形成一些全球性互联网巨头，但这一演进仍然在进行之中，整体还谈不上已经固定成型。其次，新兴信息技术不断出现和快速更迭。其中一些技术具有颠覆性，例如大数据、人工智能，另一些则是数字技术带来的商业模式的创新，如共享经济、平台经济，对传统产业形成颠覆。这些颠覆性的技术和商业模式正在不断地塑造全球产业。

数字创新已经成为一种全球现象，它的影响无所不在。基于国家创新体系理论，各国正在努力建构“国家数字创新体系”。是体系而非单一因素决定着一国数字创新发展，一个典型的数字创新体系框架如图 1 所示。

数字创新的前提是数字化基础设施的广泛安装、数字人才和资本等资源的获得和重新组合，在恰当的政策支持（或默认）的情况下，通过对原有各个领域的改造，创造出全新的产品、流程、组织和商业模式，提升生产

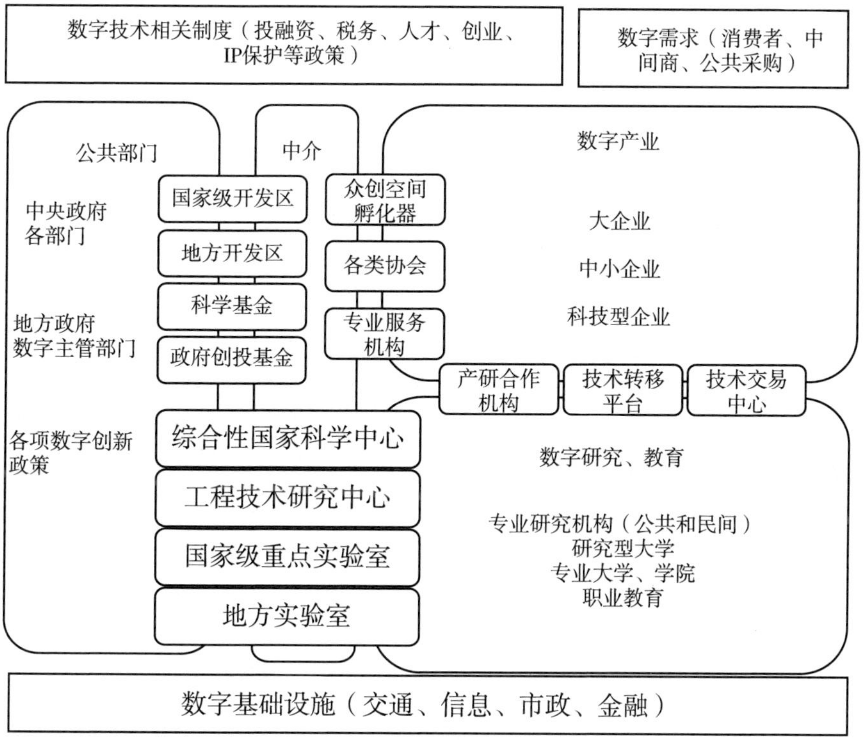

图 1　国家数字创新体系

率，最终体现在就业结构的变化、经济增长和可持续发展。一个国家的数字创新竞争力需要多个方面的支持，创新体系中有各类数字创新主体，不同主体之间的关联程度影响其创新竞争力。网络中最薄弱的一环往往成为数字创新水平提升的瓶颈。正是由于这些互补性资源的配合度不同，才造成了全世界各国数字创新水平之间巨大的差异。

从创新体系的视角看，数字创新的实现，不仅是一个技术问题，也是一个制度问题。政府在制度的供给上起着关键性的作用，这种作用之大，可能超出一般的想象。甚至可以说，没有政府的支持，计算机和数字产业是否能够存在，是值得怀疑的。

世界上第一台计算机电子数值积分器和计算机（ENIAC）的开发，是为了解决与火炮准确射击有关的计算信息的具体问题。ENIAC 是 1940 年代初美国陆军资助的项目，由埃克特（J. Presper Eckert）和莫齐利（John W. Mauchly）在宾夕法尼亚大学开发完成。从1945年到1955，美国军方、大学和私营部门之间的合作开发了至少19项与计算机相关的项目。这种协作环境推动了创新的爆发，但这项研究的大部分资金来自联邦政府。从1949年到1959年，通用电气、IBM、Sperry Rand、AT&T、Raytheon、RCA和计算机控制公司的计算机相关研发支出中，联邦基金占了59%。

虽然这些计算机的研发资金主要来自联邦政府，但公司能够迅速将技术进步转化为商业应用。例如，IBM作为一个办公设备生产商，将这一联邦研发的优势与自身的市场敏锐性结合，发明了IBM650，在1950年代销量达1800台，成为该时期商业化最成功的计算机。这些早期的联邦投资是在没有考虑商业应用的情况下进行的，但它们为计算机产业的发展提供了基础。七十年后，美国仍在收获这些早期投资的回报[①]。

需要特别强调的是，政府的作用在于对市场失灵区域的弥补，主要体现在加快数字化公共设施的安装、对企业研发创新的补贴和激励、鼓励和促进产学研之间的合作、提供一种公平竞争的环境等。从创新的视角看，一个积极有为而中立的政府是有益的。

二　数字创新的全球议程

数字创新全面改变了各国的议程，成为世界新的经济增长引擎，各类国际组织都在不遗余力地推广这一新的发展理念，各国尤其是发达国家陆续制订了本国的数字化创新战略。经合组织《2016年OECD数字经济展望》报告显示，截至2015年，80%的成员国家都制订了国家战略或部门政策，构建了数字经济国家战略框架。

---

① *Digital Economy Board of Advisors*, The Competitiveness and Innovative Capacity of the United States. Department of Commerce, US, 2012.

表 1　各地区主要数字创新战略

国家/地区	时间	战略名称
美　国	2017. 3	国家宽带研究议程
	2016. 10	国家人工智能研究与发展策略规划
	2015. 11	数字经济议程 2016
	2014. 5	美国开放数据行动计划
欧　盟	2016. 4	产业数字化规划
	2015. 5	数字单一市场战略
	2014. 12	欧洲数字议程
德　国	2016. 3	数字战略 2025
	2014. 8	数字议程
	2013	工业 4. 0
	2010. 11	数字德国 2015
英　国	2017. 3	英国数字战略
	2015. 2	英国 2015 ~ 2018 数字经济战略
法　国	2013. 2	数字化路线图
	2011. 12	数字法国 2020
日　本	2013. 6	创新最尖端 IT 国家宣言
韩　国	2014. 6	实现创意经济、制造业创新 3. 0 战略
澳大利亚	2011. 5	国家数字经济战略
新 加 坡	2014. 6	智慧国家 2025
印　度	2015. 7	数字印度

资料来源：马化腾，《数字经济：中国创新增长新动能》，中信出版社，2017。

这里值得介绍的是美国、欧盟（特别是德国）、新加坡三地的数字战略对创新的一些重点表述。它们作为全球数字经济发展最有代表性的区域，从其战略规划中不难发现数字创新的发展现状和趋势。

1. 美国

2016 年，美国商务部专门成立数字经济顾问委员会，以应对数字科技带来的机遇和挑战，帮助企业和消费者充分利用数字经济的好处，促进经济繁荣、教育完善，积极参与政治与文化生活。这是“数字经济议程 2016”中所确定的结构性变革措施之一，此外还有 21 世纪出口支持、新兴技术支持两项措施。

“数字经济议程2016”提出，美国在数字经济年代面临的挑战和机遇在于信息全球化自由交换、在线信任和安全、接入和技能、创新和新兴技术四个方面①。

一个自由和开放的全球互联网，是对数据和服务跨境流动的最小障碍，是数字经济成功的关键。在促进信息全球化自由开放流动方面，美国倡议通过“跨边界数据倡议”、IANA、欧盟数字单一市场、G20等方面的措施和协定来推进。

企业和消费者相信其安全和隐私将得到保护，就会有效地促进数字经济发展。在信任和安全方面，关注欧盟－美国隐私盾协商、NIST框架在网络安全的扩展使用，通过电子商务隐私法和加密法等规则推动政府数据接入，通过完成NTIA多利益相关方过程加强隐私保护，通过出版NTIA/PTO白皮书加强数字版权。

美国企业和消费者需要快速的基础设施，以及在数字化的全球经济中茁壮成长的技能。提供接入和技能需要通过宽带建设计划（宽带美国行动）和国家网络教育行动（NICS）。

最值得关注的是创新和新兴技术方面。企业在支持创新方面发挥关键性作用，包括智能化知识产权规则。在产品生命周期的早期，存在着支持新技术和确定长期政策问题的机会。具体措施包括以下几点：一是通过专利法改革，提升专利质量；二是促进有前景的新技术，在其生命周期早期识别长期的政策问题，初步关注物联网、无人驾驶汽车和无人机系统。

2. 欧盟

欧盟作为一个整体，近年一直致力于推进欧盟一体化。数字技术的发展，给各国带来了类似的机会和挑战，因此有必要从欧盟层面来考虑，形成一个统一的框架，进一步升级为数字一体化。为此，2015年，欧盟委员会通过了《数字单一市场战略》的决议，决议认为，所谓“数字单一市场”

---

① *Digital Economy Board of Advisors*, Digital economy agenda. Department of Commerce, US, May 2016.

是指确保货物、人员、服务和资本的自由流动，个人和企业不论其国籍或居住地，都可以在公平竞争条件下无缝地访问和开展在线活动，并且消费者和个人数据能受到保护。欧洲有能力在全球数字经济中领先，但目前其潜力没有得到充分发挥。数字市场存在的分裂和壁垒阻碍了欧盟数字经济的发展。降低这些壁垒，可以带来以下好处：（1）可以为欧洲 GDP 增加 4150 亿欧元；（2）可以扩大市场，以更好的价格促进更好的服务，提供更多的选择，创造新的就业机会；（3）可以为初创企业创造机会，让现有公司从超过 5 亿人的市场规模中获利。①

数字单一市场战略建立在三大支柱之上。

第一大支柱是为个人、企业、全欧洲提供更好的数字产品和服务，迅速消除线上和线下两个世界之间的关键差异，以打破跨境在线活动的障碍。包括出台措施促进跨境电子商务发展；保障消费者权益；提供速度更快、价格更实惠的包裹递送服务；打破地域界限，改变同种商品不同成员国不同价的现状；改革版权保护法；推动提供跨境电视服务。

第二大支柱是创造有利于数字网络和服务繁荣发展的有利环境，这需要高速、安全和值得信赖的基础设施和内容服务，还需要适当的管理条件，从而进行创新、投资、公平竞争。包括全面改革欧盟电信领域的规章制度；重新审查视听媒体组织框架以适应时代需求；全方位分析评估搜索引擎、社交媒体、应用商店等在线平台的作用；加强数字化服务领域的安全管理，尤其是个人数据等。

第三大支柱是最大限度实现欧洲数字经济的增长潜力，这需要对信息通信技术的基础设施和技术，如云计算和大数据进行投资，通过研究和创新增强产业竞争力，提供更好的公共服务和技能。包括：提出“欧洲数据自由流动计划”，推动欧盟范围内的数据资源自由流动；在电子医疗、交通规划等对单一数字市场发展至关重要的领域，推动建立统一标准和增加互通功能；建成一个包容性的数字化社会，使民众能抓住互联网发展带来的机遇和

① *A Digital Single Market Strategy for Europe*, European Commission, Brussels, June 2015.

就业机会。

3. 德国

德国于2016年推出“数字战略2025”，认为数字化正在广泛而深远地改变着通信、经济、工作环境和人际互动，前所未有地创造一个智能、信息化、高效率的互相连接的世界，推动着社会的变革。而数字变革的原材料是数据，对数据的处理能力是现代企业竞争的关键因素。这一战略提出德国要将数字变革作为政治经济行动的优先项，对十个方面的紧急任务做出新的回答。①

（1）如何创造必需的基础设施，释放并利用数字化的潜力？德国必须迅速着手建立一个广泛可用的光纤网络。

（2）如何发展出一个基于竞争、行政和卡特尔法律的管制框架，以便数字化促进企业创新和远程运营流程，同时保证公平竞争，增强个人数据主体的权利？规制必须有助于投资和创新，防止滥用市场支配地位，确保消费者的信息自主权，保证互联网的开放。

（3）如何赋予企业家能力和创造性，充分发挥数字技术的潜力，培育新公司和让现有中小企业更加适应？

（4）制造企业如何重组、改进生产和价值创造流程，以便与来自其他领域的新市场主体，如大型IT公司和平台开展竞争？毕竟这些公司拥有超强数据技能，具有更强的顾客获取能力。

（5）如何能直接接触顾客，即使在非常异质性、小企业占主导的服务经济中？必须避免产生对具有巨大网络效果的在线平台的依赖性。

（6）如何在德国和欧洲创造确保ICT能力和软件开发能力的环境，从而更加独立和具有竞争力？德国要有自己的数字生态系统，不应依赖于外部的数字组件，不能将公民的数据交给陌生人。

（7）如何管理人员培训和技能开发，以便数字评估和应用能力达到起码的水平，以满足信息通信技术和经济快速变化的需求？由于各类职业都受

① *Digital Strategy 2025 for Germany*, Federal Ministry for Economic Affairs and Energy, April 2016.

到数字化的影响，德国需要采用新的职业培训内容和新的政策来应对这一挑战，特别要加强人员工作、生活各个阶段的非正式学习。

（8）如何才能为必要的技术创新和新商业模式的开发提供资金？所有政府的研发费用，必须与全球最具创新能力的区域相媲美。初创企业必须能够调动资源以成功向全球市场引入新产品和服务。

（9）如何创造一个有效的数字化变革的管理体系？这不仅需要基于宽带的战略，也需要一个独立的应对所有数字化相关问题的专业中心。需要有一个智库来提供服务和建议，协调各方，并为运作良好的市场结构创造专门知识。

（10）在工作结构变得越来越复杂的情况下，如何提供高质量的工作？新的工作性质提供了更多的空间和时间，工作与家庭或个人生活之间的界线也会变得模糊。必须重新制订关于补偿和就业条件以及社会保险制度的规则。

这十个方面都是数字化带来的全新问题，没有现成的答案。它涉及了前述创新体系各方面的创新，包括基础设施、制造和服务产业、规制、公共管理体系、培训开发、数据安全等多个方面。

4. 新加坡

新加坡政府在信息技术方面一直走在全球前列。从“IT 2000 愿景”“新加坡 ONE”“iN2015 主导计划”到“下一代全国宽带网络”（NGNBN），其战略始终保持适当领先性。2014 年，新加坡公布了最新的战略，设计了全球第一个智慧国家蓝图“智慧国家 2025”（Smart Nation 2025）计划。

新加坡智慧国家理念的核心是三个 C：连接（Connect）、收集（Collect）和理解（Comprehend）[①]。

智慧国家平台的第一个阶段以“连接”和“收集”为核心，计划于 2015 年完成。“连接”的目标是提供一个安全、高速、经济且具有扩展性的

① Smart Nation 2025，http：//smartisland.com/singapore-the-smart-island-smart-nation/smart-nation/，2017－11－8.

全国通信基础设施；“收集”则是指通过遍布全国的传感器网络获取更理想的实时数据，并对重要的传感器数据进行匿名化保护、管理以及适当的分享。“理解”的含义是通过收集来的数据——尤其是实时数据——建立面向公众的有效共享机制，通过对数据进行分析，以更好地预测民众的需求、提供更好的服务。

智慧国家建设通过连接所有智能设备的网络，从传感器到无人驾驶汽车，再到 M2M（机器）通信和数字可穿戴技术，使公民的生活更方便，并在 2025 年成为世界上第一个智慧国家。

数字技术的快速发展，为新加坡提升创新竞争力提供了良好的基础，已经成为新加坡发展的核心竞争力。在世界经济论坛的排名中，新加坡的网络就绪度指数排名全球第一，国家竞争力排名全球第二，创新能力排名全球第六。①

三　数字创新体系和测量

对一国数字创新体系的测量存在多种方法，有比较广泛的，将整个数字经济作为创新体系的一部分，例如世界经济论坛所推出的全球创新指数，从制度、人力资本、基础设施、市场成熟度、企业成熟度、知识和技术产出、创造性产出等七个方面对创新进行评估。有相对狭义的，只关注一些关键性的创新指标。本节从数字技术研发、数字人才支撑和数字创新转化三个方面对数字创新体系进行测量。

数字技术研发是指运用数据技术开展研发的能力，包括投入和产出两个方面。本报告使用数字研发投入占 GDP 比重来代表数字研发投入水平。尽管这一代表不够精准，因为研发投入有一部分并非数字技术，但是由于数字技术已经普及，各类技术或多或少都与它有关，数字研发投入与总的研发投入之间存在高度相关性。专利作为创新的产出已经是惯例，因此同样用数字

① Baller S. et al., *The Global Information Technology Report 2016*: *Innovating in the Digital Economy*, World Economic Forum, 2016.

专利水平作为数字创新的产出，具体指标为百万人 ICT 相关的 PCT（专利合作协议）专利申请数。

数字人才支撑是指国民对数字技术的掌握情况和能力。本研究从两方面进行考察。一是从面上看国民基本数字素养，用高等教育入学率作为代表。数字技术虽然已经普及，但是从竞争力的角度出发，用第三级教育指标能更准确地反映国民数字素养。二是看各国数字创新人才的培养，用数学和科学等理工科教育质量代表。同样，理工科对信息技术的掌握要求更高，更能代表着一国的数字创新竞争力。

数字创新转化是指企业和个人将数字创新商业化，实现应用的能力。数字创新的转化有两个要素：技术和资本。技术和资本的整合使得数字创新更容易实现商业化，因此用两个指标——最新技术可用度和风险资本可用度来代表。上述指标及其数字来源如表 2 所示。

表 2　数字创新竞争力指标分解及来源

二级指标		三级指标(测量)	数据来源
3.1	数字技术研发	数字研发投入水平(国家研发投入/GDP)	世界经济论坛:国家研发投入
		数字专利水平(百万人 ICT 相关 PCT 专利申请数)	世界知识产权 WIPO 数据库
3.2	数字人才支撑	国民基本数字素养(高等教育入学率)	联合国教科文组织数据库
		数字创新人才培养(数学和科学等理工科教育质量)	世界经济论坛《全球信息科技报告》
3.3	数字创新转化	最新技术可用度	世界经济论坛《全球信息科技报告》
		风险资本可用度	世界经济论坛《全球信息科技报告》

设定三项二级指标权重为：30%∶30%∶40%。三级指标则采用各 50% 的权重进行平均加权（见图 2）。即：

$$数字创新竞争力 = 30\% \times 数字技术研发 + 30\% \times 数字人才支撑 + 40\% \times 数字创新转化$$

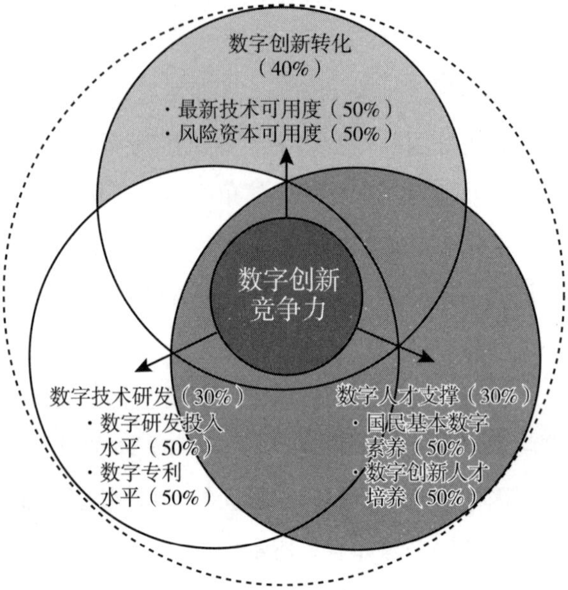

图 2　数字创新竞争力构成

四　各地区数字创新竞争力分析

（一）总体情况

对本报告所用到的指标公式标准化如下：

$$\text{i 地区指标 } N \text{ 得分} = \frac{100 \times i \text{ 国 } N \text{ 指标值}}{\text{参照系国家 } N \text{ 指标值}}$$

说明：百万人 ICT 相关 PCT 专利申请数和高等教育入学率这两项指标没有严格按此公式进行处理。原因是前者存在异常值（韩国、日本），本报告去除异常值之后再套公式；后者本身是百分率指标，且出现异常值（希腊超过 100%），按照原数据计算。对各统计量的描述如表 3 如示。

表3　描述性统计

统计量	极小值	极大值	均值	标准差	偏度		峰度	
					统计量	标准误	统计量	标准误
数字技术研发	7.50	100.00	25.97	23.62	1.497	0.219	1.052	0.435
数字人才支撑	12.56	90.58	48.37	20.08	0.057	0.219	-1.110	0.435
数字创新转化	11.36	93.57	48.72	19.34	0.525	0.219	-0.467	0.435
总分	12.61	88.09	41.79	18.00	0.712	0.219	-0.419	0.435
2015年人均收入	260	93530	17131.90	20932.14	1.629	0.220	2.135	0.437
2015年GDP(美元)	2.06E9	2.E13	5.92E11	1.995E12	6.985	0.220	54.952	0.437

注：总数为122。

（二）总得分情况

根据上述指标体系，对全球122个经济体的数字创新竞争力进行评价（见表4）。

表4　各地区数字创新竞争力指数总排名

经济体	总分	排名	经济体	总分	排名
芬兰	88.09	1	卢森堡	64.19	20
新加坡	83.30	2	加拿大	63.52	21
美国	83.02	3	澳大利亚	63.17	22
日本	78.51	4	中国香港	61.25	23
以色列	76.54	5	爱尔兰	59.16	24
德国	75.69	6	中国	58.92	25
韩国	75.61	7	马来西亚	57.61	26
挪威	75.39	8	爱沙尼亚	56.82	27
瑞士	74.03	9	卡塔尔	56.68	28
新西兰	73.72	10	捷克	56.26	29
瑞典	73.68	11	葡萄牙	54.71	30
奥地利	71.76	12	立陶宛	52.91	31
丹麦	71.17	13	阿联酋	51.69	32
英国	69.47	14	拉脱维亚	51.32	33
荷兰	68.81	15	俄罗斯	51.22	34
法国	68.58	16	西班牙	50.89	35
比利时	68.27	17	智利	48.49	36
斯洛文尼亚	65.01	18	意大利	48.35	37
冰岛	64.67	19	希腊	47.40	38
波兰	46.52	39	越南	30.89	81
沙特阿拉伯	46.11	40	洪都拉斯	30.61	82
马耳他	45.53	41	塞内加尔	30.53	83

续表

经济体	总分	排名	经济体	总分	排名
巴林	45.10	42	阿尔巴尼亚	30.42	84
斯洛伐克	45.07	43	阿曼	30.34	85
土耳其	44.88	44	厄瓜多尔	30.33	86
克罗地亚	43.78	45	阿根廷	30.28	87
约旦	43.50	46	摩尔多瓦	30.14	88
保加利亚	43.22	47	秘鲁	29.30	89
匈牙利	42.31	48	危地马拉	29.17	90
乌克兰	42.12	49	牙买加	29.16	91
伊朗	42.02	50	格鲁吉亚	28.86	92
塞浦路斯	41.22	51	多米尼加	28.67	93
黑山	40.19	52	博茨瓦纳	27.36	94
印度尼西亚	39.88	53	巴基斯坦	27.18	95
泰国	39.57	54	纳米比亚	26.98	96
巴拿马	39.46	55	吉尔吉斯斯坦	26.05	97
黎巴嫩	39.30	56	萨尔瓦多	25.98	98
罗马尼亚	38.99	57	加纳	25.91	99
马其顿	38.91	58	玻利维亚	25.71	100
哈萨克斯坦	38.03	59	波黑	25.70	101
印度	38.01	60	埃及	25.49	102
哥斯达黎加	36.76	61	埃塞俄比亚	25.09	103
毛里求斯	36.42	62	赞比亚	24.70	104
摩洛哥	35.86	63	不丹	24.62	105
蒙古	35.57	64	阿尔及利亚	24.51	106
卢旺达	35.49	65	柬埔寨	24.10	107
乌拉圭	35.04	66	尼泊尔	23.60	108
菲律宾	34.96	67	马里	23.55	109
亚美尼亚	34.90	68	喀麦隆	23.14	110
斯里兰卡	34.84	69	乌干达	22.52	111
科特迪瓦	34.29	70	马达加斯加	22.39	112
肯尼亚	33.07	71	巴拉圭	22.15	113
突尼斯	33.04	72	孟加拉	20.03	114
塔吉克斯坦	32.93	73	尼日利亚	18.53	115
塞尔维亚	32.72	74	坦桑尼亚	18.14	116
巴西	32.70	75	贝宁	17.98	117
哥伦比亚	32.50	76	莫桑比克	17.82	118
墨西哥	32.14	77	尼加拉瓜	17.69	119
阿塞拜疆	31.84	78	几内亚	14.33	120
科威特	31.76	79	布隆迪	13.91	121
南非	31.62	80	马拉维	12.61	122

运用统计分析方法，对排名情况呈现的特征总结如下（见图3）。

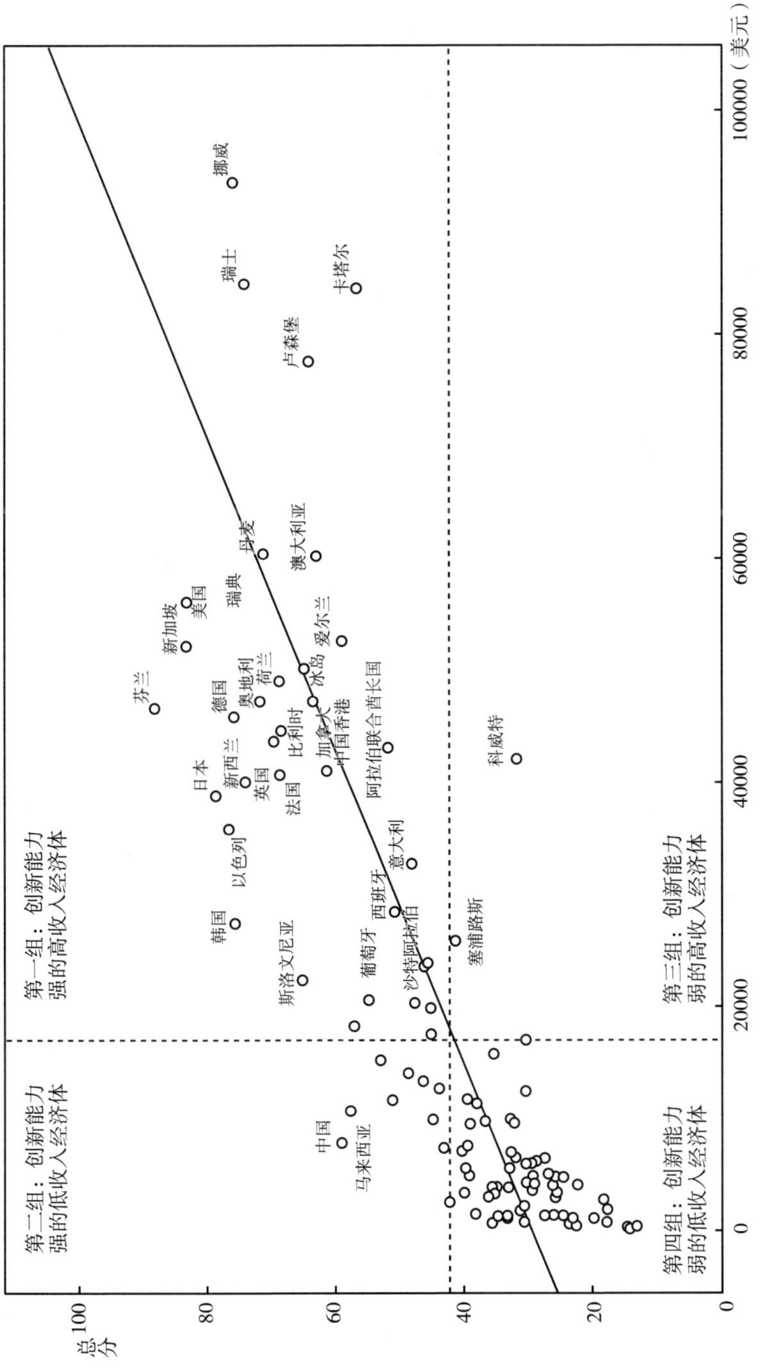

图3 数字创新能力与人均收入关系

第一，从总排名看，可以发现各经济体得分与其人均收入呈现高度相关性，相关系数达到0.819；与GDP总量也相关，但相关系数相对较弱，只有0.364。

第二，前十名地区中，亚太有5个、欧洲有4个、北美洲有1个。

第三，最后十名地区中，非洲有7个，亚洲有1个，中南美洲各1个。

第四，根据人均收入和得分的平均值（分别为17130美元和42分）可将国家或地区分成四组，第一组为两项均强的国家或地区，即创新能力强的高收入国家或地区；第二组为创新能力强的低收入国家；第三组为创新能力弱的高收入国家；第四组为两项均弱的国家，即创新能力弱的低收入国家。可以发现多数国家被分到第一组（36个）和第四组（71个）之中。第二组和第三组属于相对特别的国家。

第二组国家包括中国、马来西亚、智利、约旦、土耳其、保加利亚、匈牙利、波兰、克罗地亚、俄罗斯、乌克兰、拉脱维亚、立陶宛等13个国家，主要是东欧、独联体国家。这些国家虽然目前人均收入不高，但是创新能力相对较强，超出了其当前的经济发展阶段，其中以中国表现较为突出，排25名。如果能发挥其创新优势，未来将有望成为快速提升其人均收入，可称之为“高发展潜力”国家。

属于第三组的国家最少，只有科威特、塞浦路斯两个国家，表明这两个高收入国家主要不是靠创新，而是靠资源禀赋提升了人均收入。

（三）分指标情况

以下根据三项分指标分别对各国进行排名，除了考察不同国家的情况外，重点比较分指标与总排名之间的差异。

1. 数字技术研发

数据技术研发得分与人均收入的相关系数为0.708，与GDP总量的相关系数为0.451，高于总分与之的相关系数（0.364）。由表5可知，在这项指标上，存在以下特点。

第一，前十名中亚洲占了四席，欧洲占了五席，北美洲占了一席。总分排前十的新西兰和挪威被丹麦和瑞典所代替。韩国有两项指标列全球第一，

表 5 各地区数字技术研发单项排名

地区	数字专利水平	数字研发投入水平	技术研发	排名	地区	数字专利水平	数字研发投入水平	技术研发	排名
韩国	100. 00	100. 00	100. 00	1	马来西亚	19. 22	36. 34	27. 78	34
日本	99. 00	85. 13	92. 07	2	爱沙尼亚	12. 74	40. 00	26. 37	35
丹麦	92. 23	74. 64	83. 44	3	拉脱维亚	28. 32	24. 32	26. 32	36
德国	96. 00	70. 09	83. 05	4	希腊	22. 24	27. 43	24. 83	37
美国	98. 00	67. 08	82. 54	5	巴西	12. 57	35. 79	24. 18	38
奥地利	91. 56	72. 56	82. 06	6	立陶宛	16. 79	31. 14	23. 96	39
芬兰	84. 77	76. 51	80. 64	7	斯洛伐克	19. 26	28. 43	23. 84	40
以色列	57. 00	96. 15	76. 58	8	乌克兰	22. 06	23. 65	22. 85	41
瑞典	75. 53	76. 24	75. 88	9	克罗地亚	18. 63	26. 41	22. 52	42
新加坡	95. 00	55. 75	75. 37	10	保加利亚	18. 23	26. 52	22. 37	43
中国	97. 00	52. 81	74. 90	11	哈萨克斯坦	29. 57	13. 48	21. 53	44
斯洛文尼亚	82. 24	59. 96	71. 10	12	中国香港	16. 09	25. 15	20. 62	45
瑞士	65. 48	72. 15	68. 82	13	马耳他	12. 07	27. 63	19. 85	46
法国	77. 91	57. 22	67. 57	14	塞尔维亚	13. 51	26. 11	19. 81	47
英国	82. 41	45. 55	63. 98	15	罗马尼亚	21. 69	17. 87	19. 78	48
新西兰	92. 37	34. 43	63. 40	16	南非	10. 48	25. 19	17. 83	49
挪威	80. 33	45. 75	63. 04	17	印度	8. 25	27. 09	17. 67	50
卢森堡	81. 20	36. 21	58. 71	18	黑山	17. 54	17. 44	17. 49	51
俄罗斯	73. 88	34. 75	54. 32	19	突尼斯	10. 42	23. 28	16. 85	52
荷兰	49. 18	51. 27	50. 22	20	亚美尼亚	17. 70	14. 87	16. 28	53
冰岛	46. 00	49. 55	47. 77	21	肯尼亚	6. 01	26. 32	16. 17	54
比利时	33. 61	61. 61	47. 61	22	蒙古	17. 49	14. 59	16. 04	55
澳大利亚	37. 66	55. 95	46. 81	23	摩洛哥	7. 21	24. 83	16. 02	56
意大利	53. 03	36. 86	44. 94	24	阿根廷	9. 26	22. 69	15. 98	57
加拿大	45. 46	43. 68	44. 57	25	埃及	7. 79	24. 07	15. 93	58
捷克共和国	33. 30	51. 79	42. 54	26	智利	13. 37	17. 78	15. 58	59
伊朗	63. 65	16. 64	40. 15	27	马其顿	11. 85	19. 08	15. 47	60
波兰	46. 74	29. 58	38. 16	28	阿联酋	5. 56	24. 52	15. 04	61
葡萄牙	35. 28	36. 82	36. 05	29	泰国	10. 02	19. 96	14. 99	62
爱尔兰	23. 26	41. 73	32. 49	30	墨西哥	8. 64	21. 12	14. 88	63
匈牙利	24. 60	38. 62	31. 61	31	马里	5. 00	23. 95	14. 47	64
西班牙	25. 44	35. 69	30. 56	32	摩尔多瓦	11. 11	17. 62	14. 36	65
土耳其	28. 07	30. 98	29. 52	33	哥斯达黎加	6. 20	21. 61	13. 90	66

续表

地区	数字专利水平	数字研发投入水平	技术研发	排名	地区	数字专利水平	数字研发投入水平	技术研发	排名
埃塞俄比亚	5.04	22.52	13.78	67	毛里求斯	5.27	13.62	9.44	95
塞浦路斯	6.75	19.74	13.24	68	巴林	6.97	11.91	9.44	96
塞内加尔	5.00	21.18	13.09	69	秘鲁	5.72	13.09	9.41	97
坦桑尼亚	5.01	20.93	12.97	70	阿曼	5.00	13.40	9.20	98
格鲁吉亚	14.03	11.88	12.96	71	玻利维亚	5.28	13.11	9.20	99
约旦	6.83	18.95	12.89	72	印度尼西亚	6.39	11.59	8.99	100
阿塞拜疆	11.47	14.22	12.84	73	纳米比亚	5.00	12.79	8.89	101
卡塔尔	5.76	19.69	12.72	74	巴拉圭	5.92	11.66	8.79	102
乌干达	5.08	19.81	12.44	75	巴拿马	6.21	11.21	8.71	103
吉尔吉斯斯坦	11.95	12.47	12.21	76	塔吉克斯坦	5.08	12.28	8.68	104
乌拉圭	7.57	16.84	12.20	77	布隆迪	5.00	12.36	8.68	105
沙特阿拉伯	12.69	11.35	12.02	78	萨尔瓦多	5.39	11.58	8.48	106
莫桑比克	5.29	18.69	11.99	79	阿尔及利亚	5.76	11.20	8.48	107
波黑	8.65	15.30	11.97	80	牙买加	5.85	11.09	8.47	108
加纳	5.00	17.72	11.36	81	不丹	6.31	10.00	8.16	109
厄瓜多尔	5.08	16.95	11.02	82	柬埔寨	5.04	10.86	7.95	110
黎巴嫩	11.38	10.00	10.69	83	危地马拉	5.15	10.75	7.95	111
巴基斯坦	5.38	15.97	10.67	84	洪都拉斯	5.17	10.68	7.93	112
尼泊尔	5.13	16.16	10.65	85	多米尼加	5.68	10.00	7.84	113
哥伦比亚	7.26	13.92	10.59	86	尼加拉瓜	5.06	10.54	7.80	114
科威特	5.00	16.15	10.57	87	科特迪瓦	5.39	10.00	7.69	115
越南	7.15	13.81	10.48	88	马达加斯加	5.04	10.14	7.59	116
赞比亚	5.29	15.66	10.47	89	卢旺达	5.15	10.00	7.57	117
博茨瓦纳	5.60	15.11	10.36	90	马拉维	5.12	10.00	7.56	118
斯里兰卡	8.53	11.93	10.23	91	孟加拉	5.09	10.00	7.54	119
阿尔巴尼亚	6.64	13.05	9.85	92	喀麦隆	5.00	10.00	7.50	120
尼日利亚	5.09	14.41	9.75	93	贝宁	5.00	10.00	7.50	121
菲律宾	6.26	12.71	9.49	94	几内亚	5.00	10.00	7.50	122

表现突出。

第二，后十名中，仍然是非洲国家居多，另有少量中美国家。

第三，根据人均收入和单项得分的平均值（分别为 17130 美元和 26 分）可将国家分成四组，第一组和第四组占多数。

第二组为技术研发能力强的中低收入国家，包括中国、马来西亚、拉脱维亚、波兰、匈牙利、俄罗斯、土耳其等 7 个国家。他们技术研发方面的地位高于其经济地位。中国技术研发总分排名较高，排第 11 名，这得益于专利水平的大幅提升。

第三组为技术研发能力弱的高收入国家（地区），分指标的结果明显多于总分的第三组，包括卡塔尔、阿联酋、科威特、中国香港、塞浦路斯、马耳他、沙特阿拉伯、希腊、巴林、斯洛伐克。其技术研发方面的地位低于其经济地位。

2. 数字人才支撑

数字人才支撑指标得分与人均收入、GDP 总量的相关性均较低，相关系数为 0.625、0.205。根据回归分析，GDP 总量对数字人才方面没有显著影响。

由表 6 可知，在这项指标上，存在以下特点。

（1）前十名中亚洲占了三席，欧洲占了五席，美国被挤到第 15 名；大洋洲两个国家进入前十，展现出对数字人才的重视；希腊、斯洛文尼亚、中国香港在这一项上表现突出。希腊的大学教育普及度较高，为其赢得了分数。

（2）后十名以非洲和南美洲国家为主。

（3）根据人均收入和单项得分的平均值（分别为 17130 美元和 48 分）同样将国家分成四组，第一组和第四组占多数。由于二者的相关度不太高，因此第二组国家数量明显高于前面两项指标。

第二组为人才支撑强的中低收入国家，包括中国、马来西亚、泰国、蒙古、约旦、黎巴嫩、土耳其、马其顿、波兰、塞尔维亚、黑山、匈牙利、保加利亚、罗马尼亚、克罗地亚、亚美尼亚、阿尔巴尼亚、俄罗斯、哈萨克斯坦、拉脱维亚、立陶宛、乌克兰、阿根廷、智利、哥斯达黎加等 25 个国家。他们在人才支撑方面的地位高于其经济地位。其中乌克兰在数字人才支撑指标上得分排名较高，达到第 17 名。

第三组的国家为人才支撑弱的高收入国家，包括阿联酋、科威特、卢森堡 3 个国家。卢森堡作为欧洲国家，其国民基本数字素养只有 19.4 分，远远落后于周边发达国家，排名退至第 71 名，算是一个异数。

表 6　各地区数字人才支撑单项排名

地区	数字创新人才培养	国民基本数字素养	人才支撑	排名	地区	数字创新人才培养	国民基本数字素养	人才支撑	排名
芬兰	93.86	87.3	90.58	1	保加利亚	55.00	73.9	64.47	33
希腊	57.05	113.9	85.46	2	葡萄牙	61.14	65.6	63.37	34
新加坡	100.00	69.8	84.91	3	意大利	63.18	63.1	63.14	35
比利时	91.82	73.3	82.57	4	阿尔巴尼亚	67.27	58.1	62.69	36
韩国	67.27	95.3	81.31	5	智利	36.59	88.6	62.58	37
斯洛文尼亚	77.50	82.9	80.21	6	瑞典	61.14	62.4	61.74	38
荷兰	81.59	78.5	80.05	7	捷克	57.05	66.0	61.53	39
新西兰	77.50	80.9	79.19	8	土耳其	36.59	86.3	61.45	40
澳大利亚	67.27	90.3	78.79	9	黎巴嫩	83.64	38.5	61.06	41
中国香港	81.59	68.5	75.03	10	罗马尼亚	67.27	53.2	60.25	42
爱尔兰	71.36	77.6	74.50	11	以色列	52.95	66.2	59.57	43
丹麦	67.27	81.5	74.39	12	黑山	63.18	55.3	59.26	44
冰岛	67.27	81.3	74.27	13	马耳他	71.36	47.0	59.17	45
瑞士	89.77	57.2	73.50	14	塞尔维亚	59.09	58.3	58.69	46
美国	61.14	85.8	73.47	15	沙特阿拉伯	52.95	63.1	58.01	47
挪威	69.32	76.7	73.01	16	英国	59.09	56.5	57.78	48
乌克兰	63.18	82.3	72.74	17	阿根廷	32.50	82.9	57.71	49
爱沙尼亚	75.45	69.6	72.50	18	哥斯达黎加	57.05	53.6	55.34	50
奥地利	63.18	81.5	72.36	19	斯洛伐克	50.91	52.9	51.92	51
德国	75.45	68.3	71.86	20	马来西亚	77.50	26.1	51.79	52
立陶宛	73.41	68.5	70.97	21	亚美尼亚	59.09	44.3	51.70	53
日本	77.50	63.4	70.43	22	卡塔尔	85.68	17.2	51.45	54
法国	73.41	64.4	68.90	23	中国	59.09	43.4	51.24	55
克罗地亚	67.27	69.5	68.41	24	匈牙利	50.91	50.9	50.89	56
西班牙	46.82	89.7	68.24	25	巴林	63.18	37.4	50.28	57
俄罗斯联邦	57.05	78.7	67.85	26	约旦	55.00	44.9	49.93	58
伊朗	63.18	71.9	67.53	27	哈萨克斯坦	52.95	46.3	49.61	59
蒙古	65.23	68.6	66.90	28	泰国	48.86	48.9	48.86	60
加拿大	73.41	58.9	66.15	29	马其顿	57.05	39.6	48.32	61
塞浦路斯	71.36	60.1	65.73	30	毛里求斯	59.09	36.7	47.88	62
波兰	59.09	71.2	65.12	31	突尼斯	59.09	34.6	46.85	63
拉脱维亚	63.18	67.0	65.11	32	乌拉圭	28.41	63.1	45.77	64

续表

地区	数字创新人才培养	国民基本数字素养	人才支撑	排名	地区	数字创新人才培养	国民基本数字素养	人才支撑	排名
印度尼西亚	59.09	31.1	45.10	65	萨尔瓦多	30.45	28.9	29.65	94
摩尔多瓦	48.86	41.2	45.04	66	塞内加尔	48.86	10.4	29.63	95
菲律宾	52.95	35.8	44.35	67	埃及	22.27	36.2	29.25	96
哥伦比亚	32.50	55.6	44.04	68	不丹	46.82	10.9	28.87	97
厄瓜多尔	46.82	40.5	43.65	69	墨西哥	26.36	29.9	28.15	98
斯里兰卡	67.27	19.8	43.53	70	玻利维亚	26.36	28.7	27.54	99
卢森堡	67.27	19.4	43.34	71	秘鲁	14.09	40.5	27.30	100
科特迪瓦	75.45	9.2	42.30	72	肯尼亚	48.86	4.0	26.46	101
格鲁吉亚	40.68	43.4	42.05	73	埃塞俄比亚	44.77	8.1	26.45	102
越南	55.00	28.8	41.92	74	巴基斯坦	42.73	9.9	26.33	103
阿联酋	77.50	6.1	41.81	75	赞比亚	48.86	2.2	25.54	104
印度	55.00	25.5	40.27	76	孟加拉	36.59	13.4	25.02	105
塔吉克斯坦	50.91	28.9	39.90	77	贝宁	34.55	15.4	24.95	106
摩洛哥	50.91	28.1	39.53	78	柬埔寨	34.55	13.1	23.82	107
吉尔吉斯斯坦	30.45	45.9	38.19	79	马达加斯加	42.73	4.8	23.75	108
阿尔及利亚	36.59	36.9	36.76	80	巴拉圭	12.05	35.1	23.56	109
巴拿马	32.50	38.7	35.62	81	布隆迪	40.68	4.4	22.54	110
喀麦隆	52.95	17.5	35.22	82	阿曼	36.59	7.8	22.19	111
巴西	20.23	49.3	34.75	83	几内亚	32.50	10.8	21.67	112
博茨瓦纳	40.68	27.5	34.10	84	马里	34.55	6.9	20.71	113
牙买加	40.68	27.2	33.95	85	乌干达	34.55	4.5	19.51	114
加纳	50.91	15.9	33.43	86	纳米比亚	28.41	9.3	18.87	115
科威特	38.64	27.0	32.83	87	危地马拉	18.18	18.3	18.25	116
波黑	42.73	22.1	32.42	88	尼加拉瓜	16.14	17.7	16.93	117
卢旺达	57.05	7.5	32.29	89	尼日利亚	22.27	10.1	16.17	118
阿塞拜疆	36.59	25.5	31.04	90	南非	10.00	19.4	14.69	119
多米尼加	14.09	47.5	30.80	91	莫桑比克	20.23	6.0	13.10	120
洪都拉斯	38.64	21.2	29.91	92	坦桑尼亚	22.27	3.6	12.96	121
尼泊尔	44.77	14.9	29.86	93	马拉维	24.32	0.8	12.56	122

3. 数字创新转化

数字创新转化指标得分与人均收入相关系数为0.779，与GDP总量的相关性0.277。根据回归分析，GDP总量对数字人才方面有微弱影响。

由表7可知，在这项指标上，存在以下特点。

表 7　各地区数字创新转化单项排名

地区	风险资本可用度	最新技术可用度	创新转化	排名	地区	风险资本可用度	最新技术可用度	创新转化	排名
卡塔尔	100.00	87.14	93.57	1	立陶宛	42.73	79.43	61.08	33
芬兰	83.64	100.00	91.82	2	拉脱维亚	40.00	79.43	59.71	34
美国	83.64	97.43	90.53	3	丹麦	34.55	84.57	59.56	35
以色列	83.64	94.86	89.25	4	印度尼西亚	64.55	53.71	59.13	36
新加坡	86.36	89.71	88.04	5	卢旺达	53.64	64.00	58.82	37
阿联酋	80.91	92.29	86.60	6	斯洛伐克	40.00	71.71	55.86	38
挪威	75.45	97.43	86.44	7	南非	42.73	66.57	54.65	39
马来西亚	91.82	76.86	84.34	8	马耳他	40.00	69.14	54.57	40
卢森堡	78.18	89.71	83.95	9	危地马拉	40.00	66.57	53.29	41
英国	67.27	97.43	82.35	10	西班牙	34.55	71.71	53.13	42
中国香港	78.18	84.57	81.38	11	韩国	31.82	74.29	53.05	43
瑞典	64.55	97.43	80.99	12	中国	64.55	40.86	52.70	44
瑞士	61.82	94.86	78.34	13	阿曼	50.91	53.71	52.31	45
新西兰	72.73	82.00	77.36	14	印度	70.00	33.14	51.57	46
加拿大	61.82	89.71	75.77	15	泰国	50.91	51.14	51.03	47
日本	59.09	89.71	74.40	16	肯尼亚	40.00	61.43	50.71	48
荷兰	56.36	92.29	74.32	17	马其顿	40.00	58.86	49.43	49
比利时	56.36	89.71	73.04	18	斯洛文尼亚	26.36	71.71	49.04	50
德国	56.36	89.71	73.04	19	科特迪瓦	42.73	53.71	48.22	51
冰岛	45.45	94.86	70.16	20	洪都拉斯	40.00	56.29	48.14	52
法国	53.64	84.57	69.10	21	墨西哥	37.27	58.86	48.06	53
巴林	59.09	76.86	67.97	22	毛里求斯	37.27	58.86	48.06	54
爱沙尼亚	56.36	79.43	67.90	23	摩洛哥	34.55	61.43	47.99	55
爱尔兰	48.18	87.14	67.66	24	菲律宾	45.45	48.57	47.01	56
巴拿马	59.09	71.71	65.40	25	科威特	40.00	53.71	46.86	57
澳大利亚	45.45	82.00	63.73	26	斯里兰卡	37.27	56.29	46.78	58
奥地利	40.00	87.14	63.57	27	阿塞拜疆	34.55	58.86	46.70	59
沙特阿拉伯	56.36	69.14	62.75	28	纳米比亚	31.82	61.43	46.62	60
智利	50.91	74.29	62.60	29	塔吉克斯坦	50.91	40.86	45.88	61
捷克共和国	50.91	74.29	62.60	30	秘鲁	45.45	46.00	45.73	62
葡萄牙	37.27	87.14	62.21	31	黎巴嫩	45.45	43.43	44.44	63
约旦	61.82	61.43	61.62	32	塞内加尔	40.00	48.57	44.29	64

续表

地区	风险资本可用度	最新技术可用度	创新转化	排名	地区	风险资本可用度	最新技术可用度	创新转化	排名
乌拉圭	34.55	53.71	44.13	65	乌克兰	26.36	40.86	33.61	94
土耳其	29.09	58.86	43.97	66	埃塞俄比亚	34.55	30.57	32.56	95
匈牙利	26.36	61.43	43.90	67	马达加斯加	31.82	33.14	32.48	96
塞浦路斯	23.64	64.00	43.82	68	马里	31.82	33.14	32.48	97
黑山	37.27	48.57	42.92	69	乌干达	26.36	38.29	32.32	98
保加利亚	37.27	48.57	42.92	70	加纳	31.82	30.57	31.19	99
多米尼加	29.09	56.29	42.69	71	巴拉圭	29.09	33.14	31.12	100
哈萨克斯坦	40.00	43.43	41.71	72	波黑	23.64	38.29	30.96	101
克罗地亚	23.64	58.86	41.25	73	格鲁吉亚	20.91	40.86	30.88	102
牙买加	18.18	64.00	41.09	74	摩尔多瓦	18.18	43.43	30.81	103
哥伦比亚	34.55	46.00	40.27	75	埃及	29.09	30.57	29.83	104
巴基斯坦	31.82	48.57	40.19	76	尼泊尔	31.82	25.43	28.62	105
哥斯达黎加	23.64	56.29	39.96	77	吉尔吉斯斯坦	31.82	22.86	27.34	106
意大利	18.18	61.43	39.81	78	阿尔及利亚	31.82	22.86	27.34	107
波兰	29.09	48.57	38.83	79	尼日利亚	15.45	38.29	26.87	108
越南	42.73	33.14	37.94	80	蒙古	10.00	43.43	26.71	109
巴西	29.09	46.00	37.55	81	坦桑尼亚	26.36	25.43	25.90	110
罗马尼亚	26.36	48.57	37.47	82	喀麦隆	23.64	28.00	25.82	111
玻利维亚	45.45	28.00	36.73	83	莫桑比克	20.91	30.57	25.74	112
柬埔寨	34.55	38.29	36.42	84	孟加拉	18.18	33.14	25.66	113
俄罗斯联邦	34.55	38.29	36.42	85	尼加拉瓜	18.18	33.14	25.66	114
萨尔瓦多	31.82	40.86	36.34	86	伊朗	15.45	33.14	24.30	115
亚美尼亚	29.09	43.43	36.26	87	塞尔维亚	12.73	33.14	22.94	116
希腊	12.73	58.86	35.79	88	阿尔巴尼亚	12.73	30.57	21.65	117
博茨瓦纳	31.82	38.29	35.05	89	贝宁	20.91	20.29	20.60	118
突尼斯	23.64	46.00	34.82	90	阿根廷	15.45	25.43	20.44	119
厄瓜多尔	23.64	46.00	34.82	91	马拉维	10.00	22.86	16.43	120
赞比亚	20.91	48.57	34.74	92	几内亚	12.73	15.14	13.94	121
不丹	31.82	35.71	33.77	93	布隆迪	12.73	10.00	11.36	122

（1）前十名中，有五个亚洲国家、四个欧洲国家、一个北美洲国家，但是与总分前十名的国家差异较大。亚洲国家中，中东三国卡塔尔、以色列和阿联酋表现突出，尤其是卡塔尔。

（2）后十名中，除了部分非洲和中南美洲国家，阿根廷、塞尔维亚和伊朗表现较不理想，失分之处在于风险资本的走向。

（3）同样按人均收入和单项得分的平均值（分别为 17130 美元和 49 分）将这些地区分成四组。此处对第一组和第四组不予分析。

第二组为创新转化能力强的中低收入国家，包括马来西亚、中国、泰国、印度尼西亚、印度、阿曼、约旦、立陶宛、拉脱维亚、马其顿、智利、巴拿马、危地马拉、南非、肯尼亚、卢旺达等 16 个国家。它们的共同特点是虽然仍处于发展中，但是吸金能力较强，投资机会多，技术发展相对较好。

第三组为创新转化能力弱的高收入国家，包括科威特、意大利、塞浦路斯、希腊，这四个国家虽然收入较高，但是由于受到金融危机的影响，风险资本可获得性较差，影响了其得分。

（四）数字创新的成功经验和案例分析

结合数据分析，我们发现人均收入与创新能力之间的高相关性不是偶然的。一个地区发展到高级阶段，必须是靠创新驱动的。其经济发展水平越高，越有资金和人才来推动创新，如此良性循环，呈现高度正相关。这也带来了一个问题，即后发地区如何实现超越。

我们特别关心的是第二组和第三组的国家。这两组国家的情况正好相反，他们是未来名次可能产生大幅变动的国家。

先看第二组中低收入国家情况。可以看出，除了智利，其他国家都是“一带一路”国家。在四项指标中，2 次及以上列入第二组的国家如表 8 所示。

表 8　在第二组出现 2 次及以上的国家

频　次	国　家
4	中国、马来西亚、拉脱维亚
3	土耳其、俄罗斯、波兰、匈牙利、立陶宛、约旦、智利
2	保加利亚、克罗地亚、拉脱维亚、马其顿、泰国、乌克兰

我们认为频次出现 2 次以上的国家创新和经济发展潜力非常大，从创新驱动发展的角度看，他们未来发展前景更好。而出现 2 次的国家在创新方面有其特色，但是存在缺项，如果能够在这些方面努力，未来会有更好的发展。

再看第三组。这一组国家收入较高，但是在创新特定指标上的表现与其经济地位不相符。与第二组相反，这一组出现频次越高，表明这个国家的经济发展其实不是建立在创新基础上的，更多的是由于资源禀赋或运气因素，其可持续性是值得怀疑的。当然出现两次以下的国家可能因为偶然因素。

表 9　在第三组出现 2 次及以上的国家名单

频　次	国　家
4	科威特
3	塞浦路斯
2	阿联酋、希腊

五　数字创新趋势展望

数字化已成潮流。数字化正在创造一个智慧的、基于信息的、高效率的和相互连接的世界，各类创新产品、创新工艺、创新方法和创新原则呈现繁荣局面，这些因素正在影响和塑造我们的工作、生活和社交活动。

管理学大师德鲁克认为，“未来始于今天”，明天“在很大程度上取决于当今决策者们的知识、洞察力、远见和竞争能力”。[①] 变化中蕴含机遇，重要的是更加高效地把握它，这需要各国的创新力和行动力。而这种力量源自“自上而下”与“自下而上”相结合。在互联网时代，来自大众的后一

① 彼得·德鲁克：《面对未来的抉择——机会与成功》，徐鸣、曾任、蔡美德等译，工人出版社，1989。

种力量显得尤其重要。

在本报告的最后，我们对数字创新的未来做出一些趋势性的判断，有些在今天已经有了基础和迹象，它基于当前所能获取的数据，有些则带有一定的预判性。

1. 数字创新给各国创新驱动发展战略注入了新的含义

创新驱动发展几乎成为各国的共识，在数字经济年代，它无疑与数字化分不开。长期来看，国家和企业的核心竞争力将体现在数据的收集、处理、连接和保护方面，各个国家都着手拟订自己的数字化战略，以此推动产业升级、公共服务和社会变革。未来，各国都必然要制订一个数字驱动发展的战略，针对各国的实际，把握其中存在的机遇和挑战，明晰未来的发展路径图。从战略框架看，支持数字创新的策略应该体现在数字化基础设施、人员数字素养、数字化专利研发、数字创新的商业化等各方面。

2. 数字创新带来全新的全球分工格局

数字创新通过数字化手段对原有各类生产要素进行全新组合，数字化跨越时空、大规模协作、开放式等特点，让人才、工作、资本更容易实现流动，这必将重构全球产业链，改变全球化分工格局。“正如牵引一根丝会引起整个蜘蛛网的伸展和重塑一样，一项新技术的到来会引起经济中的价值和生产网络在各行各业伸展、重塑”①。一些原来认为难以转移的工作，如餐饮、宾馆、旅游等服务业，也借助互联网、大数据手段实现了全新的变革。这种数字化渗透还会不断延伸，最终全球价值链会完全基于数字平台。

3. 数字创新推动公共服务流程再造和社会管理方式的变革

数字创新需要公共部门深刻反思原有服务和管理方式，建立一套适合数字技术革命的完整的社会制度框架。公共管理部门需要审视原有管理制度和规定，考察它们对数字社会的适宜度。这些政策都是在工业社会和信息化初期制订的，随着新技术的出现，需要保持相对的弹性，以便于为数字创新留

---

① 布莱恩·阿瑟：《技术的本质：技术是什么，它是如何进化的》，曹东溟、王健译，浙江人民出版社，2014。

出空间。此外，公共部门必须熟悉这些新的技术手段，以便降低运行成本，提高效率，避免成为数字经济的发展瓶颈。

4. 数字创新持续改变人们的工作、生活和社交

数字创新带来了海量的新知识，让人们的知识迅速过时，这迫使人们不断地学习，更新自己的知识结构，以适应各项新工作的需要。同时随着人工智能的快速发展，对于人类而言，很多知识已经变得无用。各行各业面临冗员问题，如何应对这一挑战？人与机器之间合理的分工是什么？这呼吁国家教育体系的变革，即如何使学生在数字年代具有更强的学习能力，以迎接一个更加自动化、智能化时代的到来。

5. 不同国家数字鸿沟导致创新能力分化

技术创新驱动发展，发展成果反过来惠及创新，这种相互作用存在一种正反馈现象，导致富者愈富，贫者愈贫。对于每一次技术革命，不同产业、不同地区之间的增长率常常表现出悬殊的差距，以往的收入分配不公会出现恶化的趋势。不同国家数字创新方式的行动力将导致其竞争力的分化，这会形成新的国家之间的鸿沟，后发国家将越来越难以超越发达国家。未来国家之间的鸿沟主要内容就是数字鸿沟。这种情况下，后发国家应该如何应对，会成为未来相当长一段时间需要面对的问题。

B.5
全球数字治理发展报告

罗　力*

摘　要：　在当今全球物联网、云计算、大数据和人工智能技术不断应用与普及的数字经济时代，政府在线服务与数据开放已经成提升政府管理效率和社会治理能力，增进人民福祉的重要途径。数字治理体系的完善程度对数字经济的健康有序发展起到举足轻重的作用，各国网络安全产业和网络安全服务器的配置则是数字经济持续发展的坚实基础。本报告从政府公共服务、数字治理体系和基础安全保障三个维度构建了全球数字治理竞争力评价模型，对全球各国数字治理情况进行评价，发现各国数字治理竞争力与各国经济发展水平存在正相关系。经过近几年的发展，各国的数字治理体系日益完善，相继出台了有关法律和政策，设置了相关机构，但各国的网络安全产业还存在较大差距，数字治理鸿沟还将长期存在。

关键词：　数字经济　数字治理　数据开放　数据保护　网络空间安全

一　全球数字治理发展概述

从20世纪90年代开始，随着互联网技术日趋成熟、互联网的普遍接入

* 罗力，管理学博士，上海社会科学院信息研究所副研究员，研究方向为智慧城市建设，网络安全管理和个人信息保护。

以及数字技术与互联网技术的广泛融合，企业的数字化程度逐渐提高，数字化应用越来越广泛，数字经济从无到有，发展迅猛。1995 年，加拿大学者唐·泰普斯科特在《数字经济时代》中正式提出数字经济概念，曼纽尔·卡斯特尔的《信息时代：经济、社会与文化》，尼古拉斯·尼葛洛庞帝的《数字化生存》，美国商务部先后出版的《浮现中的数字经济》（I、II）和《数字经济》等论著让数字经济的理念迅速流行起来。数字经济是继农业经济、工业经济之后更高级的经济阶段。2016 年 G20 杭州峰会发布的《二十国集团数字经济发展与合作倡议》指出，数字经济是以数字化的知识和信息为关键生产要素、以现代信息网络为重要载体，以信息通信技术的有效作用为效率提升和经济结构优化的重要推动力的一系列经济活动①。数字经济蓬勃发展的前提是数字化基础设施的广泛安装、数字人才和资本等资源的获得和重新组合，在恰当的政策支持下，通过对原有各个领域的改造，创造出全新的流程、商业模式和产品，提升生产率，促进经济增长和可持续发展。

经济合作与发展组织（OECD）的《2016 数字经济展望》报告显示，截至 2015 年，80% 的成员都制订了国家战略或部门政策，构建了数字经济国家战略框架②。美国先后发布《联邦云计算战略》《大数据的研究和发展计划》《支持数据驱动型创新的技术与政策》，将技术创新战略从商业行为上升到国家战略，以维持美国在数据科学和创新领域的竞争力。美国商务部在 2015 年 11 月出台《数字经济议程》，提出美国在数字经济年代面临的挑战和机遇存在于信息全球化自由交换、在线信任和安全、接入和技能、创新和新兴技术四个方面。美国商务部在 2016 年成立了数字经济顾问委员会，以应对数字科技带来的机遇和挑战，帮助企业和消费者充分利用数字经济的好处，促进经济繁荣、教育完善，积极参与政治与文化

① 《二十国集团数字经济发展与合作倡议》，http：//www. cac. gov. cn/2016 - 09/29/c_1119648520. htm，2017 - 11 - 9。

② 李丽：《数字经济重塑制造业核心能力》，http：//www. china. com. cn/opinion/think/2017 - 07/28/content_ 41303090. htm。

生活。

欧盟委员会在2015年通过了《数字化单一市场战略》这一决议[①]，指出“数字单一市场”的宗旨是确保货物、人员、服务和资本的自由流动，个人和企业不论其国籍或居住地，都可以在公平竞争条件下无缝地访问和开展在线活动，同时，消费者和个人数据能受到保护。欧洲有能力在全球数字经济中领先，但目前其潜力没有得到充分利用。德国在2016年制定了“数字战略2025”[②]，指出数字变革的原材料是数据，数据处理能力是现代企业竞争的关键因素。这一战略提出德国要将数字变革作为政治经济行动的优先项，并对十个方面的紧急任务做出新的回答，比如如何持续发展出一个基于竞争、行政和卡特尔法律的监管框架，以便数字化促进企业创新和远程运营流程，同时保证公平竞争，增强个人数据主体的权利；如何在德国和欧洲创造确保ICT能力和软件开发能力的环境；如何创造一个有效的数字化变革的管理体系。日本提出“建设成为世界上最先进IT国家”，其中一项重要目标就是让任何人、在任何时间、任何地点，都可以通过一站式电子政务门户访问公共部门数据，享受公共服务。

数字经济是一个复杂的经济形态，海量主体参与市场竞争，线上线下融合成为发展常态，跨行业、跨地域竞争日趋激烈，这导致新问题层出不穷，老问题在线上被放大，新老问题交织汇聚，仅依靠政府监管难以应对。比如条块分割的体制机制造成了数据共享难和业务协同难的问题，信息资源开发利用和公共数据开放共享水平依然不高，政府信息资源开发利用远远滞后于经济和产业发展要求。不正当竞争行为在互联网上快速扩散，侵犯注册商标时有发生，损害竞争对手商业信誉行为屡有显现。网络犯罪迷惑性强，诈骗、传销、非法集资等依托互联网迅速蔓延，波及范围广、涉案金额大，经

① 李汶龙：《欧盟数字化单一市场战略概述》，http：//www. tisi. org/Article/lists/id/3938. html，2017－11－9。

② 中国国际商会：《德国〈数字化战略2025〉全文（中文版）【一】》，http：//www. ccpit. org/Contents/Channel_ 3466/2016/0615/658223/content_ 658223. htm，2017－11－9。

济社会危害更大。黑客利用互联网平台的漏洞，大肆窃取消费者个人信息，侵犯消费者隐私的现象层出不穷。与数字经济发展紧密相关的主体应该联合起来，对数字经济发展中的乱象进行治理。政府部门一方面要出台各种战略、政策、法规来引导和规范数字经济的发展，另一方面还要通过设置新的机构和部门来监督数字经济的发展；同时有关组织、企业和个人也要积极行动起来，通过开放数据、购买信息安全产品和服务、增强自身信息安全意识等行动提升数字治理的水平。

美国在 2011 年 5 月制定了“网络空间国际战略”，将网络空间视为与国家海、陆、空、外太空同等重要的国家战略性基础设施，并将网络空间安全提升到与军事和经济安全同等重要的地位。欧盟在 2013 年 2 月制定了“欧盟网络安全战略”，欧洲网络与信息安全局在 2014 年 11 月发布了“国家网络安全战略评估框架”，提出构建网络安全的关键举措，比如发展网络防御能力、增加网络弹性、降低网络犯罪率、加强网络安全方面的资源投入和研发支出、确保关键信息基础设施安全等。

欧盟对现行的个人信息保护法进行了修订，在 2016 年 5 月通过了《一般数据保护规章》，强调设立个人信息保护监督部门的重要性，要求各成员国都应该规定一个或多个机关负责监督在其领土内根据该规章所采取的法律法规的应用情况，各成员国都应该规定在涉及保护个人信息处理中的个人权利和自由的行政措施时，应向监督机关进行咨询。英国政府为加强网络安全保障，减少网络侵权等问题，保护创新创业者的知识产权，颁布了《数字经济法案》，从法律层面切实做到保护数字知识产权，加大数字信息的安全保护力度，使知识产权对权利人权利保护的及时性、便利性、有效性得以增强，进而鼓励知识创新。英国反复承诺保障国家网络安全，重点在研发和人才方面加大投入。德国计划推广使用安全的通信基础设施，促进数字技术安全产业发展，强化在线服务的安全性。

日本政府在 2013 年 6 月制定了旨在加强防范网络攻击的“网络安全战略”。新战略提出了“信息自由流通”“法治”“对使用者的开放性”“政府和民间等多方面的合作”等 5 项原则，并明确提出要积极参与制订网络空间的国际规范[①]。日本《个人信息保护法》和《个人号码法》修正案在 2015 年 3 月获得通过，规定删除名字等使特定个人无法被锁定的信息即使没有本人的同意也可提供给第三方，这将在一定程度上有利于企业的商业化应用[②]。

韩国政府在 2011 年 8 月出台了“国家网络安全总体规划”，以防范网络袭击对国民财产和国家安全造成的威胁。韩国以国家网络安全中心为核心，由政府相关部门和民间组织、机构联手采取应对措施。国家网络安全中心由国家情报院负责运营，韩国广播通信委员会、国防部、行政安全部、金融委员会等机构也将参与其中[③]。韩国国会在 2016 年 12 月通过了《国家网络安全法案》，推动成立总统下属的国家网络安全委员会，提高应对网络攻击的能力。

新加坡网络安全局在 2016 年 10 月发布了“新加坡网络安全战略”，将增强关键信息基础设施弹性、营造安全网络空间、培育网络安全空间生态系统和强化国际合作作为国家网络安全战略的四大目标，并提出了实现这些目标的具体任务、措施与行动计划[④]。新加坡在同年 7 月实施了“防范网络犯罪国家行动计划”，将教育公众保持网络空间安全，增强政府打击网络犯罪的能力，加强立法和刑事司法体系，有助于对网络犯罪的调查和起诉。

以色列政府将“确保本国人民具备应对各类网络安全威胁的能力”作为国家网络安全战略的核心内容，将建设网络安全“欧洲主要技术中心”

---

① 《日本政府制定网络安全新战略》，http：//news. xinhuanet. com/zgjx/2015 – 05/25/c_134267012. htm，2017 – 11 – 9。

② 日本出台法案规范个人信息使用，加大处罚力度 . http：//www. chinanews. com/gj/2015/03 – 10/7117080. shtml，2017 – 11 – 9。

③ 韩国政府制定“国家网络安全总体规划”. http：//news. 163. com/11/0808/23/7AVJKBT700014JB5. html，2017 – 11 – 9。

④ 新加坡正式公布网络安全策略包括四大要点 . http：//tech. 163. com/16/1012/05/C35DNIQ700097U81. html，2017 – 11 – 9。

作为技术聚集区的主要建设目标，并多次在网络安全教育、投资、创新等领域的政策中提及维持以色列在技术领域的领导力。

二 全球数字治理竞争力评价体系构建

政府在线服务与数据开放已经成提升政府管理效率和社会治理能力，增进人民福祉的重要途径。数字治理体系的完善程度对数字经济的健康有序发展起着举足轻重的作用，各国网络安全产业和网络安全服务器的配置则是数字经济持续发展的坚实基础。

本报告从公共服务、治理体系和基础保障三个指标构建了全球数字治理竞争力评价模型，公共服务指标包括政府服务指数和数据开放水平，治理体系指标包括政策完备度（法律、政策和路线图等）和治理机构设置（应急响应中心，负责机构等），基础保障指标包括安全产业发展水平和每百万人安全服务器配置。鉴于数据的可获取性，本报告用联合国全球电子政务排名中的在线服务得分来衡量政府公共服务中的政府服务指数，用万维网基金会Open data Barameter 指标来衡量政府公共服务中的数据开放水平。治理体系在数字治理竞争力构成中至关重要，其包括政策完备度（法律、政策和路线图等）和治理机构设置（应急响应中心、负责机构等），其权重分别为20%。本报告用一个国家的网络安全产业发展水平和网络安全服务器配置来衡量该国数字治理的基础保障能力，其权重分别为50%。至于各个指标的数据来源，具体如表1所示。

表1 数字治理竞争力评价体系

指标	二级指标	三级指标	数据来源
数字治理竞争力	公共服务（30%）	政府服务指数（50%）	联合国电子政务在线服务 OSI 调查排名①
		数据开放水平（50%）	万维网基金会 Open DataBarameter②
	治理体系（40%）	政策完备度（法律、政策和路线图等）（50%）	世界电信联盟全球网络空间安全指数③

续表

指标	二级指标	三级指标	数据来源
数字治理竞争力	治理体系（40%）	治理机构设置（应急响应中心，负责机构等）（50%）	世界电信联盟全球网络空间安全指数[4]
	基础保障（30%）	网络安全产业发展水平（50%）	Cybersecurity Ventures 全球 500 强排名[5]
		网络安全服务器配置（50%）	世界银行/《世界发展指标》[6]

资料来源：①*E-Government in Support of Sustainable Development*，https：//publicadministration. un. org/egovkb#. V6ICO＿ krJhE；② *The Open Data Barometer：A Global Measure Of How Governments Are Publishing And Using Open Data For Accountability*，*Innovation And Social Impact*，http：//opendatabarometer. org/；③ *Global Cybersecurity Index*，http：//www. itu. int/en/ITU-D/Cybersecurity/Pages/GCI. aspx；④ *Global Cybersecurity Index*，http：//www. itu. int/en/ITU-D/Cybersecurity/Pages/GCI. aspx；⑤ *Cybersecurity 500：Meet The Hot Cybersecurity Companies To Watch In 2017*，https：//cybersecurityventures. com/cybersecurity－500/；⑥世界发展指标，https：//data. worldbank. org. cn/indicator，2017－11－9。

三 全球数字治理竞争力评价结果分析

根据本报告构建的上述数字治理竞争力评价模型，通过收集联合国电子政务在线服务排名、万维网基金会 Open data Barameter、世界电信联盟全球网络空间安全指数、Cybersecurity Ventures 全球 500 强排名、世界银行数据库等相关数据，最终得到各个国家数字治理竞争力的最终排名情况。在进行各项打分时，首先选取该项指标当中表现最好的国家，以该国家的这一指标为满分（100 分）参照系并将该国的这一指标标准化为 100，然后将其他国家的该项指标按照以下公式进行评分：

$$\text{i 国指标 } N \text{ 得分} = \frac{100 \times i \text{ 国 } N \text{ 指标值}}{\text{参照系国家 } N \text{ 指标值}}$$

综合考虑数据的可得性，本报告对 92 个国家的数字治理竞争力进行评价和排名。具体排名和得分如表 2 所示。

表 2　全球各国数字治理竞争力排名/得分

排名	国家	总分	区域	排名	国家	总分	区域
1	美国	83.41	北美洲	34	肯尼亚	52.87	非　洲
2	英国	72.78	欧　洲	35	斯洛伐克	52.74	欧　洲
3	荷兰	69.22	欧　洲	36	南非	52.60	非　洲
4	加拿大	68.60	北美洲	37	爱沙尼亚	52.47	欧　洲
5	韩国	67.93	亚　洲	38	格鲁吉亚	52.17	欧　洲
6	澳大利亚	66.91	大洋洲	39	哥伦比亚	52.07	南美洲
7	芬兰	66.51	欧　洲	40	墨西哥	51.87	北美洲
8	瑞典	66.26	欧　洲	41	阿联酋	51.28	亚　洲
9	奥地利	65.39	欧　洲	42	葡萄牙	51.26	欧　洲
10	日本	64.30	亚　洲	43	泰国	50.70	亚　洲
11	西班牙	64.04	欧　洲	44	捷克	49.75	欧　洲
12	新加坡	63.54	亚　洲	45	俄罗斯	49.37	欧　洲
13	意大利	61.61	欧　洲	46	突尼斯	49.12	非　洲
14	以色列	61.20	亚　洲	47	乌干达	48.99	非　洲
15	法国	61.15	欧　洲	48	菲律宾	48.89	亚　洲
16	新西兰	60.53	大洋洲	49	埃及	48.38	非　洲
17	丹麦	58.77	欧　洲	50	尼日利亚	48.32	非　洲
18	德国	58.19	欧　洲	51	冰岛	48.23	欧　洲
19	波兰	57.58	欧　洲	52	阿根廷	47.64	南美洲
20	挪威	57.32	欧　洲	53	委内瑞拉	47.56	南美洲
21	印度	56.47	亚　洲	54	哥斯达黎加	47.32	亚　洲
22	巴林	55.38	亚　洲	55	秘鲁	47.18	南美洲
23	中国	54.97	亚　洲	56	智利	44.95	南美洲
23	瑞士	54.97	欧　洲	57	乌克兰	44.67	欧　洲
25	马来西亚	54.60	亚　洲	58	布基纳法索	44.35	非　洲
26	匈牙利	53.84	欧　洲	59	喀麦隆	44.25	非　洲
27	乌拉圭	53.83	南美洲	60	牙买加	41.99	非　洲
28	巴西	53.59	南美洲	61	希腊	41.50	欧　洲
29	摩洛哥	53.52	非　洲	62	厄瓜多尔	40.72	南美洲
30	毛里求斯	53.40	非　洲	63	沙特阿拉伯	39.51	亚　洲
31	比利时	53.26	欧　洲	64	巴拉圭	38.13	南美洲
32	土耳其	53.19	亚　洲	65	越南	38.02	亚　洲
33	卡塔尔	52.95	亚　洲	66	哈萨克斯坦	37.91	亚　洲

续表

排名	国家	总分	区域	排名	国家	总分	区域
67	卢旺达	37.65	非　洲	80	巴基斯坦	22.50	亚　洲
68	印度尼西亚	36.89	亚　洲	81	纳米比亚	22.04	非　洲
69	爱尔兰	35.85	欧　洲	82	约旦	21.76	亚　洲
70	博茨瓦纳	35.25	非　洲	83	马拉维	21.04	非　洲
71	加纳	34.94	非　洲	84	塞内加尔	13.88	非　洲
72	马其顿	31.64	欧　洲	85	贝宁	13.45	非　洲
73	赞比亚	29.62	非　洲	86	塞拉利昂	12.56	非　洲
74	缅甸	29.59	亚　洲	87	海地	12.50	北美洲
75	津巴布韦	27.76	非　洲	88	莫桑比克	10.93	非　洲
76	孟加拉国	27.07	亚　洲	89	也门	9.06	亚　洲
77	坦桑尼亚	26.87	非　洲	90	埃塞俄比亚	8.93	非　洲
78	尼泊尔	24.61	亚　洲	91	马里	8.68	非　洲
79	圣卢西亚	23.00	北美洲	92	毛里塔尼亚	4.33	非　洲

注：数字治理竞争力满分为 100 分。

根据表 2 排名情况可见，美国以 83.41 分位居世界第一，世界第二名是英国，得分为 72.78 分，与美国存在一定差距。排名前十的其他八个国家的得分差距不是很明显，分别是荷兰、加拿大、韩国、澳大利亚、芬兰、瑞典、奥地利、日本。排名前十的国家中，北美洲国家有 2 个、亚洲国家有 2 个、大洋洲国家有 1 个、欧洲国家有 5 个，非洲和南美洲没有国家进入世界前十名。在排名 11 ~20 的名单中，欧洲国家的表现更为抢眼，共有 7 个国家，分别是西班牙、意大利、法国、丹麦、德国、波兰、挪威；亚洲国家有 2 个，分别是新加坡和以色列；大洋洲国家有新西兰，非洲和南美洲依然没有国家进入名单。排名前 20 的国家中欧洲有 12 个，亚洲有 4 个，北美洲国家和大洋洲国家分别有 2 个，这也在一定程度上说明了传统发达国家的数字治理竞争力非常强劲。金砖五国印度、中国、巴西、南非和俄罗斯作为新兴经济体，分别位居第 21、23、28、36 和 45，虽然这几个国家在数字治理方面做了大量的工作，但还有一定的提升空间。排名后十位的国家，分别是马拉维、塞内加尔、贝宁、塞拉利昂、海地、莫桑比克、也门、埃塞俄比亚、马里、毛里塔尼亚，其中有 8 个非洲国家，1 个亚洲国家和 1 个北美洲国家，这进一步说明了经济发展水平和数字治理竞争力存在着强烈的正相关关系。

各大洲排名前二的国家如表 3 所示，排名前十，前二十和前三十的国家区域分布见图 1、图 2、图 3。

表 3　各大洲数字治理竞争力领先的国家

区域	排名	国家	区域	排名	国家
北美洲	1	美　国	欧　洲	1	英　国
北美洲	2	加拿大	欧　洲	2	荷　兰
南美洲	1	乌拉圭	亚　洲	1	韩　国
南美洲	2	巴　西	亚　洲	2	日　本
非　洲	1	摩洛哥	大洋洲	1	澳大利亚
非　洲	2	毛里求斯	大洋洲	2	新西兰

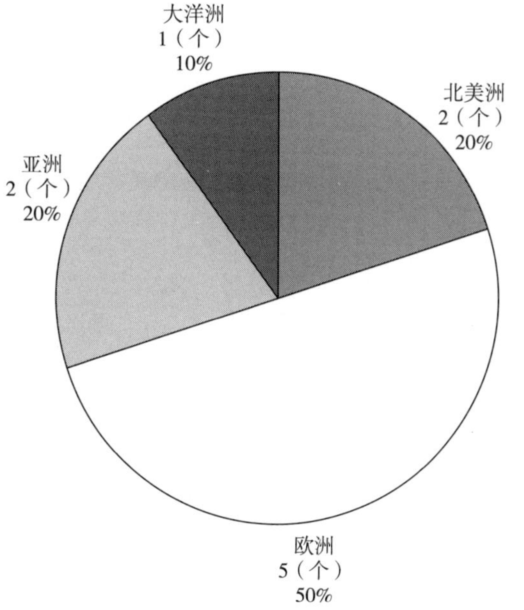

图 1　全球各国数字治理竞争力前十的国家数量分布

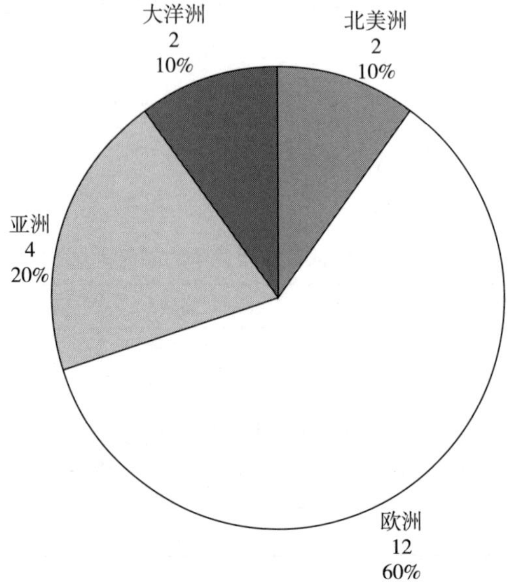

图 2　全球各国数字治理竞争力前二十的国家数量分布

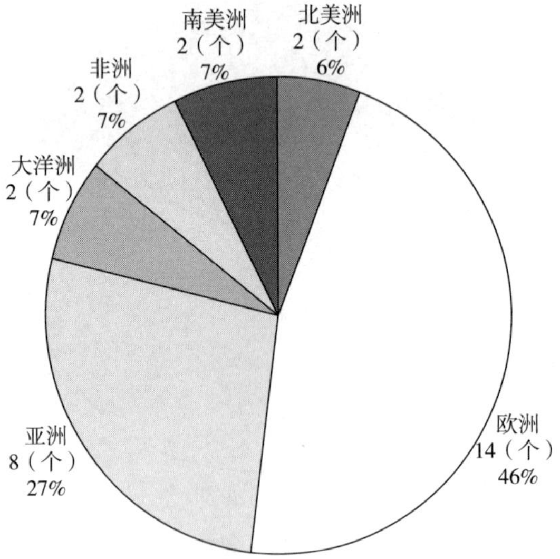

图 3　全球各国数字治理竞争力前三十的国家数量分布

（一）全球各国数字公共服务水平评价结果分析

政府服务指数是《联合国电子政务调查报告》电子政务发展指数（EGDI）的重要组成部分，旨在考察各国政府的在线服务的范围和质量。数据开放水平来自互联网基金会（World Wide Web Foundation）《全球开放数据晴雨表报告》（*Open Data Barometer Global Report*），旨在考察全球各国开放数据政策的普及性和影响力，揭示全球开放数据发展趋势。将这两个指标整合在一起可以用来考察全球各国政府部门为数字经济发展提供的公共服务水平，各国得分和排名如表4所示。

表4　全球各国公共服务水平排名

排名	国家	政府服务指数	数据开放水平	区域	排名	国家	政府服务指数	数据开放水平	区域
1	英国	100	100	欧洲	21	巴西	73.19	61.16	南美洲
2	加拿大	95.65	80.35	北美洲	22	毛里求斯	70.29	61.76	非洲
3	法国	94.20	81.65	欧洲	23	以色列	86.23	43.71	亚洲
4	美国	92.75	81.89	北美洲	24	哥伦比亚	78.99	45.39	南美洲
5	新西兰	94.20	76.35	大洋洲	25	比利时	71.01	52.62	欧洲
6	荷兰	92.75	75.13	欧洲	26	墨西哥	84.78	38.43	北美洲
7	澳大利亚	97.83	67.99	大洋洲	27.00	智利	77.54	42.97	南美洲
8	韩国	94.20	71.19	亚洲	28	爱尔兰	72.46	46.53	欧洲
9	芬兰	94.20	65.45	欧洲	29	阿联酋	89.13	27.00	亚洲
10	瑞典	87.68	69.26	欧洲	30	葡萄牙	74.64	41.38	欧洲
11	西班牙	91.30	64.35	欧洲	31	冰岛	62.32	52.73	欧洲
12	奥地利	91.30	64.18	欧洲	32	瑞士	60.14	54.64	欧洲
13	丹麦	77.54	76.62	欧洲	33	波兰	70.29	39.95	欧洲
14	日本	87.68	63.50	亚洲	34	印度	74.64	33.98	亚洲
15	德国	84.06	64.79	欧洲	35	突尼斯	71.74	33.37	非洲
16	新加坡	97.10	51.45	亚洲	36	俄罗斯	73.19	31.49	欧洲
17	挪威	80.43	60.60	欧洲	37	菲律宾	66.67	36.94	亚洲
18	意大利	86.96	53.78	欧洲	38	巴林	82.61	18.14	亚洲
19	爱沙尼亚	89.13	50.63	欧洲	39	马其顿	60.87	38.13	欧洲
20	乌拉圭	77.54	58.12	南美洲	40	中国	76.81	21.16	亚洲

续表

排名	国家	政府服务指数	数据开放水平	区域	排名	国家	政府服务指数	数据开放水平	区域
41	捷克	47.83	49.15	欧　洲	67	埃塞俄比亚	52.90	6.63	非　洲
42	哈萨克斯坦	76.81	20.09	亚　洲	68	牙买加	35.51	21.65	非　洲
43	希腊	57.97	38.48	欧　洲	69	约旦	45.65	10.32	亚　洲
44	马来西亚	71.74	24.60	亚　洲	70	埃及	47.10	8.74	非　洲
45	阿根廷	71.01	23.78	南美洲	71	尼日利亚	41.30	14.13	非　洲
46	厄瓜多尔	63.04	30.29	南美洲	72	加纳	44.93	10.19	非　洲
47	哥斯达黎加	63.77	28.52	亚　洲	73	尼泊尔	39.86	13.09	亚　洲
48	秘鲁	63.04	28.93	南美洲	74	委内瑞拉	43.48	6.79	南美洲
49	摩洛哥	73.91	16.17	非　洲	75	塞内加尔	37.68	10.33	非　洲
50	匈牙利	63.04	25.54	欧　洲	76	圣卢西亚	27.54	14.65	北美洲
51	土耳其	60.14	27.06	亚　洲	77	赞比亚	36.96	4.91	非　洲
52	肯尼亚	55.80	29.87	非　洲	78	巴基斯坦	32.61	6.23	亚　洲
53	沙特阿拉伯	67.39	17.72	亚　洲	79	纳米比亚	28.26	7.35	非　洲
54	卡塔尔	67.39	16.53	亚　洲	80	博茨瓦纳	28.26	6.51	非　洲
55	南非	55.80	26.77	非　洲	81	津巴布韦	26.09	3.38	非　洲
56	斯洛伐克	44.20	37.16	欧　洲	82	马拉维	21.74	7.39	非　洲
57	格鲁吉亚	63.77	16.79	欧　洲	83	布基纳法索	18.84	10.12	非　洲
58	巴拉圭	60.14	15.99	南美洲	84	毛里塔尼亚	6.52	22.33	非　洲
59	越南	57.25	18.30	亚　洲	85	莫桑比克	20.29	8.14	非　洲
60	乌克兰	58.70	16.07	欧　洲	86	喀麦隆	21.74	6.57	非　洲
61	卢旺达	45.65	27.55	非　洲	87	贝宁	14.49	8.47	非　洲
62	泰国	55.07	15.99	亚　洲	88	缅甸	15.94	3.56	亚　洲
63	孟加拉国	62.32	7.05	亚　洲	89	塞拉利昂	11.59	5.45	非　洲
64	印度尼西亚	36.23	31.81	亚　洲	90	海地	16.67	0	北美洲
65	坦桑尼亚	57.25	10.77	非　洲	91	也门	14.49	1.43	亚　洲
66	乌干达	50.00	9.92	非　洲	92	马里	9.42	3.98	非　洲

根据表 4 排名情况可得，英国该项指标排世界第一名，且两个分项指标也是第一名，这说明英国在政府在线服务和数据开放方面遥遥领先。排名前十的其他九个国家的得分差距不是很明显，分别是加拿大、法国、美国、新西兰、荷兰、澳大利亚、韩国、芬兰、瑞典。排名前十的国家中，北美洲国家有 2 个，亚洲国家有 1 个，大洋洲国家有 2 个，欧洲国家有 5 个，而非洲和南美洲没有国家进入世界前十，具体如图 4 所示。在排名 11 ~ 20 的名单中，欧洲国家的表现更为抢眼，共有 7 个国家，分别是西班牙、奥地利、丹麦、德国、挪威、意大利、爱沙尼亚；亚洲国家有 2 个，分别是日本和新加

坡；南美洲国家有 1 个，是乌拉圭；非洲依然没有国家进入名单。排名前 20 的国家中欧洲国家有 12 个，亚洲国家有 3 个，北美洲国家和大洋洲国家分别有 2 个，南美洲国家有 1 个，具体如图 5 所示。金砖五国巴西、印度、俄罗斯、中国和南非作为新兴经济体，分别位居第 21、34、36、40 和 55。排名后十位的国家，分别是布基纳法索、毛里塔尼亚、莫桑比克、喀麦隆、贝宁、缅甸、塞拉利昂、海地、也门、马里，其中有 7 个非洲国家，2 个亚洲国家和 1 个北美洲国家。各大洲排名前二的国家如表 5 所示，前三十的国家区域分布见图 6。

表 5　各大洲公共服务水平领先国家

区域	排名	国家	区域	排名	国家
北美洲	1	美　　国	欧　洲	1	英　　国
北美洲	2	加 拿 大	欧　洲	2	法　　国
南美洲	1	乌 拉 圭	亚　洲	1	韩　　国
南美洲	2	巴　　西	亚　洲	2	日　　本
非　洲	1	毛里求斯	大洋洲	1	新 西 兰
非　洲	2	突 尼 斯	大洋洲	2	澳大利亚

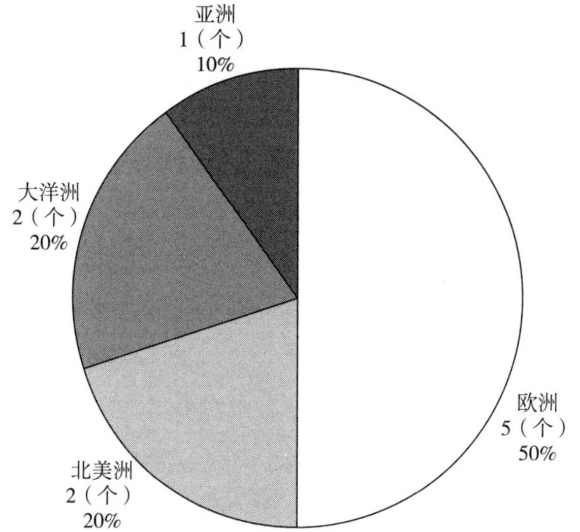

图 4　全球各国政府公共服务水平排名前 10 的国家数量分布

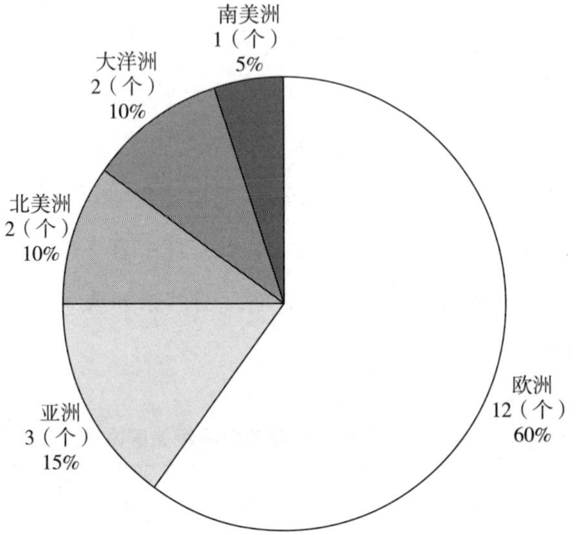

图5　全球各国政府公共服务水平排名前二十的国家数量分布

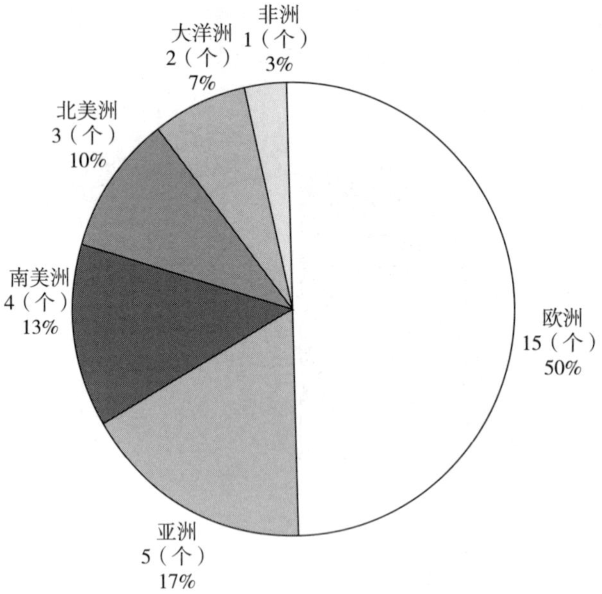

图6　全球各国政府公共服务水平排名前三十的国家数量分布

（二）全球各国数字治理体系水平评价结果分析

各国数字治理体系水平主要包括政策完备度和治理机构设置情况，两个指标的数据来源均为国际电信联盟牵头的全球网络空间安全指数（Global Cybersecurity Index），数据形式为定性数据，即该国设置了与数字治理有关的法律、政策或路线图，得 1 分；如果没有设置相关法律、政策和路线图，则得 0 分；如果法律、政策和路线图均有涉及，则得 3 分。治理机构设置得分也是同样道理。值得指出的是，本次评价尚未进一步对网络安全法律、数据保护法律和有关政策进行区分，也没有对各个法律、政策和路线图的内容进行具体分析，更没有对各个法律、政策和路线图的执行效果进行深入研究，仅考虑了有关法律、政策和路线图的有无情况。各国得分和排名如表 6 所示。

表 6　全球各国数字治理体系水平评价

排名	国家	政策完备度	治理机构设置	所在区域	排名	国家	政策完备度	治理机构设置	所在区域
1	英国	100	100	欧　洲	1	波兰	100	100	欧　洲
1	加拿大	100	100	北美洲	1	印度	100	100	亚　洲
1	美国	100	100	北美洲	1	巴林	100	100	亚　洲
1	荷兰	100	100	欧　洲	1	中国	100	100	亚　洲
1	澳大利亚	100	100	大洋洲	1	马来西亚	100	100	亚　洲
1	韩国	100	100	亚　洲	1	摩洛哥	100	100	非　洲
1	芬兰	100	100	欧　洲	1	匈牙利	100	100	欧　洲
1	瑞典	100	100	欧　洲	1	土耳其	100	100	亚　洲
1	西班牙	100	100	欧　洲	1	肯尼亚	100	100	非　洲
1	奥地利	100	100	欧　洲	1	卡塔尔	100	100	亚　洲
1	日本	100	100	亚　洲	1	南非	100	100	非　洲
1	新加坡	100	100	亚　洲	1	斯洛伐克	100	100	欧　洲
1	意大利	100	100	欧　洲	1	格鲁吉亚	100	100	欧　洲
1	以色列	100	100	亚　洲	1	泰国	100	100	亚　洲

续表

排名	国家	政策完备度	治理机构设置	所在区域	排名	国家	政策完备度	治理机构设置	所在区域
1	乌干达	100	100	非 洲	60	冰岛	33.33	100	欧 洲
1	埃及	100	100	非 洲	60	希腊	33.33	100	欧 洲
1	尼日利亚	100	100	非 洲	60	厄瓜多尔	33.33	100	南美洲
1	委内瑞拉	100	100	南美洲	60	沙特阿拉伯	33.33	100	亚 洲
1	布基纳法索	100	100	非 洲	60	巴拉圭	33.33	100	南美洲
1	喀麦隆	100	100	非 洲	60	越南	33.33	100	亚 洲
35	德国	66.67	50	欧 洲	60	卢旺达	33.33	100	非 洲
35	新西兰	66.67	50	大洋洲	60	印尼	33.33	100	亚 洲
35	丹麦	66.67	50	欧 洲	60	加纳	33.33	100	非 洲
35	法国	66.67	50	欧 洲	60	缅甸	33.33	100	亚 洲
35	挪威	66.67	50	欧 洲	71	哈萨克斯坦	66.67	50	亚 洲
35	乌拉圭	66.67	100	南美洲	71	赞比亚	66.67	50	非 洲
35	巴西	66.67	50	南美洲	71	津巴布韦	66.67	50	非 洲
35	毛里求斯	66.67	50	非 洲	71	爱尔兰	33.33	50	欧 洲
35	哥伦比亚	66.67	50	南美洲	71	马其顿	33.33	50	欧 洲
35	比利时	66.67	50	欧 洲	71	孟加拉国	33.33	50	亚 洲
35	墨西哥	66.67	50	北美洲	71	坦桑尼亚	33.33	50	非 洲
35	阿联酋	66.67	50	亚 洲	71	尼泊尔	33.33	50	亚 洲
35	葡萄牙	66.67	50	欧 洲	71	圣卢西亚	33.33	50	北美洲
35	瑞士	66.67	50	欧 洲	71	巴基斯坦	33.33	50	亚 洲
35	突尼斯	66.67	50	非 洲	71	纳米比亚	33.33	50	非 洲
35	俄罗斯	66.67	50	欧 洲	71	马拉维	33.33	50	非 洲
35	菲律宾	66.67	50	亚 洲	83	约旦	66.67	0	亚 洲
35	捷克	66.67	50	欧 洲	83	贝宁	0	50	非 洲
35	阿根廷	66.67	50	南美洲	83	塞拉利昂	0	50	非 洲
35	哥斯达黎加	66.67	50	亚 洲	83	海地	0	50	北美洲
35	秘鲁	66.67	50	南美洲	87	塞内加尔	33.33	0	非 洲
35	乌克兰	66.67	50	欧 洲	87	莫桑比克	33.33	0	非 洲
35	牙买加	66.67	50	非 洲	87	也门	33.33	0	亚 洲
58	爱沙尼亚	100	50	欧 洲	87	马里	33.33	0	非 洲
58	博茨瓦纳	100	50	非 洲	91	埃塞俄比亚	0	0	非 洲
60	智利	33.33	100	南美洲	92	毛里塔尼亚	0	0	非 洲

根据上述排名情况可得，全球数字治理体系发展水平可以分为 8 个阵营，其中第一阵营有 34 个国家，在法律、政策和路线图，治理机构设置方面比较完备。这 34 个国家中，欧洲和亚洲国家各占 11 个席位，欧洲 11 国分别是英国、荷兰、芬兰、瑞典、西班牙、奥地利、意大利、波兰、匈牙利、斯洛伐克、格鲁吉亚。亚洲 11 国分别是韩国、日本、新加坡、以色列、印度、巴林、中国、马来西亚、土耳其、卡塔尔、泰国。非洲有 8 个国家做了相应的工作，分别是摩洛哥、肯尼亚、南非、乌干达、埃及、尼日利亚、布基纳法索、喀麦隆。北美洲有 2 个国家，分别是美国和加拿大，大洋洲和南美洲则分别是澳大利亚和委内瑞拉。

第二阵营的 23 个国家主要是在政策完备度方面有所欠缺。以德国为例，其在数字治理方面一向表现良好，出台了与数字治理相关的一系列法律法规，比如 2001 年的《电子签章法案》、2009 年的《联邦数据保护法案》等，也颁布了网络安全战略，但尚未出台与网络安全相关的路线图，这也是该项指标得分有所欠缺的原因。第三阵营只有两个国家，分别是爱沙尼亚和博茨瓦纳。爱沙尼亚在数字经济发展和数字治理方面一向表现良好，也设置了 CERT-EE，但其在治理机构设置方面有所欠缺，主要是因为尚未有相关机构负责数字治理业务。

（三）全球各国数字基础保障水平评价结果分析

一个国家网络安全产业的发展水平对该国数字基础保障能力有着非常重要的影响，而一个国家网络安全服务器的配置水平也能在一定程度上反映了该国的数字基础保障能力。在抽取 2017 年 Cybersecurity Ventures 全球 500 强的数据和世界银行关于每百万人安全服务器配置数据后，可得有关得分和排名，如表 7 所示。

根据表 7 排名情况可得，美国该项指标位居世界第一，且总分遥遥领先，这主要得益于其拥有全球 500 强网络安全公司的数量，这也说明了美国在网络安全产业领域具有无可置疑的领先地位。而排名前十的其他九个国家的得分差距不是很明显，分别是瑞士、冰岛、荷兰、韩国、挪威、英国、

表 7　全球各地区数字基础保障水平排名

排名	国家	网络安全产业发展水平	网络安全服务器配置	区域	排名	国家	网络安全产业发展水平	网络安全服务器配置	区域
1	美国	100.00	14.73	北美洲	29	葡萄牙	0.00	3.46	欧　洲
2	瑞士	1.64	27.80	欧　洲	30	意大利	0.27	3.03	欧　洲
3	冰岛	0.00	28.70	欧　洲	31	卡塔尔	0.00	2.44	亚　洲
4	荷兰	0.55	26.37	欧　洲	32	希腊	0.27	2.13	欧　洲
5	韩国	0.82	19.97	亚　洲	33	俄罗斯	0.27	1.95	欧　洲
6	挪威	0.00	18.85	欧　洲	34	中国	1.64	0.19	亚　洲
7	英国	5.74	12.78	欧　洲	35	巴林	0.00	1.78	亚　洲
8	瑞典	1.91	16.19	欧　洲	36	毛里求斯	0.00	1.70	非　洲
9	芬兰	0.82	16.25	欧　洲	37	南非	0.27	1.13	非　洲
10	德国	1.91	14.92	欧　洲	38	智利	0.00	1.38	南美洲
11	丹麦	0.27	15.16	欧　洲	39	印度	1.09	0.07	亚　洲
12	加拿大	3.28	11.38	北美洲	40	乌拉圭	0.00	1.01	南美洲
13	奥地利	0.00	13.77	欧　洲	41	马来西亚	0.00	0.97	亚　洲
14	澳大利亚	0.55	13.03	大洋洲	42	哥斯达黎加	0.00	0.95	亚　洲
15	捷克	0.27	12.22	欧　洲	43	马其顿	0.00	0.85	欧　洲
16	以色列	8.74	2.66	亚　洲	44	乌克兰	0.00	0.82	欧　洲
17	日本	1.09	9.72	亚　洲	45	土耳其	0.00	0.73	亚　洲
18	新西兰	0.00	10.77	大洋洲	46	巴西	0.00	0.72	南美洲
19	爱沙尼亚	0.00	10.07	欧　洲	47	牙买加	0.00	0.58	非　洲
20	法国	1.91	7.71	欧　洲	48	格鲁吉亚	0.00	0.57	欧　洲
21	比利时	0.00	9.23	欧　洲	49	阿根廷	0.00	0.56	南美洲
22	爱尔兰	1.09	7.82	欧　洲	50	哥伦比亚	0.00	0.55	南美洲
23	新加坡	0.27	8.08	亚　洲	51	沙特阿拉伯	0.00	0.52	亚　洲
24	波兰	0.00	6.93	欧　洲	52	厄瓜多尔	0.00	0.39	南美洲
25	西班牙	0.82	3.81	欧　洲	53	墨西哥	0.00	0.37	北美洲
26	匈牙利	0.00	3.67	欧　洲	54	秘鲁	0.00	0.32	南美洲
27	阿联酋	0.00	3.55	亚　洲	55	泰国	0.00	0.30	亚　洲
28	斯洛伐克	0.27	3.27	欧　洲	56	哈萨克斯坦	0.00	0.28	亚　洲

续表

排名	国家	网络安全产业发展水平	网络安全服务器配置	区域	排名	国家	网络安全产业发展水平	网络安全服务器配置	区域
57	巴拉圭	0.00	0.28	南美洲	75	贝宁	0.00	0.03	非　洲
58	纳米比亚	0.00	0.24	非　洲	76	海地	0.00	0.03	北美洲
59	博茨瓦纳	0.00	0.23	非　洲	77	尼日利亚	0.00	0.03	非　洲
60	约旦	0.00	0.22	亚　洲	78	巴基斯坦	0.00	0.03	亚　洲
61	越南	0.00	0.17	亚　洲	79	毛里塔尼亚	0.00	0.02	非　洲
62	菲律宾	0.00	0.13	亚　洲	80	乌干达	0.00	0.02	非　洲
63	突尼斯	0.00	0.12	非　洲	81	莫桑比克	0.00	0.02	非　洲
64	委内瑞拉	0.00	0.12	南美洲	82	坦桑尼亚	0.00	0.02	非　洲
65	肯尼亚	0.00	0.10	非　洲	83	喀麦隆	0.00	0.02	非　洲
66	印度尼西亚	0.00	0.09	亚　洲	84	马拉维	0.00	0.02	非　洲
67	津巴布韦	0.00	0.07	非　洲	85	马里	0.00	0.02	非　洲
68	摩洛哥	0.00	0.06	非　洲	86	缅甸	0.00	0.02	亚　洲
69	加纳	0.00	0.06	非　洲	87	孟加拉	0.00	0.02	亚　洲
70	卢旺达	0.00	0.05	非　洲	88	布基纳法索	0.00	0.01	非　洲
71	埃及	0.00	0.05	非　洲	89	塞拉利昂	0.00	0.01	非　洲
72	塞内加尔	0.00	0.05	非　洲	90	也门	0.00	0.01	亚　洲
73	赞比亚	0.00	0.05	非　洲	91	埃塞俄比亚	0.00	0.00	非　洲
74	尼泊尔	0.00	0.04	亚　洲	92	圣卢西亚	0.00	0.00	北美洲

瑞典、芬兰、德国。排名前十的国家中，北美洲国家有 1 个，亚洲国家有 1 个，欧洲国家有 8 个，而大洋洲、非洲和南美洲没有国家进入前十名，具体如图 7 所示。在排名 11 ~ 20 的名单中，欧洲国家的表现也非常抢眼，共有 5 个国家，分别是丹麦、奥地利、捷克、爱沙尼亚、法国；亚洲国家有 2 个，分别是日本和以色列；大洋洲国家有 2 个，分别是澳大利亚和新西兰；北美洲国家为加拿大；非洲和南美洲依然没有国家进入名单。在排名前二十的国家中欧洲国家有 13 个，亚洲国家有 3 个，北美洲国家和大洋洲国家分别有 2 个，具体如图 8 所示。金砖五国俄罗斯、中国、南非、印度和巴西作为新兴经济体，分别位居第 33、34、37、39

和46，这还主要得益于俄罗斯、中国、南非和印度均有若干个公司进入全球前500名，否则根据这几个国家的人口规模和相应网络安全服务器的配置数量，其排名会更加靠后。排名后十位的国家，分别是喀麦隆、马拉维、马里、缅甸、孟加拉、布基纳法索、塞拉利昂、也门、埃塞俄比亚、圣卢西亚，其中有6个非洲国家，3个亚洲国家和1个北美洲国家。各大洲排名前2的国家如表8所示，排名前30的国家区域分布见图9。

表8　各大洲数字基础保障领先国家

区域	排名	国家	区域	排名	国家
北美洲	1	美　　国	欧　洲	1	瑞　　士
北美洲	2	加 拿 大	欧　洲	2	冰　　岛
南美洲	1	智　　利	亚　洲	1	韩　　国
南美洲	2	乌 拉 圭	亚　洲	2	以 色 列
非　洲	1	毛里求斯	大洋洲	1	澳大利亚
非　洲	2	南　　非	大洋洲	2	新 西 兰

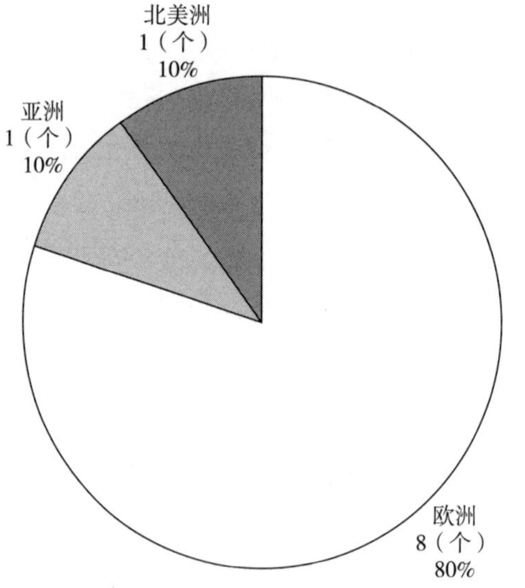

图7　全球各国数字基础保障水平排名前十的国家数量分布

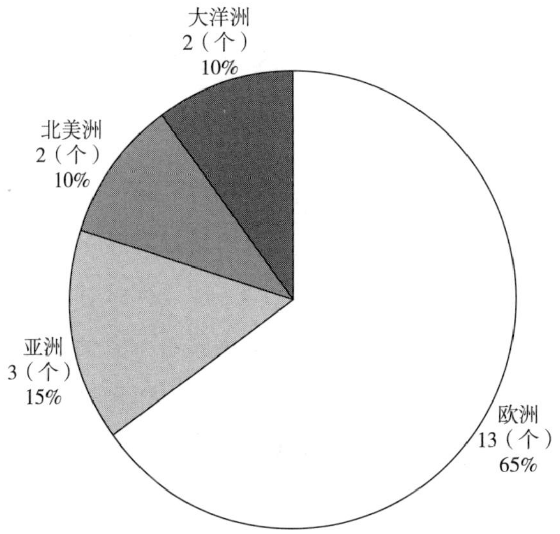

图 8　全球各国数字基础保障水平排名前二十的国家数量分布

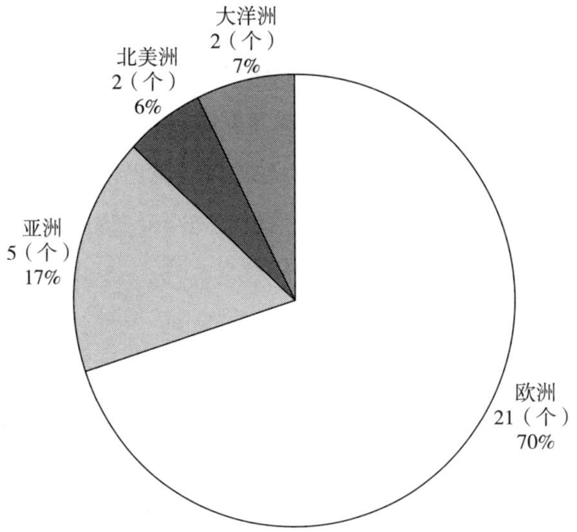

图 9　全球各国数字基础保障水平排名前三十的国家数量分布

四　全球数字治理发展趋势展望

（一）数字治理体系愈加完善

全球各国推进数字治理需要具有综合协调能力的实体管理机构来统筹和监督有关法律、政策、路线图的制定与实施以及部门间的协调。根据《澳大利亚信息委员会法》，澳大利亚在2010年成立了信息委员会，并组建了政府信息管理办公室，负责将发达的ICT技术应用到政府公共服务和数据开放中，并为政府部门的ICT战略、政策和路线图的实施提供咨询。英国成立了开放数据研究所，与有关企业开展协同研究，改善英国政府数据开放和数据利用程度。韩国成立了个人信息保护委员会，并将其层次提升为直接向总统负责，充分发挥其监督推进个人信息保护事务的功能，其职责主要包括制定个人信息保护计划、调整个人信息保护策略、调解各个政府部门之间有关个人信息保护的不同意见，并对违法的政府机构提出建议或停职处分。与此同时，数据的不断开放和信息安全的复杂局势不可避免地要和现有的网络信息安全、隐私保护和信息公开的法律法规发生冲突，因此许多国家修改、完善了现有的法律法规，比如2009年1月美国总统奥巴马签署了《信息自由法案备忘录》，在1996年《电子信息自由法修正案》的基础上，进一步提出信息自由法案执行中应以信息公开为优先。

（二）国家间的数字治理能力鸿沟将会持续存在

由于各种因素，国家间数字治理发展状况存在巨大差异。国家间政治、经济和社会发展水平的不平衡将导致这一现象持续存在。收入水平是衡量国家经济发展水平的一个通用指标，也会影响到数字治理的发展。网络安全服务器配置、网络安全产业发展、数据开放和利用水平都与一个国家的收入水平相关，这些因素均会影响数字治理的开展。本次数字治理排名前二十位的国家全部为高收入国家，排名后二十名的国家基本为低收入国家证明了这一点。排名前二十位的国家和排名后二十位的国家的差距有可能持续扩大。

（三）政府数据开放运动在世界各地得到快速发展

有许多国家将开放政府数据上升为国家战略，通过建立专业化网站进行数据开放和分享，未来它们会更加注重政府数据对于促进经济增长和鼓励创新的作用。现在电子政务重点聚焦于建立跨部门、跨组织、跨地域的电子服务体系，将现有数据整合起来，通过运用高新技术向公众提供有价值的服务。

（四）重视个人信息和隐私安全，出台更严格的个人信息安全和隐私保护的法律法规

数字监控技术的发展和个人信息的不当使用引发了人们对其自身隐私可能遭到侵犯有了越来越多的焦虑感，出台个人信息安全和隐私保护的法律法规已经成了一种趋势。联合国通过了一项名为《数字时代隐私权》的决议来支持人们保护自身的隐私权利，号召各国政府积极采取行动。决议强调，隐私权是人类的一项基本权利，并首次肯定人类线下的权利在线上也应得到保护。决议同时还敦促各个成员国应尊重并保护隐私权。目前已有一百多个国家出台了个人信息保护的法律法规，并有若干个国家正对相应的法律法规进行修订。

（五）各国会加大信息安全技术和产品的采购，信息安全产业规模会持续扩大

随着各种新兴信息技术的应用和普及，信息安全威胁越来越多，机理更加复杂，尤其是“棱镜门”事件和“Wannacry”勒索病毒事件的发展，使得各国政府高度重视网络信息安全建设工作，纷纷出台各种文件，将网络信息安全上升为国家战略，并将大量资金和人力注入网络信息安全技术研发和采购中，这会进一步刺激网络信息安全产业的发展。传统 IT 巨头将会以网

络信息安全软件和服务发展为突破口，通过并购专业信息安全公司打造全产业链，比如英特尔公司在 2010 年 8 月收购 McAfee，并改名为 Intel Security；IBM 公司在 2013 年 9 月收购以色列公司 Trusteer，扩展其在网络安全领域的产业链。而专业信息安全公司则通过并购新兴的信息安全公司，以巩固其在信息安全产业领域的地位。

区域国别篇

Regional Reports

B.6 “一带一路”数字经济竞争力发展报告

赵付春*

摘　要：“一带一路”国家数字经济发展较为不平衡。本报告选择不同区域的三个代表性国家，即爱沙尼亚、以色列和马来西亚的数字经济发展作为案例说明，并借助于三个重要指标对57个国家进行评估分组，包括领先组、追随组和落后组，发现自西向东、由北向南，数字经济总体呈现梯度下降的态势，中东欧和西亚北非组显著强于其他三组。最后对中国企业“一带一路”倡议的实践进行分析，提出国家数字战略助力“一带一路”倡议发展中的挑战与展望。

* 赵付春，博士，上海社会科学院信息研究所副研究员，主要研究方向为创新管理、信息管理。

关键词： “一带一路”倡议 数字经济 竞争力

数字经济已经成为一种全球现象，是各国未来竞争力的关键所在。从各方面看，多数“一带一路”国家的数字经济发展水平与发达国家相比，仍然存在较大的差距。但近十多年来，一些国家，包括中国、印度、阿联酋、以色列、波兰等通过制定高瞻远瞩的数字战略，在数字基础设施、电子商务、网络治理等各方面取得了举世瞩目的成绩，其增长速度明显超过了发达国家，日益显示出巨大的潜力和活力。

一 “一带一路”国家数字经济概况

2016 年，“一带一路”沿线 64 个国家 GDP 总和约为 12.0 万亿美元，占全球 GDP 的 16.0%；人口总数为 32.1 亿，占全球人口的 43.4%；对外贸易总额为 71885.5 亿美元，占全球贸易总额的 21.7%。[①]

根据世界经济论坛发布的《全球信息技术报告 2016》，“一带一路”沿线 52 个国家的信息化就绪度指数排名如图 1 所示。前 20 名中，只有新加坡一国；发展较好的国家主要是中东国家，包括以色列、阿联酋、卡塔尔、巴林等；最后 20 名中，也只有一国（缅甸），相对较弱的国家位于南亚。样本中值为第 59 名，平均值为第 62.6 名，这些数值与总体（139 个经济体）较为接近，表明这一样本中多数国家信息技术发展水平处于中游。这一结果与这些国家经济发展水平呈现高度相关性。

“一带一路”国家在政治、经济、文化等方面呈现出高度异质性，通常分为七个类别：中东欧组、西亚北非组、东亚组、东南亚组、独联体组、中亚组、南亚组。考虑到国家组别数量的平衡，本报告将东亚和东南亚、独联体和中亚归并为一组，最后分成五类。

---

① 《“一带一路”沿线主要国家 GDP/人口/贸易情况分析》，http：//www.askci.com/news/finance/20170517/11201898259.shtml，2017－11－9。

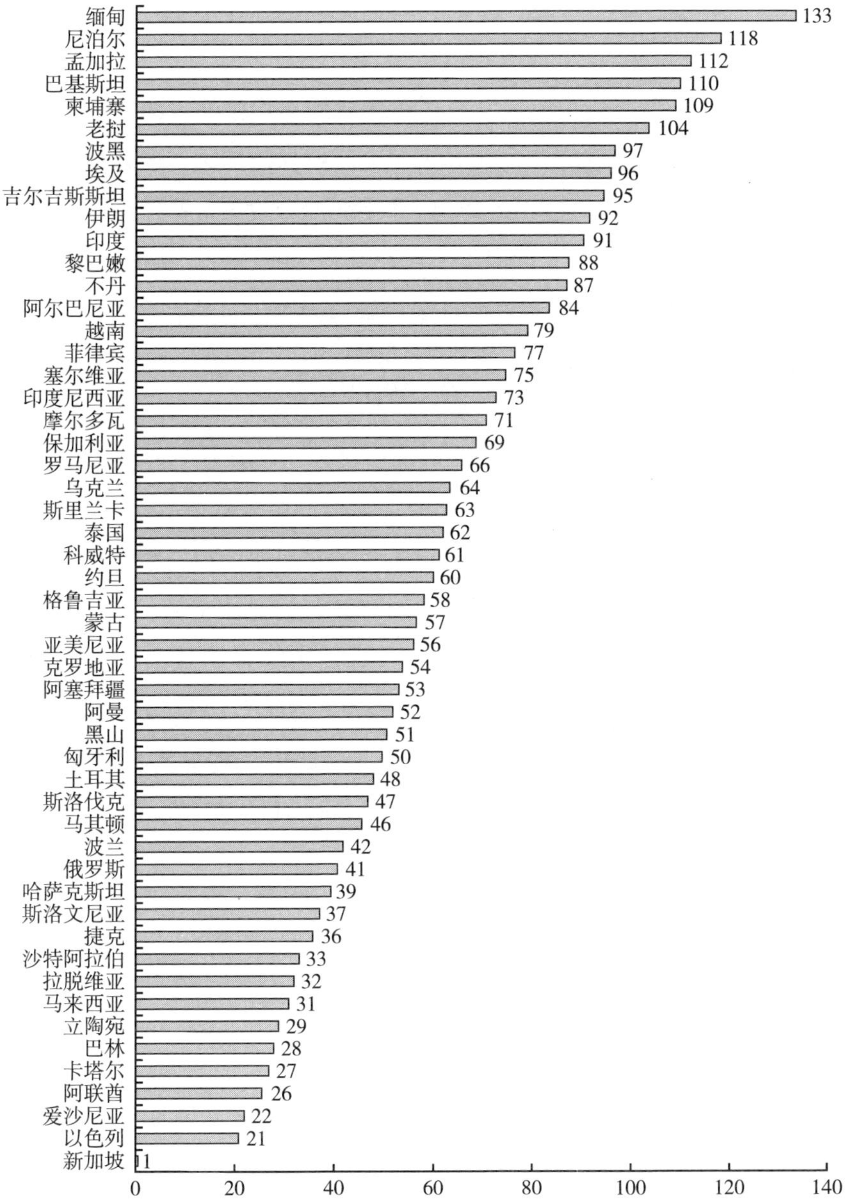

图1　“一带一路”国家信息化就绪度排名

二　“一带一路”国家数字经济发展

“一带一路”国家数字经济发展存在明显的不均衡性，其中既有像新加坡、以色列、爱沙尼亚这样数字化水平居全球前列的国家，也有很多仍处于最不发达之列的国家。这种数字鸿沟既充满挑战性，也蕴含着巨大的发展机遇，需要在全球和区域经济一体化的框架内建立全新的合作关系，实现互利共赢。

以下选择数字经济发展较快的三个代表性国家，做简要说明。

（一）中东欧国家中的佼佼者：爱沙尼亚

20 世纪 90 年代以来，很多中东欧国家都经历了从计划经济向市场经济的转变，作为转轨国家，他们的数字经济基础得益于欧盟的统一数据规划。欧盟通过一揽子数字一体化的规划，帮助这些国家迅速提升数字化水平。今天中东欧国家的总体数字经济发展水平已经接近西北欧水平。

爱沙尼亚是其中最具代表性的国家之一。2013 年，该国 ICT 部门占总增加值的份额达到 OECD 平均水平，为 5.33%（见图 2）。2013 年，爱沙尼亚国外分支机构所产生的 ICT 增加值占比高达 80%，高于其他中东欧国家，由国外分支机构带来的 ICT 就业所占比例略低，但与此趋势相同。尽管在整个价值链上仍然处于低端，技术含量不高。

爱沙尼亚的无线宽带渗透度在 OECD 国家中处于高位，达到 96.9%，在 35 个国家中排名第七。在电信资费方面，爱沙尼亚在 OECD 国家中处于最低水平之列，每月从 13 美元到 15 美元不等，远低于 OECD 国家的平均接入宽带价格 26.84 美元。

从普及率看，爱沙尼亚十岁以上的学生有 80% 接入互联网，这与北欧国家相接近，高于其他中欧国家。

爱沙尼亚在线购物的比重不算太大，但是增长非常快，这种趋势很可能会持续下去。智能移动设备的快速扩散导致越来越多的人通过移动设备购买产品。

就业方面，预计到2020年，爱沙尼亚ICT行业的就业人数将增加一倍。因此该国通过了"爱沙尼亚终身学习策略2020"，辅以专门的"数字议程2020"，从而促进信息通信技术的发展和研究，提高高等教育质量。

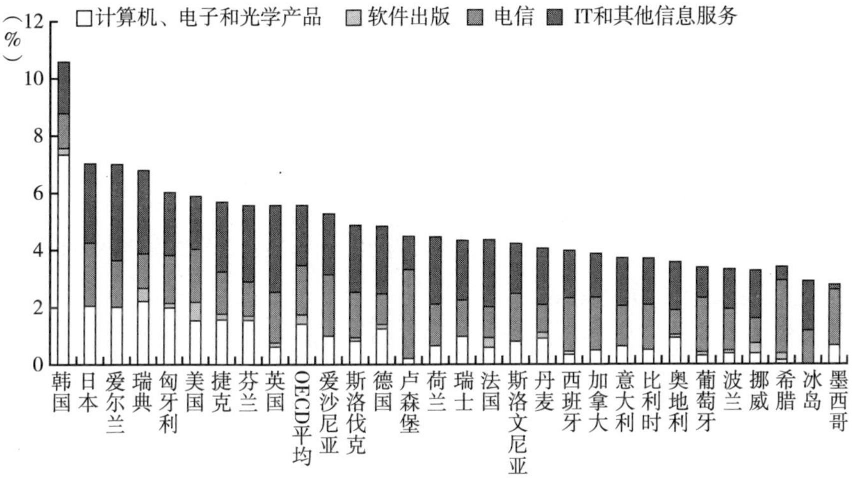

图2 部分OECD国家ICT部门占总增加值比例

2014年爱沙尼亚制定了"数字议程2020"，由信息社会委员会负责协调。该议程希望创造一个有利于ICT利用和开发智慧解决方案的环境，最终提高经济竞争力、人民福利和公共部门的效率，其主要目标分为四个方面①。

1. 加强ICT基础设施建设，推动经济增长，实现更智能的治理和个人的福祉

爱沙尼亚倡导自由开放的互联网（包括社交媒体渠道），为国际合作做出贡献。目的是建立与技术发展趋势和人口需求相适应的基础设施；符合公共部门和私营部门的利益，使两者的生产率提高；确保爱沙尼亚所有居民快速上网，完成下一代宽带网络。到目前为止，爱沙尼亚完成了6500多公里光纤光缆网络约1/3的建设；到2020年，网络的建设将全面完成。这意味

① *Digital Agenda 2020 for Estonia*, Ministry of Economic Affairs and Communications., 2014, http://www.itl.ee/Digital_Agenda_2020, 2017-11-9.

着爱沙尼亚的所有居民将可以使用快速（30 Mbps 或更快）的互联网，至少有 60% 的家庭每天将使用超快速（100 Mbps 或更快）的互联网。

ICT 基础设施包括物理通信网络以及共同的服务空间，后者是指公共和私营部门之间的数字环境和合作关系。这需要制定国家信息系统，以便私营部门也可以利用信息资源。具体措施为通过改善互联网访问，为公共和私营部门建立共同的服务空间。

2. 促进更高端的就业，提高就业者 ICT 技能，提高国际竞争力和生活质量

使所有爱沙尼亚人都有足够的 ICT 技能和知识（包括意识）来提高其健康水平和生活质量，同时力求实现更高水平的就业，特别是具有较高附加值和更强国际竞争力的就业。

培训的重点在于提高非 ICT 行业人员的 ICT 技能和知识。

通过在各级学校加强 ICT 教育，对没有上网的成人进行针对性培训，提升广大民众对信息社会的可能性和潜在威胁的意识，具体措施包括提高数字经济素养、改善个人信息安全、发展较高级的 ICT 技能。

3. 促进更智慧的治理和公共行政

根据欧盟（EU）的要求，各国人口的 20% 应在 2020 年之前使用数字签名，以加快业务运作并促进个人事务的管理。接受欧盟数字签名计划将是爱沙尼亚在信息通信技术领域外交政策的主要目标之一，也是爱沙尼亚在 2018 年担任欧盟轮值主席国的优先事项之一。

政府通过现有的信息系统和服务拥有了丰富的数据。然而，这些信息并不常用于做出更好的政策决定或提供更好的服务。爱沙尼亚将引入所谓“无遗产原则”，即公共部门不应该有任何 13 年以上的重大 ICT 解决方案。公共部门运用数据分析解决方案的能力将在未来几年内大幅提升。

具体措施包括：通过 ICT 发展更好的公共服务，提高 ICT 的参与度，用 ICT 做出更好的决策。

4. 提高“电子爱沙尼亚”的世界知名度。

爱沙尼亚将启动虚拟住所或电子住宅，这意味着爱沙尼亚将以数字身份证的形式向非居民发放电子身份证件。爱沙尼亚希望在电子服务领域拥有如同瑞士在银行业那样的地位。具体措施包括监督、分析和推动信息社会的发展，在国际上分享爱沙尼亚的ICT经验。为了提升爱沙尼亚作为信息社会创新发展中心的声誉，爱沙尼亚将建立一个全球信息社会智库，分享其在电子治理方面的经验，推广信息社会的基础理念，如互联网自由、隐私保护等。

在数据量不断增加和数据交叉广泛使用的情况下，更好地控制使用个人数据将有助于人们应对特定隐私的损失。爱沙尼亚将提供技术和组织条件，确保人们总是知道并能够决定什么人在什么时候为了什么目的在公共部门使用其个人数据。

（二）中亚国家的代表：以色列

以色列作为一个1948年才建国，在外部敌人环绕、国内资源不足的恶劣环境下，到今天，已经成为世界上最具创新能力的国家之一，被誉为“创业的国度”。

1. 以色列发展历程概述

目前以色列面积约为2万平方公里，人口仅有870万，其中75%为犹太人，20%为阿拉伯人。以色列的建国历史可追溯到犹太复国主义者1882年第一波移民潮（史称“第一次诵经”）。此后多次移民，尤其二战后幸存的犹太人大量涌入，使这一区域的种族冲突日益加剧。作为巴勒斯坦地区宗主国的英国已经无法控制形势，决定撤离这一是非之地。1948年5月14日，在英国离开的前夜，以色列正式宣布建国，第一次中东战争于同日爆发。之后又发生了多次中东战争，直到今天骚乱从未真正停止过，但以色列人终于在这一区域站稳了脚跟。

1960年以来，以色列的人口、国内生产总值稳步增长、科研能力持续提升，于2000年后进入发达国家行列。以色列人用实力证明了自身，创造了世界经济史上的一个奇迹。

以色列于1990年越过人均GDP 1万美元的界线，在20000美元左右徘徊十多年之后，到2007年一举突破25000美元。目前人均GDP为35730美元。

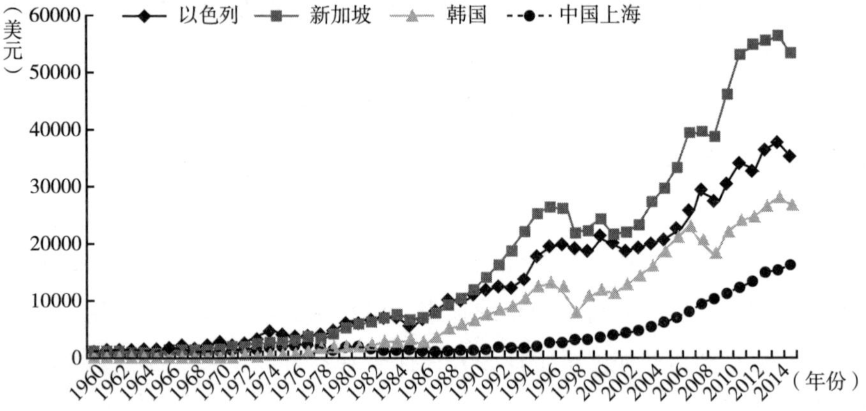

图 3　以色列、新加坡、韩国及中国上海人均 GDP 发展情况（按当前美元计算）

资料来源：世界银行 open data。

以色列地处沙漠地带，自然资源贫乏，用一位学者的话说就是“日照是其唯一丰富的自然资源”。以色列建国时的支柱产业为农业和钻石切割，之后几十年内虽努力向重工业转型，但似乎并不成功，其中最大的约束还是政局动荡和资本缺乏。而在长期的战争中，以色列军事尖端科技快速发展，成为军事强国。随着中东局势缓和及对外交流的加强，到 20 世纪 90 年代，以色列把握住了信息通信技术和产业革命的历史性机遇，充分发挥其科技人才的比较优势，实现了产业转型和飞跃。据统计，1984 年以色列 ICT 软件产业出口额不到 500 万美元，总销售额仅为 3.7 亿美元，但到 2004 年出口额达到 30 亿美元，总销售额为 40 亿美元。

国际组织对以色列各项指标的排名如表 1 所示，以色列大多数指标位居前列。

表 1　国际组织对以色列的各项指数排名

世界银行		世界知识产权组织	世界经济论坛		联合国		国际电信联盟
营商指数 2017	税负指数 2017	全球创新指数 2016	国家竞争力 2016	IT 就绪度指数 2016	人类发展指数 2016	电子政务发展指数 2016	信息发展指数 2016
52	96	21	27	21	19	20	30

2. 以色列的创新基因和体系发展

对教育和科研的重视为以色列创新奠定了人才基础。犹太母亲（Jewish-mother）教育子女：世界上很多东西都可以被抢走，唯独人的智慧不会。这具体表现为以色列在教育方面投入力度较大，尤其重视科学和工程人才的培养。以色列有着中东以及西亚地区最高的平均受教育年数和识字率，与日本并列为亚洲平均受教育年数最高的国家。

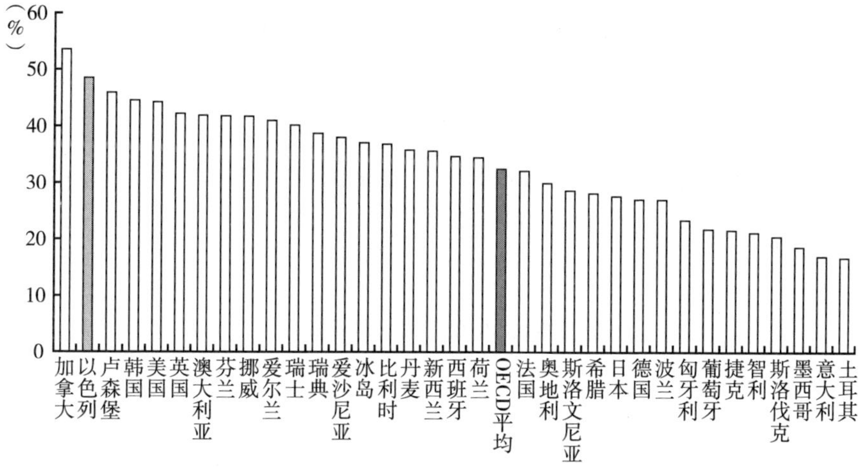

图4　OECD国家受过大学教育的成年人比重

资料来源：OECD（2016）。

以色列在研发方面更是不遗余力，其研发投入占GDP比重为4.11%，位居全球第二，其中企业投入占比达到84.5%，每百万人中科研人员（全时当量）为8255人，均为全球第一。从国际专利申请量看，以色列每10万人发明专利申请数为30.4件，排名世界第三。

虽然以色列的大学和科研机构在全球排名中并不十分突出，但是在理工科方面有着独特优势。20世纪60年代以来，以色列贡献了12位诺贝尔奖获得者和5位图灵奖获得者，这与其人口总量完全不成比例。

以色列创新体系的建设过程与战争紧密相关，而战争意味着对危机、死亡、对抗、荣誉、高科技等重大问题的决策和思考。以色列采用了一套不同于世界上任何一个国家的军事体制，即将士兵编成小组，类似于突击队，对每个小组充分赋权，组长拥有独立指挥权，允许下级士兵随机应变地采取一些冒险的行动。

由于军队人数不足，就必须以一敌十，甚至以一敌百，以色列比任何国家都更加重视高科技的发展和科技人才的培育。20 世纪 80 年代，由于美国的退出，以色列喷气式飞机项目失败，大量空气动力学、计算机、电子等领域的顶尖专家组不得不解散分流到商业领域。这间接地成就了以色列在信息通信商业领域的发展①。

1968 年法国对以色列实施武器禁运，这使以色列政府下定决心要自主发展军事高科技。此时的以色列只是一个农业国，远未形成民用工业和科技体系。尽管以色列科技实力很强，但由于国内市场偏小、资金缺乏，除了军事，民间对高科技的需求严重不足，而且周边全是敌人，无法正常通商。

为了支持民间企业的发展，1968 年以色列政府决定成立首席科学家办公室（OCS），这成为以色列创新体系建设的开端。首席科学家办公室的成立起到两方面作用：一是弥补市场失灵，通过补贴推动企业开展研发活动和产业化服务；二是建立国际联系，打通全球市场。

前者促成设立了持续至今的附加偿还条件的贷款项目。该项目为任何获得批准的私营公司新开发的、以出口导向的产品提供 50% 的研发补贴，新企业可达到 66% 。1985 年通过《产业研发促进法》之后，这一项目的补助力度持续提升，到 1994 年达到最高点。随后，由于以色列企业获得资本的其他渠道畅通，才基本保持稳定。事实证明，这种补贴体系特别适合不完美资本市场环境下中小企业的发展。在 20 世纪 90 年代初，OCS 又推出了几个补贴和孵化项目，如 Magnet 项目专门针对产研合作，用来开发基础性前竞

① Morris Teubal, "The Innovation System of Israel: Description, Performance, and Outstanding Issues", In: Nelson, R. (ed.) *National Innovation Systems-A Comparative Analysis*, Oxford University Press, USA Oxford University Press, 1993.

争技术，获批总研发预算的60%不需要返还[①]。

政府还专门成立了YOZMA引导基金，取得了巨大的成功。这反映在1975年与美国合作成立的美-以两国产业研发基金（BIRD）上。这一基金资助研发在以色列、市场在美国的项目，它不仅有助于企业合作研发，也能保障企业进入美国市场，同时还吸引美国跨国公司开设以色列研发中心。这一模式同时降低了双方的风险，实现了共赢。通过双方共同的努力，这一基金几乎成为以色列高科技企业获得成功的标准商业模式。在此项目的成功激励下，以色列进一步与欧亚各国建立联系，大力发展产业集群，以色列建设的硅峡谷（"Silicon Wadi"）成为仅次于硅谷的创业天堂[②]。2012年谷内有70多家风险资本企业，其中14个是OCS资助的国际合作项目。

表2　NASDAQ国外公司统计

国别	加拿大	中国	以色列	英国	日本	印度
数量	178	126	95	77	14	12

资料来源：NASDAQ官网，统计截止时间为2017年6月。

（三）东南亚国家快速崛起的代表：马来西亚

东南亚和东亚已经成为世界经济的重心之一，但是不同国家之间的差距相当明显，一些国家如新加坡的数字经济发展水平已经进入世界前列，另一些国家仍然处于相当落后的状态。本报告以马来西亚为例，说明这一区域数字经济发展的情况。

马来西亚是亚太地区数字经济发展最为活跃的国家之一，也是"一

① *SME and Entrepreneurship Policy in Israel 2016*, OECD Publishing, Paris, 2016.

② Catherine de Fontenay &Erran Carmel, "Israel's Silicon Wadi: The Forces behind Cluster Formation", in: Bresnahan, T. and Gambardella, A. (ed.), *Building High-tech Clusters: Silicon Valley and beyond*, Cambridge University Press, 2004.

带一路”国家中唯一一个数字经济发展水平和增长速度均居领先地位的国家。其移动宽带普及率从2014年的58.3%跃迁式提升到2015年的89.9%，可谓业绩骄人。移动宽带普及率的提升直接带动了数据量的翻倍增长，从2014年一季度的20000TB升至2015年末的50000TB。在大数据成为最核心资源的今天，可以预见该国未来数字经济的增长潜力。

马来西亚数字经济的快速增长源于激烈的市场竞争，这促进了三个方面的进步：运营商新的数据促销套餐、网络覆盖升级和扩展计划、智能手机的高拥有率。

马来西亚电信市场的激烈竞争鼓励运营商引进新的数字优惠促销套餐。如Digi公司推出无限制Facebook接入和音乐流服务。Celcom公司则提供一种全新的SIM卡，可以提供免费的基础互联网服务、免费电话和短信服务等。

竞争也促使运营商不断加大网络优化和改进方面的投入。马来西亚3G电信网络的覆盖率从2014年的33%增长到2015年的71%，在2016年继续保持强劲的发展势头。

智能手机的高拥有率与特定的后付费数据套餐相关。根据爱立信的分析，马来西亚在这一区域（东南亚和大洋洲）的智能手机普及率名列前茅，仅次于新加坡和澳大利亚，而高于其他东南亚国家。

三　“一带一路”国家数字经济发展的评估

为了对各国数字经济发展有一个合理的评估，本报告参考了多个国际组织，如国际电信联盟（ITU）、世界银行、联合国贸发组织（UNCTAD）等的评估报告，尝试从基础设施、产业发展和网络治理三个维度对“一带一路”国家的数字经济进行量化评估。具体来说，选择移动宽带渗透率、B2C电子商务、每百万人安全服务器拥有量作为三个代表性指标，对57个“一带一路”国家的数字经济发展现状做一概述和比较分析。

移动宽带是物联网、自动驾驶和智能制造等经济活动的基础，代表着新一轮数字经济智能基础设施的发展，其渗透水平最能反映一个经济体的数字经济基础。近年来，移动互联网赋能个人消费者，使全球化、大规模的协作成为可能，并直接促生了所谓“大数据洪流”，推动数字经济发展大步迈入大数据时代。从全球看，这一指标从 2011 年不足 20% 达到 2016 年近 50%，发展速度惊人。其中，“一带一路”国家平均值为 57.1%，高出世界平均值 7.1 个百分点。

移动互联网的广泛渗透根本性地改变了企业的商业模式和个人生活、消费方式。最引人注目的有基于用户广泛参与的共享经济的兴起、工作场景多元化和设备智能化，这些驱动各国电子商务出现新一轮井喷式的发展，集中反映在“一带一路”国家 B2C 电子商务发展指标上。联合国贸发组织构建的 B2C 电子商务指标由开展 B2C 电子商务所需的互联网用户普及率、使用信用卡支付份额、物流水平和安全服务器等指标复合形成，反映开展消费端电子商务的便捷度。从这一指标看，“一带一路”国家平均值为 49.0%，略高于世界平均值 47.2%。

第三个指标每百万人安全服务器拥有量反映了各国的网络空间治理水平。数字经济的崛起在给人们带来便捷的同时，也严重威胁国家、企业和个人的信息安全和隐私。缺乏安全的交易环境，企业和民众就会对未来失去信心，数字经济必定难以持续健康地发展。安全服务器是建构“可信云”的基础，也代表了云服务提供商的安全意识。

通过对三大指标数值的标准化处理和综合评分，可以将“一带一路”国家的数字经济发展水平划分为领先组、追随组和落后组三个组别，从高到低排列如图 5 所示。

对以上三个组别中不同国家的区域分布进行比较分析，发现总体从西到东、从北向南呈现梯度下降的态势。中东欧组和西亚北非组显著强于其他三组，它们占据了领先组的大多数席位（88.2%）；南亚国家除了不丹之外，基本位于落后组；其他两组国家分布相对均衡，具体如图 6 所示。

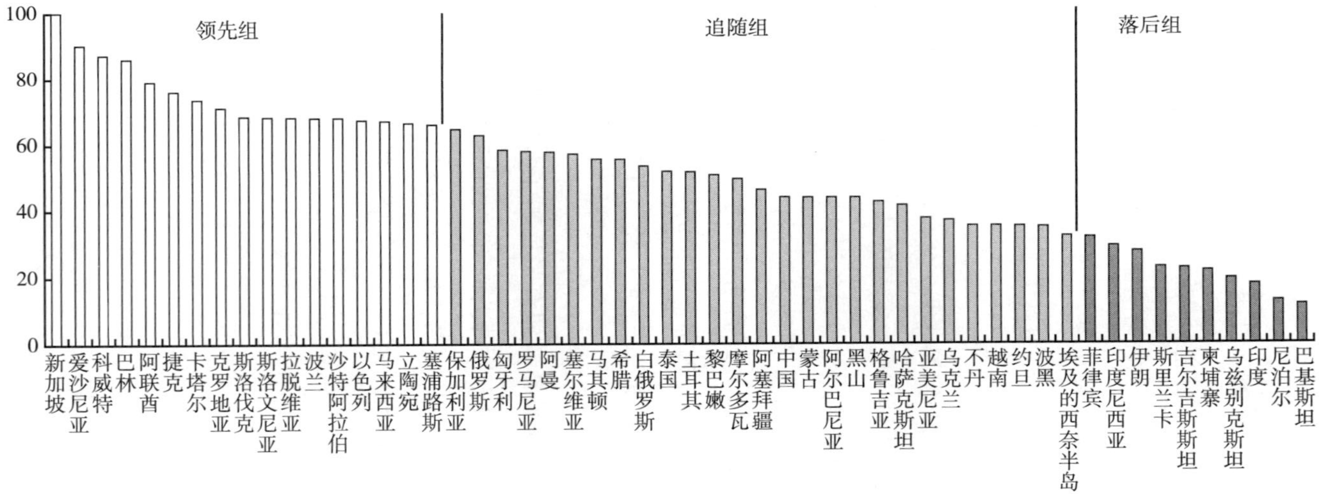

图5 “一带一路”国家及地区数字经济发展评估

资料来源：国际电信联盟《测量信息社会报告（2016）》、联合国贸发委员会《B2C 电子商务指数（2016）》、世界银行《世界发展指数》在线数据库。

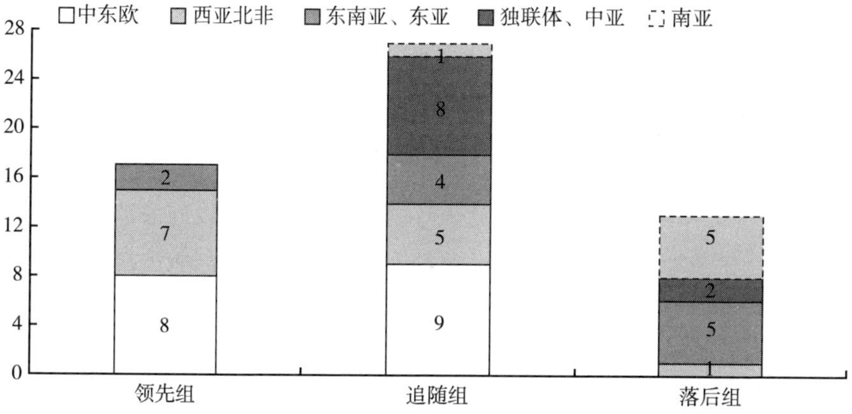

图6 “一带一路”国家数字经济发展区域分组情况

结合近年来数字经济的增速指标，本报告同样发现国家之间表现的不均衡特征。部分基础相对较好的“一带一路”国家（如马来西亚、罗马尼亚、中国等8个国家）的增长数据表现亮丽，数字经济发展增速远高于全球平均速度，可以预见这些国家在未来五年中会脱颖而出，升至更高的发展水平。但另外一些基础薄弱的国家，其增长几乎处于停滞状态，值得关注。特别是南亚国家，除了唯一处于追随组的不丹增长速度排世界前列外，其他国家均不乐观。

四　中国企业的“一带一路”倡议实践：合作与共赢

2016年，“一带一路”国家七项核心基础设施领域（公用事业、交通、电信、社会、建设、能源和环境）的项目与交易额约为4940亿美元，其中，中国占总量的1/3。2017年第一季度，中国大陆企业海外并购交易数量为142宗，交易金额为212亿美元，交易数量同比下滑39%，交易金额同比下降77%。但与此同时，中国企业在“一带一路”沿线的43个国家新增非金融类直接投资29.5亿美元，占同期对外投资总额的14.4%，较去年同期上升5.4个百分点。“一带一路”沿线国家已经成为中国企业对外战略投资要地。

“一带一路”倡议不仅包括基础设施的合作，也包括科技和文化的合作，这就为那些具有全球化视野的中国互联网公司提供了良好的机遇。随着中国数字经济的快速发展，很多企业也有了“走出去”的能力和意愿。

从能力看，国内激烈的市场竞争环境、完善的基础设施锻造了一批具有强大竞争力的互联网企业。他们的营销和创新能力已经超越了简单的模仿阶段，涌现出了很多本土创新，包括超级程序、移动支付、共享单车等，已经具有强大的国际竞争力。

从意愿看，由于国内的互联网用户已经接近饱和，市场竞争日趋激烈，拓展国际市场也成为中国互联网企业的必然选择。“一带一路”倡议的适时发起，为企业拓展这些国家的市场插上了翅膀。地缘和文化接近性也使得这些国家的市场成为互联网企业出海的必然选择。

另外，“一带一路”沿线国家拥有大量未获得充分利用的要素禀赋，也迫切需要互联网红利来提高整体的资源配置效率，通过大规模的投资来增加就业，提高民众的生活水平。双方一拍即合，中国企业的进入可谓适逢其时。

多项因素的叠加，使“一带一路”国家成为中国互联网公司出海的首选之地，成为其全球化布局的重要起点。阿里巴巴、华为、美图等就是其中颇具代表性的企业。

以阿里巴巴为例，“一带一路”国家已经成为其战略发展重点。阿里巴巴将在“一带一路”沿线国家，建立若干个数字自由贸易区，打造全球化的“数字丝绸之路”，实践马云在G20大会上提出的eWTP（世界电子贸易平台）设想。数字丝绸之路可谓“一带一路”建设的先导。跨境电商合作可以更好地实现“一带一路”沿线国家贸易畅通，更好地惠及当地民众，实现合作共赢。

为了实现这一目标，阿里巴巴进行了大手笔的布局，从电子商务、支付手段和物流等多方面入手，致力于将中国国内成熟的电商环境移植到“一带一路”国家中。

2014年，阿里巴巴以2.49亿美元投资新加坡邮政；菜鸟物流在“一带一路”沿线国家布局了17个海外仓；2016年，阿里以10亿美元收购东南亚最大电商Lazada，创下阿里巴巴海外投资的单笔纪录；蚂蚁金服投资泰国正大集团旗下的Ascend Money；对印度版支付宝Paytm进行了投资，用户规模超过2.15亿。

2017年阿里巴巴与马来西亚合作在吉隆坡建立国际物流基础设施e-Hub，双方将联手在马来西亚打造中国以外的第一个eWTP试验区，该试验区将成为物流、支付、通关、数据一体化的数字中枢，为马来西亚发展数字经济提供基础设施。

借助电子商务带来的庞大用户和相关数据，阿里还积极通过阿里云布局数据业务。阿里云在中国香港、新加坡、中东、欧洲等地建设数据中心，在全球设立14个地域节点，其自主研发的大规模计算操作系统“飞天”也一同出海，将遍布全球的百万级服务器连成一台超级计算机，以在线公共服务的方式为社会提供计算能力。

阿里只是中国企业深度参与“一带一路”国家建设的一个缩影，华为、中兴、烽火、小米和美图等一大批企业都已经加入进来。

目前华为海外收入占比已超过70%，中兴海外收入占比达到50%，中国的电信系统设备厂商的全球竞争力为落实“一带一路”倡议规划中的通信基础设施建设提供了重要的基础。同时，“一带一路”倡议也为这些企业的全球化发展提供了重大的机遇。

以华为为例。目前华为正在协助保加利亚政府普及宽带，提供3G和4G手机上网设备，安装测速摄像头，建设智能交通系统和平安城市，为这个东欧国家700万人口的生活提供更便捷的通信服务。“六七年前，保加利亚没人知道华为，如今它已经家喻户晓，不仅因为华为手机的流行，更因为华为带来的网络设备和技术，改变了人们的生活。”华为保加利亚公司高级客户经理奥雷里奥·加里奇亚说。这种事情正在很多“一带一路”国家持续发生，不断改善着中国的形象，也帮助促进当地产业的发展和升级。

智能终端也是“中国智造”的一个主要优势领域。虽然苹果和三星仍然占据该领域的前两名，但市场份额加起来只有33%。2016年，中国企业全球智能手机出货量的占比超过50%，而在全球前十大手机企业中，中国品牌已占据七席。华为已经在全球170个地区销售；OPPO和VIVO的手机销量同比增速超过100%，目前正在积极布局东南亚和印度市场；2016年，小米在印度收入超过10亿美元，在当地创造了超过7500个就业岗位。

伴随着智能终端的普及，手机应用也成为中国厂商的另一块必争之地。以美图为例，该公司已经成为中国国际化程度最高的互联网公司之一。美图专门为印度用户打造的自拍应用“美颜相机”在Google Play India 2016年度最流行APP领域占据榜首。2017年初，美图秀秀因为手绘自拍在海外火爆，登上了俄罗斯等8个地区APP Store免费应用总榜榜首，跻身全球21个地区APP Store免费应用总榜前十。

中国的软件企业同样也在快速融入国际市场。数据显示，2016年中国软件业实现出口额519亿美元，同比增长5.8%，增速比2015年提高4.1个百分点。驻云、网久、music.ly、大疆创新、每日瑜伽、大拿等中国互联网科技企业都受益于此。

借助“一带一路”倡议，中国数字化企业扬帆出海的大时代正在来临。

五　国家数字战略助力“一带一路”倡议：挑战与展望

对于多数处于发展中的“一带一路”国家而言，正在发生的数字革命是一次不容错过的发展机遇。一些国际组织如经合组织、世界经济论坛高度重视数字经济，每年出台这一领域的全球发展报告。欧美等发达国家都先后制订了各自的国家数字化战略，加大对数字经济发展的投入力度，提供了许多可供借鉴的经验。但是由于工业化基础相对薄弱，各项基础设施没有到位，工业文明和创新创业的大氛围远未形成，“一带一路”国家在数字经济发展方面面临多重挑战，具体包括以下四个主要方面。

首先是加快数字基础设施建设。“一带一路”国家的数字基础设施普遍相对落后。近年来移动电话快速发展，一些国家的移动电话普及率迅速提升，边远地区的民众也有了接入互联网的机会。但是由于缺乏足够的资金和人才，很多“一带一路”国家在数字化基础设施建设方面举步维艰。

其次是普遍面临如何以数字技术创新驱动经济转型的任务。创新驱动经济社会的发展和繁荣已成为世界各国和理论界的共识，数字经济下的创新有着与以往不同的特征。世界经济论坛2016年《全球信息技术报告》的第一个重大发现就是数字革命改变了创新的性质。这种改变体现在多个方面，例如借助于互联网无远弗届的威力，创新得以实现开放化和普及化，大众能够参与原来只有少数精英（科学家、工程师等）才能参与的创新。多数“一带一路”国家并不具备足够的基础科研创新能力，但在数字技术应用和模式创新方面，本土企业却有着跨国公司不具备的主场优势。在全球化竞争环境下，如何借助外力、发挥本土优势、推动经济转型是“一带一路”国家普遍面临的重大任务。

再次是普遍面临制度约束和治理的难题。这些国家的网络空间治理能力均有待加强。由于数字化平台的全球化特征，一些西方的大数据公司如谷歌、Facebook等占据了先发优势，在“一带一路”国家攻城略地，各类数据不断流向跨国公司总部所在地。很多国家都未能建立自己的数字生态系统，而是严重依赖于国外的公司，没有能力有效保护本国公民的数据安全，这无疑存在极大的隐患。这方面，欧盟作为一个整体在数字安全立法方面已经先行一步。将在2018年推出的《欧洲通用数据保护规定》会为欧洲国家提供高水平的数据保护，这无疑会提升中东欧国家的网络空间治理能力。但是其他多数“一带一路”国家在网络空间治理方面表现得相当薄弱。

最后，各国还普遍面临数字鸿沟的难题。多数“一带一路”国家，尤其是像中国、印度、印尼、俄罗斯这样的大国，内部存在巨大的数字鸿沟。在未来的数字经济发展过程中，如何尽快弥合这一鸿沟，提升包容性增长的能力，是当前各国普遍面临的战略任务。

总体而言，各国政府面临最大的挑战可以归结为如何创造有利于数字创新和创业的环境，从而弥合与发达国家之间的鸿沟。本报告认为，各国需要从国家层面制定一个明确的数字战略，明确以下重点。

加大预算，鼓励竞争，扩大数源。政府需要扩大数字化预算比重，通过加强对数字化及各类相关基础设施的投资，鼓励信息通信行业的竞争，扩大可利用的数据源。数据作为数字经济的原材料，也是数字经济发展的动力源，基础设施的完善是产生大数据的前提。而传统的基础设施，如交通、物流等对于电子商务的发展也必不可少。一些自身财力不足的国家，可以通过与亚洲基础设施投资银行（AIIB）这样的区域性机构合作或公私合作的方式吸引民间机构参与加快发展。

开放合作，鼓励投资，融入全球。“一带一路”国家要进一步加强区域合作，对等开放，鼓励国外投资和国内中小型数字科技企业的发展，融入全球产业链。鼓励开展数字化投资的外资企业进入，无论是着眼于数字基础设施，还是数字化商业应用，都有利于“一带一路”国家的数字就业和经济发展，实现共赢。国内企业通过融入全球产业链，可以获得先进国家技术成果的转移，提升全球竞争力。对此，政府可以通过研发税收减免、出口退税、加速折旧等方式予以支持。

数字转型，跨界融合，模式创新。“一带一路”国家要鼓励传统企业对数字技术商业化的投资，尤其是要鼓励传统产业的数字化改造，以广泛应用迅速带动商业模式创新、跨界融合、数字经济发展。近年来，发达国家的企业不断加大数字技术商业化预算，如美国公司将研究预算的28%左右投入数据技术商业化，欧洲的这一水平达到14%。事实上，很多新兴国家之所以取得快速的发展，是因为它们鼓励本土企业借鉴吸收国外成熟的数字化商业模式，并在此基础上开展本土化创新。以应用带动技术的引进和发展，是后发国家实现赶超的重要路径。此外，用数字化解决方案应对老龄化、健康、环境等社会问题，开发新的商业模式。

以人为本，数字教育，提升素养。数字人才是一个国家最大的竞争力源泉，通过加强数字化教育来提升全民数字化素养，是“一带一路”国家极为迫切的任务。数字化不仅改变了人们的工作、学习和生活方式，也对人提出新的技能要求。数字化素养正在成为与语言、数学、科学同等重要的基础技能。在很多国家，“千禧一代”又被称为“数字原住民”，他们与数字技术同步成长和演化，从而更能适应未来数字化、智能化的社会。“一带一路”国家要想跟上时代的脚步，需要尽快将数字化教育融入中小学教育之中，让学生有机会较早地接触计算机、互联网，以应对未来社会的挑战。针对成人，政府应该鼓励数字培训机构的发展，鼓励企业开展数字化人才在职培训。

B.7
欧盟数字经济发展报告

惠志斌　叶雪枫*

摘　要：欧盟成员国信息化起步较早，数字经济总体发展水平较高，处于全球第一梯队。但欧盟数字经济发展呈现不均衡的特点，且近年来欧盟数字经济发展整体活力不足。为此，欧盟于2015年6月通过“数字化单一市场战略”，并将其作为欧盟的10个政治优先事项之一，作为今后欧盟数字经济发展的关键抓手。

关键词：欧盟　数字经济　竞争力　数字化单一市场

一　欧盟数字经济发展总体概况

欧洲联盟总部设在比利时首都布鲁塞尔，是由欧洲共同体（又称欧洲共同市场，简称欧共体）发展而来的。截至2016年底，欧盟有28个成员国，有24种正式官方语言，成员国人口为5.08亿。

欧盟是全球经济最发达的区域之一，国民生产总值合计为16.2万亿美元，位列全球第二。与此同时，欧盟也是数字经济起步较早的地区，英国、法国和德国等都是全球最早开始信息化应用的国家。早在1994年底，欧盟

* 惠志斌，上海社会科学院互联网研究中心执行主任，信息研究所信息安全中心主任，主要研究方向为网络安全、数字经济方向的政策和产业研究；叶雪枫，上海社会科学院新闻研究所硕士研究生。

除马耳他以外的成员国都接入了互联网。随着信息技术的广泛应用和信息产业的高速发展，欧盟数字经济在国民经济中的比重日益提升。然而，欧盟各成员国的数字经济发展并不均衡，一些欧盟成员国数字化程度已跻身世界前列，但有些成员国的发展相对滞后。根据世界经济论坛发布的《全球信息技术报告 2016》（NRI），欧盟成员国网络就绪度平均排名为 33 名，排名最好的三个国家是芬兰、瑞典和荷兰，分列第 2、第 3、第 6 名；排名靠后的三个国家为罗马尼亚、保加利亚和希腊，分列第 66、第 69 和第 70 名。根据国际电信联盟发布的《衡量信息社会发展报告 2016》（IDI），欧盟成员国信息通信技术发展指数平均排名为第 29 名，排名最好的三个国家是丹麦、英国和瑞典，分列第 3、第 5、第 7 名；排名靠后的三个国家为波兰、塞浦路斯和罗马尼亚，分列第 50、第 54 和第 60 名。《2016 年联合国电子政务调查报告》（EGDI）的相关数据显示，欧盟成员国电子政务发展指数平均排名为第 29 名，排名最好的三个国家英国、芬兰、瑞典，分列第 1、第 5、第 6 名；排名靠后的三个国家为塞浦路斯、斯洛伐克、罗马尼亚，分列第 64、第 67 和第 75 名（如表 1 所示）。

表 1　2016 年欧盟成员国数字经济发展的总体状况

序号	国家	语言	人口（千人）	GDP（百万美元）	NRI 排名	IDI 排名	EGDI 排名
1	德国	德语	72814.90	3466756.88	15	12	15
2	法国	法语	66896.11	2465453.98	24	16	10
3	荷兰	荷兰语	17018.41	770845.05	6	8	7
4	意大利	意大利语	60600.59	1849970.46	45	37	22
5	比利时	荷兰语、法语、德语	11348.16	466365.73	23	22	19
6	卢森堡	卢森堡语、法语、德语	582.97	59947.78	9	11	25
7	英国	英语	65637.24	2618885.69	8	5	1
8	丹麦	丹麦语	5731.12	306142.94	11	3	9
9	爱尔兰	爱尔兰语、英语	4773.10	294053.60	25	21	26
10	希腊	希腊语	10764.74	194558.65	70	36	43
11	西班牙	西班牙语、英语	46443.96	1232088.19	35	26	17

续表

序号	国家	语言	人口(千人)	GDP（百万美元）	NRI 排名	IDI 排名	EGDI 排名
12	葡萄牙	葡萄牙语	10324.61	204564.70	30	44	38
13	瑞典	瑞典语	9903.12	510999.80	3	7	6
14	芬兰	芬兰语、瑞典语	5495.10	236785.05	2	17	5
15	奥地利	德语、英语	8747.36	386427.79	20	23	16
16	波兰	波兰语、英语	37948.02	469508.58	42	50	36
17	立陶宛	立陶宛语、英语	2872.30	42738.88	29	39	23
18	马耳他	马耳他语、英语	436.95	10949.09	34	24	30
19	匈牙利	匈牙利语	9817.96	124342.94	50	48	46
20	拉脱维亚	拉脱维亚语	1960.42	27677.39	32	40	45
21	爱沙尼亚	爱沙尼亚语	1316.48	23136.74	22	18	13
22	塞浦路斯	希腊语、土耳其语	1170.13	19801.66	40	54	64
23	斯洛伐克	斯洛伐克语	5428.70	89551.83	47	42	67
24	斯洛文尼亚	斯洛文尼亚语	2064.84	43990.64	37	33	21
25	捷克	捷克语	10561.63	192924.59	36	32	50
26	保加利亚	保加利亚语	7127.82	52395.16	69	49	52
27	罗马尼亚	罗马尼亚语	19705.30	186690.60	66	60	75
28	克罗地亚	克罗地亚语	4170.60	50425.33	54	41	37

欧盟委员会于 2016 年 5 月发布《欧洲数字化进展报告 2016》（*Europe's Digital Progress Report*，EDPR），指出近期欧盟成员国在以下三个方面成绩显著：移动互联网发展增速明显，公共管理提供的在线服务种类越来越多，在线购买交易增多。但是，欧盟科学、技术和数学（STEM）学科的毕业生人数仅有小幅上升，有 45% 的人口不具备基本的数字技术，即使用邮箱、编辑工具或安装新设备。欧洲有 65% 的互联网用户在网上购物，但只有 16% 的中小企业利用网络销售。政府部门虽在网上提供更广泛的公共服务，例如允许民众通过互联网来报告自己的新住所、孩子出生等重要事项，但互联网用户在网上与政府公共管理部门的互动数量并没有增加。总体来看，欧盟虽在数字经济方面取得了进步，但与美国、中国、韩国等数字经济高速发展的国家相比明显滞后。依据 2016 年的得分和 2015 ~ 2016 年度的增长状况，本报告将欧盟成员国分为四组，具体如图 1 所示。

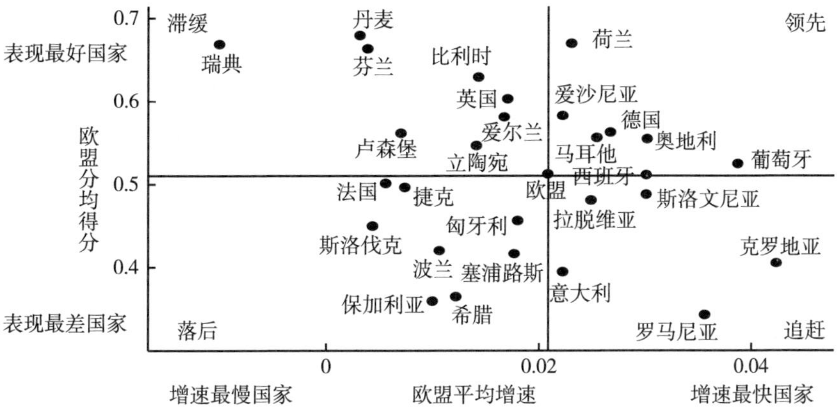

图1　基于欧盟成员国数字经济和社会发展指数的归类

资料来源：*Europe's Digital Progress Report*，https：//ec. europa. eu/digital-single-market/en/connectivity-desi-dimension－1，2017－11－9。

处于领先地位的国家：得分高于欧盟平均水平，并且2015～2016年度的得分增速高于欧盟平均水平。这些国家表现良好，并以超出欧盟平均水平的速度进一步发展。它们是奥地利、德国、爱沙尼亚、马耳他、荷兰和葡萄牙。

处于滞缓状态的国家：得分高于欧盟平均水平，但2015～2016年度的得分增速低于欧盟平均水平。这些国家表现良好，但发展速度较慢，与欧盟整体的发展相比相对滞后。它们是比利时、丹麦、芬兰、爱尔兰、立陶宛、卢森堡、瑞典和英国。

正快速追赶的国家：得分低于欧盟平均水平，但2015～2016年度的得分增速超过欧盟平均水平。这些国家的发展速度高于欧盟整体，得分接近欧盟平均水平。它们是西班牙、克罗地亚、意大利、拉脱维亚、罗马尼亚和斯洛文尼亚。

发展落后的国家：得分低于欧盟平均水平，并且2015～2016年度的发展速度低于欧盟平均水平。这些国家的现有水平已落后于欧盟平均水平且增长乏力，与欧盟其他国家的差距越来越大。它们是保加利亚、塞浦路斯、捷克、希腊、法国、匈牙利、波兰和斯洛伐克。

二 欧盟数字经济发展历程①

20 世纪 90 年代初期，欧盟经历了经济发展迟缓和失业率居高不下的困境，与美国的经济差距明显拉大。1990 年代的前 5 年，美国政府加大了对计算机等新技术领域的投资力度，随后从 1990 年代中期开始，美国的计算机价格快速下降，互联网开始普及。信息通信技术在促进美国经济增长和增加就业方面效果非常显著。美国数字经济腾飞之后，欧盟明确了发展数字经济建设信息社会的路径。

（一）前信息社会规划（20世纪90年代）

1993 年 12 月，欧盟成立之际就发布了《增长、竞争、就业——迈向 21 世界的挑战和道路》白皮书，其中明确指出发展数字经济的重要性，并提出了“创建欧洲信息社会，迎接 21 世纪挑战”的战略。1994 年 3 月，欧盟执委会成立了欧盟工业和信息技术委员会，成员由来自通信、电子、信息和媒体等重要企业的负责人组成。他们的主要任务是研究世界“信息高速公路”建设和发展趋势，并制定欧洲信息社会发展所需的具体措施和相关政策、法规。该专家组还负责与美国、日本展开对话与合作。②

1994 年 6 月，Korfu 欧洲首脑会议发布《欧盟和全球信息社会》报告，提出要充分利用信息社会提供的可能性和机遇来发展欧洲经济、提高竞争力和改善就业，并划分出利用信息技术来建设信息社会需优先发展的十大领域。1994 年 7 月，欧洲首脑会议制定了“欧洲通向信息社会之路”行动计划。1994 年底的 Essen 欧洲首脑会议，再次重申信息社会建设，提出“欧洲通向信息社会之路”行动方案。

---

① 黄林莉：《欧盟信息社会发展战略的演变及启示》，《电子政务》2009 年第 11 期，第 7～15 页。

② 贡泰也：《试析欧盟“信息社会”战略》，《全球科技经济瞭望》1995 年第 10 期；秦笃烈、许向荣：《发达国家信息高速公路纵横谈——美国、欧盟及日本三方信息社会比较》，《电子展望与决策》1995 年第 4 期。

1995 年，Cannes 欧洲首脑会议不仅强调了信息通信技术的重要性，还提出扩建基础设施、通信现代化、建设信息高速公路和多媒体网络以及远程教育和工作，等等。

1997 年 11 月，卢森堡欧洲首脑会议提出建设知识型信息社会，旨在通过发展教育、开放式网络及提高设备利用率来促进欧洲增长和就业。

（二）起步战略Ⅰ（2000～2002）："电子欧洲2002"

在全面分析信息通信技术将对未来社会产生的深远影响，以及欧盟国家发展现状的基础上，欧盟委员会于 1999 年 12 月推出了第一个信息社会战略"电子欧洲 2002——面向所有人的信息社会"（eEurope 2002：An Information Society for All）。该战略确立了三大目标，并提出相关举措和时间表。三大目标：一是让每一位公民、每一所学校、每一家企业都尽快连接到互联网上；二是建立一个数字知识欧洲，一个有创新观念和投资欲望的欧洲；三是促进社会协调发展，提升消费者信任和社会凝聚力。具体举措包括鼓励年轻人进入数字时代，降低上网费用，促进电子商务发展，提升网速，发展安全智能卡，发展风险资本市场，鼓励残障人士使用网络，发展网上医疗，发展电子政务①。2000～2002 年，战略实施主要取得了两方面的显著成效：一是互联网普及率迅速提升，到 2002 年，超过 90% 的学校和企业都实现了连接互联网，50% 以上的欧洲人经常使用互联网；二是在电信和电子商务的法律框架上达成了一致。

此外，对欧盟信息社会起步影响深远的还有"里斯本战略"。2000 年 3 月通过的"里斯本战略"实质上是一项欧盟十年经济发展规划。但其战略实现路径为"通过鼓励创新、大力推动信息通信技术的应用与发展，探索面向知识经济的下一代创新，即创新 2.0"，目标是使欧盟在 2010 年成为以知识经济为基础的、世界上最有竞争力的经济体。该战略对欧盟互联网及信息产业的发展产生了积极、深远的影响。

---

① 焦和平：《电子欧洲——欧盟迎接信息社会的行动纲领》，《全球科技经济瞭望》2000 年第 7 期，第 14～15 页。

（三）起步战略Ⅱ（2002～2005）：“电子欧洲2005”

在第一个战略成功实施的基础上，2002年的“电子欧洲2005：面向所有人的信息社会”（eEurope2005：An Information Society for All）提出了更高的发展目标，即到2005年底，实现现代化的在线公共服务（电子政务、电子教育、电子医疗服务等）、建设有活力的电子商务环境，建设广泛可用的宽带和安全的基础设施。该战略分五个部分实施：政策措施、范例推广、绩效评估、协调机制、资金保障。通过该战略的实施，至2005年底，欧盟信息通信技术产业得到了快速发展，占GDP的比重已达8%（美国同比为10%），劳动力雇佣比重达6%，对欧盟GDP增长的贡献率达25%，对劳动生产率提高的贡献率达40%①，互联网普及率为51%，固定宽带普及率为12.07%。②

（四）升级战略（2005～2010）：“2010倡议”

“2010倡议——为了促进增长和就业的欧洲信息社会”（“i2010：A European Information Society for Growth and Employment”）是欧盟的第三个信息社会发展战略，它以新修订的“里斯本战略”为依据，突出体现了增长和就业两大目标。该战略核心由三大目标和三大重点领域构成。三大目标：一是建立一体化的欧洲信息空间，提供低价安全的高速带宽通信、丰富多样的内容和数字服务；二是缩小与欧洲主要竞争者之间的差距，促进世界一流的信息通信技术研究创新；三是建立一个包容的、能够提供高质量公共服务和提高生活质量的信息社会。三大重点领域：一是整合欧盟委员会所有可支配的法律，建立一个现代的、市场导向的数字经济的法律框架；二是整合欧盟在研究和创新方面的工具，推动数字

---

① *i2010：A European Information Society for Growth and Employment*，http：//europa.eu/rapid/press-release_ MEMO－05－184_ en.htm？locale＝en，2017－11－9.

② 世界银行数据库，http：//data.worldbank.org.cn/indicator/IT.NET.USER.P2？locations＝EU&view＝chart，2017－11－9。

化的融合以及建立与私营部门的合作，从而促进欧盟在创新和技术方面的领导力；三是通过提供高效、方便实用的在线服务，促进包容的欧洲信息社会的建立。欧盟委员会发布的《欧洲数字竞争力报告——i2010 主要成就评估（2005～2009）》（*Europe's Digital Competitiveness Report：Main Achievements of the i2010 Strategy 2005－2009*）数据显示，该战略主要在以下几个方面取得了显著成就：互联网普及率达 70.6%，固定宽带普及率达 26.25%，二者均比 2005 年增长了一倍；欧盟成为当时全球最大的固定宽带接入市场，且价格降到 2007 年的一半；企业宽带的使用率从 2005 年的 62% 上升到了 81%。

（五）高阶战略Ⅰ（2010～2015）：欧洲数字化议程（DAE）

在“2010 倡议”即将完结之际，欧盟又开始着手酝酿新一轮战略规划。2009 年 3 月，欧盟通过了“信息通信技术研究和创新战略”。2010 年 3 月，又推出了酝酿已久的继“里斯本战略”之后的第二个 10 年规划“欧洲 2020 战略”，该规划提出 7 大议程，分别是以促进聪慧增长为目标的“创新联盟”、“青年人流动”和“欧洲数字化议程”；以可持续增长为目标的“资源效率型欧洲”和“全球化时代的工业政策”计划；以包容性增长为目标的“新技能和新就业议程”和“欧洲反贫困平台”。

2010 年 5 月推出的“欧洲数字化议程”（A Digital Agenda for Europe）是“欧洲 2020 战略”七大旗舰计划之一，也是第一个付诸实施的倡议。“欧洲数字化议程”提出了七个优先发展领域及其行动方案：建立一体化的充满活力的数字市场；改进信息通信技术标准，提高可操作性；增强网络安全；实现高速和超高速互联网连接；促进信息通信技术前沿领域的研究和创新；提高数字素养、数字技能和数字包容；利用信息通信技术产生社会效应。①

① 王鑫蓉：《〈欧洲数字化议程〉七个重点发展领域及相关措施》，《中国科技产业》2010 年第 8 期，第 87 页。

（六）高阶战略Ⅱ："数字一体化市场"战略

为打破欧盟境内的数字市场壁垒，2015 年 5 月 6 日欧盟委员会公布了欧洲"数字一体化市场"战略（Digital Single Market），旨在为个人和企业提供更好的数字产品和服务，创造有利于数字网络和服务繁荣发展的环境，以及最大化地实现数字经济的增长潜力。据欧盟委员会预测，"数字一体化市场"战略将带动 4150 亿欧元的经济增长，并创造数十万个新就业岗位。与此同时，欧盟委员会审议通过《一般数据保护条例》（*General Data Protection Regulation*，GDPR），以欧盟法规的形式确定对个人数据的保护原则和监管方式。新条例将取代 1995 年发布的《欧盟数据保护指令》（Directive 95/46/EC），并直接适用于欧盟各成员国。它旨在加强对自然人的数据保护，并一统此前欧盟内零散的个人数据保护规则，降低企业的合规成本。该条例将在 2018 年生效。新条例的通过意味着欧盟对个人信息保护及其监管达到了前所未有的高度，堪称史上最严格的数据保护条例，是未来欧盟监管数字经济的基本法律。

三　欧盟数字经济竞争力分析

根据数字经济竞争力理论模型，可以从数字基础设施、数字产业、数字创新和数字治理等维度对欧盟数字经济发展水平进行测量。

（一）数字基础设施

"云 - 管 - 端"是数字基础设施的主流架构。欧盟的数字基础设施发展水平呈现出内部不均衡的特点。据《欧洲数字进程报告》统计，截至 2016 年，22% 的欧盟家庭办理了访问速度至少为 30Mbps 的宽带网络，比 2010 年提升 7 倍。但从具体成员国的宽带速度排名来看，比利时、荷兰和马耳他名列前茅，意大利、希腊和塞浦路斯排名垫底。从整体来看，欧盟的高速宽带已经覆盖了 71% 的家庭，但在农村地区，高速宽带覆盖率仅为

28%。目前，仅有8%的欧盟家庭办理了访问速度至少为100Mbps的超高速宽带网络，与欧盟设定的到2020年50%的比例还有很大差距。为此，欧盟委员会和欧洲投资银行于2016年发布宽带基础设施基金，旨在为欠缺地区的网络部署筹集5亿欧元。欧盟委员会制定了目标，到2025年为学校、医院和大型企业提供1Gbps宽带，为所有家庭提供至少100Mbps的服务。欧盟委员会负责数字基础设施建设的部门表示，欧洲要想在数字经济领域跟上中国和美国的脚步，至少要投入8000亿美元的资金，包括大力建设光纤网络和5G高速无线网络。

在云计算领域，据*2016 BSA Global Cloud Computing Scorecard*显示，德国、法国、意大利、英国的云计算发展水平仅次于日本和美国。欧盟提供云计算服务的企业包括法国电信Orange、德国电信、西班牙电信Telefonica等电信运营商、系统集成商和服务托管商，这些公司都有自主产权的云计算产品，是推动欧洲云计算发展的主要力量。但是即便如此，欧盟云计算服务市场主要由美国企业主导，如亚马逊、微软、谷歌等企业已经在欧洲建立了数据中心，提供本地化云服务。为此，欧盟委员会出台云计算行动计划，采取一揽子行动举措，主要包括2016年创建服务科技界的欧盟科学云基础，整合和强化欧盟虚拟科研基础设施网络平台，联合和巩固欧盟现有的云计算科研基础设施，资助支持欧盟基于云计算服务的发展；2017年开放共享Horizon2020产生的所有科研信息数据，鼓励刺激大量科研数据集的重新再利用；2018年启动新兴量子技术研发创新行动计划，加速新一代超级计算机开发；2020年全面开发和部署大规模高性能计算、大数据存储和高速宽带基础设施，包括建设欧盟大数据处理存储中心、升级科技创新骨干网络和促进新一代超级计算机跻身世界前三强。

（二）数字产业

欧盟是全球数字产业发达地区，但语言差异和人口规模两大障碍使得互联网发展难度大、成本高，全球市值最高的20家互联网公司没有一家来自欧洲。近年来，欧盟数字经济重点发展的领域为智能制造、移动通信网络等。根据《欧盟数字进步报告（2016）》，2013 年欧盟 ICT 总值达到 5810 亿欧元①。然而，欧盟 ICT 产业自 2009 年以来仍处于结构性下滑的状态。在 2013 年 ICT 增加值总量中，仅非电信类 ICT 服务增加值增长较快，共计 5310 亿欧元，占总量的 91%。其他类别的增加值均呈下降趋势，电信类服务的增加值降幅最大，如图 2 所示。

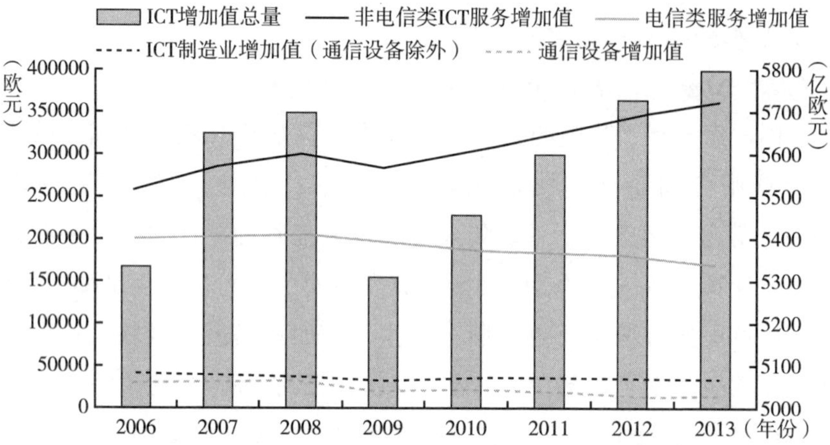

图 2　2006～2013 年欧盟 ICT 产业增加值统计

说明：左侧金额对应 ICT 子部门年度变动情况，右侧金额对应 ICT 总体变动情况。资料来源，*Europe's Digital Progress Report 2016*：*The EU ICT Sector and Its R&D Performance*，https：//ec. europa. eu/digital-single-market/en/download-scoreboard-reports，2017－11－9。

欧盟各成员国对 2013 年欧盟 ICT 产业增加值贡献差异较大。如图 3 所示，最大的 5 个经济体贡献也最大，从大到小，依次为德国（1150 亿欧元，20%）、英国（1020 欧元，18%）、法国（880 亿欧元，15%）、意大利（550 亿欧元，9%）、西班牙（380 亿欧元，7%）。5 个国家的增加值总和占到 2013 年欧盟 ICT 产业增加值总量的 69%。

在欧盟各成员国中，爱尔兰 ICT 产业增加值占 GDP 比重最高，达

① 增加值＝生产＋商业利润－外在消耗。

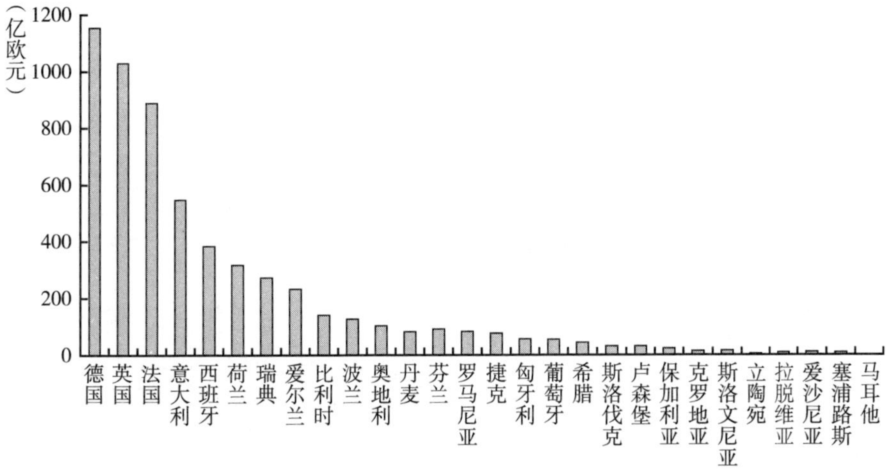

图3　欧盟成员国2013年ICT产业增加值情况

资料来源：*Europe's Digital Progress Report 2016*：*The EU ICT Sector and Its R&D Performance*，https：//ec. europa. eu/digital-single-market/en/download-scoreboard-reports，2017-11-9。

12.7%，远远超过其他成员国。卢森堡和瑞典，分别以6.7%和6.1%位列第二、第三名（见图4）。

2013年，欧盟ICT产业增加值（操作性定义）占GDP的3.9%，明显低于美国的5.2%和中国的4.4%。从图5可以看出，2006年以来，欧盟ICT产业增加值在GDP中的占比一直落后于日本、美国和中国。

欧盟ICT产业同美国等国相比，不仅产业规模相对较小而且知识密度更低。欧盟在ICT产业总体的产业链上处于消费者环节，ICT制造业的增加值在ICT产业总增加值中所占比重一直在低位徘徊，甚至呈下降趋势。欧盟及其成员国存在ICT投入与ICT研发创新螺旋式恶性循环的潜在风险，有可能彻底丧失ICT产业的全球竞争力。

（三）数字创新

欧盟创新总体表现位居世界前列。“里斯本战略”和“欧洲2020战略”均明确规定了“将欧盟3%的国内生产总值用于研发”的目标，但多

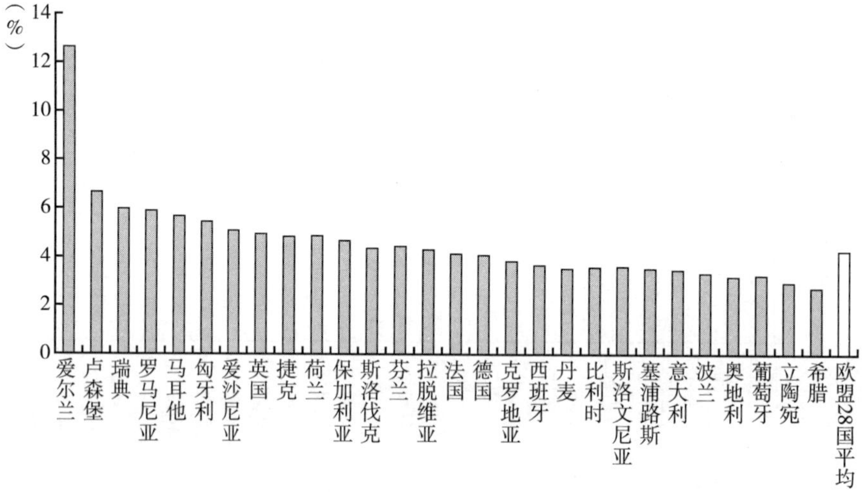

图4　2013年欧盟成员国ICT产业增加值占GDP比重

资料来源：*Europe's Digital Progress Report 2016*：*The EU ICT Sector and Its R&D Performance*，https：//ec. europa. eu/digital-single-market/en/download-scoreboard-reports，2017-11-9。

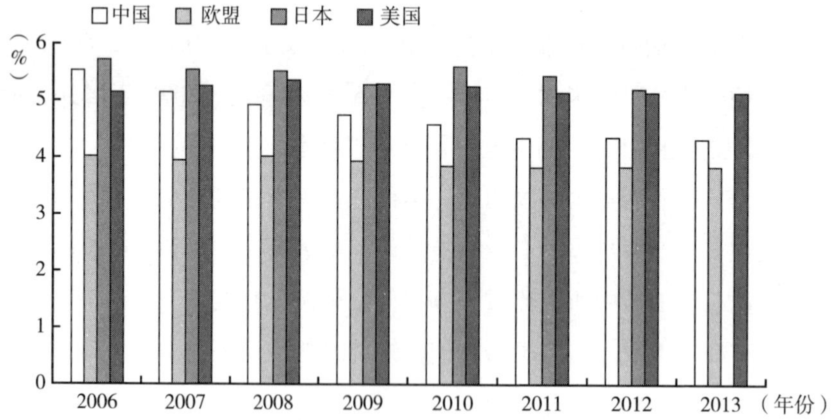

图5　2006~2013年中国、欧盟、日本及美国ICT产业增加值占该国和地区GDP比重的比较

资料来源：*Europe's Digital Progress Report 2016*：*The EU ICT Sector and Its R&D Performance*，https：//ec. europa. eu/digital-single-market/en/download-scoreboard-reports，2017-11-9。

年来欧盟实际研发投入一直徘徊在2%左右。为进一步鼓励创新，欧盟推出了“创新联盟”，这是“欧洲2020战略”中的旗舰行动之一，成员国据此将其创新政策付诸实施。为确保创新政策有效执行，欧盟对原有评估各国创新表现的工具，即欧洲创新记分牌（EIS）进行了改造。但是，即便如此，欧盟内部创新能力仍存在很大差异，2015年创新记分牌将欧盟成员国分为四组。

创新领导国家：丹麦、芬兰、德国和瑞典，其创新表现高于欧盟平均水平。

创新追随国家：奥地利、比利时、法国、爱尔兰、卢森堡、荷兰、斯洛文尼亚和英国，其创新表现高于或接近欧盟平均水平。

中等创新国家：克罗地亚、塞浦路斯、捷克、爱沙尼亚、希腊、匈牙利、意大利、立陶宛、马耳他、波兰、葡萄牙、斯洛伐克和西班牙，其创新表现低于欧盟平均水平。

适度创新国家：保加利亚、拉脱维亚、罗马尼亚的创新表现远低于欧盟平均水平。

欧盟在数字创新领域也在持续加大投入。2015年“研究和创新：欧洲2020战略ICT项目”资金投入数据分析显示（见图6），欧盟在“未来互联网发展”领域投入约2.7亿欧元，在“认知系统和机器人”领域投入约为1.9亿欧元，在“微型系统”领域投资约为1.8亿欧元。其他各领域投入情况如图6所示，图中灰色部分为来自欧盟委员会的基金投入。

数字化专利、数字化人才、数字创新转化是数字创新竞争力的三个重要指标，欧盟部分国家的数字创新竞争力位居全球前列，例如2011～2012年，芬兰、瑞典、荷兰三国的百万人数字专利数量分别排全球第一、第二和第九名；芬兰、比利时、荷兰在2013～2014年度的数学和科学教育质量分别排全球第二、第三和第八名。在2013～2014年度创新成果转化方面，从最新技术可用度看，芬兰、英国、瑞典、荷兰分别位居全球第一、第四、第七和第九，但是从风险资本可用度来看，只有芬兰进入全球前十。由此可以看出，欧盟数字创新基础良好，但是呈现国家不均衡、资本投入不足等现象，

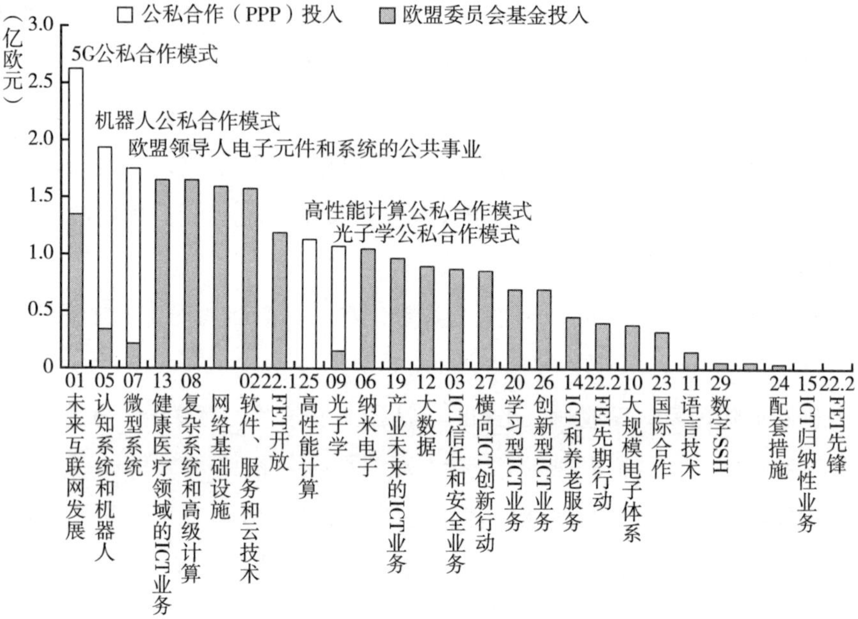

图6　2015年欧盟ICT及相关领域研究和创新的资金投入情况

说明：图6缺失内容原图如此。

资料来源，*Research and Innovation*：*ICT Projects in Horizon 2020*，https：//ec. europa. eu/digital-single-market/en/download-scoreboard-reports，2017－11－9。

主要大国驱动力不强。这也是欧盟近年来数字经济整体创新活力落后于美、中等国的原因之一。

（三）数字治理

根据数字经济竞争力理论模型，数字治理包含电子政务发展、数据开放和网络安全等方面。借助《欧盟委员会欧洲数字化议程（DAE）》和《2011～2015年欧洲电子政务实施计划》的实施，欧盟部分成员国电子政务和数据开放水平居全球前列，例如2016年有五个欧盟成员国电子政务发展水平位居全球前十，英国、芬兰、荷兰、丹麦、法国分别位居第一、第五、第七、第九和第十。在数据开放方面，英国和法国也在全球位居前茅，引领全球数据开放的发展浪潮。而在数据保护方面，欧盟凭借《一般数据保护条例》（GDPR）等法律、政策领先全球。

四　欧盟数字经济发展展望

从欧盟数字经济竞争力分析可以看出，尽管欧盟整体数字经济发展平均水平全球领先，但是欧盟内部发展不均衡。多重因素制约着欧盟数字经济的发展，例如，经济发展停滞导致数字消费能力下降。以希腊为例，希腊固定宽带使用费约占人均收入的1.9%，人们对互联网服务费的负担能力在不断下降。欧盟信息通信技术专业毕业生减少了40%，导致许多成员国缺乏专业的信息通信技术人才。欧盟公民和企业在使用在线工具和服务时经常遇到障碍。这些障碍意味着消费者被限制使用某些商品和服务，企业无法从数字化中获益，政府和公民也不能完全从数字转型中获益。

为此，近年来欧盟委员会力求使欧盟的单一市场适应数字时代——将28个国家的数字市场融合为一个单一市场。“数字单一市场战略”于2015年5月6日通过，是欧盟委员会的10个政治优先事项之一。据欧盟委员会预测，单一数字市场将带动4150亿欧元的经济增长，并创造数十万个新就业岗位。在数字单一市场战略的引导下，未来数年欧盟数字经济发展将在以下方面展开布局。

1. 平台管理。欧盟认为，网络平台的数据收集等实践塑造了互联网的生态环境，使自身成为互联网生态系统的主要角色。对此，欧盟正在考虑一系列的管理措施，包括交易实践、接入条款和合同条款（包括透明度、禁止不公平交易等）、限制垂直一体化公司的歧视做法、修改欧盟竞争法以更好地适用于网络平台、设立欧盟网络平台的圆桌会议，促进欧盟网络平台的发展，等等。

2. 电子商务。欧盟委员会将修正与消费者网络购物以及增值税相关的规则。值得一提的是，欧盟将调整增值税机制，减轻政府的压力，这意味着欧盟有可能会将数字产品纳入增值税体系中。欧盟还引进关于包裹快递的相关措施，这些措施将重点关注价格透明度、快捷交货以及商品追踪等方面。

3. 地域屏蔽（Geo-blocking）。地域屏蔽是指根据用户的地理位置限制其获取网络资源的做法。互联网企业会利用定位技术计算出用户的地理位置，并根据这一结果来判断是否允许该用户获取内容。针对这一问题，欧盟将修订目前的《电子商务条令》以及《服务条令》的第20条。通过这些修订来减少网络卖家拒绝（消费者）获取网络服务的正当理由。此外，欧盟还将审查1993年设立的《卫星和有线电视条令》，以评估其是否有利于消费者在欧洲跨境获取卫星广播服务，并有望在未来扩大适用范围至某些广播公司的网络服务。

4. 版权。欧洲的版权法于2001年颁布，此次欧盟委员会希望更新这些规则，使其能够应对科技、消费者行为以及市场的新变化。当前，欧盟正在开展版权改革，加强合法获取内容的“便捷性”，比如可以通过移除内容地域获取限制的方式实现。此次版权改革还将明确关于平台责任的规范、关于版权保护的内容以及知识产权的执行（包括商业侵权以及跨境适用）。此外，欧盟还将审议《视听媒体服务条令》，扩大适用范围至所有的市场参与者，并将修改广告法规则，强调对未成年人的保护。

5. 电信规则。目前的电信产业面临多重挑战。欧盟委员会认为目前关于《连接（欧洲）大陆电信一揽子计划》的讨论过多地关注手机漫游以及网络中立，而没有涉及影响产业发展的挑战。欧盟委员会希望建立规范框架，以支持欧盟电信单一市场。相关变革中可能的措施包括一致性频谱管理，鼓励高负载网络的投资，改变目前多重规范体制的现状，建立有利于经济发展和高效网络的新环境。

6. 数据隐私。《通用数据保护条例》（GDPR）通过后，欧盟将审议2002年的《e隐私条令》，该条令主要涉及个人数据的处理以及电子通信领域的隐私保护。现行的条令只适用于传统的电信运营商，而修改之后将适用于信息服务提供商。

7. 平台责任。欧盟还将重新审议关于网络平台非法内容的责任问题，除了受版权保护的内容之外，还包括恐怖主义、淫秽作品等内容。欧盟将考虑是否扩大平台的尽职调查义务以及其他责任。

8. 网络安全。欧盟建议建立一个“关于网络安全的公私合作机制”(Public-private Partnership on Cyber Security)，重点关注网络安全领域科技创新提供的解决方案。

9. 数据流动。欧盟委员会正在启动“欧盟数据自由流动”计划，该计划旨在排除数据自由流动中存在的技术和法律障碍，主要相关领域包括大数据计算、云计算、3D 打印、物联网等。“欧盟数据自由流动”计划将有针对性地解决数据的所有权以及互通性等问题，并将进一步明确数据流动中的责任分配问题。此外，欧盟还将考虑是否要求网络企业基于通用标准促进其系统、科技和服务的互通互用，允许用户在不同的服务提供商之间自由选择和转换而不受到技术的限制。在这一方面欧盟计划修改《欧盟互通性框架》(*European Interoperability Framework*)。此外，欧盟还计划设立一体化的互通标准，重点关注医疗（如远距离医疗）、交通（交通规划、电子货运）、环境、能源等关键领域。①

---

① 李汶龙：《欧盟数字化单一市场战略概述》，https：//baijia. baidu. com/s? old_ id = 61131，2017 - 11 - 9。

B.8
美国数字经济发展报告

王滢波*

摘　要：　美国数字经济多年来一直在全球独占鳌头，在各个领域均占据领先和优势地位，这在很大程度上得益于其有效的产业政策的指引。近年来，随着中国数字经济的强劲崛起，美国在数字领域的领先优势在逐渐缩小，但在产业的完整度以及核心技术方面，美国的优势仍是不可撼动的。美国的数字经济正在走向集中化，创新成为美国数字经济打破垄断，促进发展最重要的驱动力。

关键词：　产业政策　人工智能　大数据

一　美国数字经济在全球独占鳌头

美国数字经济多年来一直在全球独占鳌头，在各个领域均占据领先和优势地位。

就基础设施而言，根据我们的测算，美国以88.20分雄踞榜首，接近第二名新加坡综合得分52.98分的两倍。中国位于第三名，综合得分为50.30。其后直至第十五名，综合得分数据差异均不大，体现了当今数字基础设施"一超多强"的格局。

就创新能力而言，美国的创新能力全球排名第三，仅次于芬兰和新加坡。

---

* 王滢波，上海社会科学院互联网研究中心高级研究员，主要研究方向为数字经济。

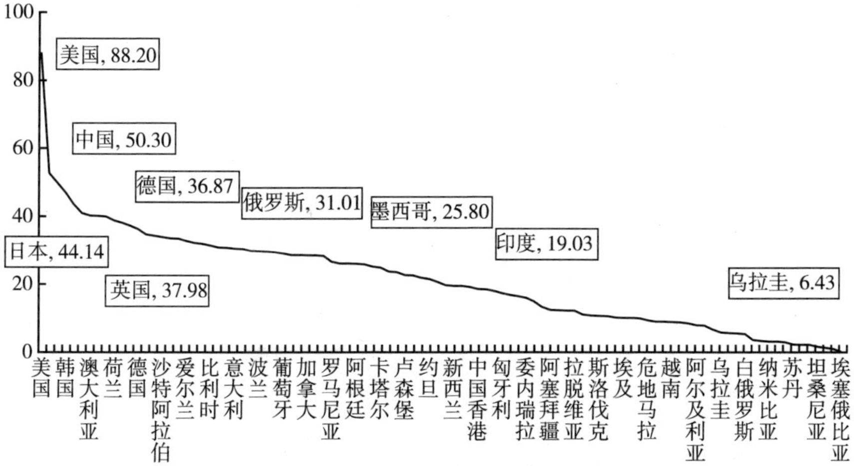

图 1 全球部分国家数字基础设施情况

表 1 全球部分国家数字创新能力排名

国家	总分	排名	国家	总分	排名
芬兰	88.09	1	瑞典	73.68	11
新加坡	83.30	2	奥地利	71.76	12
美国	83.02	3	丹麦	71.17	13
日本	78.51	4	英国	69.47	14
以色列	76.54	5	荷兰	68.81	15
德国	75.69	6	法国	68.58	16
韩国	75.61	7	比利时	68.27	17
挪威	75.39	8	斯洛文尼亚	65.01	18
瑞士	74.03	9	冰岛	64.67	19
新西兰	73.72	10			

就治理能力而言，美国以 83.41 分位居世界第一，第二名是英国，得分为 72.78 分，与美国存在一定差距。

表 2　全球部分国家数字治理能力排名

排名	国家	总分	区域	排名	国家	总分	区域
1	美　国	83.41	北美洲	7	芬　兰	66.51	欧　洲
2	英　国	72.78	欧　洲	8	瑞　典	66.26	欧　洲
3	荷　兰	69.22	欧　洲	9	奥地利	65.39	欧　洲
4	加拿大	68.60	北美洲	10	日　本	64.30	亚　洲
5	韩　国	67.93	亚　洲	11	西班牙	64.04	欧　洲
6	澳大利亚	66.91	大洋洲	12	新加坡	63.54	亚　洲

就数字产业竞争力而言，美国以 88.933 分位居世界第一位，中国以 84.099 分紧随其后，第三名的英国及之后的其他国家与中美两国的得分均有较大差距。

表 3　全球部分国家数字产业竞争力排名

排名	国家	总分	排名	国家	总分
1	美　国	88.933	6	法　国	23.230
2	中　国	84.099	7	日　本	18.511
3	英　国	31.579	8	爱尔兰	17.767
4	印　度	29.803	9	马来西亚	16.435
5	德　国	24.793	10	印度尼西亚	14.976

Statista 将数字经济分为八类，即数字媒体（Digital Media）、电子商务（E-Commerce）、电子服务（E-Service）、智能家居（Smarthome）、金融科技（Fintech）、电子健康（E-Health）、车联网（Connected Car）以及电子旅行（E-Travel）。根据我们对各国数字经济细分行业的量化评估，美国几乎每一个细分产业都走在世界的前列，具有顶尖的竞争力水平，各细分产业的竞争力指标均在 75 分以上，其中有 5 个细分产业竞争力评分为 100 分，只有电子商务、电子服务和金融科技三项落后于中国。数

字媒体市场包括直接通过互联网传播的音视频媒体内容、电子游戏、电子书籍杂志和论文，但不包括用户生成内容（UGC）。预计 2017 年，美国数字媒体市场的收入将达到 343.01 亿美元，位居全球首位，是第二名中国的两倍之多，其中电子游戏的市场份额最高，2017 年的收入达到 121.49 亿美元。美国 2017 年的搜索广告收入为 360.99 亿美元，居全球第一。电子商务市场指通过网络渠道向私人终端用户销售实物商品（B2C），不包括数字媒体、电子销售服务、B2B 市场、二手商品销售和私人之间的买卖。预计 2017 年美国电子商务市场的收入为 3536.85 亿美元，居全球第二，预计未来 5 年（2017～2021）将保持 8.2% 的复合年均增速，到 2021 年达到 4852.67 亿美元。预计 2017 年美国电子服务市场的收入为 322.18 亿美元，大幅落后于中国；智能家庭的收入为 146.49 亿美元，是第二名中国 20.71 美元的 7 倍多，领先优势巨大；金融科技交易金额为 10255.19 亿美元，略落后于中国；电子健康领域的收入为 30.97 亿美元，较第二名中国高出一倍有余；车联网领域的收入为 81.94 亿美元，是第二名中国收入的 2.7 倍；电子旅行收入为 2050.61 亿美元，比第二名中国高出一倍多。

表 4　主要国家数字经济细分行业规模

单位：亿美元

国家	数字媒体	电子商务	电子服务	智能家居	金融科技	电子健康	车联网	电子旅行	总额
美国	343.01	3536.85	322.18	146.49	10255.19	30.97	81.94	2050.61	16767.24
中国	150.42	4700.55	437.75	20.71	10864.93	14.95	30.39	938.85	17158.55
英国	58.85	931.58	85.96	14.25	1907.74	3.53	18.88	422.32	3443.11
印度	11.44	200.07	21.27	0.67	440.68	3.25	1.61	139.18	818.17
德国	33.89	614.08	62.08	14.39	1150.16	5.20	26.21	350.19	2256.20
法国	26.30	373.03	43.48	5.52	833.03	3.74	9.51	282.52	1577.13
日本	131.21	845.33	52.15	4.60	1451.05	4.57	17.35	211.43	2717.69

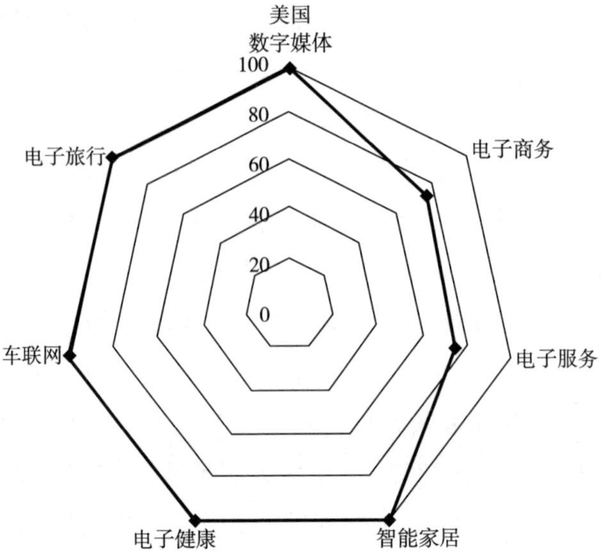

图 2　美国数字经济各细分行业得分

说明：图 2 中数字经济各细分行业数据为市场规模，金融科技为统计规模，数值差距巨大，不便在同一图中表示。

就具体公司而言，依照福布斯的排名，全球前 25 大科技公司中有 15 家来自美国，前 10 家中有 8 家来自美国，分别是苹果、微软、谷歌、IBM、英特尔、思科、甲骨文和 Facebook①。从资本市场来看，全球市值最高的十大科技公司中，美国同样占据 8 席，分别是苹果（7838 亿美元）、谷歌（6697 亿美元）、微软（5730 亿美元）、亚马逊（4916 亿美元）、Facebook（4768 亿美元）、甲骨文（2115 亿美元）、英特尔（1636 亿美元）和思科（1593 亿美元）（按 2017 年 7 月 20 日的市值大小排序），另外两席则为来自中国的阿里巴巴（3847 亿美元）和腾讯（3600 亿美元）（分别排名第 6 和第 7）。根据世界银行公布的 2016 年全球各国 GDP 数据，美国前 5 大科技公司也是美国市场市值最高的 5 家公司，其市值总和达到了惊人的

① The World's Largest Tech Companies 2017: *Apple and Samsung Lead*, *Facebook Rises*, https: //www. forbes. com/sites/kristinstoller/2017/05/24/the-worlds-largest-tech-companies-2017-apple-and-samsung-lead-facebook-rises/#4b7af851d140, 2017 - 11 - 9.

29949 亿美元，已经超过了全球排名第五的英国全年的 GDP 2.86 万亿美元（见表 5）。

表 5　全球科技企业市值排名

排名	企业	市值(亿美元)	排名	企业	市值(亿美元)
1	苹果	7838	6	阿里巴巴	3847
2	谷歌	6697	7	腾讯	3600
3	微软	5730	8	甲骨文	2115
4	亚马逊	4916	9	英特尔	1636
5	Facebook	4768	10	思科	1593

二　有效的产业政策是美国数字经济发展的助推器

美国数字经济能够持续在全球保持领导地位，其产业政策功不可没。美国产业政策的源头可以追溯到万尼瓦尔·布什（Vannevar Bush）1945 年写给美国总统的报告《科学，永无止境的前沿：战后科学研究计划》（*Science, the Endless Frontier: A Report to the President on Program for Postwar Scientific Research*）①，其中建议政府积极寻找那些具有潜在军事或商业用途的基础科学和应用科学技术，并为其研究提供资助。这一报告决定了美国政府对待产业政策的基本态度，即产业政策可用于弥补市场失灵，特别是在需要大规模资金、设备和人力的基础技术的研发上。但美国同样奉行市场至上的理念，认为产业政策不能影响市场的公平竞争，所以美国产业政策的内容更多地表现为基础技术的研发、重大发展战略的方向和框架。事实上，美国数字经济能在全球独占鳌头，在很大程度上得益于美国的一系列极具前瞻性的数字产业政策（见表 6）。

① 《美国科技革命的隐蔽基础：国家计划性投资》，http://www.sohu.com/a/144225260_425345，2017-11-9。

表 6　美国部分数字经济产业政策

时间	政策名称
2017 年 3 月	国家宽带研究议程
2016 年 11 月	保护物联网安全的战略原则
2016 年 10 月	国家人工智能研究与发展策略规划
2016 年 10 月	2016 美国机器人发展路线图——从互联网到机器人
2016 年 10 月	为人工智能的未来做好准备
2016 年 10 月	国家人工智能研究与发展战略计划
2016 年 6 月	促进数字经济的增长与创新
2016 年 5 月	数字经济议程 2016
2014 年 5 月	美国开放数据行动计划
2013 年 3 月	机器人技术路线图
2012 年 5 月	美国数字政府战略
2012 年 3 月	大数据研究和发展计划
2010 年 5 月	网络与信息技术研发计划
2009 年 1 月	开放政府备忘录
2000 年 7 月	全球和全国商务电子签名方案
1997 年 8 月	全球电子商务框架
1993 年 3 月	信息高速公路计划

（一）美国的数字产业政策指引着美国数字经济发展的方向

1993 年初，在大多数人尚不知互联网为何物之时，美国政府就已经推出了“信息高速公路计划”，希望实现信息的实时无缝流动；随后，美国在 1997 年颁布《全球电子商务框架》，确立了电子商务的五项基本原则：

1. 私营部门必须发挥主导作用；

2. 政府应避免对电子商务的不当限制；

3. 政府必须参与，并致力于支持和创造一种可预测的、受影响最小的、持续简单的法律环境；

4. 政府必须认清互联网的特性；

5. 应该在全球范围内促进互联网上的电子商务。

接着，美国于2000年通过了《全球和全国商务电子签名法案》，使在线合同或在线交易的电子签名与手写签名具有同样的法律效力，进一步方便企业和消费者①。

随着大数据时代的到来，美国又一次走在了时代的前列。2009年1月21日，美国总统奥巴马宣誓就职后的第一个工作日就签发了《开放政府备忘录》（*Memorandum on Transparency and Open Government*），开放了政府数据。5月20日，美国政府开放数据的门户Data. gov上线，第一批47个政府数据源向社会开放。2009年12月8日，总统签发《开放政府数据行政令》（*The Open Government Directive*），要求在45天内所有政府部门必须向社会开放3个有价值的数据源。2012年3月，美国制定“大数据研究和发展计划”，5月推出“美国数字政府战略”，其中提出五大建议：

1. 政府政策应更多地关注大数据的实际使用，将精力较少放在数据收集和分析上；

2. 在政府各个层面的政策规范制定中，不应关联特定技术而应指明希望得到的结果；

3. 为推进大数据技术的应用，白宫科技政策办公室和政府网络信息技术研发部门需大力合作，强化国家在隐私保护技术方面的研究，加强与隐私相关的社会科学的研究；

4. 白宫科技政策办公室还应与高等教育和职业教育合作，鼓励培养隐私保护专业人员；

5. 美国应当在立法上保持国际领先地位，加快修订国内法律法规，鼓励采用新方法、新技术应对新的隐私需求。

随后美国白宫又在2014年发布报告《大数据：抓住机遇，坚守价值》以及《大数据与隐私：基于技术角度的分析》等报告，为美国大数据产业的发展进一步夯实了基础。

---

① 《2017美国数字经济的制度因素分析》，http：//www. kanzhun. com/lunwen/558318. html，2017-11-9。

2016 年 5 月，美国商务部发布了《数字经济议程 2016》[①]，明确指出数字经济是实现繁荣和保持竞争力的关键。互联网和数字经济是经济增长的源泉，是全球贸易的驱动器，是保持美国竞争力的关键要素。互联网和 ICT 相关行业已经占到美国 GDP 的 20% 以上，但这一数据并不能充分反映其潜力；专家预计 2025 年前，在数字化的推动下，美国每年 GDP 将增长 2.2 万亿美元。2014 年美国出口了 4000 亿美元的数字服务，占美国服务业出口额的一半以上，美国所有商品和服务业出口的 1/6 以上。为了促进数字经济的进一步发展，美国商务部建议从以下几个领域着力：

1. 全球信息的自由流动——自由和开放的全球互联网是数字经济成功的基础，应尽量降低影响数据和服务跨境流动的阻碍；

2. 可靠和安全的在线环境——只有安全和隐私得到保护，数字经济才能蓬勃发展；

3. 连接和技能——强大的基础设施以及在数字化全球经济中生存的技能；

4. 创新和新技术——商务部应当积极支持创新，包括制定灵活的知识产权规则，应当在开发初期为新技术提供支持，制定长期的政策。

人工智能时代，美国政府同样未雨绸缪。2016 年 10 月 13 日，美国白宫科技政策办公室下属的国家科学技术委员会（NSTC）发布了《为人工智能的未来做好准备》（*Preparing for the Future of Artificial Intelligence*）和《国家人工智能研究与发展战略计划》（*National Artificial Intelligence Research and Development Strategic Plan*）两份重要报告，明确指出，人工智能将扮演越发重要的角色，而联邦政府将会资助人工智能研发的战略规划。前者探讨了人工智能的发展现状、应用领域以及潜在的公共政策问题，后者提出了美国优先发展的人工智能七大战略方向。

1. 对人工智能的担忧暂不影响当前政策；

---

① *Commerce Department Digital Economy Agenda 2016*, https://www.ntia.doc.gov/files/ntia/publications/alan_davidson_digital_economy_agenda_deba_presensation_051616.pdf, 2017-11-9.

2. 政府随时监控技术发展；

3. 呼吁美国政府加大资金支持；

4. 全体公民准备接受人工智能教育；

5. 预防机器产生偏见；

6. 致力于确保人工智能的“道德”；

7. 致命性武器难以预测。

从以上这些产业政策中，我们可以看出美国政府一以贯之的几点原则：1. 政府负责制定规范和战略，完善制度，破除交易壁垒和降低交易成本；2. 政府会对私人企业无力支撑的重要底层技术和基础设施进行投资，特别是要在技术开发初期积极介入；3. 私营企业是市场主体；4. 政府协调加强产业、学界和研究机构的合作；5. 政府在立法方面应与时俱进，制定长期政策和法规，防止法律成为产业的桎梏。

（二）美国的数字产业政策多介入在产品开发周期早期

美国的国家研发力量更多在产品开发生命周期的早期介入，以促进有前景的新技术发展。这一政策已在信息高速公路、电子商务、大数据、网络安全等领域取得累累硕果，并继续在物联网和人工智能等新兴领域不断巩固美国的优势地位。

2012年3月，奥巴马政府宣布“大数据研究和发展计划”，提出“通过提高我们从大型复杂的数字数据集中提取知识和观点的能力，承诺加快其在科学与工程中应用的步伐，加强国家安全，并改变教学研究”。根据这一计划，美国希望利用大数据技术在多个领域实现突破，包括科研教学、环境保护、工程技术、国土安全、生物医药等，具体的研发计划涉及美国国家科学基金会、国家卫生研究院、国防部、能源部、国防部高级研究局、地质勘探局等6个联邦部门和机构。我们可以看到，美国的诸多国家机构都深度参与新技术的研发。

以苹果的iPhone手机为例，几乎其每一项技术都是美国联邦政府投资资助的结果，乔布斯其实是在公共投资产生的科技成果上面设计产品。如果没有静态RAM缓存、点击轮、锂离子电池、信号压缩、液晶显示器、微硬盘、微型处理器、多触摸屏、Siri，HTTP/HTML、蜂窝技术、互联网，iPhone 不可能如此智能。上述的每一项技术，在其早期阶段，无一不是由公共资金进行巨额投入，由一系列各不相同的公共组织实施研究的，具体如表 7 所示。

表 7　iPhone 背后的政府研发力量

<table>
<tr><th colspan="12">iPod 触摸和 iPhone(2007)/iPad(2010)</th></tr>
<tr><th colspan="7">第一代 iPod(2001)</th><th rowspan="2">多触摸屏</th><th rowspan="2">Siri</th><th rowspan="2">HTTP/HTML</th><th rowspan="2">蜂窝技术</th><th rowspan="2">互联网</th></tr>
<tr><th>静态 RAM 缓存</th><th>点击轮</th><th>锂离子电池</th><th>信号压缩</th><th>液晶显示器</th><th>微硬盘</th><th>微型处理器</th></tr>
<tr><td rowspan="4">美国国防部高级研究局</td><td rowspan="4">欧洲核子研究中心</td><td rowspan="4">美国能源部</td><td rowspan="4">陆军研究办公室</td><td rowspan="2">美国国家卫生研究院</td><td rowspan="2">美国能源部</td><td rowspan="4">美国国防部高级研究局</td><td>美国能源部</td><td rowspan="4">美国国防部高级研究局</td><td rowspan="4">欧洲核子研究中心</td><td rowspan="4">美国军方</td><td rowspan="4">美国国防部高级研究局</td></tr>
<tr><td>中央情报局</td></tr>
<tr><td>美国国家科学基金会</td><td rowspan="2">美国国防部高级研究局</td><td>美国国家科学基金会</td></tr>
<tr><td>美国国防部</td><td>美国国防部</td></tr>
</table>

资料来源：《美国科技革命的隐蔽基础：国家计划性投资》，http：//www. sohu. com/a/144225260_ 425345，2017 - 11 - 9。

（三）以国家资金支持基础技术的研发是美国的惯常做法

美国知名电动汽车生产商特斯拉在成立之初得到过政府的大力支持①。2009 年，由于经济疲软导致融资环境恶化，众多初创公司无法得到必要的资金支持，美国能源部通过实施“高科技车辆制造计划”，首次为特斯拉和其他汽车生产商提供贷款。特斯拉在 2010 年得到了美国能源部 4. 65 亿美元的贷款，在加州成立工厂开始生产 Model S 电动车。2013 年 5 月份，特斯拉

① *Tesla Repays Its Government Loan 9 Years Early*，http：//www. businessinsider. com/tesla-repays-government-loan - 2013 - 5，2017 - 11 - 9.

连本带息向美国能源部还清了剩余 4. 518 亿美元的全部贷款。美国能源部目前拥有 340 亿美元的投资组合，其中坏账率不足 2% 。

除了为企业直接提供贷款以外，在国家支持尖端技术开发精神的指引下，很多政府机构还成立了自己独立的风险投资公司，其中比较知名的是美国中情局下属的 In-Q-Tel。1998 年，为识别新兴技术，获取战略竞争优势，中情局希望成立一家投资机构，通过资助初创企业来获取先进技术手段，笼络人才。1999 年，在中情局局长的请求和美国国会的支持下，成立了高科技风险投资公司“Peleus”，这是美国政府历史上第一次公开扶持政府全资的风险投资基金。2000 年 1 月，Peleus 更名为“In-Q-Tel”，其中 In 和 Tel 来自单词 Intelligence，意为情报机关，而 Q 则源自英国军情五处的特工 007，其助手名为 Q 博士，负责研发各种黑科技产品，为邦德的行动提供技术支持。In-Q-Tel 的职责不言而喻。国家地理空间情报局、美国国防情报局和国土安全部科学技术理事会等诸多美国情报机构后来也纷纷加入 In-Q-Tel。In-Q-Tel 每年的经费高达 3500 万美元，其投资的企业包括我们耳熟能详的谷歌、火眼、Palantir 以及众多初创公司。目前 In-Q-Tel 网站上公布的投资企业高达 201 家（见图 3）。In-Q-Tel 已经成为美国数字经济产业发展的重要驱动力之一。

图 3　In-Q-Tel 投资的部分企业

由于不以盈利为目的，一旦技术成熟进入商用，美国政府就会撤出投资。例如，2005 年，In-Q-Tel 就卖出了价值 220 万美元的谷歌股份，此前这些股票投入的资金帮助谷歌实现了对“锁眼”项目的开发。

三　美国数字经济发展趋势

作为世界头号经济强国，美国在数字经济领域多年来一枝独秀，但近年来受到中国经济崛起的挑战。中国的电子商务市场和金融科技市场已全面超越美国，而且差距越拉越大，但是美国在产业链的完整度方面仍具有无可比拟的优势，特别是在芯片和操作系统领域。在新一轮的产业革命过程中，美国已经占据先机，中国正在发力追赶。随着美国数字经济日益走向集中化，创新已经成为打破垄断的最有效手段。

（一）美国数字经济面临中国的强劲挑战

美国虽然在全球数字经济中独占鳌头，但面临着来自中国的严峻挑战。随着中国的崛起，两者之间的差距在不断缩小，电子商务、电子服务和金融科技三项中国都已经领先，而且优势越拉越大。电子商务领域，2017 年中国的市场规模约为 4700.55 亿美元，而美国为 3536.85 亿美元，中国比美国高出 33%；电子服务领域，中国的市场规模为 437.75 亿美元，美国为 322.18 亿美元，中国比美国高出 36%；金融科技领域，中国市场 2017 年的交易额为 10864.93 亿美元，美国为 10255.19 亿美元，中国高出美国约 6%。

更重要的是，中国数字经济的增速更快。以电子商务为例，美国未来 5 年将保持 8.2% 的复合年均增速，而中国电子商务预计未来五年的年度复合增长率为 15.6%，到 2021 年将达到 8395.4 亿美元的规模，届时其规模将是美国的一倍多。中国的其他市场也在高速发展，中国电子服务市场预计未来五年的年度复合增长率为 18.4%；2017 年中国电子旅行市场的收入为 938.85 亿美元，预计未来五年的年度复合增长率为 16.2%。2017 年中国智能家居市场的收入为 20.71 亿美元，预计未来五年的年度复合增长率为

59.6%；2017 年智能家居的家庭渗透率为 1.2%，预计到 2021 年增长到 12.6%。预计未来五年，中国金融科技市场交易金额的年度复合增长率为 27.4%，到 2021 年达到 28611.26 亿美元。2017 年，中国电子健康市场的收入达到 14.95 亿美元，预计未来五年的年度复合增长率为 15.9%。2017 年，中国车联网市场的收入为 30.39 亿美元，预计未来五年年度复合增长率为 53.6%，到 2021 年达到 169.25 亿美元的规模；2017 年车联网的渗透率为 3.5%，预计到 2021 年增长到 16.6%。

中国正在新经济领域奋起直追，在人工智能领域，百度的自动驾驶技术已经处于全球领先地位；在语音识别领域，科大讯飞占据了中文语音识别市场 70% 的份额，而且屡次斩获国际大奖；在图像识别和视频监控领域，海康威视已经成为全球领导者。中国已经成为美国在数字经济领域最大的对手。

（二）美国在产业链完整度方面的优势仍无可撼动

从基础芯片到前沿应用，美国拥有完整的数据经济产业链，而且几乎在各个链条上都居于全球领先地位。基础芯片公司有英特尔和 AMD，人工智能芯片有 NVIDIA，网络搜索有谷歌，操作系统有微软、苹果和谷歌，云有微软和亚马逊，社交有 Facebook 和 Twitter，企业软件有甲骨文，网络设备有思科，智能电动汽车有特斯拉，安全软件有赛门铁克、Palo Alto、Fireeye（见表 8）。相较而言，其他各国很难与之分庭抗礼。例如，中国的数字经济规模虽然仅次于美国，但只有在互联网应用领域能够与美国的相关公司抗衡，其他领域与美国的差别还是非常明显。中国的芯片和操作系统完全受制于美国，没有任何的自主能力，英特尔、NVIDIA 在全球的芯片市场占据绝对的统治地位。中国的基础操作系统也全部来自美国，分别是苹果的 iOS 系统、谷歌的安卓系统以及微软的 Windows 系统。中国虽然智能手机出货量全球第一，但是苹果一家公司就独占全球智能手机 90% 的利润。搜索领域，百度的市值（670 亿美元）只有谷歌（6730 亿美元）的 1/10 不到。网络安全领域，中国的网络安全公司年度收入刚刚迈入 10 亿元级，与美国相差整整一个量级。

表 8　美国数字经济细分产业代表公司

单位：亿美元

公司名称	所属行业	市值规模	备注
Apple	智能手机	7838	全球市值最高公司
谷歌	网络搜索	6697	全球最大的网络搜索引擎
微软	云和操作系统	5730	全球第二大云服务商
亚马逊	云和电子商务	4916	全球最大云服务商
Facebook	在线社交	4768	全球最大社交网络
甲骨文	企业软件	2115	全球最大的企业级软件公司
英特尔	CPU	1636	全球最大的电脑芯片生产商
思科	网络设备	1593	全球第二大网络设备生产商(仅次于华为)
IBM	综合解决方案	1387	全球性的信息技术和业务解决方案公司
Priceline Group Inc	在线旅游	982	全球最大的在线旅游服务提供商
NVIDIA	GPU	997	全球最大的人工智能芯片生产商
高通	无线通信	797	全球领先的无线通信技术提供商
Netflix	在线影片租赁	792	全球最大的在线影片租赁提供商
Salesforce	客户关系管理软件	645	全球最大的客户关系管理软件提供商
特斯拉	电动汽车	542	全球市值最高的电动汽车生产商
Youtube	视频分享	未上市	全球排名第一的视频分享社交平台
eBay	电子商务	396	全球知名电子商务平台
赛门铁克	网络安全	190	全球最大的专业网络安全公司
Palo Alto	下一代防火墙	127	新锐网络安全公司
Twitter	微博	150	全球排名第一的微博社交平台
Fireeye	APT 防护	28	全球排名第一的 APT 防护公司

注：数据截至 2017 年 7 月 21 日。

（三）美国的数字经济正在加速向以人工智能、大数据和云为代表的新经济迁移

如果将数字化视为数字经济的第一阶段，网络化视为数字经济的第二阶段，那么目前数字经济已经进入以大数据为代表的第三阶段，即智能化阶段。这一阶段的典型特征是随着联网设备的飞速增加，数据量与日俱增。云计算增加了数据的可获得性，也提高了算力，这使得长期停滞的人工智能得以迅

速突破瓶颈。人工智能已经被视为和蒸汽、电力一样重要的跨时代革命。2017年6月，麦肯锡在名为*Artificial Intelligence: The Next Digital Frontier?*①的报告中指出，人工智能将带来颠覆性的影响。2017年6月27日，普华永道在大连夏季达沃斯论坛上发布了《抓住机遇：人工智能的真正商业价值及其利用方式》。该报告指出，在人工智能的推动下，到2030年全球GDP将增长14%，相当于15.7万亿美元，这个数字超过目前中国与印度两国的经济总量之和。人工智能毫无疑问将成为当前快速变迁经济环境中最重要的商业机遇。人工智能将主要通过提高生产力和激发消费需求两方面来拉动经济增长。从比例看，前者将占据50%以上的比重，后者将占据另外40%多的份额。埃森哲认为，到2035年，AI有能力将平均利润率提升至38%的水平，将导致12个经济体16个行业的经济增长达到14万亿美元②。

在这一轮人工智能革命中美国已经占据先机。从基础芯片来看，美国在这一领域处于绝对垄断地位。GPU的横空出世是全球人工智能产业飞速发展的重要驱动器，其代表公司就是NVIDIA。NVIDIA创立于1993年1月，起初是一家相对小众的以设计图形处理器（GPU）为主的半导体公司，但GPU相对于CPU的计算优势使得NVIDIA的GPU从边缘成为核心。GPU加速计划极大地扩展了计算能力，随着人工智能达到变革的边缘，未来几乎所有的设备都会成为物联网的一部分，并具备相当的智能，每个摄像头、每台冰箱甚至每双鞋子都将拥有智能，而这些都将成为NVIDIA潜在的市场。

2017年6月27日，麻省理工学院主办的《MIT科技评论》发布了2017年“全球最聪明的50家公司”③。入选榜单的公司并非规模最大或利润最

① *MGI-Artificial-Intelligence-Discussion-paper*, http: //www. mckinsey. com/ ~/media/mckinsey/industries/advanced%20electronics/our%20insights/how%20artificial%20intelligence%20can%20deliver%20real%20value%20to%20companies/mgi-artificial-intelligence-discussion-paper. ashx, 2017-11-9.

② *How AI Boosts Industry Profits and Innovation*, https: //www. accenture. com/us-en/_ acnmedia/36DC7F76EAB444CAB6A7F44017CC3997. ashx? la=en, 2017-11-9.

③ *50 Smartest Companies 2017*, https: //www. technologyreview. com/lists/companies/2017/, 2017-11-9.

高，而是有能力将“高精尖科技创新”与“利益最大化”完美融合。2016年排第12位的NVIDIA，2017年跃居至第1位。《MIT科技评论》给出的评价是：“虽然该公司的产品最初是为游戏而生，但是目前已经成为驱动深度学习和自动驾驶等突破性技术的主力。而他们在新芯片上所花的研发费用达到了30亿美元。”NVIDIA已经成为通过建立多层神经网络进行深度学习训练、提高机器智能的首选，甚至是唯一选择。虽然英特尔的CPU、谷歌的TPU以及FPGA也在进行这一领域的尝试，但目前尚无法撼动NVIDIA在人工智能领域的垄断地位，全世界目前没有能与之匹敌的公司。中国知名的人工智能公司，例如百度、科大讯飞（MIT中排名最高的中国公司，排名第6）都是NVIDIA的忠实客户。正是得益于人工智能市场的爆发式发展，NVIDIA的股价也一飞冲天，三年时间里，其股价上升十倍有余。

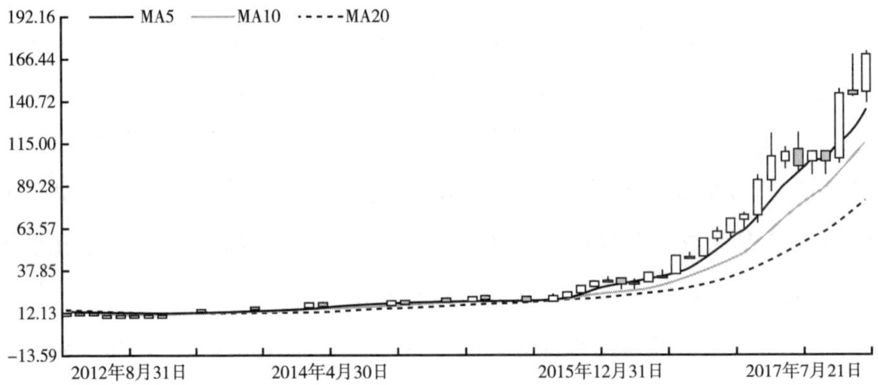

图4　NVIDIA股价走势

除了NVIDIA以外，英特尔、AMD甚至谷歌等多家大型公司以及诸多初创公司也都试图在人工智能芯片领域一展身手。美国五大科技公司都已经全面转向数据、云和人工智能业务。

以微软为例，随着传统PC的衰落，微软一度面临发展困境，市值也大幅缩水。随后，微软积极转型，将人工智能和智能云作为转型方向。微软明确提出，要用人工智能重新定义微软的全部产品和工作，比如，所有的

Office 产品都正在进行人工智能化，为此，2016 年 9 月，微软成立了 5000 人的人工智能团队。至于微软的转型重点云服务，包括 Azure 云服务中的认知服务，也与人工智能息息相关。错过移动互联的最佳发展期后，微软没有错过云和人工智能时代。现在，Office 和云计算两块业务就占据微软七成以上利润，是名副其实的现金牛。

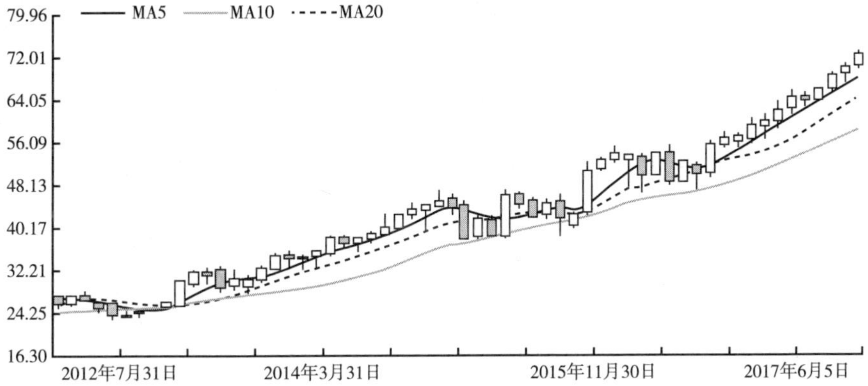

图 5　微软股价走势

Facebook 是全球最大的社交网络，目前拥有 20 亿活跃用户（截至 2017 年 6 月），超过美国、中国和巴西三大国家的人口总和，但显然 Facebook 更加看重海量用户背后的海量数据。Facebook 正在全球兴建数据中心，目前已建立了 7 个数据中心，其中新墨西哥数据中心的面积将达到 17 个足球场大小。在海量数据的基础上，Facebook 开发了基于深度学习的文本理解引擎 DeepText。

人工智能已经成为苹果的核心基因。2010 年苹果收购 Siri 的开发团队，2014 年，苹果将 Siri 的语音识别移植到了基于神经网络的模型上。苹果的产品及服务里深度学习已经无处不在，相机可以进行人脸识别，苹果新闻也会通过算法为用户推荐新闻。亚马逊从电子商务成功转型为全球排名第一的云服务商。谷歌则在数年之内并购了多达 18 家人工智能企业

在无人驾驶和电动汽车领域，特斯拉已经成为当之无愧的全球龙头。

2013 年，特斯拉依靠 Model S 轿车赢得了美国权威杂志 *Motor Trend* 颁发的“年度汽车奖”。虽然目前特斯拉的收入尚不足福特等传统汽车厂商的零头，但其股价已经超越了（见图 6）。市场对这种新兴企业给予了极高的估值。

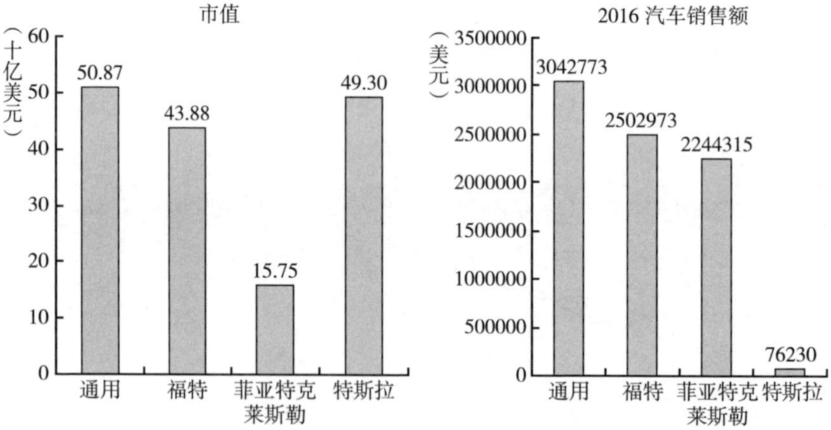

图 6　特斯拉与传统汽车企业的市值与销售额对比

美国仍然是新产业革命的摇篮，其最大竞争对手中国目前人工智能行业虽然也发展得如火如荼，但在基础产业，特别是在芯片领域，仍然要仰人鼻息，尚未出现能够与美国抗衡的企业。

（四）美国数字经济企业的垄断态势日益明显，创新成为打破垄断的最有效工具

数字经济时代，信息和要素的无缝流动使企业最初的微弱优势很快成为不可逾越的障碍。企业的成长速度越来越快，分化也越来越严重，马太效应日益明显。

要素的加速流动是数字经济时代一个最显著的特征，其直接后果就是企业的成长速度越来越快。Facebook 2004 年在哈佛校园内诞生，当年用户数超过 100 万；2005 年即获得 1200 万美元的风投；到 2008 年，其用户

数已经超过 1 亿；2010 年达到 5 亿；2012 年达到 10 亿；2017 年达到 20 亿。这种发展速度在传统经济中是无法想象的，而且未来随着互联网用户的持续增加，世界互联程度的不断加深，数字经济企业的发展速度会越来越快。

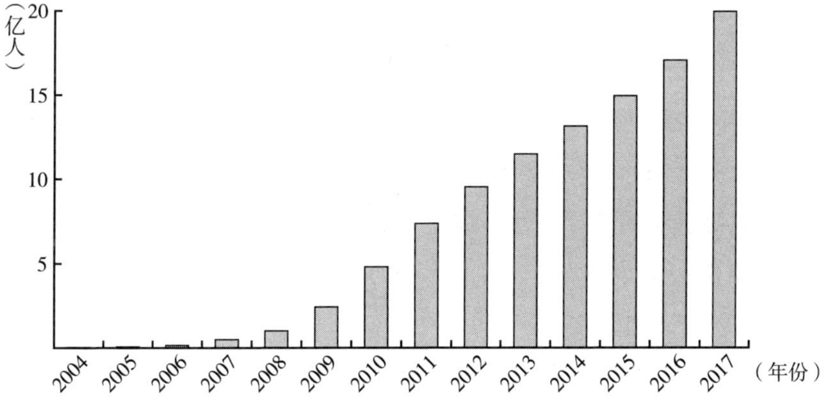

图 7　Facebook 用户数增长历程

Facebook 用户数的快速提升也使其市值如火箭般蹿升，2012 年其市值突破 500 亿美元，目前的最新市值为 4768 亿美元，在全球企业中排名第 5。

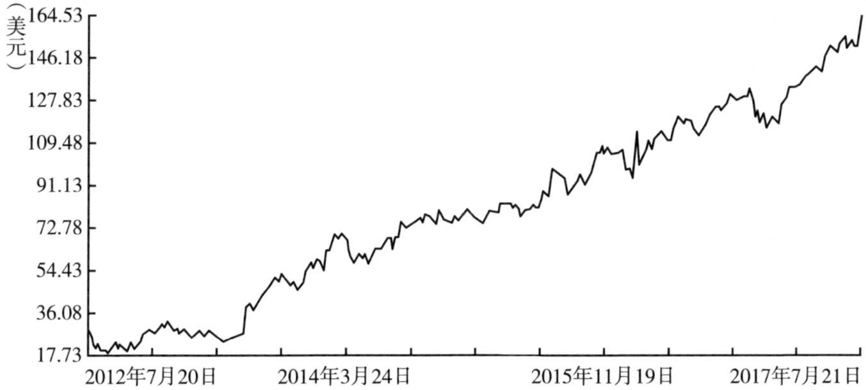

图 8　Facebook 股价增长历程

Alphabet 公司控股的谷歌占据全美国搜索广告市场收入的77%，谷歌和Facebook 一道控制了移动广告市场大约 56% 的份额，亚马逊则占有了电子书总销售额的 70% 及全美电子商务市场的 30%。将 WhatsApp、Facebook Messenger 及 Instagram 部门汇总在一起考虑，Facebook 公司所占据的移动社交媒体流量份额更高达 75%。

美国的数字经济正在走向垄断，而创新则是打破垄断最有效的方法。在数字经济时代，龙头企业加速成长很快就会垄断一个特定行业，例如 IBM 之于台式机、微软之于桌面操作系统、英特尔之于 CPU、谷歌之于搜索引擎、Facebook 之于社交、苹果之于智能手机、亚马逊之于云。垄断本质上很难动摇，打破垄断的唯一方法，就是通过边缘性的创新，创造新的商业模式，从而颠覆旧有的市场。例如，安卓和 iOS 通过移动互联网使微软的 Windows 系统迅速边缘化，NVIDIA 通过 GPU 切入深度学习领域，ARM 通过物联网终结了英特尔在芯片领域的垄断地位。

四　结论

战后，美国通过一系列产业政策有效地促进了数字经济的发展。如何将产业政策与自由竞争的市场原则结合是美国数字产业政策的核心关注点。在这一原则下，美国确定了以产业政策弥补市场失灵的基调，将国家研发力量更多介入在产品开发生命周期的早期，一旦产品成熟进入商用，政府就坚决退出，以避免影响公平竞争。苹果、特斯拉、谷歌都曾受益于美国政府的支持。美国数字经济多年来一直一枝独秀，拥有完整的数据经济产业链，而且在新模式和新技术领域扮演着全球领导者的角色，在数字经济核心技术领域的垄断地位异常牢固。近年来随着中国数字经济的异军突起，美国在数字经济领域的领袖地位受到了严峻挑战，特别是在消费互联网领域，中国已经全面超越美国，而且优势越拉越大。

B.9
中国数字经济发展报告

胡 雯*

摘 要： 随着网民增速趋于平缓，移动互联网时代的来临，以及新兴业态不断涌现，中国数字经济已经步入成熟期。根据各权威机构的计算结果，中国数字经济的总体规模在10.7万亿～22.7万亿元之间，其中线上零售行业在数字经济中占有较大比重，智能制造行业则仍处于起步阶段。从空间分布上来看，数字经济发展总体上呈现东高西低的格局，但内陆城市发展潜力巨大。综观当前全球数字经济的发展态势，以中国和美国为核心的“双核”格局已基本形成，中国数字经济发展将面临诸多考验。

关键词： 数字经济 互联网产业 人工智能 大数据

一 中国数字经济发展历程

（一）发展阶段

根据中国互联网用户和数字经济的增长速度，结合产业生命周期的基本定义，可以将中国数字经济发展历程大致划分为三个阶段，1994～2002年

---

* 胡雯，上海社会科学院信息研究所助理研究员，上海社会科学院应用经济学博士后流动站博士后，研究方向为科技发展与管理、国际人力资本流动。

为萌芽期，2003～2012年为高速发展期，2013年至今为成熟期。图1描述了2000～2016年中国网民人数及增速，可以明显观察到2012年后，网民数量增速已逐步趋于平缓。

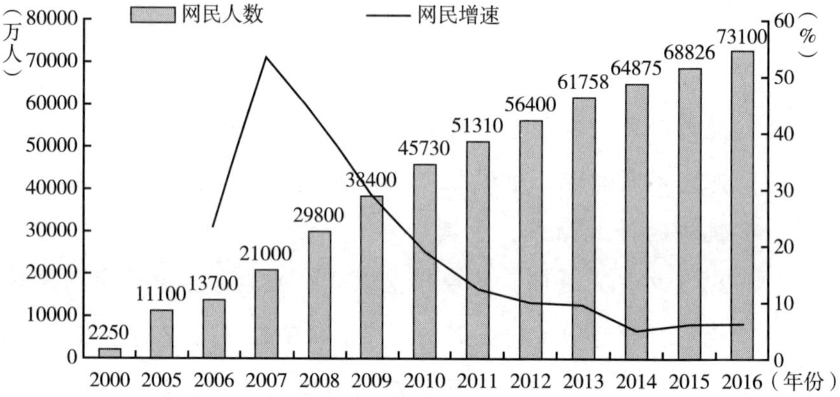

图1　2000～2016年中国网民人数及增速

资料来源：国家统计局，《中国统计年鉴2016》，2016；国家统计局，《中华人民共和国2016年国民经济和社会发展统计公报》，2017。

（1）萌芽期：1994～2002年

1994年中国与国际64K Internet信道开通，正式接入国际互联网，标志着中国进入互联网时代。随着互联网用户数量的高速增长，中国互联网产业快速发展。在萌芽阶段，中国数字经济以互联网行业的崛起为显著特征，一大批互联网先锋企业相继成立。三大门户网站新浪、搜狐、网易先后在此阶段创立，同一时间，阿里巴巴、京东等电子商务网站也进入初创阶段，百度、腾讯等搜索引擎和社交媒体得到空前发展。目前，中国互联网行业的绝大多数龙头企业是在萌芽期内成立的。2000年前后，以科技股为代表的纳斯达克股市崩盘，全球互联网泡沫破灭，国内互联网产业也未能幸免，经历了约2～3年的低迷阶段。

（2）高速发展期：2003～2012年

经历短暂的低迷阶段后，中国数字经济于2003～2012年步入高速增长期。伴随互联网用户数量持续保持两位数增长的态势，以网络零售为代表的电子商务行业首先发力，带动数字经济由萌芽期进入新的发展阶段。2003年上半年，阿里巴巴推出个人电子商务网站“淘宝网”，并发展为全球最大的C2C电子商务平台；2003年下半年，阿里巴巴推出支付宝业务，此后则逐渐成为第三方支付领域的龙头企业。2006年，中国网络零售额突破1000亿元人民币大关，2012年突破1万亿元大关，在此期间增速一直保持在50%以上。2007年，国家发布《电子商务发展“十一五”规划》，将电子商务服务业确定为国家重要的新兴产业。

同时，新兴业态不断涌现，博客、微博等自媒体的出现，使网民个体对社会经济产生前所未有的深刻影响。社交网络服务（Social Networking Site，SNS）的普及，使人们的联络方式发生了重大变革，社交网络与社交关系形成了紧密联系。2005年，博客的兴起成为互联网最具革命意义的变化之一，网民得以以个人姿态深度参与互联网。美国《时代》周刊曾评论认为，社会正从机构向个人过渡，个人正在成为“新数字时代民主社会”的公民。同年，腾讯QQ注册用户过亿，即时聊天工具成为网民标配。2009年，以社交网站为基础的虚拟社区游戏迅速升温，开心网、腾讯开心农场等成为大众时尚。同年，微博正式上线，这种单帖字数限制在140字以内的微型博客，通过即时分享的强大优势迅速传播，产生了极大的影响力。

2012年，中国网民数量增速下降至9.92%，结束了近十年的两位数增长，宣告中国数字经济依靠网民数量高速增长形成的发展和盈利模式将面临挑战。同时，根据中国互联网络信息中心发布的报告，截至2012年年底，中国手机网民规模达到4.2亿，使用手机上网的网民首次超过电脑，表明中国数字经济发展进入新阶段。

（3）成熟期：2013年至今

自手机网民数量规模化以来，互联网行业迎来移动端时代，中国数字经济的基本格局已经形成，并迈入成熟期。以信息互通为基础，智能手机全面连接起人类的线上线下生活，并且产生了深远的双向影响。

在成熟阶段，中国数字经济主要有两大特征。第一，传统行业互联网化。以网络零售为基础，生活服务的各个方面几乎都在向线上转移，打车可以使用“滴滴出行”，叫外卖可以使用“饿了么”“美团外卖”等，甚至洗衣、家政等业务也能够通过互联网解决。然而，互联网化也绝非传统行业转型的灵丹妙药，在经历短暂的“热恋期”后，以互联网医疗为代表的一批互联网化行业进入“幻灭期”。第二，基于互联网的模式创新不断涌现，为中国数字经济注入了新的活力。比如，以摩拜、ofo为代表的共享出行业态，突破了原有共享单车“有桩”的模式。此外，网络直播模式的崛起也具有一定代表性，特别是2016年淘宝直播上线之后，网络直播模式与网购和海淘进一步融合，使直播经济真正成为一种强有力的变现模式。

综上所述，表1对中国数字经济发展各个阶段的主要特征和主流业态进行了总结和描述。

表1　中国数字经济发展阶段划分与特征描述

阶段	时间	主要特征	主流业态
萌芽期	1994～2002年	业内龙头企业相继成立	门户网站
高速发展期	2003～2012年	网民数量高速增长 电子商务高速发展 新业态不断涌现	电子商务 社交网络服务
成熟期	2013年至今	网民增速趋于平缓 移动互联网时代到来 新模式加速产业融合	“互联网+” 共享经济 其他新兴业态

根据腾讯研究院及工信部电子科学技术情报研究所联合发布的《数字白皮书》，“数字经济”中的“数字”根据数字化程度的不同，可以分为三个阶段：信息数字化、业务数字化、数字转型。其中数字转型是数字化发展的新阶段。数字化不仅能扩展新的经济发展空间，促进经济可持续发展，而且能推动传统产业转型升级，促进整个社会转型发展。目前，中国数字经济各行业所处的阶段不尽相同，图2对此进行了总结。互联网行业仍然是数字

经济最重要的组成部分，对传统产业转型升级的推动力虽然已经显现，但仍任重而道远。就互联网行业而言，百度、阿里巴巴、腾讯（BAT）三巨头主导的格局已经基本形成，未来2～3年将难有较大变化。

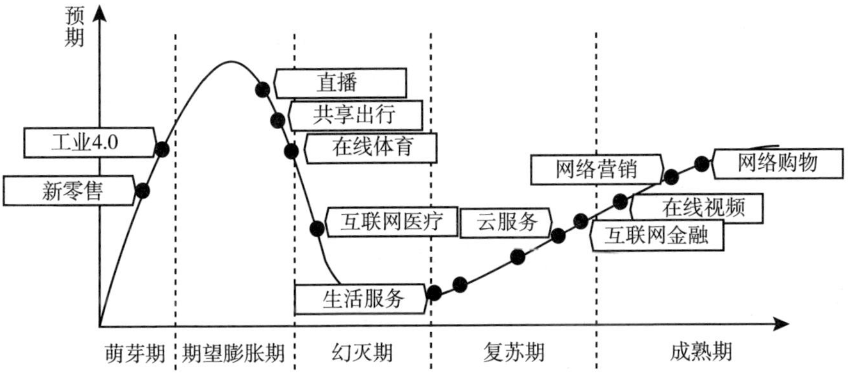

图2　当前技术水平下数字经济各行业发展阶段

资料来源：艾瑞咨询，《2016互联网全行业洞察及趋势报告》，2017。

总体而言，数字经济的主要商业模式经历了一段较长时间的演变，从信息传播到电子商务，从网络服务到智能决策，新模式和新企业不断涌现，表2对数字经济的主要商业模式和核心企业的成立时间进行了总结。

表2　数字经济主要商业模式与核心企业成立时间

类型	商业模式	时代特征	核心企业	成立时间	上市时间
信息传播	新闻门户网站、邮箱、社交媒体	以争夺流量和积累用户规模为企业发展核心要素	新浪	1998年	2000年(美国)
			搜狐	1998年	2000年(美国)
			百度	2000年	2005年(美国)
			腾讯	1998年	2004年(中国香港)
电子商务	电子商务平台、搜索引擎、网络安全等	流量和用户仍然是企业最有价值的资源，形成"免费+增值服务"的商业逻辑	阿里巴巴	1999年	2014年(美国)
			京东	1998年	2014年(美国)
网络服务	第三方支付、网络投融资、企业云服务	技术成为行业核心的驱动力，商业模式重心向用户端倾斜	宜人贷	2012年	2015年(美国)
			蚂蚁金服(支付宝)	2000年	—

续表

类型	商业模式	时代特征	核心企业	成立时间	上市时间
智能决策	大数据分析、人工智能、生物智能	注重科技能力开发，商业模式转为以企业自身的庞大数据为基础，向外输出定制化的数据指标	华为	1987 年	—
			科大讯飞	1999 年	2008 年(深圳)
			华大基因	1999 年	—

资料来源：根据艾瑞咨询《2016 互联网全行业洞察及趋势报告》整理。

（二）政策发展

国家层面数字经济相关政策的发展大致经历了三个阶段的演变历程，分别是信息化建设起步阶段、电子商务发展与信息化建设深入阶段、数字经济发展新阶段。互联网进入中国之初，国内政策主要集中在信息化建设方面，包括对移动通信网络、空间信息基础设施、软件产业等信息化基础设施、服务和行业的构建和扶持。随着互联网产业的蓬勃发展，信息化建设进入新阶段，在完善基础设施的基础上，国家在信息资源共享和政府信息公开方面均做出重要规划，2005 年《国务院关于加快电子商务发展的若干意见》的发布，标志着以电子商务为代表的数字经济成为国家战略的重要组成部分。

以 2015 年 7 月发布的《国务院关于积极推进“互联网 +”行动的指导意见》为重要开端，习近平总书记围绕数字经济相关议题发表了一系列重要讲话，同时各部委密集出台了鼓励数字经济发展的相关政策和指导意见。2015 年 12 月，习近平总书记在第二届世界互联网大会上发表主旨演讲，指出中国将推进“数字中国”建设，发展分享经济，支持基于互联网的各类创新，通过发展跨境电子商务、建设信息经济示范区等，促进世界范围内投资和贸易发展，推动全球数字经济发展。这是继我国提出“互联网 +”行动方案以来，习近平总书记首次在世界范围内，对数字经济发展发表重要论述。2016 年 9 月，二十国集团通过了《G20 数字经济发展与合作倡议》，提出了二十国集团数字经济发展与合作的一些共识、原则和关键领域。2016 年 10 月，中共中央政治局进行第 36 次集体学习时，习近平总书记提出：

“世界经济加速向以网络信息技术产业为重要内容的经济活动转变。我们要把握这一历史契机，以信息化培育新动能，用新动能推动新发展。要加大投入，加强信息基础设施建设，推动互联网和实体经济深度融合，加快传统产业数字化、智能化，要做大做强数字经济，拓展经济发展新空间”。

2016 年 11 月，国务院发布《“十三五”国家战略性新兴产业发展规划》（以下简称《规划》），新增了数字创意产业。《规划》指出：“数字技术与文化创意、设计服务深度融合，数字创意产业逐渐成为促进优质产品和服务有效供给的智力密集型产业，创意经济作为一种新的发展模式正在兴起。”2017 年 3 月，李克强总理在政府工作报告中指出：“在互联网时代，各领域发展都需要速度更快、成本更低的信息网络。今年网络提速降费要迈出更大的步伐，年内全部取消手机国内长途和漫游费，大幅降低中小企业互联网专线接入资费，降低国际长途电话费，推动‘互联网 +’深入发展，促进数字经济加快成长，让企业广泛受益、群众普遍受惠。”表 3 对国家层面数字经济的各类相关政策进行了总结。

表 3　数字经济相关政策

阶段	发布时间	名称	关键词
信息化建设起步阶段	1999 年 1 月	《国务院办公厅转发信息产业部国家计委关于加快移动通信产业发展若干意见的通知》	移动通信
	2001 年 7 月	《国务院办公厅转发国家计委等部门关于促进我国国家空间信息基础设施建设和应用若干意见的通知》	空间信息基础设施
	2002 年 9 月	《国务院办公厅转发国务院信息化办公室关于振兴软件产业行动纲要的通知》	软件产业
电子商务发展与信息化建设深入阶段	2005 年 3 月	《国务院关于加快电子商务发展的若干意见》	电子商务
	2006 年 4 月	《国务院关于同意建立全国文化信息资源共享工程部际联席会议制度的批复》	文化信息资源共享
	2007 年 4 月	《中华人民共和国政府信息公开条例》	政府信息公开

续表

阶段	发布时间	名称	关键词
数字经济发展新阶段	2015 年 7 月	《国务院关于积极推进“互联网 +”行动的指导意见》	互联网 +
	2016 年 5 月	《国务院关于深化制造业与互联网融合发展的指导意见》	互联网、制造业
	2016 年 9 月	《国务院关于加快推进“互联网 + 政务服务”工作的指导意见》	互联网、政务
	2016 年 11 月	《“十三五”国家信息化规划》	信息产业
	2016 年 12 月	《“十三五”国家战略性新兴产业发展规划》	数字创意产业
	2017 年 3 月	政府工作报告(2017)	数字经济

资料来源：根据国务院及各部委官方网站整理。

在国家政策的引导下，各省、市、区根据国家数字经济的相关规划发布了配套政策。目前，省级层面的配套政策主要围绕《国务院关于积极推进“互联网+”行动的指导意见》开展。例如，浙江发布《浙江省“互联网+”行动计划》，提出力争在智慧物流、云计算、大数据、互联网金融创新和电子政务等领域成为全国“互联网+”先行示范区。广东发布《广东省“互联网+”行动计划（2015~2020 年)》，提出到 2020 年全省形成产值规模超 100 亿元的智能制造产业集聚区 6 个，培育年营业收入超 100 亿元的互联网骨干企业 10 家。此外，围绕数字经济议题，2017 年 2 月，贵州省人民政府发布了首个省级数字经济发展规划《贵州省数字经济发展规划(2017~2020 年)》，提出到 2020 年数字经济增加值占 GDP 比重超过 30% 的发展目标。2017 年 5 月，贵州惠水县率先发布《惠水县数字经济发展规划(2017~2020)》，这是全国首个县级层面的数字经济发展规划。

总的来说，早期中国数字经济政策以信息化建设和鼓励电子商务发展为主，自 2015 年起“互联网+”相关政策呈现井喷式增长态势，2017 年“数字经济”一词首次出现在政府工作报告中。以《国务院关于积极推进“互联网+”行动的指导意见》政策的出台为关键节点，国家层面和省级层面均出台了一系列配套政策，旨在促进数字经济相关产业发展，鼓励企业

“走出去”，在国际市场中率先建立数字经济规则。这一系列政策以产业规划和指导意见为主，形成了较为明确的产业发展方向和发展目标。

二　中国数字经济发展现状

（一）总体规模

目前，对数字经济的界定仍较为模糊，因此针对中国数字经济总体规模的计算存在一定的分歧。根据现有资料，对外公布中国数字经济总体规模测算结果的组织主要有中国信息化百人会、腾讯研究院、波士顿咨询公司。

根据中国信息化百人会于 2017 年 3 月发布的《中国数字经济报告》，2016 年中国数字经济规模已达到 22.4 万亿元人民币，约 3.8 万亿美元，占 GDP 的比重为 30.1%。《中国数字经济报告》将数字经济规模分为两个部分：一是信息产业本身，即数字经济基础部分，包括电子信息、电信运营、互联网和广播电视，可通过现有统计口径直接获取数据；二是信息通信技术对其他产业融合渗透带来的产出增加与效率提升，即数字经济融合部分，这部分数据以增长核算方法为基础，可通过投入产出法进行计算。经测算，中国数字经济总体规模已经超过日本（2.3 万亿美元）和英国（1.43 万亿美元），但与美国 11 万亿美元的体量相比仍有较大差距。

根据腾讯研究院于 2017 年 4 月发布的《中国“互联网 +”数字经济指数（2017）》，2016 年中国数字经济总体规模约为 22.7 万亿元，占 GDP 总量的 30.61%。中国“互联网 +”数字经济指数通过计算基础分指数、产业分指数、双创分指数、智慧民生分指数四个分指数的加权平均值获得，每个分指数均由若干二级指数构成。指标赋权采用专家打分法，通过专家背对背打分模式获得。在测算各省份“互联网 +”数字经济指数的基础上，将 GDP 和指数数据进行差分处理，并通过面板数据的固定效应模型进行回归分析。根据回归分析结果，“互联网 +”数字经济指数每增长一个百分点，GDP 约增加 1406.02 亿元。由此，可根据指数的增加情况估算数字经济总体规模。

波士顿咨询公司在 2011 年 G20 峰会上首次提出 e-GDP 的概念，用于衡量数字经济总体规模。e-GDP 采用支出法评估所有与数字设备创造生产、服务提供和应用相关联的活动，包括消费支出、个人 ICT 投资支出、政府 ICT 支出、ICT 设备出口净值、C2C 等其他要素。根据估算，2015 年中国的 e-GDP 约为 1.4 万亿美元，折合人民币约为 9.072 万亿（以 2015 年人民币汇率 6.48 计算），数字经济渗透率（e-GDP 占 GDP 比重）为 13%（见图 3）。该结果与埃森哲战略与牛津经济研究院发布的研究结果较为接近，埃森哲估计 2015 年中国数字经济占 GDP 比重为 13.3%，美国数字经济总量为 5.9 万亿美元，占 GDP 的比重为 33%。

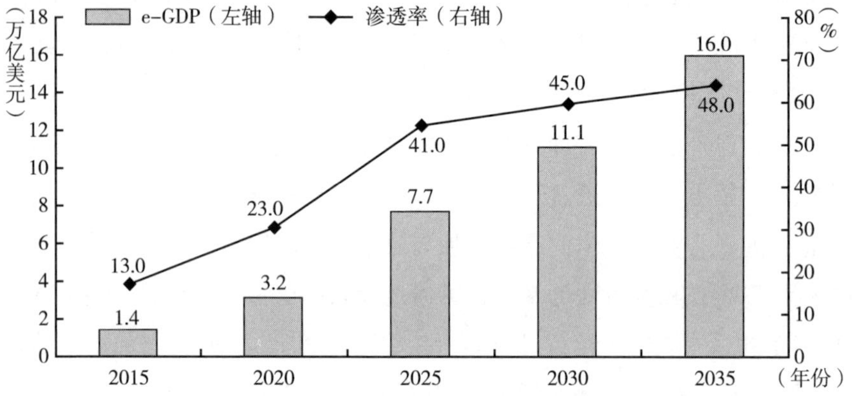

图 3 波士顿咨询公司估算 2015～2035 年中国数字经济规模与渗透率

资料来源：波士顿咨询公司，《数字经济下的就业与人才研究报告（上篇）迈向 2035：4 亿数字经济就业的未来》，2017。

根据上述三种测算方式，表 4 对其进行了总结和对比。从测算结果来看，中国信息化百人会和腾讯研究院发布的结果较为接近，两者采用不同的核算方法，交叉验证了中国数字经济总体规模的大致范围。波士顿咨询公司的测算结果与中国信息化百人会和腾讯研究院存在较大差距。因此，本报告主要采用中国信息化百人会和腾讯研究院的计算结果，认为 2016 年中国数字经济总体规模在 22.4～22.7 万亿元范围内，占 GDP 的比重约为三成。

表 4　2016 年数字经济总体规模测算方式对比

单位：万亿元，%

发布机构	总体规模	占 GDP 比重	测算方法
中国信息化百人会	22.4	30.10	增长核算
腾讯研究院	22.7	30.61	回归模型（固定效应）
波士顿咨询公司	10.7*	14.81	支出法

注：*根据波士顿咨询公司的预测，2020 年数字经济规模约为 3.2 万亿美元，约合人民币 20.736 万亿元，计算年均增长率为 17.97%，折算 2016 年数字经济规模约为 10.7 万亿元。

中国数字经济增长迅猛，根据中国信息化百人会的统计，2016 年我国数字经济增速高达 16.6%，分别是美国（6.8%）、日本（5.5%）和英国（5.4%）的 2.4 倍、3.0 倍、3.1 倍。

从中国数字经济的就业规模来看，根据波士顿咨询公司的测算，2015 年中国数字经济总就业容量为 1.13 亿人。假设 e-GDP 中各部分的劳动人口产出率相同，通过 e-GDP 指标测算方法，以货币价值量化数字经济整体规模，以此计算带动的就业规模。以劳动人口产出率年均 6% 的增速进行预测，2035 年中国整体数字经济规模接近 16 万亿美元，总就业容量将达到 4.15 亿，详见图 4。

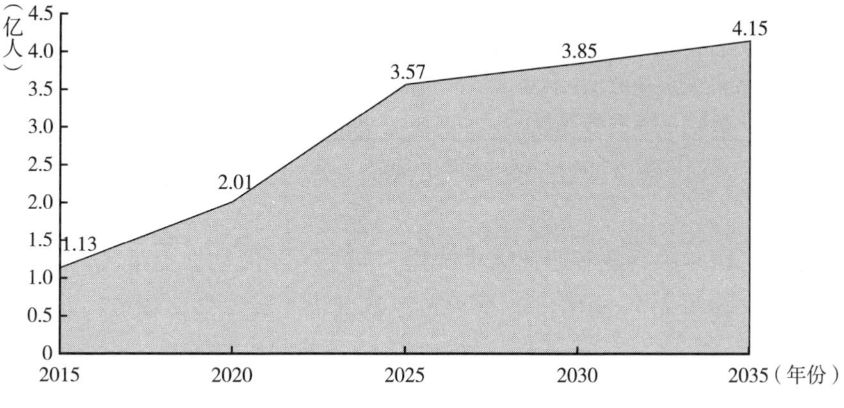

图 4　波士顿咨询公司估算 2015～2035 年中国数字经济总就业容量

资料来源：波士顿咨询公司，《数字经济下的就业与人才研究报告（上篇）迈向 2035：4 亿数字经济就业的未来》，2017。

数字经济已经成为带动就业增长的新引擎。腾讯研究院的测算结果显示，2016 年，数字经济使得 31 个省份的城镇登记失业率平均下降大约 0.1 个百分点。同时，“互联网 +” 数字经济指数每增加一个百分点，年度新增就业人数约增加 1.73 万人，由此推断数字经济在 2016 年带来约 280.17 万个新增就业岗位，占全国新增就业人数的 21.32%。智联招聘发布的 2016 年秋季求职需求排行，进一步佐证了数字经济对就业市场的拉动作用。如表 5 所示，求职需求最多的十大行业和十大职业中，数字经济相关行业或职业占据多个席位，其中互联网行业成为求职需求最高行业，相关职业排名进入前三名。

表 5　2016 年秋季求职需求排行

求职需求最多的十大行业		求职需求最多的十大职业	
排名	行业	排名	职业
1	互联网/电子商务	1	销售业务
2	基金/证券/期货/投资	2	行政/后勤/文秘
3	房地产/建筑/建材/工程	3	软件/互联网开发/系统集成
4	教育/培训/院校	4	销售管理
5	计算机软件	5	财务/审计/税务
6	专业服务/咨询	6	客服/售前/售后技术支持
7	贸易/进出口	7	教育/培训
8	快速消费品	8	人力资源
9	媒体/出版/影视/文化传播	9	市场
10	IT 服务(系统/数据/维护)	10	互联网产品/运营管理

资料来源：智联招聘，《2016 年秋季中国雇主需求与白领人才供给报告》，2017。

数字经济相关行业和职业需求旺盛，同时人才流动性也呈现高位态势。根据智联招聘发布的 2016 年白领春季跳槽数据，数字经济相关行业白领流动性居第四位，与第一位行业仅相差 3 个百分点，如图 5 所示。

（二）重点行业

目前，数字经济包括的细分行业仍没有统一的标准。腾讯研究院及工信

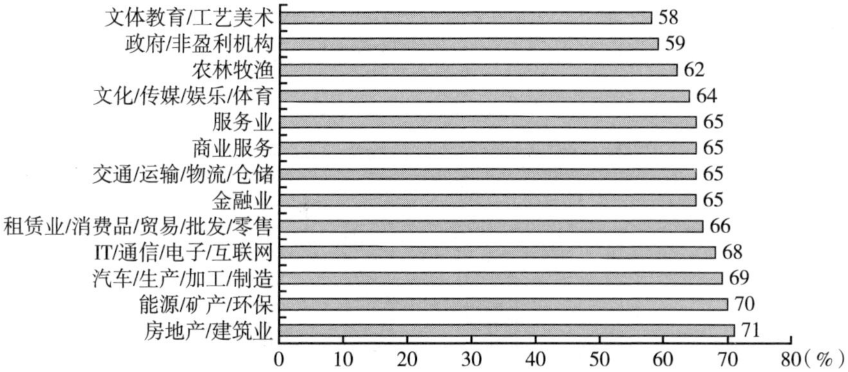

图5　2016 年春季各行业白领跳槽实际行动占比

资料来源：智联招聘，《2016 年白领春季跳槽调研数据库》，2017。

部电子科学技术情报研究所联合发布的《数字白皮书》指出：数字经济以数据作为关键生产要素、以信息网络作为重要载体，通过网络和信息技术的有效应用，推动各领域数字转型，实现价值增值和效率提升。从重要性上来看，线上零售作为发展时间较长的行业，在数字经济中已经占据重要地位，互联网金融、文化娱乐行业紧随其后，而智能制造行业则仍处于起步阶段。因此，本报告将从线上零售、互联网金融、文化娱乐、智能制造 4 个方面着手，对中国数字经济各重点行业的情况进行阐述。

1. 线上零售

线上零售作为最早将互联网作为主要商业载体的细分行业，是数字经济关键生产要素的重要生产行业，近年来中国网络零售交易额持续高速增长，并保持两位数增幅。2016 年，中国社会消费品零售总额超过 33 万亿元，其中网络零售交易额 5.16 万亿元，占总额的 15% 左右。图 6 描述了 2011 ~ 2016 年中国网络零售交易额、增长率以及网络零售在社会消费品零售总额中的渗透率。

中国网络零售市场规模虽然仍呈现高速增长态势，但增速已明显放缓。2016 年网络零售交易额增速为 26.2%，仍超过了电子商务市场交易额的整体增幅（23.6%），如图 7 所示。

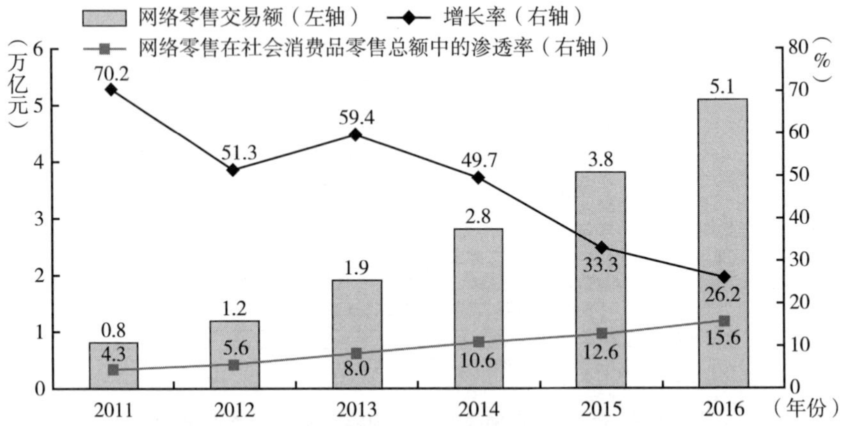

图6　2011～2016年中国网络零售市场规模

资料来源：根据国家统计局各年统计公报数据整理。

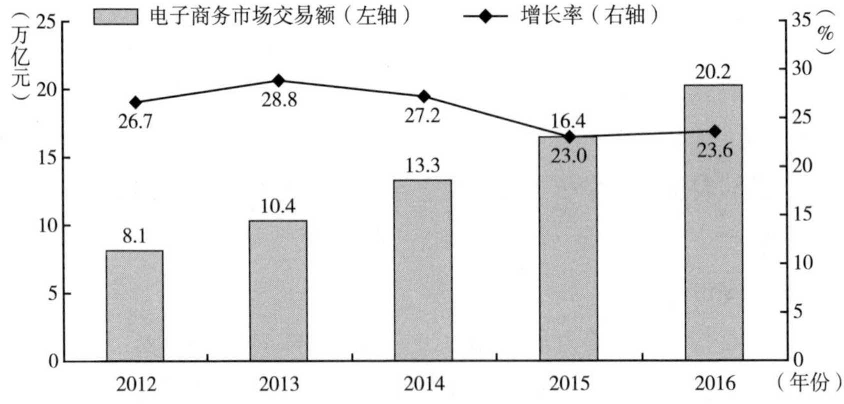

图7　2012～2016年中国电子商务市场交易规模

资料来源：艾瑞咨询，《2016年度数据发布－电子商务》，2017。

2016年线上零售领域出现新趋势，移动端交易额增长迅猛，交易规模全面超越PC端，成为最主要的线上零售流量入口。

移动端交易额连续5年增速超过60%（如图8所示）。根据艾瑞咨询的调研数据，预计2016年移动网购交易额为3.4万亿元，增长率为60.5%。

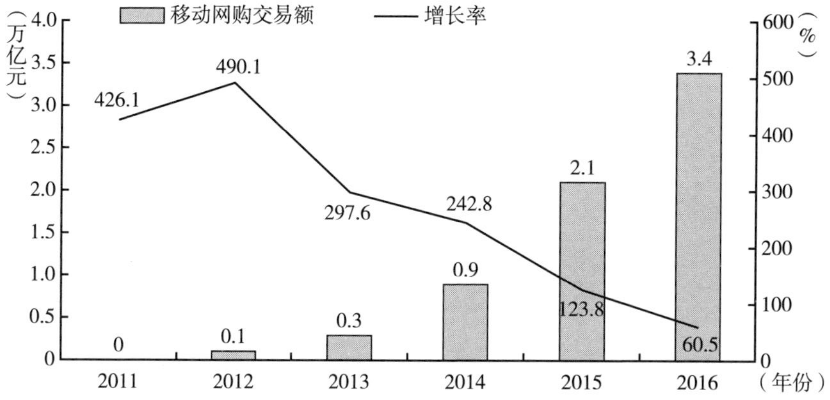

图 8　2011～2016 年中国移动网购交易规模

说明：2016 年数据为统计时预测数据；数据来源为艾瑞咨询，《2016 互联网全行业洞察及趋势报告》，2017。

2015 年，移动端交易额占比已经达到 55.5%，略微超过 PC 端交易占比（如图 9 所示）。根据艾瑞咨询的测算和预测，2016 年移动端的交易额占比优势进一步扩大，全面超越 PC 端，成为线上零售领域最主要的流量入口。

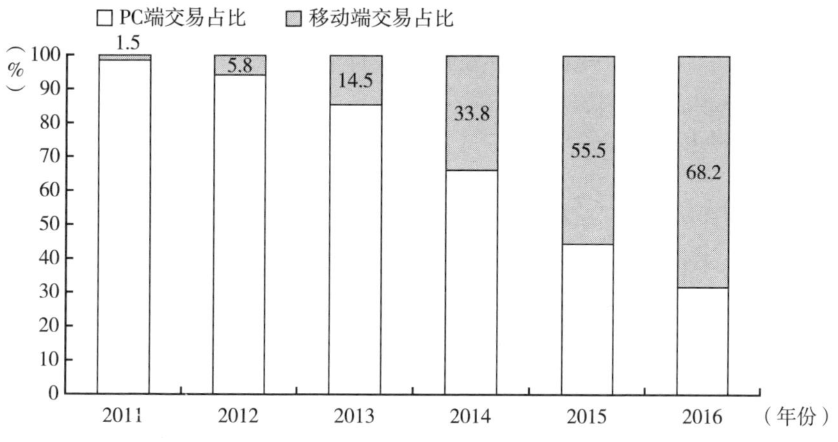

图 9　2011～2016 年中国移动端交易额占比

说明：2016 年数据为预测数据；艾瑞咨询，《2016 互联网全行业洞察及趋势报告》，2017。

2. 互联网金融

中国互联网金融发端于支付业务，但其深化和普及却要归功于P2P借贷业务的兴起。因此，本报告将分别从互联网支付、网络理财与网络信贷两个方面，描述互联网金融行业的现状。

（1）互联网支付

2016年，中国互联网支付用户规模继续保持稳步增长。2015年中国互联网支付用户规模为4.2亿人，其中移动支付用户规模为3.6亿人，较2014年均有较大幅度的增长，详见图10。

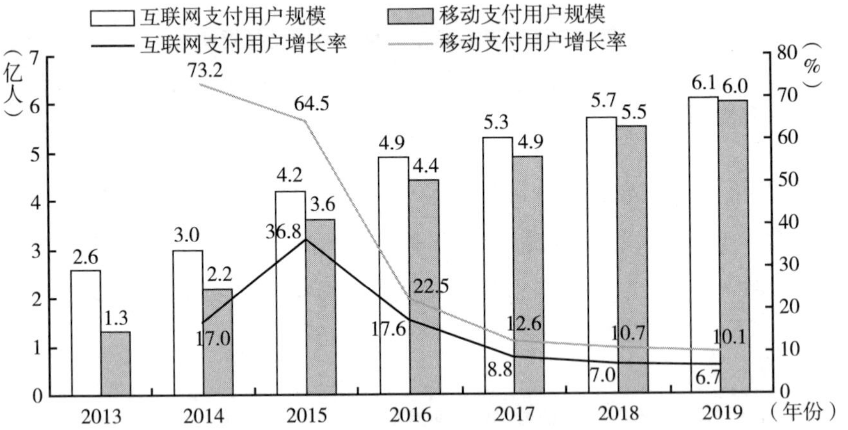

图10　中国互联网支付用户规模

说明：2016年、2017年、2018年、2019年数据为预测数据；艾瑞咨询，《2016互联网全行业洞察及趋势报告》，2017。

支付宝作为中国互联网支付行业的先锋，在互联网金融领域内始终扮演重要角色。2004年支付宝从淘宝网独立后，逐渐发展为中国最大的基于互联网的第三方支付平台，2011年支付宝获得央行颁发的国内第一张“支付业务许可证”。

（2）网络理财与网络信贷

2007年P2P登陆中国后，中国网络资产的生产速度大大加快，网络信贷业务蓬勃发展。2013年6月，支付宝推出账户余额增值服务余额宝，使当年成为中国网络理财的元年。中国网络理财与网络信贷用户规模详见图11。

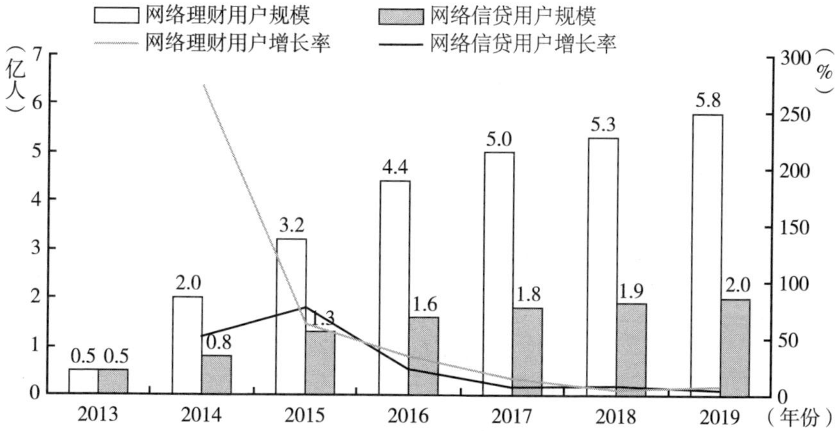

图 11　中国网络理财与网络信贷用户规模

说明：2016 年、2017 年、2018 年、2019 年数据为预测数据；艾瑞咨询，《2016 互联网全行业洞察及趋势报告》，2017。

中国网络信贷余额规模庞大，如图 12 所示。艾瑞咨询预计 2016 年网络信贷余额规模将达到 1.16 万亿元。同时，网络信贷坏账问题突出，整体坏账率高达 10% ~20%。

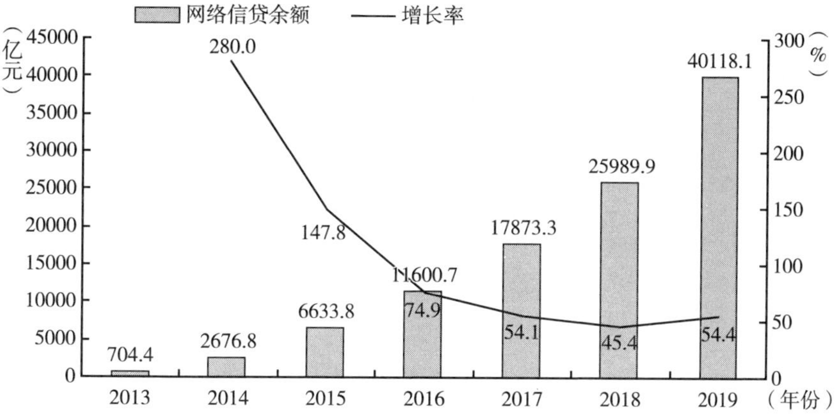

图 12　中国网络信贷余额规模

说明：2016 年、2017 年、2018 年、2019 年数据为预测数据；艾瑞咨询，《2016 互联网全行业洞察及趋势报告》，2017。

3. **文化娱乐**

中国泛娱乐产业已经初步形成较为完整的产业链体系，其中上游和中游产业作为数字经济中的重要组成部分，近年来实现了较为快速的增长。表6描述了中国泛娱乐产业链的总体结构、行业类型和代表性企业。位于产业链上游的细分行业主要有文学（网文）、动漫、音乐，影视行业位于产业链中上游，游戏行业位于产业链中下游。

表6　中国泛娱乐产业链结构

<table>
<tr><td rowspan="2">上游</td><td>文学</td><td>阅文集团
中文在线</td><td rowspan="2">动漫</td><td rowspan="2">腾讯动漫
有妖气
暴走漫画</td><td rowspan="2">音乐</td><td rowspan="2">酷我音乐
百度音乐
网易云音乐</td></tr>
<tr><td rowspan="2">影视</td><td rowspan="2">华策影视
光线传媒
爱奇艺</td></tr>
<tr><td>中游</td><td colspan="2" rowspan="2">游戏</td><td colspan="2">腾讯游戏
网易游戏</td></tr>
<tr><td rowspan="2">下游</td><td rowspan="2">其他衍生品</td><td rowspan="2">横店影视城
欢乐谷</td><td colspan="2" rowspan="2">骅威</td></tr>
<tr><td colspan="2">玩具</td></tr>
</table>

资料来源：根据艾瑞咨询，《2016年度数据发布－互动娱乐》整理。

在泛娱乐板块的细分行业中，游戏行业的整体规模最大，增长态势良好，图13详细描述了中国近年来游戏市场的总体规模和增长情况。2016年，中国游戏市场规模突破1700亿元。从中国游戏市场结构来看，2016年移动游戏规模将首次超过PC端游戏规模，所占比例也将超过50%，PC网页游戏则呈现逐渐萎缩态势，如图14所示。

根据艾瑞咨询2016年的数据，中国数字阅读行业PC端用户规模约为2.17亿人，移动端用户规模约为2.65亿人。其中，移动端用户规模仍处于增长态势，数字阅读用户正逐渐向移动端转移。这一趋势与线上零售行业发展趋势不谋而合，进一步表明移动端已经成为最主要的流量入口。

从中国动漫领域的用户规模来看，泛二次元用户数量仍然保持两位数增长态势，2015年总体规模达到2.19亿人，其中核心用户5939.3万人，增速高达47%，预计2016年总体用户规模将突破2.7亿，如图15所示。

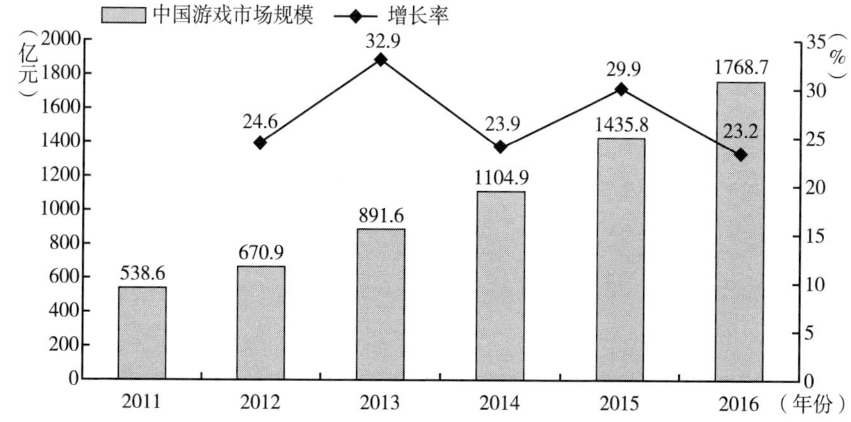

图 13　2011～2016 年中国游戏市场规模

说明：2016 年数据为预测数据；艾瑞咨询，《2016 年度数据发布－互动娱乐》，2017。

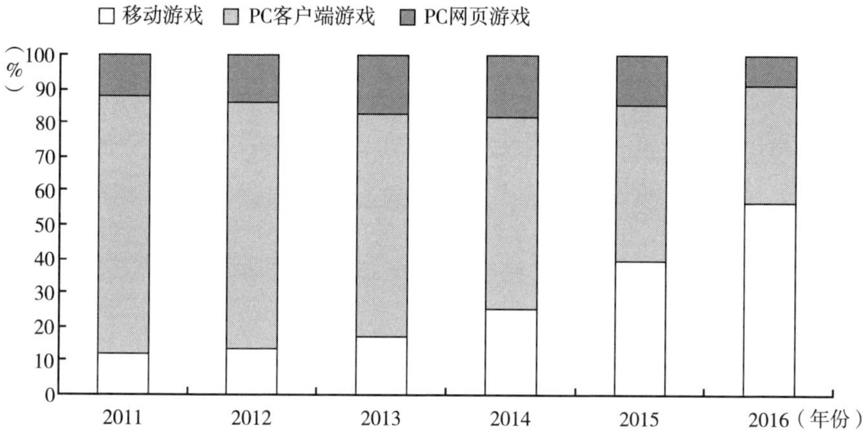

图 14　2011～2016 年中国游戏市场结构

说明：2016 年数据为预测数据；艾瑞咨询，《2016 年度数据发布－互动娱乐》，2017。

4. 智能制造

智能制造产业作为数字经济的重要组成部分，是对互联网、大数据、云计算、3D 打印、人工智能等技术在制造业领域的深度应用，因此也是数字经济中最前端的新兴产业之一。目前，中国智能制造产业仍处于初级发展阶段，大部分企业尚未进入智能制造应用阶段，收入贡献率也处于较低水平。

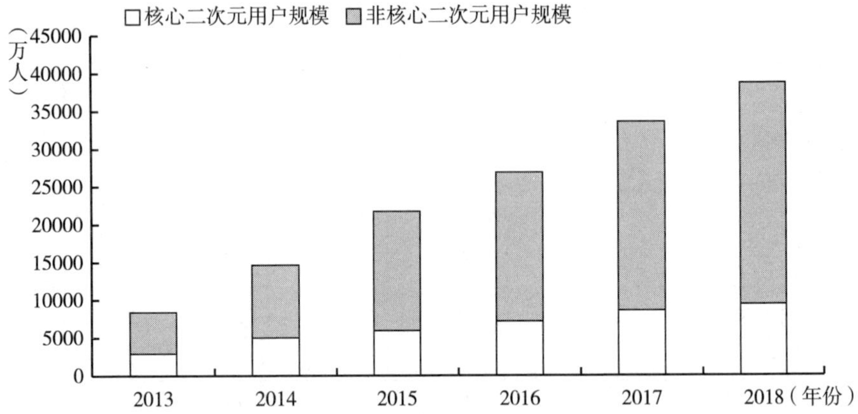

图 15　2013 ~ 2018 年中国二次元用户规模

说明：核心二次元用户是指最近半年内，每周至少看一次动画或漫画的用户；非核心二次元用户指除核心用户外，最近半年内至少看过一次动漫的用户，此处的动画不包括低龄动画；2016 年、2017 年、2018 年数据为预测数据；艾瑞咨询，《2016 年度数据发布 - 互动娱乐》，2017。

中投顾问在《2016 ~ 2020 年中国智能制造行业深度调研及投资前景预测报告》中指出，2015 年我国智能制造产值在 1 万亿左右，2020 年有望超过 3 万亿元人民币，年度复合增长率约为 20%。表 7 描述了智能制造产业链的基本结构。

表 7　智能制造产业链结构

物理基础	关键产品	技术链	运营商
应用层	自动化生产线;智能工厂	系统集成及自动化生产解决方案	智能工厂系统集成商、工业智能化解决方案提供商
执行层	机器人、智能机床、自动化装备、3D 打印	机器人方案、智能装备方案及 3D 打印技术等	装备及零部件生产商
网络层	云计算、大数据、SCADA、工业互联网技术、智能芯片	信息处理技术 网络传输技术	数据硬件开发云计算软件企业，工业以太网、总线技术、无线传输技术生产企业
感知层	传感器、RFID、机器视觉	传感感知技术 信息采集技术	传感器、二维码、红外线设备、射频生产商

资料来源：中投顾问产业研究中心，《2016 ~ 2020 年中国智能制造行业深度调研及投资前景预测报告》，2017。

就目前中国智能制造的产业发展情况而言，上游产业的技术基础已经具备，集成电路、传感器、电子芯片等电子信息产业集群已经初步形成，在中低端市场上具有较强竞争力，但与国际高端产品仍有差距。中游产业方面，智能装备、智能产品、智能服务等细分行业在技术领域内仍有创新和突破空间，产品功能与用户需求之间仍有一定距离。下游产业，即智能制造应用市场，诸如智慧城市、智慧交通等应用场景，虽有众多试点，但实际仍然只是一种理想化的概念产品，并未真正落地，这主要受限于数据开放与共享瓶颈。表8对智能制造上、中、下游的产品分别进行了阐述。

表8　智能制造及其上下游产品线

位置	产业	产品
上游	电子信息产业	集成电路、传感器、工业软件、数据中心
中游	智能装备	工业机器人、高档数控机床、3D打印、海洋工程装备、先进轨道交通装备
	智能产品	可穿戴设备、智能汽车、智能家电、无人机
	智能服务	智慧物流、智能检测、工业设计、工业节能
下游	智能制造应用市场	智慧城市、智能交通、智能家居、智慧医疗、智慧环保、智慧农业

资料来源：中投顾问产业研究中心，《2016～2020年中国智能制造行业深度调研及投资前景预测报告》，2017。

以工业机器人领域为例，中国工业机器人产业起步于20世纪70年代初期，一批国有企业在国家“836计划”的支持下相继建立，截至2015年，中国机器人概念上市企业已经超过100家，与工业机器人相关的企业超过1000家。虽然目前中国已经成为世界最大的工业机器人市场，但国内机器人制造业始终处于“小而散”的境地，关键技术较为落后，市场份额偏低，产品定位也集中于低端应用领域。据统计，2015年中国自主品牌机器人销量约为2.2万台，国内市场份额不足20%。

总体而言，中国智能制造产业仍处于起步阶段。《中国制造2025蓝皮书（2016）》指出，中国智能制造行业还存在技术创新能力薄弱、产业规模小、缺乏具有国际竞争力的骨干企业等问题。

（三）空间分布

2017 年，腾讯研究院发布了国内第一份省级层面的数字经济指数报告，即《2017 中国“互联网 +”数字经济指数》，为分析中国数字经济的空间分布提供了基本参考。同年，新华三集团发布《中国城市数字经济指数白皮书（2017）》，从城市信息基础、城市服务、城市治理、产业融合四个方面建立了综合评价体系。

从表 9 可以明显地观察到，沿海地区数字经济发展普遍优于内陆地区，全国总体上呈现东高西低的格局，而四川省作为内陆省份，其数字经济综合发展水平优于其他内陆省份。从各省份的具体排名情况来看，广东、北京、上海的数字经济总指数排名前三，浙江、江苏紧随其后，四川名列第七。从城市排名情况来看，北京、深圳、上海占据前三名，成都、武汉、重庆等内陆城市排名也进入前十名，显示出内陆城市数字经济的发展潜力。

表 9　中国数字经济总指数前十名

省级排名（腾讯）			城市排名（腾讯）			城市排名（新华三）		
排名	城市	得分	排名	城市	得分	排名	城市	得分
1	广东	54.23	1	北京	25.90	1	深圳	84.9
2	北京	27.00	2	深圳	19.97	2	上海	83.8
3	上海	18.11	3	上海	17.05	3	北京	83.3
4	浙江	14.92	4	广州	16.78	4	广州	83.3
5	江苏	14.27	5	成都	6.05	5	成都	80.4
6	福建	12.18	6	杭州	5.51	6	武汉	80.0
7	四川	10.56	7	武汉	5.14	7	宁波	78.9
8	山东	10.49	8	重庆	5.09	8	杭州	78.3
9	湖北	8.39	9	福州	4.30	9	天津	78.1
10	湖南	8.38	10	东莞	3.79	10	无锡	77.1

资料来源：腾讯研究院，《2017 中国“互联网 +”数字经济指数》，2017；新华三集团，《中国城市数字经济指数白皮书（2017）》，2017。

值得注意的是，近年来部分内陆城市数字经济发展势头良好，成都、武汉、重庆等城市排名靠前。2016 年，四川产业分指数较 2015 年增长

280.28%，其中医疗和交通物流行业的数字产业增长尤其突出，超过全国平均水平。同时，2017 年贵州省发布了国内首个省市级数字经济发展规划，即《贵州省数字经济发展规划（2017～2020 年）》，体现了内陆地区发展数字经济的意愿。随着互联网与各行业加快融合，沿海城市区位优势效应将进一步减弱，内陆城市将迎来新的发展契机。图 16 对四川、湖北、重庆、贵州的数字经济发展指数情况进行了对比。

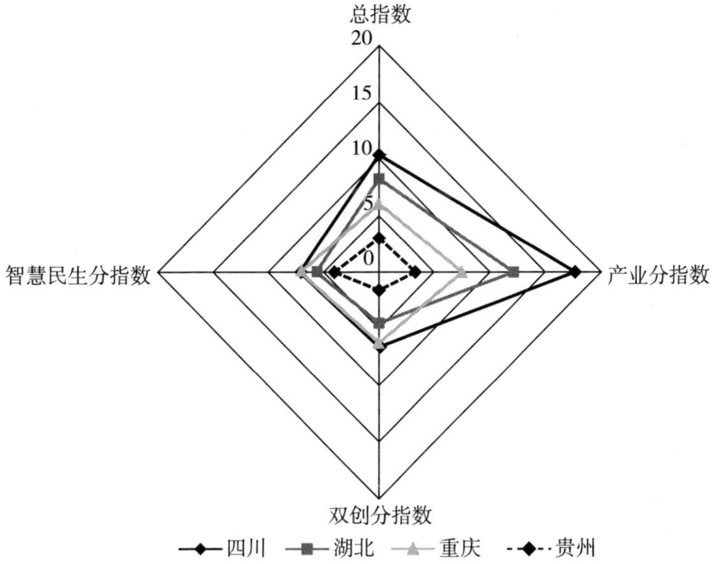

图 16　中国主要内陆省份数字经济指数

资料来源：腾讯研究院，《2017 中国“互联网 +”数字经济指数》，2017。

三　中国数字经济展望

（1）全球数字经济“双核”格局初步形成

综观当前全球数字经济的发展态势，以中国和美国为核心的基本格局已经逐步形成，在互联网行业、人工智能产业等数字经济的重点领域，中美在产业体量、人才集聚、技术创新、影响力等方面均表现出较强的竞争优势。

2008 年金融危机以来，全球经济疲软态势仍未有显著改善，而中国数字经济的高速发展或许可以算是“弯道超车论”的一个现实版本。以往由于在技术上缺乏原始积累，中国曾经寻求通过“以市场换技术”的方式提升创新实力，然而国外研发中心的技术溢出效应却远未达到预期效果，使得中国在前沿技术创新方面多年以来始终处于弱势地位，中国企业也难以向国际高端产业领域拓展业务。

时至今日，中国在多个领域的研发实力已处于世界领先水平，包括量子通信在内的一批成果获得国际认可，华为等一批高新技术企业走出国门成为真正意义上的跨国企业。因此，自主创新是中国数字经济发展的生命线。未来中国数字经济领域将更多地面临国际竞争者的压力，美国在技术创新方面的优势依旧明显，德国和日本在智能制造、电子电气等领域的实力不容小觑，如何依托中国数字经济的良好发展态势，在稳固“双核”格局的基础上，进一步增强自主创新能力，开拓国际市场，是中国未来一个阶段面临的主要挑战。

（2）深度融合将考验中国数字经济承载力和包容力

目前，中国数字经济的生力军仍然集中在互联网行业，虚拟经济过度发展导致的实体经济空心化曾一度成为中国经济发展的隐忧。因此，在未来一个阶段内，如何推动实体经济与虚拟经济深度融合、制造业与互联网深度融合，是具有现实意义的重大挑战，将全面考验中国数字经济的承载力和包容力。包括工业互联网在内的一系列深度融合业态，是以网络为基础、以数据为核心的新兴业态，尚处于生命周期的初级阶段，对中国互联网基础设施体系及信息数据链的完备性都提出了更高的需求。因此，未来中国数字经济要向前沿科技迈进，产业支撑体系和标准体系建设刻不容缓。同时，深度融合将催生更多新模式、新业态以更快的速度参与到市场竞争中来，技术创新和模式创新的周期将进一步缩短，新兴技术应用将考验领域内企业家的开拓创新精神，终端用户将迎来产品高速更迭的时代，这无疑将进一步考验中国数字经济的包容能力。

（3）中国数字经济发展将对社会生活产生持续的深远影响

中国数字经济发展对国内社会生活方方面面的影响已经成为近年来的热

点话题，无论是第三方支付的市场争夺大战、外卖 APP 的激烈竞争，还是共享出行行业的规范化问题，都成为普罗大众皆有发言权的社会议题。各领域的数字化、网络化、智能化，使终端用户享受前所未有的便利化生活方式，衣食住行等方面几乎都得到了一定程度的提升，同时前端商业模式也彻底颠覆，这些变革引领了当前中国经济形态的转型和升级。在此基础上，社会个体成为当前经济转型升级的重要主体，使得数字经济为百姓参与社会治理提供了良好的契机，对实践治理体系与治理能力现代化具有重要意义。未来，数字经济必将对社会生活产生持续的、更深远的影响，智慧城市、物联网等新鲜概念已经不再是遥不可及的梦想，而是触手可及的未来。更重要的是，数字时代下的社会治理也将步入一个崭新的阶段，征信体系的完善和智能化将全面改变社会人的行为方式。

创 新 篇

Innovation Reports

B.10
数字经济时代的商业变革

顾 洁*

摘 要： 数字经济几乎席卷了全球所有的产业和行业：新的商业模式正在形成，传统行业也在调整现有的经营方式和服务模式。市场的颠覆性变化推动企业家与研究者以新的思维和视角审视商业变革和市场趋势。本报告介绍数字经济背景下共享经济、开放式创新、跨界竞争、“精准+”模式和普惠共赢五大商业变革趋势，并分析五大趋势下的最佳商业实践，最后展望未来5年的数字技术与技术变革。数字经济时代的商业变革仍在继续，我们拭目以待。

关键词： 共享经济 开放式创新 跨界竞争 “精准+”模式 普惠共赢

* 顾洁，博士，上海社会科学院信息研究所助理研究员，研究领域为社会化商务、新媒体中信息扩散、信息安全与隐私。

一 数字经济引领商业变革

早在19世纪90年代中期，美国经济学家唐·塔普斯科特就已经提出数字经济的概念，指出互联网带来的数字化浪潮将成为经济发展的新引擎。1998年，美国商务部发布《浮现中的数字经济》（*The Emerging Digital Economy*），指出数字经济正在成为未来经济活动的核心。在过去的几十年里，数字经济的内涵经历两次重大变迁。数字经济1.0时期，信息技术的广泛使用推动了传统工业经济的效能升级，此阶段由企业资源计划（Enterprise Resource Planning，ERP）、顾客关系管理（Customer Relationship Management，CRM）、供应链管理（Supply Chain Management，SCM）等信息系统的广泛使用为代表。数字经济1.0时期的数据运用体现为企业建立数据库和数据中心，通过记录和分析业务数据，重新梳理商业流程；利用流程再造等手段打通业务环节、提升运营效率。随着云计算、移动互联网、物联网等信息技术的成熟，数字经济进入2.0的发展阶段：数据化的知识和信息成为关键生产要素，带动经济活动的结构性优化，推动商业运作和社会生活的颠覆性变革。阿里研究院《数字经济2.0》研究报告指出，数字经济2.0以数字技术的广泛使用为开端，架构在“云”“管”“端”的新基础设施之上，以创新的数字业务带来商业模式的根本性变化（见表1）。该报告比较了

表1 数字经济1.0和数字经济2.0

	数字经济1.0	数字经济2.0
基础设施	自建数据中心为主	云计算、互联网、智能终端等
技术群落	IT技术	DT技术
投入要素	“数据”开始体现价值	“数据”成为核心要素
代表产业	IT产业，以及被IT化的各行业	DT化产业，数据驱动产业融合
商业模式	大规模定制	C2B
组织模式	传统金字塔组织体系受到冲击	“云”“管”“端”（大平台+小前端）

数字经济 1.0 与数字经济 2.0 在基础设施、技术群落、投入要素、代表产业、商业模式和组织模式六大方面的区别，指出数字经济 2.0 的平台化、数据化和普惠化三大特征，明确数字经济 2.0 未来的发展重点。

近十年，数字经济 2.0 发展迅猛①，在经济发展中的引领和主导作用不断增强。埃森哲公司发布的《数字化增长乘数》报告显示，2015 年美国数字经济总量已占到 GDP 的 33%，中国数字经济总量占 GDP 的 10.5%。该报告同时预测，经济数字化程度的深入将使中国 2020 年的 GDP 提高 5270 亿美元，占 GDP 总额的 3.7%。在杭州举办的 2017 中国“互联网 +”数字经济峰会上，腾讯研究院发布了《中国“互联网 +”数字经济指数（2017）》②。报告指出，2016 年全国数字经济总量已占全国 GDP 总量的 30.61%。毫无疑问，数字经济已成为我国国民经济的重要组成部分。

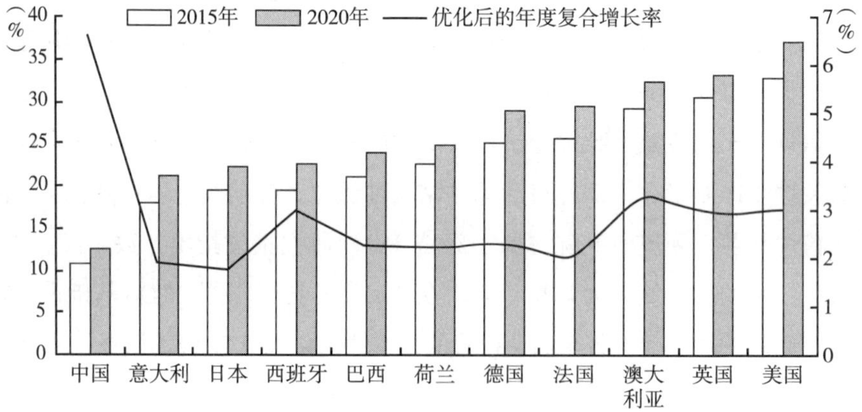

图 1　各国数字经济 GDP 占比与预期增长率

现如今，数字经济几乎席卷了全球所有的产业和行业，新的商业模式正在形成，传统行业也在调整现有的经营方式和服务模式。市场的颠覆性变化推动企业家与研究者以新的思维和视角审视商业模式和市场趋势。

---

① 后文将数字经济 2.0 简称为数字经济。

② 《重磅报告 | 中国互联网 + 指数 2017 发布》，http://www.tisi.org/4868，2017 - 11 - 9。

数字经济平台化、数据化、普惠化特征，推动商业领域新的变革趋势的形成（见图2）。

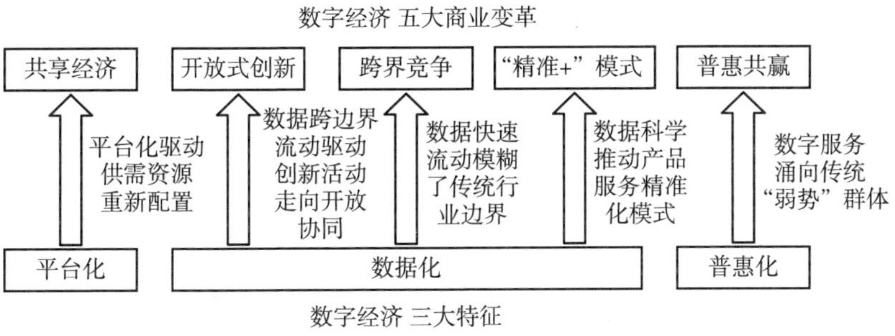

图2 数字经济的五大商业变革

1. 共享经济：平台化趋势推动共享经济的普及与模式创新，共享平台支持企业、消费者、技术开发商等众多商业主体间的业务传递和数字交互。梅特卡夫法则交在共享平台模式下得到进一步放大：在基于平台的共享模式下，商业价值与社会效益以平方级为单位实现递增。

2. 开放式创新：数字经济驱动创新活动走向开放与协同，商业创新的源泉从组织内部逐渐转向外部多源信息，越来越多的企业主体通过数字通道联合和组织分散在全球各地的创新合作伙伴。

3. 跨界竞争：数字经济下快速的数据流动使行业之间的边界正在变得模糊，竞争不再局限于同一产业或同一行业，数字化趋势下企业正迎接更广阔的市场，也必须面对预期外的跨界竞争。

4. “精准+”模式：随着自然语言处理、图像信息抽取、深度学习等大数据分析技术的蓬勃发展，“精准+”模式成为数字经济的最佳实践。在零售行业，企业和服务提供商通过网站、移动设备、智能终端、传感器、应用程序去收集、融合、分析市场数据，深入洞察消费者个性化需求，设计提供更加精准的信息产品和创新服务；在生物医疗行业，精准诊断和精准治疗成为新时期医疗行业发展的重大趋势。

5. 普惠共赢：数字经济与教育、医疗、扶贫等产业与项目的结合，帮助弱势群体获取资源和服务，释放数字红利的普惠价值。

数字经济带来商业模式的五大变革：开放式创新、精准服务、共享协同、跨界竞争与普惠共赢。这些商业变革催生了何种产业形态与创新商业模式？下一代数字技术可能引起什么样的商业模式创新？这些问题推动企业家与研究者以新的思维和视角审视商业模式和市场趋势。

二　共享经济

在移动互联网、社交网络、数字支付等技术的推动下，共享经济作为一种新兴的商业模式已然崛起，迅速席卷了包括交通、旅游等多个行业。目前，共享经济图谱中已经包括共享网约车、共享单车、共享房屋、共享专业技能等多个成熟商业模式（见图 3）①。

图 3　2016 年中国共享经济商业模式

资料来源：中国电子商务中心。

① 中国电子商务中心：《2016 年中国“共享经济”发展报告》，http：//www.100ec.cn/zt/upload_ data/gxjjbg/gxjjfzbg.pdf，2017－11－9。

根据中国电子商务中心发布的《2016 年中国“共享经济”发展报告》，2016 年中国共享经济市场规模近 4 万亿元，增长率为 76.4%（见图 4）。2016 年中国共享经济服务人数达 6000 万；共享经济平台就业人数 585 万人，比 2015 年增加 85 万人。根据国家信息中心预测，2020 年中国共享经济 GDP 占比有望达到 10%①。

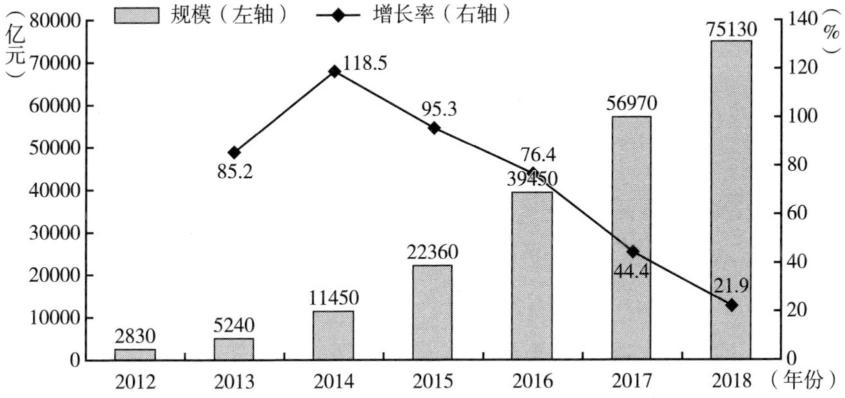

图 4　2012～2018 年中国“共享经济”市场规模发展预测

资料来源：中国电子商务中心。

共享经济模式下，人们更在意商品（包括空间、物品、技能等）的使用价值（access），而不是传统购买模式下的产权价值（ownership）。简单来说，物品在用户之间的流动手段从“买”变为“租”。“共享”最初是指在由家人和朋友组成的熟人社区中，以人情和信任作为抵押物的资源交换方式。但早期对熟人网络的黏附限制了资源的流动范围，陌生人之间的信任缺失使得共享模式难以大规模复制。早在 20 世纪 70 年代，共享模式的经济价值就已经得到研究者的关注。1978 年，美国得克萨斯州立大学社会学教授马科斯·费尔逊（Marcus Felson）和伊利诺伊大学社会学教授琼·斯潘思（Joe L. Spaeth）发表论文《社区结构和协同消费：一种日常活动方法》

① 国家信息中心：《2020 年共享经济 GDP 占比望达 10%》，http：//www.chinanews.com/cj/2017/04－18/8202832.shtml，2017－11－9。

(*Community Structure and Collaborative Consumption: A Routine Activity Approach*)①，提出了共享经济的雏形——多人共同享有商品的使用权。然而，受制于当时的技术环境，尽管论文提出了“异地、异时”的协同消费模式，但本质上还是针对熟人社区中的非买卖性资源共享。

“共享”定义了一种基于“使用权让渡”的协同消费方式，但其作为一种商业模式出现则得益于数字技术的发展。目前最常见的共享经济技术架构是“共享平台 + 移动终端”模式。从事共享经济的企业创建以信息技术为基础的第三方市场平台，通过平台链接资源供给方与需求方，构建供需双边网络，完成资源的精准匹配。移动终端完成共享平台本地化、实时化、点对点的接入，使得供给方和需求方都能够随时随地进行资源交换。“平台 + 移动端”的模式充分体现了共享经济社会性（Social）、本地性（Local）、移动化（Mobile），即 SoLoMo 的互联网特性。

技术架构不仅扩展了共享的时空范围，还通过基于平台的信任机制设计使得陌生人之间的资源分享成为可能。第三方平台要求用户（特别是供给方）实名制，通过提供用户照片、个人联系方式、资源图文描述等信息减少供需双方的信息不对称，增强用户间的信任。此外，平台作为担保中介，将熟人社区中“人 - 人”的信任模式转变为“人 - 平台 - 人”的信任模式。通过减少信息不对称和建立基于平台的信任转移机制，共享经济突破了对熟人网络的依赖，在陌生人之间迅速推广。在基于平台的共享经济模式下，资源在所有者和需求者之间快速流动，双边网络效应得到充分释放，商业价值与社会效益以平方级为单位实现递增。

共享经济在发展中摸索出不同的商业模式。在中国，最成功的共享经济模式是以滴滴出行为代表的网约车模式。网约车通过共享手段完成交通资源合理分配，缓解城市交通服务供需不平衡，以及限行限购、开车烦、打车难等现实问题。2012 年，滴滴出行以出租车 O2O 平台为切口，进入受政府高度监管的出

① Felson, M. and J. L. Spaeth, “Community Structure and Collaborative Consumption: A Routine Activity Approach”, *American Behavioral Scientist*, 1978. 21 (4): p. 614 - 624.

租车市场。初期滴滴出行通过“烧钱大战”迅速积累顾客资源，并不断探索新的共享交通模式。2014～2015年，滴滴出行在共享平台上先后接入专车业务与快车业务。2015年6月，该平台推出滴滴顺风车业务，打造“共享绿色出行”生态。2016年滴滴出行成立滴滴研究院，致力于通过机器学习、人工智能、数据挖掘等方法，最大化利用交通运力，缓解城市拥堵，为平台用户设计智能的出行方案。2016年6月，滴滴出行获得共享交通领域最大的一笔融资45亿美元。根据艾瑞咨询发布的《2016年中国移动端出行服务市场研究报告》，滴滴在中国网约车市场占据龙头地位。滴滴的业务发展历程，不仅反映了共享交通模式在我国的探索与发展，也充分体现了数字经济背景下新商业模式与传统行业规范和政府监管的碰撞。2014年12月，上海市交通管理部门公开表示“滴滴属非法运营”。2015年全国两会上，交通部门表示“鼓励创新、规范发展”。为响应政府鼓励网约车规范发展的要求，2015年，滴滴发布了网约车首个行业标准——《互联网专车（快车）服务管理及乘客安全保障标准》，对事前准入、事中监控及事后追溯三方面进行厘定。经过一年多的努力，2015年10月，滴滴终于获得上海市交通委员会网约车平台资质许可，获得合法地位。

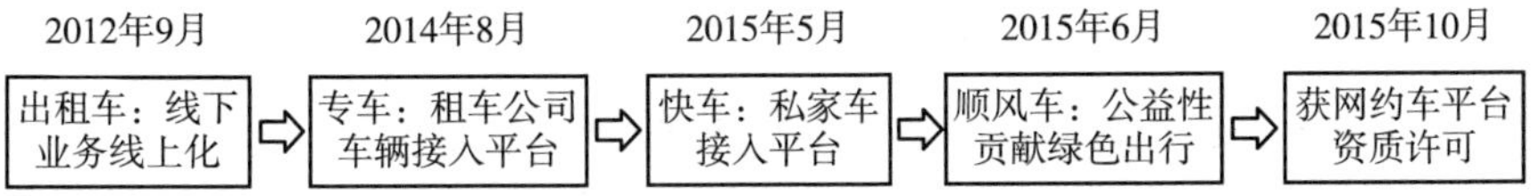

图5　滴滴公司发展历程

资料来源：蔡宁、贺锦江、王节祥，《“互联网+”背景下的制度压力与企业创业战略选择——基于滴滴出行平台的案例研究》，《中国工业经济》2017年第3期，第174～192页。

滴滴出行的案例说明，共享经济模式发展过程中必将经历两次重大挑战：第一，网络规模化效应形成之前的“烧钱大战”；第二，业务发展过程中遭遇传统资源垄断企业的反弹，以及业务模式与现有监管体系不兼容的问题。学者安德烈·哈丘和西蒙·罗斯曼在《网络市场陷阱》一文中指出，以“免费”刺激网络增长会造成共享经济商业模式中不可避免的重大缺陷①。他们认为，

① 安德烈·哈丘、西蒙·罗斯曼：《网络市场陷阱》，《哈佛商业评论》，http：//www.hbrchina.org/2016－04－06/3985.html，2017－11－9。

除了低价诱惑，平台建设者需要在网络市场规模化之前明确吸引买家和卖家的价值主张，通过业务创新拉动平台规模增长。此外，还须尽快让监管者参与进来，通过业务创新和规范化建立共享模式的合法性地位。

三　开放式创新

数字经济环境下，复杂多变的市场环境迫使企业从“以资源为基础”的增长模式，迅速升级为“以数据为基础的”创新驱动模式。传统企业组织架构下，R&D部门作为负责企业创新研发的核心部门，利用企业研发投入、研发人员、企业知识等创新资源，在企业边界内进行研发活动。封闭式创新模式以个体企业为单位，具有周期长、成本高的特点。数字化时代，科技体系日益复杂，研发周期不断缩短。同时，以数据、知识和创新缔造者为代表的创新要素资源广泛分布于企业外部。这些特征导致企业不能仅仅依靠内部研发开展创新活动，而是需要突破企业边界，利用“开放式创新”在广泛的市场环境中寻求创新资源与创新合作者。

开放式创新最早是2003年由哈佛大学教授Henry Chesbrough提出的，被定义为企业有意识地利用企业外部资源进行创新，并将创新成果应用于市场①。Chesbrough的研究将内部研发投入很高的企业（索尼、朗讯）与内部研发投入低但有意识地利用外部创新资源的企业（谷歌、思科）进行对比，发现后者的创新效率更高，由此论证开放式创新的重要性。基于Chesbrough的研究，后续研究者针对开放式创新的内涵与界定进行了广泛的探讨。例如，Piller等人将外部资源限定于消费者，认为开放式创新就是企业从消费者那里获得反馈信息，不断改进、修正并创新自身产品与服务的过程②。Christensen

① Chesbrough, H.,“The Logic of Open Innovation: Managing Intellectual Property”, *California Management Review*, 2003. 45 (3): pp. 33 - 58.

② Piller, F. T., C. Schaller and D. Walcher,“Customers as Co-designers: A Framework for Open Innovation”, in Paper 116. *Congress of the International Federation of Scholarly Associations of Management (IFSAM)*. 2004.

等人将开放式创新等同于合作创新，认为开放式创新指的是知识、技术、人才等创新资源在高校、研究机构和企业等主体间进行流动和整合，推动创新成果的创造和创新价值实现的过程①。陈钰芬和陈劲认为开放式创新是涉及各个创新利益相关者的多主体协同创新模式②。通过对开放式创新理念、内涵和模式的不断探索，后续研究者逐渐对其界定和对象达成共识。开放式创新的主体非常广泛，不仅包括具有相同行业基础和研发背景的高校、研究中心、企业，还包括消费者和外界技术人员等相关主体。在数字化时代，企业边界具有高度的可渗透性，这使得企业内外部的创新资源更容易发生交互和合作，企业不仅能够获取外部创新资源，还能够通过数字渠道和外部主体推动技术和产品的市场化，实现创新价值。

随着数字经济发展，开放式创新也迅速从一种创新理念转变为商业社会的创新实践。根据汤森路透《开放的未来：2015 全球创新报告》，开放式创新已经成为全球创新的重要趋势③。数字化时代，跨组织边界的信息融合与知识创造成为数字经济的创新“新常态”。商业创新的源泉从组织内部逐渐转向外部多源信息，商业机会甚至来源于跨领域跨行业的信息融合。数字技术打破了传统时空限制，降低了创新主体进行合作的成本，在更大范围内实现了创新合作与知识溢出。据《2016 年中国大企业开放式创新发展研究报告》，62% 的中国大企业采用了至少 5 种合作方式与高新技术小企业进行合作，企业间的开放式创新合作分布于企业创新的全生命周期④。

数字经济背景下，技术开源与研发合作是创新主体间合作的重要方式。美国电动车及能源公司特斯拉于 2014 年 6 月 12 日宣布开放其专利权限。在

① Christensen, J. F., M. H. Olesen and J. S. Kjær, “The Industrial Dynamics of Open Innovation—Evidence from the Transformation of Consumer Electronics”, *Research Policy*, 2005. 34 (10): pp. 1533 – 1549.

② 陈钰芬、陈劲：《开放度对企业技术创新绩效的影响》，《科学学研究》2008 年第 2 期，第 419 ~ 426 页。

③ 汤森路透知识产权与科技事业部：《开放的未来：2015 全球创新报告》（解析），http://www.nipso.cn/onews.asp?id=27453，2017 – 11 – 9。

④ 清科观察：《2016 年中国大企业开放式创新发展研究报告》，http://research.pedaily.cn/201701/20170112407980.shtml，2017 – 11 – 9。

《我们所有的专利属于你》（*All Our Patents Belong To You*）的宣言中，特斯拉承诺将与业界共享其全部技术专利，无论是谁要采用其专利，只要是出于善意的，特斯拉不会发起专利侵权诉讼。特斯拉的创新能力来源于其对从顾客那里获得的TB量级的驾驶数据的掌握和分析。区别于传统汽车行业的产销模式，特斯拉收集顾客驾驶数据、驾驶习惯数据、道路事故数据甚至视频数据，通过对这些数据的有效分析进行技术创新。特斯拉的专利公开举措直接推动了自身创新资源向行业内其他企业的流动，可以刺激越来越多的制造商提高产品研发速度、增加产出，进而共同扩大行业规模，不仅帮助特斯拉实现规模效益，更推动特斯拉的技术模式成为行业标准。

开放式创新的本质是打破资源流动的边界限制，有效整合企业内外创新资源，这不仅包括企业间的技术开源与研发合作，还包括以众创为代表的模式创新①。数字化时代，社交媒体上丰富的用户生成内容成为重要的信息资源，创新关键人物从企业雇员转向顾客与其他利益相关者，众创模式应运而生②。众创综合了市场上隐性化的智力资源，提供了一种在线的分布式创新模式。众创模式下，大众用户成为创新的重要基础：用户生成内容可以作为创意和创新的重要来源；大众的社会化评论可以作为创新的评价依据；社会化推荐为创新产品和服务的市场化提供了新的途径。借助群体智慧，创新的缔造者也从过去的企业研发人员转向具有专业知识和特定技能的网民，通过自由自愿地将任务外包给非特定的大众网络，实现基于群体智慧的企业创新。

乐高创意平台（LEGO IDEAS）是众创模式的典型应用。乐高创意平台于2008年在日本推出，又于2011年推出全球版。平台的注册用户可以提交新产品设计方案，由其他用户对方案和创意进行投票，获得10000张选票的创意都会进入审核阶段，然后由乐高创意平台决定哪些可以投入生

---

① Le, Q. and J. H. Panchal, "Modeling the Effect of Product Architecture on Mass-collaborative Processes", *Journal of Computing and Information Science in Engineering*, 2011. 11 (1): p. 011003.

② Brabham, D. C., "Crowdsourcing as a Model for Problem Solving: An Introduction and Cases", *Convergence*, 2008. 14 (1): pp. 75 - 90.

产。乐高创意平台充分利用大众用户的智慧和创意，配合开放式创新的政策与相关的知识产权保护，让每一个人都有可能成为产品设计师。至今该流程已创造出十几个可用的新产品。乐高创新平台运用开放式众创模式，将产品开发周期由原来的24个月缩短至9个月，同时也大大提升顾客的满意度。

四 跨界竞争

詹姆斯·麦奎维在其《颠覆：数字经济的创新思维和商业模式》一书中指出，市场的进入障碍已经不复存在，意想不到的竞争者正在蜂拥而入。数字经济催生了经济活动的跨界融合，行业之间的边界正在变得模糊。现如今人们已经很难对一个品牌、一个公司界定其行业属性，跨界（Crossover）成为数字经济时代最流行的商业风尚。新型的数字公司凭借其数字能力跨界经营，迎接更广阔的市场。然而，对于传统企业，数字技术正在颠覆长久以来稳定的行业结构，竞争正趋向白热化。面对意想不到的竞争对手，企业不得不正视数字化变革带来的风险和挑战，资源消耗性的竞争不再适用，数字化转型与模式创新成为企业生存之道。

在金融领域，阿里巴巴、京东等互联网科技企业提供的金融业务已经提高了顾客对服务、速度和便捷性的期待，新兴的互联网金融服务对过去几十年内垄断金融资本的传统银行产生了猛烈冲击。互联网金融是指将互联网与金融融合，利用数字技术来完成资金融通、支付结算和信息中介等功能的一种新兴金融模式。2013年6月余额宝上线，随后我国互联网金融迅速兴起，因此2013年被业界称为我国“互联网金融元年”。短短几年，国内外互联网金融发展迅速，第三方支付方式日益成熟。截至2016年第二季度，中国互联网支付市场规模已经达到46500亿元（见图6）。支付宝、微信钱包、Apple Pay等第三方支付工具大幅度替代传统现金、银行卡支付方式。P2P支持借款人与贷款人通过网络借贷平台而不是传统金融机构进行无抵押贷款，通过将互联网技术与民间资本相结合，部分替代了传统银行资金中介的功能[①]。P2P 借贷市场近 5 年经历爆发式增长，并在发展中不断摸索新的运营模式（见图 7）。众筹融资通过网络实现天使投资、创业投资，帮助“轻资产”型的中小微企业解决融资约束问题。打造众筹平台也被纳入“十三五”期间国家战略性新兴产业 69 个重点任务。互联网科技企业跨界金融领域，迫使过去垄断资本市场的银行加速数字化改革。研究人士指出，大力发展服务功能创新与服务渠道创新、加快完善风险控制机制是应对互联网金融跨界竞争挑战的有效之策[②③]。传统银行累积了大量用户数据与大客户资源，应以现有数据优势与资源优势打造数据中心，以数据驱动金融生态体系的健全完善。

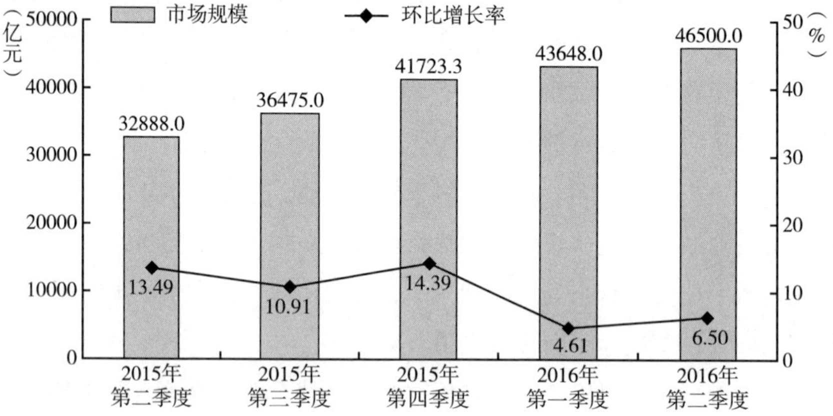

图 6　2015Q2～2016Q2 中国互联网支付市场规模

资料来源：Analysys 易观。

ICT 行业也深受跨界竞争的影响。随着移动互联网的繁荣、电信网络的进一步 IP 化、智能终端的普及，新的互联网参与者不断诞生，其中不少正

① 王会娟、廖理：《中国 P2P 网络借贷平台信用认证机制研究——来自“人人贷”的经验证据》，《中国工业经济》2014 年第 4 期，第 136～147 页。

② 刘兰芳：《颠覆与冲击——互联网金融模式及对传统银行业的影响》，《现代交际》（下半月）2016 年第 1 期，第 98～100 页。

③ 张林颖：《互联网金融发展对中国商业银行的影响及对策分析》，《商场现代化》2017 年第 7 期，第 153～154 页。

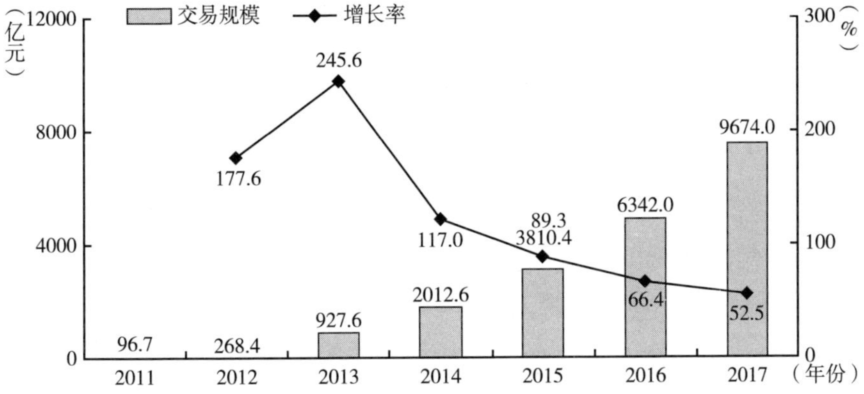

图7　2011～2017年中国P2P网贷市场交易规模

资料来源：EnfoDesk易观智库。

在进军通信服务领域，原有的格局正被打破，传统电信运营商遭遇前所未有的挑战。中国电信、中国联通、中国移动三大巨头把持ICT市场多年，电话和短信业务却被腾讯公司的社交应用——微信所“劫持”。在经历短期阵痛后，电信运营商利用多年积累的数据资源迅速转型，选择进入其他行业，开辟新的天地，使公司能够持续发展。“联手中国好声音，中国电信探路跨界娱乐营销”“中国移动打造中国动漫产业‘梦工场’”“中国联通携手华为打造物联网开放实验室”，均是电信运营商的跨界尝试。跨界竞争的商业实践也普遍存在于受到互联网和新兴科技公司冲击的媒体和教育行业。

五　“精准+”

数字经济引领各行各业产品和服务的精准化变革，基于数字科学的“精准+”模式体现了基于行业特征和产业特性的精准化趋势。数字经济运行过程中，“数据+算法+服务”的组合方式日益成为主流。在这一模式的运作过程中，数据通过算法提炼，反映为对人、组织和市场更实时准确的理解和洞察，并由此形成更具价值和精准化的产品和服务。数字经济，最重要的基础特征是“大数据”。互联网、移动互联网、智能终端、社交媒体、物联网等信息技术的深入应用提供了大数据产生的沃土。谷歌、百度月数据处理量超过数百 PB，Facebook 的 8.5 亿注册用户每日生成数据达到 300TB，淘宝网 3.7 亿会员，日交易数千万，产生约 20TB 数据[①][②]。

由不同终端采集的多源大数据融合为精准化分析提供了基础。以零售行业为例，电子商务平台提供了个体交易数据；社会化媒体提供了个体社交数据、日常记录和社交网络数据；移动互联网和智能终端采集个人时空数据，并通过 O2O 方式与线上的行动融合起来；物联网则收集了个体传感信息。当这些数据有机结合起来，通过算法的分析、挖掘和提炼，零售行业可以掌握消费者许多不易被发现的潜在特征和行为规律，进而设计面向个体消费者的精准化营销方案。数字经济时代，“精准 +”与各行业领域结合，实现了传统生产服务的升级，精准营销、精准医疗均是“精准 +”模式与各行业领域结合的最佳实践。通过对不同领域的人、组织和市场的精准刻画，帮助产品和服务实现精准化、智能化、便捷化，有助于用户与企业之间、用户之间、企业之间的价值共创与协同发展。因此，精准化是数字经济带来的核心价值。

数字经济“精准 +”模式基本呈现为互联网行业领先，医疗、通信、金融、信息服务等领域积极跟进的趋势。在互联网行业，众多服务平台已掌握大量的用户行为数据，开始实行精准广告、个性化推荐等较为成熟的数据应用。阿里巴巴基于对用户交易行为的大数据分析，提供面向中小企业的信用贷款，坏账率仅为 0.3% 左右[③]。近年来，全球基于 RTB 的广告数额呈爆发式增长。在美国，精准营销近年来的年度复合增长率高达 70%。在中国，携程将自身平台与旅游产业其他平台实现信息对接，全程跟踪顾客行程预定、酒店入住、交通出行等多源信息，利用大数据进行精准的顾客画像，最终实现产品创新与精准营销。随着云计算技术的发展，计算能力实现分布式

---

① 肖奎：《维基百科大数据的知识挖掘与管理方法研究》，武汉大学博士学位论文，2013。

② 冯芷艳等：《大数据背景下商务管理研究若干前沿课题》，《管理科学学报》2013 年第 1 期。

③ 栗蔚、魏凯：《大数据的技术，应用和价值变革》，《电信网技术》2013 年第 7 期，第 6 ~ 10 页。

按需供给，这降低了精准计算所需的软硬件门槛。不仅大企业能够凭借自身的规模优势尽享数字红利，规模较小、资源有效的小型公司也能灵活参与到“精准 +”模式的价值创造过程中。成立于 2015 年的上海响趣信息科技有限公司是一个由掌握数据挖掘、精准计算技术的在校博士生团队组建的。在“大众创新、万众创业”国家战略的驱动下，响趣通过将汽车网站用户的浏览路径、点击记录、停留时间、购买记录等信息与网页广告图文相结合的方式，建立了潜在用户汽车偏好标签，为汽车公司的精准广告投放提供助力。

“精准 +”模式也已逐渐渗入医疗行业。通过对个体化医学差异（包括 DNA、病理检测）与医疗记录中的结构化信息（如电子病历、电子健康档案、检验报告）和非结构化信息（如影像数据）等大数据的整合分析，能够实现对疾病的精准诊断，将为临床治疗等经验性操作技术提供诊断支持，为患者提供真正适合自身的精准治疗方案。据 Mordor Intelligence 统计，2016 年全球精准医疗市场规模近 400 亿美元，精准医疗市场规模将持续增长，截至 2021 年，年度复合增长率将达到 10.3%[①]。

“精准 +”模式完善了“数据→信息→知识→智慧→精准服务”的价值链条。然而，数据隐私性、公开性会影响整个数字经济系统精准服务的有效性和公平性，影响经济主体关于数据所有权的竞争，并最终影响所有参与方的福利。因此，数字经济环境下精准化价值的实现，需要厘清数据权限边界，明确数据供应链各环节的风险。政府应加快完善信息隐私安全政策和监管流程，引导和推动企业遵守信息使用行业自律与规范，系统开展公民隐私保护意识和能力提升等方面的宣传教育工作，形成社会监督、政府监管、行业自律、企业自治的数据治理体系[②]。

---

① Intelligence, M., “Global Precision Medicine Market-Growth”, *Trends and Forecasts* (*2017 – 2022*), https://www.mordorintelligence.com/industry-reports/precision-medicine-market-industry-assessment-analysis-and-forecast-2014 – 2020-industry, 2017 – 11 – 9.

② 顾洁、胡安安：《数字经济时代：发展与安全再平衡》，《上海信息化》2017 年第 2 期，第 15 ~ 19 页。

六　普惠共赢

2016年底，经合组织（OECD）发布《2016科技创新展望报告》。在报告中，OECD指出未来10～15年影响全球经济发展和社会福利的八个重大趋势①。

表2　OECD《2016科技创新展望报告》未来趋势

	未来10～15年的重大变化
人口统计学	人口持续增长,老龄化加剧
自然资源和能源	水资源紧缺,食品安全,能源消耗影响气候,物种多样性遭到威胁,穷国受到更大影响
气候变化和环境	温室气体排放和水循环,循环经济需求加大
全球化	全球经济中心向东、南转移,非政府组织作用突出,数字技术推动资源全球流动,逆全球化力量加剧
政府角色	财政压力,公信力丧失,多极世界不稳定性增强
经济、就业与生产率	数字经济崛起,设备和计算成本下降,开放式创新有利于新兴企业,越来越多的工作被机器取代
社会	独身和丁克家庭增加;教育和技能获取成为改善命运的关键;女性职员增加影响就业和家庭;亚洲、非洲城市化率增加,出现巨型城市
健康、不平等和福利	抗药性增强影响发展中国家传染病治疗,非传染性疾病和神经类疾病会随老龄化、生活方式增加,发达国家内部不平等加剧

在以上趋势中，人口结构变化与包括自然资源、教育资源、智力资源、医疗资源等在内的各类资源的不平衡性，加大了经济发展与社会进步面临的挑战。“80～20”原则下，前20%拥有资源的用户为企业创造80%的价值，因此在传统以自利为目的的商业模式下，企业服务会涌向少数资源拥有者，造成社会福利的分布出现“富者愈富、穷者愈穷”的马太现象。数字经济的崛起以及设备和计算成本的下降，加快了资源在不同人群、地域间的流动。数

① OECD, *Science, Technology and Innovation Outlook*, 2016.

字化背景下，企业服务趋向长尾化，有助于释放数字经济的普惠价值。

在教育领域，在线互联网教育通过数字手段让更多地区的更多用户能够通过互联网接入全球教育资源，打破了长久以来教育资源本地化的约束。百度发布的《2016 年中国互联网教育行业趋势报告》显示，中国互联网教育行业市场规模持续扩大（见图 8），2016 年 4.48 亿中国网民使用互联网教育进行学习，占网民总数的 67%，其中，近 6 成互联网教育用户来自三四线城市和农村地区。从教育内容上看，互联网教育与职业技能需求高度重合①。在移动互联网、视频传输技术、智能终端技术的推动下，互联网教育为教育资源匮乏地区输入海量优质教育资源，帮助当地用户利用教育提升专业素养和职业技能，在未来获得更好的工作机会。

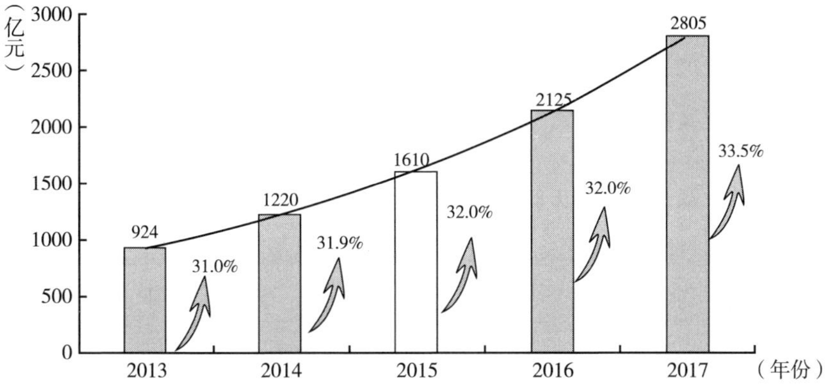

图 8　2013～2017 年互联网教育市场规模

资料来源：百度，《2016 年中国互联网教育行业趋势报告》。

数字经济也为应对全球人口老龄化提出了技术解决方案。据 Comet Labs 预测，2050 年，全球 60 岁以上的老年人占比将超过 20%，中国情况则更为严重，届时 65 岁以上老人的占比将达到 1/3②，其中心血管病、糖尿病患者

① 百度：《2016 年中国互联网教育行业趋势报告》，2016，http：//www.199it.com/archives/454067.html，2017－11－9。

② Comet Labs：《中国养老环境扫描及智能养老需求研究报告》，2017，http：//www.cometlabs.cn/page_ 583495_ 830429.html，2017－11－9。

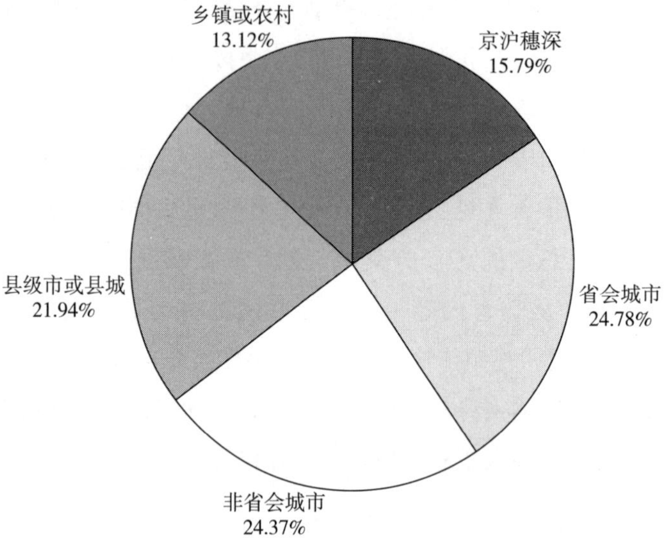

图 9　互联网学习用户来源分布

资料来源：百度，《2016 年中国互联网教育行业趋势报告》。

占我国老年人口的 50% 以上。数字技术推动远程监控、远程医疗的发展，可以有效缓解老龄化加剧造成的老年人医疗资源不足的压力。国外养老服务龙头企业以色列养老护理领域的领先企业 Natali，为居家养老提供完善的远程医疗终端监测设备：用户家中设有多处感应装置，可以定期收集客户的健康数据和日常活动数据。公司后台具有综合数据库和复杂的软件系统，可以将客户的联系方式、既往病史、常规用药等个人数据进行汇集形成健康档案。除了上述固定终端，公司还配有专门监测心脏系统的移动终端（心音听诊器等），方便 Natali 心脏诊断中心的医生实时诊断客户心脏系统的健康状况。

七　未来趋势

过去 20 年，世界见证了数字经济由 1.0 向 2.0 迈进的步伐。在未来，数字经济推动的商业变革仍在继续：人和技术的关系不断迭代，新的技术正在重新定义数据价值的实现方式。

物联网、人工智能、感知体验、区块链等技术奠定新的商业模式的技术与数据基础。物联网实现万物互联，据埃森哲预估，2030 年全球物联网生产总值可达 15 万亿美元。物联网将带动生产、渠道、服务、终端的全方位升级。在终端服务方面，物联网将升级现有的共享经济模式，产品、服务能进一步摆脱物理空间的约束，共享经济的“按需供给”方式将实现智能化。在生产方面，独立的物理组间将不再使用，融合传感器、处理器、数据传输装备的智慧互联终端将定义制造产业的未来方向。物联网将进一步推进开放式创新，产品基本组间将走向模块化、平台化，企业通过开放创新网络加强产品协同，谁能定义物联网产业的技术标准，谁就将决定未来该领域的竞争格局。

埃森哲的研究报告指出“至 2035 年，成功应用人工智能（AI）的商家的利润将会平均增长 38%。引入人工智能，可能为 12 个国家的 16 个行业带来 14 万亿美元的额外总附加值（GVA）”。Google 公司的 AlphaGo 展示了人工智能能够像人类一样思考和解决问题，在特定领域甚至远优于人类。据 Tractica 预测，到 2025 年，基于算法的交易、图像识别和病人数据处理、社交媒体的预见性维护和内容发布将成为人工智能最主要的商业价值来源①。未来对人工智能最主要的担忧是技术安全、技术伦理与对劳动力的替代。

增强现实（Augmented Reality，AR）、虚拟现实（Virtual Reality，VR）、手势设备、3D 打印等技术将进一步推动身临其境的感知体验。据艾瑞咨询估计，2020 年国内 VR 用户将达到 2000 万②。高盛预估，2025 年 VR/AR 全球市场规模将达到 800 亿美元。感知体验技术将增强物理环境与虚拟环境的交互，进一步扩大“人 - 技术 - 场景”的联系，将在电子游戏、事件直播、视频娱乐、医疗保健、房地产、零售、教育、工程和军事等领域掀起变革。

---

① Tractica，Artificial Intelligence Software Revenue to Reach ＄59.8 Billion Worldwide by 2025，https：//www.tractica.com/newsroom/press-releases/artificial-intelligence-software-revenue-to-reach-59-8-billion-worldwide-by-2025/，2017-11-9.

② 艾瑞咨询：《2016 年中国虚拟现实（VR）行业研究报告》，http：//report.iresearch.cn/wx/report.aspx？id=2542，2017-11-9。

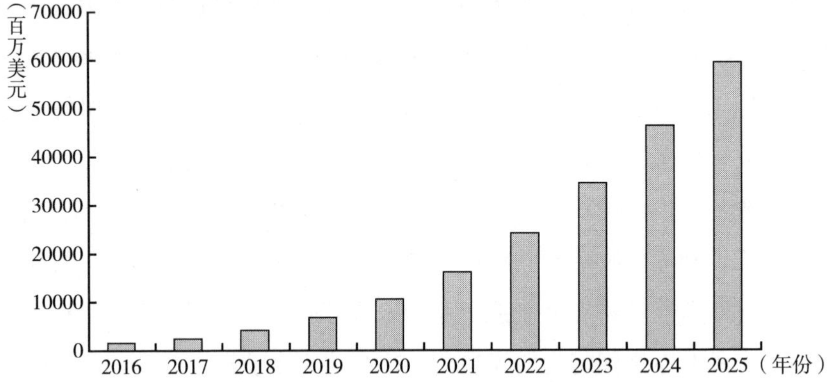

图 10　全球人工智能商业价值增长趋势

资料来源：Tractica。

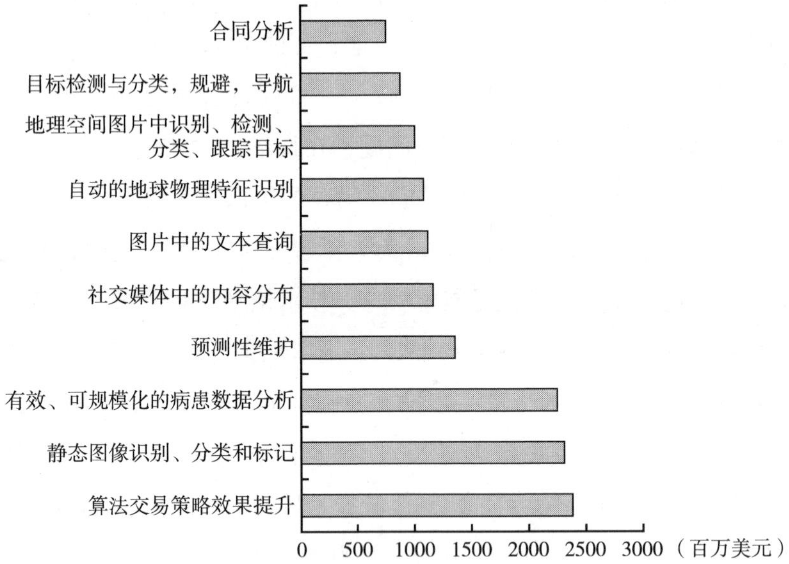

图 11　2025 年人工智能商业价值排名

资料来源：Tractica。

区块链是以比特币为代表的数字加密货币体系的核心支撑技术。区块链技术的核心优势是去中心化，通过运用数据加密、时间戳、分布式共识和经济激励等手段，在节点无须互相信任的分布式系统中实现基于去中心化信用的点对点交易、协调与协作，从而为解决中心化机构普遍存在的高成本、低效率和数据存储不安全等问题提供解决方案。据预测，区块链市场价值将由2016 年的 2.1 亿美元增长到 2021 年的 23.1 亿美元，年度复合增长率为61.5%。在未来，区块链将在资产管理、金融交易、数据存储与安全等领域进一步应用，区块链的分布式计算技术也为“物理 + 网络 + 人工”三位一体的社会物理信息系统（Cyber-physical-social Systems，CPSS）的实现奠定数据基础和信用安全基础。

B.11

人工智能产业发展态势研究

张宏胜*

摘 要： 2016年是人工智能发展突飞猛进的一年，中、美、英、日、欧盟等多个国家/地区均出台了促进人工智能发展的政策，各国的人工智能产业规模也迅速扩大，尤其是我国2016年产业规模增速超过40%。人工智能的诸多前沿应用逐渐深入，并对数字经济的发展产生深远影响。

关键词： 人工智能 数字经济 大数据

一 人工智能发展综述

人脑最后防线的失守——人工智能吹响胜利号角。2017年5月23～27日，世界排名第一的围棋高手柯洁九段与Google开发的围棋人工智能AlphaGo展开对弈，三战全负。AlphaGo是一款围棋人工智能程序，由谷歌旗下DeepMind公司开发。此次对战，采用的是AlphaGo2.0版本，与之前和世界围棋冠军李世石对战的AlphaGo1.0版本有所不同，2.0版本采取了新的算法模型。“一直以来，围棋都有自己的定式，但是人工智能把它完全打破了。AlphaGo让人们明白，好和坏是相对的。”围棋国家队主教练俞斌断言：“它已经超越了人类围棋。”人工智能，在短时间内推翻了人类棋手花了漫长时间积累起来的知识体系。

* 张宏胜，硕士，助理研究员，上海社会科学院信息研究所海外人才信息研究中心，研究方向为海外人才、数据分析。

（一）人工智能的概念、发展历程及重要意义

人工智能（Artificial Intelligence）并非一个新的概念，但是一直以来学界都未对其进行精确的、被普遍接受的定义，这或许有助于该领域加速成长、繁荣以及前进。人工智能的概念诞生于1956年8月的达特茅斯会议，人工智能之父之一马文·明斯基（Marvin Minsky）将其定义为“让机器做本需要人的智能才能够做到的事情的一门科学”。而代表人工智能另一条路线——符号派的司马贺（Herbert A. Simon）认为，智能是对符号的操作，最原始的符号对应于物理客体。斯坦福大学人工智能研究中心的尼尔逊教授（Nils John Nilsson）则认为：“人工智能就是致力于让机器变得智能的活动，而智能就是使实体在其环境中有远见地、适当地实现功能性的能力。”① 而埃森哲在其研究报告中将人工智能的功能分为感知（Sense）、理解（Comprehend）和行动（Act）三个部分。② 三者分别对应的主要技术领域为计算机视觉和语音处理、自然语言处理和知识表达、机器学习和专家系统，它们有机组合为一个完整的人工智能技术体系。

1956年8月达特茅斯会议的召开，标志着人工智能研究的开端。自此之后，以算法的不断演化为标志和核心，人工智能的历史发展经历了三个高峰期和两个低谷期。1957年，罗森布拉特（Frank Rosenblatt）研发了第一个神经网络 Perceptron，促使人工智能的研究进入第一个高峰期。但是1969年，Minsky 和 Papert 所著的 *Perceptron* 一书出版，该书从数学角度证明了关于单层感知器的计算具有根本的局限性，指出感知器处理能力有限，甚至连 XOR 这样的问题也不能解决，并在多层感知器的总结中，论述了单层感知器的所有局限性在多层感知器中是不可能被全部克服的。同时，计算能力的限制使得人工智能未能完成大规模数据训练和

① 《2030年的人工智能与生活》，https：//ai100. stanford. edu，2017－11－9。

② 埃森哲：《为什么人工智能是发展的未来》，http：//www. accenture. com/futureofAI，2017－11－9。

复杂任务，神经网络进入萧条期。1982 年霍普菲尔德神经网络提出，并于 1986 年诞生了 BP 算法［back propagationalgorithm，后向传导算法，从神经网络的输出（顶层）到输入（底层）进行求解］，使得大规模神经网络训练成为可能，人工智能发展进入第二个高峰期。但 1990 年人工智能计算机 DARPA 研发的失败，使得政府投入锐减，人工智能进入第二个低谷期。2006 年，Hinton 提出“深度学习”神经网络理论，使得人工智能的性能取得了突破性进展，2013 年，深度学习算法在语音和视觉识别上取得成功，识别率分别超过 99% 和 95%，人工智能进入感知智能时代，正迈向第三次高峰。

现阶段，人工智能正在从专有人工智能向通用人工智能发展过渡。由互联网技术群（数据/算法/计算）和应用场景互为推动、协同发展、自我演进。人工智能已不再局限于模拟人的行为结果，而是拓展到“泛智能”应用，即更好地解决问题、有创意地解决问题和解决更复杂的问题。这些问题既包括人在信息爆炸时代面临的信息接受和处理困难，也包括企业面临的运营成本逐步增加、消费者诉求和行为模式转变、商业模式被颠覆等，同时还包括社会亟须解决的治理自然环境、优化社会资源配置和维护社会稳定等挑战。

（二）影响人工智能发展的决定性因素

2011 年以来，开发与人工智能相关的产品和技术并使之商业化的公司已获得超过 20 亿美元的风险投资。2015 年后，国内外科技巨头纷纷布局人工智能领域，谷歌、Facebook、百度等企业掀起深度学习平台开源运动，2016 年人工智能技术研发及产业化进入高速发展的新纪元。深度学习、智能驾驶、智慧家居、机器人等人工智能相关技术及产品领域已成为社会关注焦点，人工智能技术、智能汽车、服务机器人等产业化路径日益清晰，因此很多人将 2016 年作为人工智能元年。同时，2016 年也是“人工智能”概念提出的六十周年。

人工智能革命的到来有其必然性。阿里研究院在《AI +：2016 人工智能影响力微报告》[①] 中指出，人工智能发展第三次热潮主要源于三个重要因素：计算能力、深度学习算法和大数据的发展。其中最重要的是机器深度学习算法的成熟，其次由云计算资源和广泛普及的、基于 Web 的数据收集所支持。计算能力、大数据、深度学习算法三者相辅相成、相互依赖、相互促进，使得人工智能有机会从专用的技术成为通用的技术，融入各行各业之中。

> 如果要造火箭，强大的引擎和大量燃料是必不可少的。以此来类比深度学习的话，深度学习引擎可以看作火箭引擎，而我们为算法提供的海量数据可以看作是燃料。
>
> —AndrewNg

首先，人工智能的发展离不开计算能力的推动，深度学习对并行计算、单位时间数据吞吐能力有更高要求。而以前研究人工智能的科学家往往受限于单机计算能力，需要对数据样本进行裁剪，让数据在单台计算机里进行建模分析，导致模型的准确率降低。伴随着云计算技术和芯片处理能力的迅速发展，科技人员可以利用成千上万台机器进行并行计算，尤其是 GPU、FPGA 以及人工智能专用芯片（比如 Google 的 TPU）的发展为人工智能落地奠定了基础计算能力，使得使用类似于人类深层神经网络的算法模型的人工智能应用成为现实。

其次，伴随着互联网的飞速发展，大量实时产生的数据为人工智能的落地应用奠定了基础。多来源、实时、大量、多类型的数据可以从不同的角度对现实进行更逼近真实的描述，而利用深度学习算法可以挖掘数据之间的多层次关联关系，为人工智能应用奠定了数据源基础。

再次是算法的发展。人工智能的三次发展高峰，无一不以新的算法的

① 阿里研究院：《AI +：2016 人工智能影响力微报告》，http：//www. alireaearch. com/，2017 -11 -9。

提出为标志。早在20世纪80年代初期，深度学习学派的开山人物Hinton就一直坚持神经网络的探索，但受限于当时的电脑速度、数据量等问题，深度学习理论还是一项边缘化的研究，当时AI的主流研究方向是推崇小样本学习，主推SVM学习。Hinton教授2006年发表的论文*A Fast Learning Algorithm for Deep Belief Nets*，掀起了深度学习在学术界和工业界应用的浪潮，以人工神经网络（ANN）为代表的深度学习算法成为人工智能应用落地的核心引擎。信息处理算法的这种性能飞跃给基本操作层面的硬件技术带来了显著的进步，比如计算机视觉、语音识别等技术在近些年突飞猛进。目前科学家可以利用GPU（图形处理器）模拟超大型的人工神经网络，使语音识别技术和图像识别技术达到90%以上的准确率。

此外，数据驱动型产品的新平台和新市场，以及发现新产品和新市场的经济激励机制，也都促进了人工智能驱动型技术的问世。

二　全球人工智能政策及发展现状

（一）世界各国人工智能发展政策

近些年，尤其是2013年以来，全球掀起人工智能（AI）研发浪潮，美国、日本、英国、德国等世界科技强国均对此予以重点关注，纷纷将人工智能上升为国家战略，出台了相关战略、计划，力争抢占产业技术的制高点。2016年以后，这一趋势更加明显，主要国家均将人工智能摆在了重要位置，提升其战略地位。

1. 中国的人工智能政策

2016年5月18日，国家发改委、科技部、工业和信息化部、中央网信办推出《“互联网+”人工智能三年行动实施方案》，提出打造人工智能基础资源与创新平台，到2018年，人工智能产业体系、创新服务体系、标准化体系基本建立；在重点领域培育若干全球领先的人工智能骨干企业，形成千亿级的人工智能市场应用规模。

2016年4月，工信部、国家发改委、财政部联合发布《机器人产业发展规划（2016～2020年）》，为“十三五”期间，我国机器人产业发展描绘了清晰的蓝图。该《规划》明确指出，到2020年，自主品牌工业机器人年产量达到10万台，六轴及以上工业机器人年产量超过5万台，服务机器人年销售收入超过300亿元，培育3家以上具有国际竞争力的龙头企业，打造5个以上机器人配套产业集群。

2016年7月28日，国务院印发《“十三五”国家科技创新规划》，指出要大力发展泛在融合、绿色宽带、安全智能的新一代信息技术，研发新一代互联网技术，保障网络空间安全，促进信息技术向各行业广泛渗透与深度融合。同时，研发新一代互联网技术以及发展自然人机交互技术成首要目标。有关人工智能领域，该《规划》有三处阐释。

2017年7月20日，国务院印发《新一代人工智能发展规划》，提出将在重点前沿领域探索布局、长期支持，力争在理论、方法、工具、系统等方面取得变革性、颠覆性突破，全面增强人工智能原始创新能力。该《规划》还提到前瞻布局新一代人工智能重大科技项目，到2030年中国人工智能产业竞争力达到国际领先水平，人工智能核心产业规模超过1万亿元，带动相关产业规模超过10万亿元。

此前中国发布的相关政策主要包括：

2015年5月20日，国务院印发《中国制造2025》，部署全面推进实施制造强国战略。根据规划，通过“三步走”实现制造强国的战略目标，其中第一步，即到2025年迈入制造强国行列。“智能制造”被定位为中国制造的主攻方向。

2015年7月5日，国务院印发《“互联网+”行动指导意见》，提出大力发展智能制造。以智能工厂为发展方向，开展智能制造试点示范；加快推动云计算、物联网、智能工业机器人、增材制造等技术在生产过程中的应用；推进生产装备智能化升级、工艺流程改造和基础数据共享；并明确提出其中第十一个重点发展领域为人工智能领域。

2. 美国的人工智能政策

美国自2013年开始发布了多项人工智能计划，2016年，更是加紧了对人工智能的开发，发布了多项战略规划。2016年10月13日，美国白宫科技政策办公室（OSTP）下属的国家科学技术委员会（NSTC）发布了《为人工智能的未来做好准备》（*Preparing for the Future of Artificial Intelligence*）和《国家人工智能研究与发展战略计划》（*National Artificial Intelligence Research and Development Strategic Plan*）两份重要报告。

前者详尽阐述了在发展人工智能技术方面政府的职责。提出政府应优先考虑开展基础、长期的人工智能研究，并制定发展自动和半自动武器的政策；提议建立一个类似国防预先研究计划局的机构，建议在该领域优先开放培训数据和数据标准；建议美国交通部（DOT）不断完善监管框架，将全自动车辆和无人机（包括新型交通工具设计）安全整合入交通系统；相关部门应考虑人工智能与网络安全的相互影响。

后者提出了美国优先发展的人工智能七大战略方向及两方面建议。七大战略分别为：长期投资人工智能研发领域、开发人机协作的有效方法、理解和应对人工智能带来的伦理问题、确保人工智能驱动系统的安全、为人工智能培训和测试开发共享公共数据集与环境、建立评估人工智能技术的标准和基准、深入了解国家人工智能研发人才需求。根据该规划，2015年联邦政府在人工智能相关技术方面投入了约11亿美元。该规划还指出，要以积极的眼光看待人工智能，人工智能可以在多个领域促进经济发展，比如提升教育和生活质量，提高国家安全水平。但同时也要看到人工智能可能带来的风险，包括由于人工被自动系统取代而对劳动力市场造成的潜在破坏，以及人工智能系统安全性、可靠性等的不确定性。

美国白宫在2016年12月发布的白皮书《人工智能、自动化和经济》中，指出人工智能也有其负面影响，作为对策，政府应当帮助劳动力转型，确保人工智能发展带来的增长能被普遍享受到；教育和培训适合下一代就业岗位的人才；大力投资人工智能。当民间忙于技术进步的时候，国家资金应该专注于基础设施的建设和保障。比方说，国家应该推进人工智能时代的网络攻防安全和欺诈检测技术。另外，国家也可以通过补贴的方式来调节人工智能技术的市场，促进竞争，就像美国曾经在石油、钢铁和汽车行业所做的那样。

与AI研发战略计划相关的其他研发战略计划和方案还包括《大数据研究和发展战略计划》《联邦网络安全研究和发展战略计划》《国家隐私研究和发展战略》《国家纳米技术倡议战略计划》《国家战略计算计划》《推进创新神经技术脑研究计划》与《机器人技术路线图》。涉及某些AI子领域的其他战略研发计划和战略框架处于研究阶段，其中包括视频和图像分析、健康信息技术、机器人和智能系统。这些额外计划和框架将提供补助和详细叙述AI研发战略计划的协同建议。

3. 英国的人工智能政策

英国科学办公室2016年9月也发布了一份名为《人工智能：未来决策制定的机遇与影响》的报告，阐述了人工智能的未来发展对英国社会和政府的一些影响，论述了如何利用英国独特的人工智能优势，增强英国国力。2016年9月13日，英国下议院的科学和技术委员会（The House of Commons' Science and Technology Committee）发布了《机器人和人工智能》（*Robotics and Artificial Intelligence*）研究报告。该报告指出英国视自身为机器人技术和人工智能系统的道德标准研究领域的全球领导者，并且认为英国应该将这一领域的领导者地位扩展至人工智能监管领域。英国这一目标不是毫无根据的，尽管现在大部分的机器人还停留在机械自动化而非智能自动化阶段，自动化系统已经吸引越来越多的商业、学术机构以及公共领域的注意力。

英国政府曾于2013年将机器人和人工智能系统（RAS）列入英国八大技术，然而，政府在此领域的领导力远远不够。政府未制定该技术专项发展与投资战略，也未能实现其创建RAS领导委员会的承诺。

2017年1月，英国政府宣布了“现代工业战略”，增加的47亿英镑的研发资金将用在人工智能、“智能”能源技术、机器人技术和5G无线等领域。2017年3月，英国政府公布数字战略，其中包括了对人工智能的评论以决定政府和企业如何提供进一步的支持。英国2017年3月1日正式公布人工智能评估计划并推动数字战略。在数字战略影响下，预计英国政府将拨付1730万英镑的研究资金，用于全英机器人技术和人工智能技术的研发。

4. 欧盟的人工智能政策

欧盟在人工智能立法方面未雨绸缪，2016年6月，率先提出了人工智能立法动议，认为人工智能机器人也受法律约束，必须依法缴税，同时可以享有养老金。2017年3月，欧洲议会投票接受了一份由欧洲议会法律事务委员会制作的关于机器人和人工智能的详细报告所提出的诸多监管建议。这些建议侧重于责任、机器人对劳动力的影响、开发商的道德行为守则，以及建立欧洲机器人和人工智能机构等问题。同时，该报告还指出，机器人会对社会产生巨大影响，但并不是所有的影响都是有益的。

5. 日本的人工智能政策

2016年1月，在第五个科学与技术基础五年计划中，日本政府提出名为“超级智能社会”的未来社会构想，提出要发展信息技术、人工智能以及机器人技术。

同年5月，日本政府提出集人工智能、大数据、物联网、网络安全于一体的综合发展计划，为开展创新性研究的科研人员提供支持。日本政府产业竞争力会议汇总了增长战略的草案，将重点放在活用机器人和人工智能以提高生产效率上。

同年10月，日本政府举行“结构改革彻底推进会议”，加紧推进人工智能和机器人等尖端技术成果转化。

2017年，日本政府制定了人工智能产业化路线图，计划分三个阶段推进利用人工智能技术，大幅提高制造业、物流、医疗和护理行业效率。第一阶段（2020年前后），确立无人工厂、无人农场技术，普及利用人工智能进行药物开发支援，通过人工智能预知生产设备故障。第二阶段（2020～2030年），实现人员和货物运输配送的完全无人化，机器人的多能工化、机器人协调工作，实现针对个人的药物开发，利用人工智能控制家和家电。第三阶段（2030年之后），看护机器人成为家里的一员；普及移动的自动化、无人化“将人为原因的死亡事故降至零”；通过人工智能分析潜在意识，可视化

"想要的东西"。

此前涉及的人工智能政策有2015年1月发布的《机器人新战略》和2015年5月日本政府先期投入10亿日元在东京成立的集中开发人工智能相关技术的"人工智能研究中心"。2015年9月，日本经济产业省、文部科学省与总务省计划携手成立"项目推进委员会"，积极推进人工智能领域的研究。

（二）人工智能产业的发展现状

人工智能产业可分为基础、技术、应用三个层次，基础层包括芯片、传感器等硬件厂商；数据资源服务者以及计算平台提供方；技术层为视觉识别、语音识别、自然语言处理、自动驾驶系统、机器学习等人工智能底层技术；应用层则为面向政府、企业、消费者等有具体使用场景的实际应用，包括机器人、智能硬件以及智能软件、整体解决方案等软硬件服务。

图1　人工智能产业结构层级

据Venture Scanner统计，2014年人工智能领域全球投资额为10亿美元，同比增长近50%。2015全球人工智能公司共获得近12亿美元的投资，这个数据已经超过过去20年中17年的全年投资总额。预计2020年，全球人工智能市场规模将超千亿。

从目前世界各国的人工智能专利、论文、企业、融资等方面情况综合分析，美国和中国在人工智能领域处于世界领先地位。

1. 全球人工智能产业发展现状

Venture Scanner 对跨越 13 个种类、70 个国家、总计 1878 家的人工智能公司进行了追踪分析，这些公司的总共融资金额高达 190 亿美金[①]（统计时间为 2017 年 7 月）。13 个人工智能产业种类分别为：计算机视觉/图像识别应用（Computer Vision/Image Recognition Applications）、计算机视觉/图像识别平台（Computer Vision/Image Recognition Platforms）、情景感知计算（Context Aware Computing）、深度学习/机器学习应用（Deep Learning/Machine Learning Applications）、深度学习/机器学习平台（Deep Learning/Machine Learning Platforms）、手势控制（Gesture Control）、自然语言处理（Natural Language Processing）、个性化推荐引擎（Personalized Recommendation Engines）、智能机器人（Smart Robots）、语音识别（Speech Recognition）、语音翻译（Speech to Speech Translation）、视频内容自动识别（Video Automatic Content Recognition）、虚拟助手（Virtual Assistants）。

根据美国 Statista 的统计数据，2016 年全球人工智能产业市场规模为 6.437 亿美元，预计到 2025 年将达到 368 亿美元。2017 年，全球人工智能产业市场规模预计约为 12.5 亿美元（见图 3）。其中人工智能的主要应用包括图像识别、物体识别、检测、分类以及自动化地球物理特征检测。此外，人工智能产业的盈利主要来自企业应用层面。

2. 中国与美国的人工智能产业发展现状

《乌镇指数：全球人工智能发展报告 2016》指出，美国人工智能企业总数为 2905 家，居全球第一。而中国人工智能企业数量虽不及美国，但京沪深三城占全球总数的 7.4%，在东亚地区位列前三，在全球范围内分列第 3、第 6、第 8 位。中国在人工智能领域已经与美国形成双雄争霸的

① Venture Scanner, *Artificial Intelligence Market Overview and Innovation Quadrant -Q3*, https: // Venture Scannerinsights. wordpress. com/category/artificial-intelligence-2/, 2017 - 11 - 9.

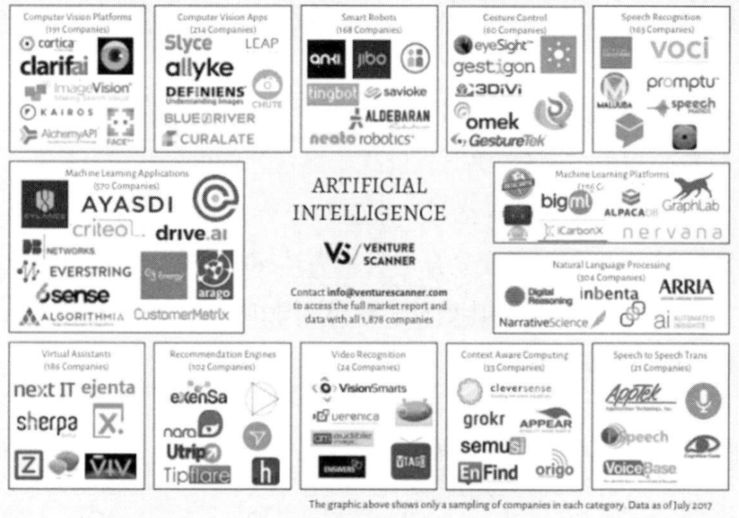

图 2　人工智能市场总览

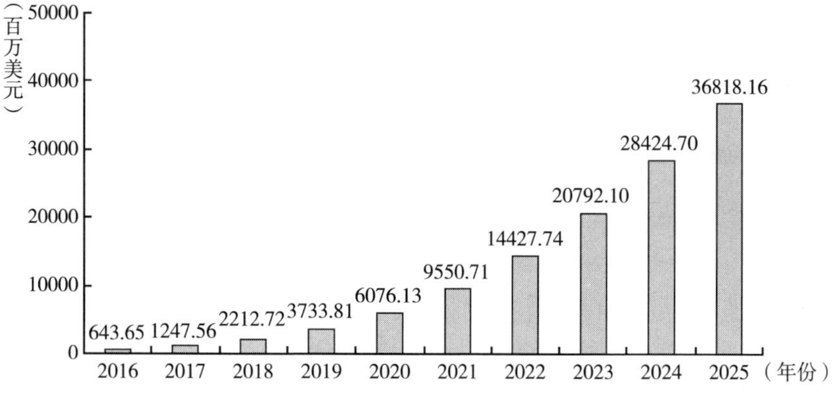

图 3　2016～2025 年世界人工智能产业市场规模增长预测

资料来源：Statista，*Growth of the Artificial Intelligence（AI）Market Worldwide*，*from 2016 to 2025*，https://www.statista.com/statistics/607960/worldwide-artificial-intelligence-market-growth/，2017－11－9.

局势。2017 年 2 月 3 日，《纽约时报》就有一条这样的头条新闻 *China Gains on the U. S in the Artificial Intelligence Arms Race*（《中国在人工智能方面是否正在超越美国?》），记者约翰．莫泽和约翰．马尔科夫宣称：“技术力量对比正在倾向（中国）”，人工智能方面中国距美国也许“仅一步之遥”。

具体到人工智能产业规模上，据前瞻产业研究院发布的《2017～2022年中国人工智能行业市场前瞻与投资战略规划分析报告》，2014年，我国人工智能产业市场规模为48.6亿元；截至2016年底，人工智能产业市场规模已经增长至95.6亿元，年度复合增长率高达40.25%。人工智能应用范围的扩大，将带动产业规模高速增长。预计到2018年，我国人工智能产业市场规模将达到203.3亿元。

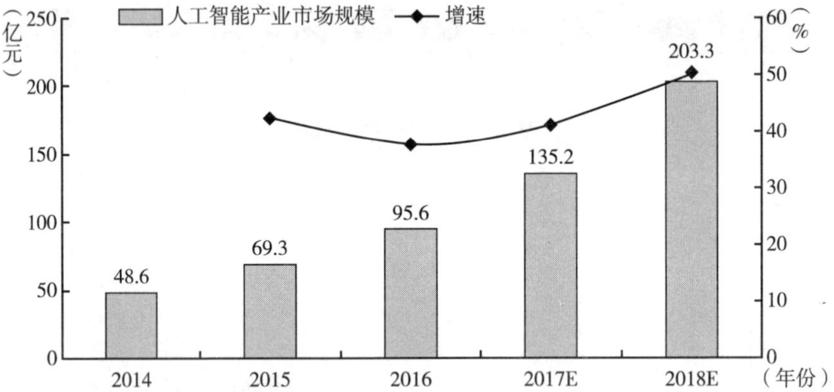

图4　2014～2018年我国人工智能产业市场规模

资料来源：前瞻产业研究院，《人工智能在我国的发展现状及产业化趋势分析》，http://www.qianzhan.com/analyst/detail/220/170407-4adc73fb.html，2017-11-9。

根据TechSci Research的研究报告，2016年美国人工智能市场规模达到562亿元，较上年增长18.1%。此外，经预测，2016～2021年美国人工智能产业市场规模的年度复合增长率高达75%①。

① TechSci Research：*United States Artificial Intelligence Market*，*Competition Forecast & Opportunities*，https://www.techsciresearch.com/report/united-states-artificial-intelligence-market-by-application-speech-recognition-image-recognition-etc-by-region-and-by-end-user-consumer-electronics-security-access-control-etc-competition-forecast-opportunities-2011-2021/676.html，2017-11-9.

从数据规模来看，2016 年，美国数据资源总量占全球的 35%，预计 2030 年占比为 29%。2016 年，中国数据资源总量占全球的 21%，预计 2030 年占比为 30%。美国的政府数据开放度全球排名为第 8 名。美国数据的特点是行业信息化程度更高，积累了大量高质量的行业数据。中国的政府数据开放度全球排名为第 93 名。中国数据的特点是拥有 7.31 亿网民，居全球首位，积累了海量用户行为数据。虽然中国将是世界上数据总量最大的国家，但是目前中国的数据开放和数据交易还远远没有发展起来，中国要想加快 AI 应用，就必须更大力度、更大范围地构建开放数据生态，让 AI 有更多的数据“饲料”。

从专利角度来看，截至 2015 年底，美国人工智能专利申请数累计达到 26891 项，位列全球第一；而中国共计 15745 项，位列第二。但自 2012 年开始，中国的专利申请数及专利授权数就超越美国。自 2001 年始，中国每年新增人工智能专利数增幅较大，申请数、授权数增长了 40 倍左右；美国整体上保持稳定增长趋势，在 2011 年开始加速，这与其资本开始涌入该领域的节奏相关。

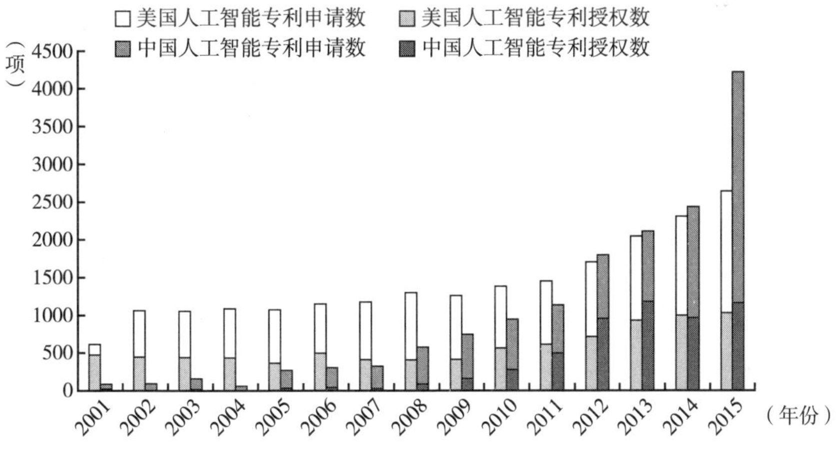

图 5　中美人工智能专利情况比较

三　人工智能的发展态势

（一）当前人工智能的前沿技术应用

1. 智能机器人

智能机器人是一个在感知－思维－效应方面全面模拟人的机器系统，是人工智能技术的综合试验场，可以全面地考察人工智能各个领域的技术，研究它们相互之间的关系。一部智能机器人应该具备三方面的能力：感知环境的能力、执行某种任务而对环境施加影响的能力和把感知与行动联系起来的能力。智能机器人与工业机器人的根本区别在于，智能机器人具有感知功能与识别、判断及规划功能。智能机器人是第三代机器人，这种机器人带有多种传感器，能够将多种传感器得到的信息进行融合，能够有效地适应变化的环境，具有很强的自适应能力、学习能力和自制功能。随着智能机器人应用领域的扩大，人们期望智能机器人在更多领域为人类服务，代替人类完成更复杂的工作。根据 Gartner 公司的预测，至 2020 年左右，85% 的客服服务都将由人工智能完成。

2016 年 8 月 9 日举办的阿里云云栖大会·北京峰会上，阿里云宣布推出人工智能 ET（人工智能系统）。基于阿里云计算能力，ET 目前已经具备智能语音交互、图像/视频识别、交通预测、情感分析等多项技能。

2016 年 8 月，美国国家科学基金会颁布了《美国机器人技术路线图》，提出了未来 10～15 年实现全尺寸且具有通用自主能力的机器人应用和解决方案，以及要在未来 5 年、10 年和 15 年三个阶段中持续研发可实现的目标。

2016 年 8 月英国科学家首次造出了能够理解并回答任何工作相关问题的人工智能。这款计算机软件名叫 Starmind，能够利用机器学习技术理解问题，然后从之前员工针对某一话题的对话中寻找答案，或者找到公司中能前来帮忙的专家。该人工智能的创造者将其称作“大脑技术”（Brain Technology），并声称它的目标是成为任何公司中的“中央知识银行”，即一个可以被任何人访问的即时信息数据库。

2016 年 12 月，国内知名的机器人企业中智科创机器人有限公司（简称中智科创）发布安保服务机器人，这款机器人能听会说，具备巡逻监控、异常报警等诸多特色功能。较之传统的安防体系，安保服务机器人可谓 7×24 小时的企业超级员工，可替代重复性工作岗位（能替代 2～4 名工作人员），节省企业人力成本，提升工作效率和质量，服务品质更稳定。安保服务机器人可广泛应用于银行、商场、展区、楼盘等公共场所，目前已经成功应用于华为公司、中国建设银行、佛山政务中心、深圳盐田图书馆、天津万福生活广场等多个场所。

2017 年 6 月，日本永旺集团在旗下购物中心永旺梦乐城（Aeon Mall）和永旺银行设置无人信用卡柜台，使用搭载 IBM Watson 人工智能系统的机器人 Pepper 替民众处理文书作业及回答问题，有效延长柜台服务时间。Pepper 是一款人形机器人，由日本软银集团和法国 Aldebaran Robotics 研发，可综合考虑周围环境，并积极主动地做出反应。这款机器人配备了语音识别技术、呈现优美姿态的关节技术，以及分析表情和声调的情绪识别技术，可与人类进行交流。Pepper 的优点是在情感表达方面比其他机器人更胜一筹，通过可变换颜色的眼睛同步表达倾听或说话应用，同时大数据库的应用让其在语言交流功能上也更为强大，并可依靠镶嵌在基座中的轮子自主移动。

2. 无人驾驶

无人驾驶汽车是指通过车载传感系统感知道路环境，自动规划行车路线并控制车辆到达预定目标的智能汽车，也可以称之为轮式移动机器人。它是利用车载传感器来感知车辆周围环境，并根据感知所获得的道路、车辆位置和障碍物信息，控制车辆的转向和速度，从而使车辆能够安全、可靠地在道路上行驶。

根据美国的专利顾问公司 Lexinnova 的报告，无人驾驶汽车发展所需基本技术有 9 项，即车对车通信（V2V Communication）、巡航控制（Cruise Control）、自动刹车（Automatic Brakes）、车道维持（Lane Keeping）、雷达（Radar）、循迹或稳定控制（Traction or Stability Control）、视频摄影机（Video Camera）、位置估计器（Position Estimator）、全球定位系统（Global Positioning System，GPS），在上述的基本技术中，前五项技术的专利申请数

量相对较多，是最重要的技术。

在专利申请方面，据汤森路透知识产权与科技最新报告，2010～2015年，与汽车无人驾驶技术相关的发明专利超过22000件，并且在此过程中，部分企业已崭露头角，成为该领域的行业领导者。

国外对无人驾驶的研究和实践起步较早。早在20世纪70年代，一些车企就开始使用射频和磁钉的方式来导引车辆实现自动驾驶。此后，日本、欧洲和美国的一些高校进行了一些实验和开放项目，如EUREKA Prometheus、CMU NAVLAB、AHS Demo。进入21世纪特别是近十年来，无人驾驶技术得到飞速发展。2016年1月15日，美国联邦政府宣布，计划在未来10年拨款40亿美元，加速无人驾驶汽车的发展，希望减少交通事故死亡率和缓解交通拥堵状况。2016年1月29日，英国交通部宣布，准许自动驾驶汽车在伦敦街头上路测试。从2016年7月起，“格林尼治自动化交通环境项目”的第一辆自动驾驶车将在伦敦东南部的泰晤士河格林尼治半岛的道路上试车。

我国从20世纪80年代就开始进行无人驾驶汽车的相关研究，国防科技大学1992年成功研制出中国第一辆真正意义上的无人驾驶汽车。2005年，首辆城市无人驾驶汽车在上海交通大学研制成功。2011年7月，由一汽集团与国防科技大学共同研制的红旗HQ3无人驾驶汽车完成了286公里的高速全程无人驾驶试验，人工干预的距离仅占总里程的0.78%。

无人驾驶根据自动化程度一般分为五个等级：无自动（0级）、个别功能自动（1级）、多种功能自动（2级）、受限自动驾驶（3级）、完全自动驾驶（4级）。

无人驾驶的技术发展模式主要有以下几种。①丰田。丰田主推“地图自动绘制系统”，并宣布2020年左右实现可在“汽车专用道路”上使用。该项技术的基本原理是利用搭载了摄像头的车辆，在行驶过程中采集路面图像数据和地理位置数据，并将数据统一反馈到信息中心进行集中处理和调整，进而自动绘制出大范围高精度的地图。②沃尔沃。目前，沃尔沃已进入“高度自动驾驶”的实质性项目测试和商业化阶段，沃尔沃的车辆已包含有自动紧急刹车、行人和骑车者监测、车道偏移辅助和自适应式巡航控制等技术。沃尔沃与爱立信打造的 Sensus 智能操作系统，基于爱立信的云端服务，可以提供包括互联（Connect）、服务（Service）、娱乐（Entertain）、导航（Navi）、控制（Control）在内的车载互联功能，以实现安全、便捷、智能、高效的车内外互联体验，旨在打造基于车联网、物联网和大数据的智能城市交通生态系统。③宝马。宝马研发的无人驾驶技术“UR：BAN research”（城市空间），是以用户为主的网络管理和辅助系统，致力于帮助驾驶员避开路上的行人，通过预测交通信号灯的变化方式使出行更加顺畅、更加高效，不会夺走驾驶员对汽车的掌控权。此外，宝马的无人驾驶技术还包括360°预防碰撞系统和多层停车场全自动泊车技术。④特斯拉。特斯拉的高级自动驾驶则更多地依赖摄像头，依靠机器视觉进行车道保持、变道等功能。特斯拉的召唤功能可以通过手机完成泊车和驶离车位的操作，展现了特斯拉在自动驾驶领域的领先地位。目前，特斯拉被认为是全世界量产车中主动安全和准自动驾驶性能最先进的汽车。

与整车厂商不同的是，互联网厂商始终以颠覆式的姿态进入，直接从无人驾驶切入，以人工智能、高精度地图和激光雷达等技术综合实现最高级别无人驾驶（任何时间、任何路况自动驾驶）。主要技术模式如下。

①谷歌。谷歌是互联网企业开发无人驾驶技术的先驱，谷歌目前的无人驾驶技术为 level 4 级别，为全球最高水准。Google Driverless Car 是谷歌公司的 Google X 实验室研发的全自动驾驶汽车，不需要驾驶者就能启动、行驶以及停止。2015 年 6 月 26 日，谷歌无人驾驶车正式开上美国加州的公路进行测试。经过长期的努力，2016 年 2 月，美国监管部门告知谷歌，根据美国联邦法律，谷歌无人驾驶汽车可以被视为“司机”，这是无人驾驶技术在世界范围内迈出的重要一步。同年 10 月，谷歌宣布其研发的无人驾驶汽车已经在电脑控制下安全行驶 300 万公里。

②百度。百度无人驾驶车项目于 2013 年起步，由百度研究院主导研发，其技术核心是“百度汽车大脑”，包括高精度地图、定位、感知、智能决策与控制四大模块。2015 年 12 月 14 日，百度宣布正式成立自动驾驶事业部，计划用三年时间实现自动驾驶汽车的商用化，五年实现量产。2016 年 11 月

百度无人车于乌镇首次实现城市开放道路运营。

③Mobileye。Mobileye 是国际 ADAS 领域的领导厂商，始建于 1999 年，总部位于以色列，主要致力于汽车工业的计算机视觉算法和驾驶辅助系统的芯片技术的研究。其研究的“智能驾驶辅助系统”，已集成至沃尔沃、通用、宝马、现代、沃尔沃客车、雷诺卡车等世界汽车制造商生产的车辆中。Mobileye 的视觉智能能力，通过其核心芯片 EyeQ2 视觉处理器和搭配的一套算法来实现。Mobileye 的关键技术突破在于其所有应用只使用一个摄像机且将多个应用捆绑起来，赋予车辆观察前方/周围的能力，并让车辆学会通过关键特征和轮廓，辨别周围的环境，能识别出人、自行车、摩托车、行车线、速度标识及其他交通工具等；通过计算速度、角度等关键参数进行提前预判，并通过图像和声音来提醒驾驶员提高警惕。

3. 计算机视觉

计算机视觉是使用计算机及相关设备对生物视觉的一种模拟。它的主要任务就是通过对采集的图片或视频进行处理以获得相应场景的三维信息。形象地说，就是给计算机安装上眼睛（照相机）和大脑（算法），让计算机能够感知环境，属于人工智能核心功能之一。计算机视觉在早期发展阶段，图像识别成功率较低。2006 年后，随着深度学习理论的提出，卷积神经网络、循环神经网络等算法逐渐推广应用，机器可以通过训练自主建立识别逻辑，图像识别成功率也因此逐步从 70% + 上升到 90%，乃至 95% +，图像识别系统错误率低于人类。与人类相比较，计算机视觉可以通过观察图像的细节、纹理、形状和背景等无法被人类观察到的细节来提高识别成功率。

从技术流程上看，计算机视觉识别通常需要三个过程：目标检测、目标识别、行为识别。目标检测解决的是从图像背景中找出核心物体的问题，需要进行图像预处理和图像分割，去除背景中的冗余信息；目标识别解决的是“是什么”的问题，在提取图像信息后，决定每个图像的点是否属于一个图形特征，主要手段是特征提取、目标分类和判断匹配；行为识别解决的是“干什么”的问题，是一种高层次的人工智能应用，和预测、分析息息相关。需要通过对多帧图像数据进行理解，并建立相应的行为分析模型。

表1　计算机视觉的应用领域

应用对象	应用场景	应用方式
军　　事	定向武器投射	基于机器视觉，帮助武器自动进行目标定位
医　　疗	医疗影像分析	通过机器学习和计算机视觉技术，实现机器对医学影像的分析判断，为医生的影像诊断提供辅助
工业生产	成品无损检测	通过机器视觉进行产品质量检测，替代产品质检人员，避免接触损伤，提高瑕疵品检测率
	高位作业监控	通过机器视觉，完成不适合人工的危险工作环境下的视觉监控
	图片搜索引擎	通过图片本身来搜索相似图片
	无人驾驶	利用机器视觉识别和发现周围场景及各类物体动向，进而辅助车辆自主进行驾驶决策
消费生活	机器人	利用机器视觉，让机器人识别周围环境
	无人机	帮助机器识别周围视觉基本属性和大致情况，避免高速碰撞
	AR/VR	通过计算机视觉技术来模拟人类视觉

资料来源：36 氪研究院，《2016 年计算机视觉行业研究报告》，http：//wenku. ofweek. com/show-31606. html，2017 - 11 - 9。

到目前为止，计算机视觉还没有像自然语言处理和识别等技术一样有独角兽公司出现，行业的发展还处于起步阶段。但值得一提的是，我国在计算机视觉的研究方面已经走在世界前列。2016 年 6 月，阿里巴巴旗下广告交易平台阿里妈妈图像团队的 OCR（图中文字识别）技术刷新了 ICDAR Robust Reading 竞赛数据集的全球最好成绩，并大幅超越第二名。借助这一领先的 OCR 技术，阿里妈妈图像团队能够以 95% 的超高准确率识别图中违规文字信息，有效过滤商家恶意推广，维护消费者权益。

2016 年 9 月，Image Net 2016 大赛中，中国团队几乎包揽冠军。Image Net 是美国斯坦福大学的一个计算机视觉系统识别项目名称，是目前世界上最大的图像识别数据库。海康威视斩获场景分类世界第一。斯坦福大学每年都会举行一个比赛，邀请谷歌、微软、百度等 IT 企业使用 ImageNet，测试他们的系统运行情况。

4. 语音识别

语音识别是“机器的听觉系统”，语音识别技术就是让机器通过识别和理解过程把语音信号转变为相应的文本或命令的人工智能技术。语音识别技术所涉及的领域包括：信号处理、模式识别、概率论和信息论、发声机理和听觉机理、人工智能等等。目前，主流的大词汇量语音识别系统多采用统计模式识别技术。典型的基于统计模式识别方法的语音识别系统由以下几个基本模块所构成：①信号处理及特征提取模块。该模块的主要任务是从输入信号中提取特征，供声学模型处理。同时，它一般也包括了一些信号处理技术，以尽可能降低环境噪声、信道、说话人等因素对特征造成的影响。②统计声学模型。典型系统多基于一阶隐马尔科夫模型进行建模。③发音词典。发音词典包含系统所能处理的词汇集及其发音。发音词典实际提供了声学模型建模单元与语言模型建模单元间的映射。④语言模型。语言模型对系统所针对的语言进行建模。理论上，包括正则语言、上下文无关文法在内的各种语言模型都可以作为语言模型，但目前各种系统普遍采用的还是基于统计的N元文法及其变体。⑤解码器。解码器是语音识别系统的核心之一，其任务是对输入的信号，根据声学、语言模型及词典，寻找能够以最大概率输出该信号的词串。

语音识别的研究工作可以追溯到20世纪50年代AT&T贝尔实验室的Audrey系统，它是第一个可以识别十个英文数字的语音识别系统。但真正取得实质性进展，并将其作为一个重要的课题开展研究则是在60年代末70年代初。20世纪90年代，许多著名的大公司如IBM、苹果、AT&T和NTT都对语音识别系统的实用化研究投以巨资。其中IBM公司于1997年开发出汉语ViaVoice语音识别系统，次年又开发出可以识别上海话、广东话和四川话等地方口音的语音识别系统ViaVoice98。中国从1987年开始执行国家“863”计划后，国家863智能计算机专家组为语音识别技术研究专门立项，每两年滚动一次。中国语音识别技术的研究水平基本上与国外同步，在汉语语音识别技术上还有自己的特点与优势，并达到国际先进水平。有业界人士表示，智能语音技术背后的竞争其实一个国家文化、语言的竞争，使用人口越多的语音可以培育出巨大的市场。

科大讯飞是目前国内最有影响力的语音技术公司。根据2014年语音产业联盟的调查数据，科大讯飞占据了超过60%的市场份额，绝对是语音技术的龙头企业。其主要竞争对手——百度语音很早就确立战略方向，2010年与中科院声学所合作研发语音识别技术，但是市场发展相对缓慢。直到2014年，人工智能领域的泰斗级大师吴恩达，正式组建了百度语音团队，专门研究语音相关技术，2016年的百度DeepSpeech2深度语音识别技术，被《麻省理工评论》列为十大突破性技术之一，与生物技术、航天技术、纳米技术并列，也是唯一一家入选的中国公司。除了百度和科大讯飞之外，国内还有云之声、出门问问、搜狗语音、思必驰等诸多公司群雄逐鹿。

5. 自然语言处理

自然语言处理是计算机科学领域与人工智能领域中的一个重要方向。它研究能实现人与计算机之间用自然语言进行有效通信的各种理论和方法。用自然语言与计算机进行通信赋予人类用自己最习惯的语言来使用计算机的能力，而无须再花大量的时间和精力去学习不很自然和习惯的各种计算机语言。自然语言处理的困难之处在于，自然语言文本和对话的各个层次上广泛存在各种各样的歧义性或多义性。

最早的自然语言理解方面的研究工作是机器翻译。1949年，美国人威弗首先提出了机器翻译设计方案。20世纪60年代，国外对机器翻译曾有大规模的研究工作，耗费了巨额资金，但人们当时显然是低估了自然语言的复杂性，语言处理的理论和技术均不成熟，进展不大。大约从90年代开始，自然语言处理领域发生了巨大的变化。大规模真实语料库出现，成为研究自然语言统计性质的基础。而现代自然语言处理算法是基于机器学习，特别是统计机器学习。机器学习范式不同于之前的一般语言处理尝试。自然语言处理研究逐渐从词汇语义层次转向叙事整体的理解。

自然语言处理的基础是各类自然语言处理数据集，如tc-corpus-train（语料库训练集）、面向文本分类研究的中英文新闻分类语料、以IG卡方等特征词选择方法生成的多维度ARFF格式中文VSM模型、万篇随机抽取论文中文DBLP资源、用于非监督中文分词算法的中文分词词库、UCI评价排序数据、带有初始化说明的情感分析数据集等。

计算机对自然语言处理的过程：①把需要研究的问题在语言上建立形式化模型，使其可以数学形式表示出来，这个过程称之为“形式化”；②把数学模型表示为算法的过程称为“算法化”；③根据算法，计算机进行实现，建立各种自然语言处理系统，这个过程是“程序化”；④对系统进行评测和改进最终满足现实需求，这个过程是“实用化”。

从 2013 年的 word2vec 开始，自然语言处理领域引爆了深度学习领域，2014 年的热点是各种新颖的词表示学习方法，而 2015 年则开始扩展到句子层次，CNN、RNN、LSTM 等模型轮番上阵，在机器翻译、文档摘要、阅读理解、关系抽取等任务上取得了重要进展。从符号主义和连接主义的对立走向合作，从静态分析走向交互，从语法和浅层语义走向深层语义，从功能主义走向认知和情感体验，已经成为自然语言处理的发展趋势。

6. 个人虚拟助手

用户与虚拟助手之间的智能交互，不是简单地基于存储式的问答，而是对话。虚拟助手会记录用户的行为和使用习惯，利用云计算、搜索引擎和“非结构化数据”分析，读取和“学习”包括手机中的文本报告件、电子邮件、图片、视频等数据，来理解用户的语义和语境，从而实现人机交互。

个人虚拟助手的关键技术主要有以下几种。①语音识别和语音合成技术。语音识别技术是把用户的口语转化成文字，而语音合成则是把返回的文字结果转化成语音输出。②知识搜索技术。不同于搜索互联网信息，该类搜索引擎将从公众的（包括公开的网页等）和获得授权的资源中，发掘、建立起一个异常庞大的经过组织的数据库，再利用高级的自然语言算法进行处理，最终构造出一个类似于谷歌搜索的工具。相比较网页搜索技术，该系统得到的答案结构化程度很高。③知识库 & 知识库推断。相比于网页搜索技术，知识库基本以一个词条或者主题为单位，因此得到的数据价值高，知识量大，并且结构化程度高。④多轮对话 & 语义理解。通过和用户多轮对话，掌握用户的意图的关键技术。⑤用户画像和推荐技术。根据用户的使用行为，以及其他数据，掌握用户的特点，习惯，是实现个性化服务的关键技术。在用户画像的技术上，主动给用户推荐用户想要的服务以及内容，这个就需要用到推荐技术。

尽管虚拟助手的概念早在几十年前就出现了，但是直到 Apple 推出 Siri 后，虚拟助手才成为主流概念，并形成百花齐放的竞争格局。Businesses Insider 做的一项虚拟助手测评显示：苹果 Siri 擅长 Email、信息、日历和一些基础任务，而微软 Cortana 和亚马逊 Alexa 还不能准确识别人名和用户语音表述的邮件内容；亚马逊 Alexa 技能丰富，最擅长音乐播放、发掘周边社交活动、基础和常识任务。此外 Alexa 较大的用户基础和使用频率，使其有能力积累更多数据，实现进化；谷歌 Assistant 则擅长于帮助用户规划出行，了解体育、天气等资讯以及回答常识性问题。此外，谷歌 Assistant 提供的用户体验最为流畅，且比其他虚拟助手更为熟练地了解语音情境；微软 Cortana 的综合表现相对较弱。

表 2　个人虚拟助手代表公司产品比较

代表公司	推出时间	主要技术	主要产品	应用功能
微软(小冰)	2014	智能语音交互和自然对话、深度学习等	微软小冰聊天机器人	登录微信、微博、京东等平台聊天，天气播报主播、给人类打电话、歌手
百度(度秘)	2015	智能语言交互和自然对话、深度学习等	百度度秘人工智能秘书	具备一键叫车、订外卖、买电影票、预定餐厅，还有明星叫起床等
科大讯飞	2010	语音技术和自然语言处理	讯飞输入法、讯飞听见、灵犀语音助手	支持数十个方言语音输入、通过语音识别技术实时将语音转化为文字
Amazon(Echo)	2014	Alexa 智能助手、麦克风阵列、云端服务器	Amazon Echo	从 Prime Music、Pandora 或 Spotify 串流音乐，设置闹钟，讲冷笑话，播报新闻
Google(Home)	2016	Google Assistant 语音助手等	Google Home	与电视、音响、插座、灯光、空调等家庭设备实现互联，对整个家居环境实现控制，支持直接双向对话
软银 Aldebaran Robotics	2015	语音识别技术、关节技术，分析表情和声调的情绪识别技术	Pepper	能够阅读分析人类的面部表情、语音语调、讲话内容来“读懂”人类当前的情绪

（二）人工智能发展对就业市场的影响

人工智能对“认知型”人类工作的经济影响将类似于自动化和机器人在制造业工作中对人类的影响。IDC 的认知系统研究总监 Dave Schubmehl 回答说：“由于经济的数字化转型和人工智能变革，我们将会看到人们的工作方式发生巨大变化，这种变化与工业革命带来的变化类似”。不同于工业革命中，被机器所替代的产业工人，人工智能发展所替代的工作类型主要集中在认知型工作上。智能自动化将有很大可能改变人们的工作类型和需要的技能类型。证据表明，智能化程度的提升将威胁日常认知工作。事实上，技术再加上贸易，已经增加了高技能工作岗位的比例，降低了中低技能工作岗位的比例。创新工场董事长李开复也曾表示，随着人工智能技术的进一步发展，“会不可防止地对就业造成冲击。许多岗位和职业会逐步消失，例如银行出纳员、客户服务代表、电话销售员、股票和债券交易员等；甚至律师助理和放射科医生这样的工作也会被这类软件所取代。假以时日，人工智能技术还会学会掌握如无人驾驶汽车和机器人这类半自主或全自主硬件设施，逐步代替工厂工人、修建工人、司机、快递及许多其他职业”。智库 Reform 的研究表明，到 2030 年聊天机器人、人工智能和自动化技术或将取代 25 万个公共部门工作岗位。

今年的世界经济论坛发布的一项研究预测，到 2020 年，新技术将全球淘汰 500 万个就业机会（那只是三年多的时间）。同一份报告指出，旧经济在办公室管理、医疗保健和金融服务方面的工作最为脆弱。斯图尔特·萨姆纳（Stuart Sumner）还以 V3 为题，预测了自动化 AI 时代最容易遭受灭绝的五大科技工作：技术支持、系统管理、网页设计、非 devops 开发和 IT 项目管理。

阿里研究院在《AI +：2016 人工智能影响力微报告》中认为人工智能未来最可能替代掉的是重复性高、规则相对标准化的工作机会，比如客户服务人员、电话销售人员、速记员、驾驶员等。

The FOW Community 的研究人员 Connie Chan 认为有五大行业受人工智

能的影响最为严重：医疗行业、制造业、运输业、客服行业和金融业。

2016年英国政府发布的人工智能报告《人工智能：未来决策制定的机遇与影响》提出：大数据、机器人和自动化系统对劳动力市场的确切影响是很有争议的话题。关于自动化可能造成多大规模的工作岗位消失，目前业界很少有共识，而工作岗位消失规模通常是这些讨论的重点。例如，来自德勤公司的一项研究发现，35%的英国工作岗位将在未来10~20年内受自动化的影响。相比之下，OECD则表示只有10%的英国工作岗位面临消失的风险。其原因有可能是构成特定工作的某项业务将产生很大的变化；该研究还发现，对于另外25%的工作，其基本业务可能发生显著变化。这意味着虽然一个职位可以保持不变，但在未来所需的技能可能会有很大的变化。

美林银行2016年8月的报告《关于机器人革命可能带来的影响》陈述了机器人在人口老龄化方面的优势，但是它也还预测了大量的工作将被消灭：其中，英国占35%，美国占47%，包括白领工作，由于他们的生计被机器带走。

人工智能对就业市场的影响还表现在社会资源的匹配上。随着人工智能的深入发展，赢家通吃的现象将愈发严重，技术和资本将高度集中在精英层次。美国白宫在2016年12月发布的白皮书《人工智能、自动化和经济》指出：尽管很多人的确正在享受人工智能发展带来的好处，但它也在为就业带来挑战。比如，那些技能要求较低的就业岗位正在逐渐被机器和人工智能取代，而原本处在这些岗位上的人进步所需要的教育等资源和其他保障，却并没有同步跟进。这便是人工智能的发展在当下所造成的社会成本。白宫十分担心，信息技术行业本来就存在“赢家通吃”的局面，普通人作为“羊”，身上的羊毛流向掌握技术和资本的0.01%精英：“人工智能驱动的科技变革，可能会进一步撕开资本和劳动力之间收益分配的裂痕……这种偏向超级巨星的科技变革，比之前的技术密集型科技变革，更容易让财富流向社会精英……人工智能时代的技术门槛不断提高，最后可能只有少数公司能够成为市场上的胜利者。”

从另外一个角度来看，人工智能的普及固然会减少某些就业岗位，但颠覆性新技术的出现必然导致新产业的出现。有理由认为人工智能可能不会导致就业减少，因为新产业的出现以及因为生产力提高而导致更高的收入和成本下降，从而实现总体增长。根据皮尤研究中心的调查，美国专家对机器人技术和人工智能的净影响进行了分析：48%的受访者认为新技术将取代更多的就业机会而导致就业率下降，52%的受访者则认为新技术将创造更多的就业机会，并导致就业率上升。

国际机器人联合会的研究数据显示，制造类机器人直接或间接地增加了人类就业岗位的总数。到2020年，机器人产业在全球范围内直接或间接创造的岗位总数将增长到350万，每部署一个机器人，将创造出3.6个岗位。英国就业与技能委员会（UKCES）预计，2012～2022年这十年间，新出现的多数工作有望归入高技能工作类型，到2022年，半数以上的工作都集中在管理、专业和准专业方面。欧盟地区，熟练工人可能会供不应求。有些学历和岗位则很大部分涉及常规认知任务。上述各方面的创新意味着员工拥有学历不一定保证其免受自动化的影响。

未来的工作将具备技术补充功能，而不是被技术所取代，因为未来的工作会包含开发、利用新技术的各项技能。有充分证据表明，STEM（科学、技术、工程、数学）和数字技能的需求会不断增长。UKCES预计，2012～2022年，程序员和软件开发人员的数量将增加20%左右。

（三）对人工智能的思考与观点

人工智能对人类来说是一把双刃剑，既有可能将人类从繁重的劳动中解放出来，也可能完全毁灭人类，由此形成了对人工智能的支持派与恐惧派。

恐惧派的观点一直以来都占据上风。相似的论调从几十年前的科幻小说和电影就已经开始出现并扩大影响。《终结者》系列电影中“天网”（*Skynet*）这一具有自我意识的机器形象深入人心，成为当代人类无法抹去的心理阴影。此后《黑客帝国》《人工智能》《机械公敌》《机械姬》《我，机器人》《机器的叛变》等一系列人工智能反叛人类的电影层出不穷。

霍金和马斯克等人都对人工智能潜在的危害表示担忧。2017年4月27

日，全球移动互联网大会（GMIC）上，著名物理学家斯蒂芬·霍金通过视频发表了题为《让人工智能造福人类及其赖以生存的家园》的主题演讲。他表示人工智能发展到目前的初步阶段已证明非常有用，但他担心的是，“人工智能可能自行启动，以不断加快的速度重新设计自己。而人类局限于缓慢的生物进化过程，根本无法竞争，最终将被超越”，因此他认为，“彻底开发人工智能可能导致人类灭亡”。特斯拉的CEO马斯克也提出了人工智能威胁论，在麻省理工学院的一次公开访谈中，马斯克发表对人工智能的看法时表示，“我认为我们应当格外警惕人工智能。如果让我说人类当下面临最大的威胁是什么，我觉得是人工智能无疑”。

伦敦帝国理工学院认知机器人学系教授穆雷·沙纳汉（Murray Shanahan）（奥斯卡获奖影片《机械姬》的科学顾问），提出人工智能技术奇点的到来可能会威胁人类的生存。“如果未来某个公司、政府、组织甚至是个人有可能制造出能实现指数级自我提升、极度渴求资源的人工智能，这一可能性足以让我们提高警惕。”① 如果不仅是智能创造技术，技术反过来也可以创造智能，那么就会产生一个循环。这个循环的结果是难以预料的，可能带来爆炸性的改变。

支持派也大有人在，扎克伯格就是人工智能的坚定支持者，他认为马斯克的AI“威胁论”看法太消极，是极不负责任的。2016年4月，亚马逊CEO贝索斯也曾就AI“威胁论”与马斯克发生过公开辩论。贝索斯认为“人工智能可以增强我们的能力，促进人类文明，这会让人类感觉舒服，并最终依赖这项技术”。2016年10月，IBM董事长、CEO罗睿兰曾撰文阐述外界对机器学习技术的最大认识误区。她表示，人们对于未来自动化机器是否将反噬和摧毁人类的疑问，是其不够理解机器智能科学的表现，她认为如果你能够参与到其中，就会知道这是由误导性表达带来的错误观念。谷歌CEO皮查伊也同样抱着不以为然的态度，他认为，从长远来看，AI必将提

① 《人工智能当红，前沿学者警告泡》，http://international.caixin.com/2016-06-03/100951168.html? NOJP，2017-11-9。

高人类的生活质量。2016 年 9 月，英国标准协会（British Standards Institute）还为人工智能发布了一套代号为 BS 8611 的机器人伦理指南，全称为《机器人和机器系统的伦理设计和应用指南》。据悉，这是第一个关于机器人设计上的伦理标准，远比阿莫西的“机器人三定律”全面。

四　人工智能对数字经济发展的影响

单就经济来说，借助人工智能新技术实现自动化，将极大提高生产率，节省劳动成本；通过优化行业现有产品和服务，提升其质量和劳动生产率，通过创造新市场、新就业等促进市场更加繁荣，开拓更广阔的市场空间。这些，都将极大地提升社会的劳动生产率，促进社会的繁荣与发展。某种意义上，人工智能为这个时代的经济发展，提供了一种新的能量，缔造一种新的“虚拟劳动力”。

因此人工智能将成为经济发展的新引擎。人工智能作为新一轮产业变革的核心驱动力，将进一步释放历次科技革命和产业变革积蓄的巨大能量，并创造新的强大引擎，重构生产、分配、交换、消费等经济活动各环节，形成从宏观到微观各领域的智能化新需求，催生新技术、新产品、新产业、新业态、新模式，引发经济结构重大变革，深刻改变人类生产生活方式和思维模式，实现社会生产力的整体跃升。

目前各界普遍认为，人工智能将是促进未来经济快速发展的重要技术。中国社科院工业经济研究所所长黄群慧在“长安讲坛”表示，智能革命驱动下，经济增长模式出现转变，除传统的资本、劳动力、创新外，人工智能作为虚拟劳动力也能推动经济增长。全国政协委员、百度公司创始人兼董事长李彦宏表示：“就给社会带来的改变而言，人工智能堪比当年的工业革命或者电力革命，它将对任何一个行业产生巨大影响。”① 未来人工智能技术

① 《人工智能的应用堪比工业革命》，http：//stock. stockstar. com/JC2017031500001037. shtml，2017 -11 -9。

将进一步推动关联技术和新兴科技、新兴产业的深度融合，推动新一轮的信息技术革命，成为经济结构转型升级的新支点。

普华永道2017年6月发布报告称，到2030年时，人工智能对全球经济的贡献将高达15.7万亿美元。这超过了目前中国和印度的经济总量之和。报告显示，其中6.6万亿美元来自企业不断利用新人工智能技术实现自动化流程，加强他们的劳动力；9.1万亿美元来自人工智能带动消费力的提升，购物者抢购个性化和更高品质的商品。从地域分布来看，中国和北美有望成为人工智能的最大受益者，总获益相当于10.7万亿美元，占据全球增长比例的近70%。

埃森哲与经济学前沿公司2016年的一份报告《为什么人工智能是未来增长之源》（*Why Artificial Intelligence is the Future of Growth*）大胆提出预测，到2035年，基于人工智能的技术的普遍采用，将创造人与机器之间的新关系，使得很多发达国家的经济增速提高一倍，同时人工智能技术对业务的影响预计将使劳动生产率提高40%，并使人们提高时间利用效率。报告估计，人工智能有可能将美国、英国和日本的总增加值GVA（与GDP近似）年度增速分别提高到4.6%、3.9%和2.7%。如果剔除人工智能对经济的影响，那么GVA的年度增速则分别只有2.6%、2.5%和0.8%。

对美国而言，这是1980年代经济高峰以来未曾见过的水平。这意味着2035年将增加8.3万亿美元的GVA，相当于日本、德国和瑞典今天的GVA总结。而英国的增长则意味着人工智能可以额外增加GVA8.14亿美元。这部分的增长主要包括三个部分：主要服务业可以通过AI来提高知识型员工的生产力，英国强大的制药和航空航天工业也可以利用人工智能系统来优化生产。日本是受人工智能影响最大的国家，如果没有采纳人工智能技术，增幅仅为0.8%，人工智能的增幅是其3.4倍，额外GVA高达2.1万亿美元。日本受人工智能影响最大的部门包括机器人领域、电子产品行业等。此外，人工智能可以在2035年为德国增加1.1万亿美元的GVA。其先进的制造部门，加上行业4.0，为智能系统无缝集成到生产过程中提供了有利条件。

2017 年 6 月，埃森哲在一份研究报告中指出，通过转变工作方式以及开拓新的价值和增长源，到 2035 年，人工智能有望推动中国经济年增长率从 6.3% 提升至 7.9%。埃森哲认为，作为全新的生产要素，人工智能有望将 2035 年中国经济总增加值提升 7.111 万亿美元。由于人工智能帮助员工更有效地利用时间，到 2035 年，人工智能有望推动中国劳动生产率提高 27%。

B.12
区块链技术对数字经济发展的影响研究

张　苑*

摘　要：区块链正在越来越广泛地应用于全球经济社会发展，将对数字经济产生重大影响。本报告从区块链的内涵入手，深入分析其对数字经济产生的正向影响和更高要求，并提出抓住机遇发展区块链技术的若干建议。

关键词：区块链　数字经济　大数据

当前，数字经济正在全球范围内极速发展。波士顿咨询公司（BCG）最新报告显示，2035年中国整体数字经济规模接近16万亿美元，数字经济渗透率48%，总就业容量达4.15亿。数字经济的大发展，离不开前沿信息技术的支持，而区块链技术作为一种可广泛应用的新型分布式技术，未来将为全球数字经济发展提供新的探索空间、架构支撑和重要动力。因此，必须主动开展区块链技术多场景应用，支持区块链企业发展，并重点关注区块链技术对数字经济发展可能带来的监管挑战。

一　全球区块链技术发展现状和趋势

2015年下半年以来，区块链技术引发了全球各界的极大关注，成为金

* 张苑，上海社科院应用经济所博士，主要研究方向为数字经济。

融科技的风口浪尖，社会上掀起了一波明显的区块链热潮，区块链技术相关行业得到快速发展，有力推动了全球数字经济的进一步发展。

（一）全球区块链技术发展现状

区块链（Blockchain）是2008年出现的数字货币——比特币的底层技术，本质是一种新型账本记录系统。由于在此账本记录系统中分区块存储，每一块包含一部分交易记录；同时每个区块都会记录前一区块的ID，按交易时间先后形成一个链状结构，因而称为区块链[①]。在区块链技术支持的交易网络中，每个节点都平等保存一套完整的历史数据库副本，所有点对点的数据变更或交易项目记录在一个公共账本上，并且所有交易采用加密技术，使数据的验证不再依赖中心服务器，极大提高了全链条上发动网络攻击的成本和篡改信息的难度，维护了信息的安全性和准确性，降低了信用成本。区块链技术系统使用共识机制和数学算法来替代中介，相较传统账本记录技术的中心化方式，减少了许多摩擦和时间成本。

回顾互联网近50年的历史，第一次巨变是1969年阿帕网（Arpanet，美国国防部高级研究计划局组建的计算机网）诞生，开启了全球联网的征程；第二次巨变是1989年万维网（World Wide Web）问世，实现了应用的全球爆发；第三次巨变是2009年比特币诞生，采用了公开的分布式账本的设计思路，真正摆脱了第三方机构的制约。

作为比特币的底层技术，区块链技术逐渐转型成为一种全新的分布式记账技术，并向其他领域应用拓展。从企业数量规模看，乌镇智库数据显示，2012年以来，全球从事区块链领域创业创新的公司数量以超过65.2%的速度快速增长，截至2016年底，共有区块链企业455家；仅2016年当年，区块链领域就完成140次融资，融资总额超过4.5亿美元。从行业领域看，目前国内外区块链技术集中于证券业、银行业、支付清算等金融业

① 张苑：《区块链技术对我国金融业发展的影响研究》，《国际金融》2016年第5期，第42页。

相关行业[①]（见表1），医疗教育、知识产权、物联网等领域涉及较少。从产业组织看，为协调推进区块链技术和应用发展，国内外先后成立各种类型的区块链产业联盟，例如由美国银行、花旗银行、纽约梅隆银行、德意志银行、法国兴业银行、摩根史丹利等国际大型金融机构参加的R3区块链联盟，万向控股、乐视金融、上海矩真等发起成立的分布式总账基础协议联盟（China ledger），微众银行、平安银行、招银网络、恒生电子等共同发起成立的金融区块链合作联盟。

表1　国内外区块链技术发展主要领域和代表机构/团队

领　域	国外代表机构/团队	国内代表机构/团队
证券交易	纳斯达克首次在个股交易商使用了基于区块链技术的交易平台Linq。 澳洲证券交易所表示将成为全世界第一个通过区块链对股权交易进行结算的市场	小蚁科技致力于将区块链技术应用于非上市公司的股权登记领域
银行业务	由42家银行组成的联盟已加入金融科技公司R3的区块链技术架构开发工作 高盛为加密货币SETLCoin申请专利，将允许交易员实时执行和结算交易 美国银行已经申请包括加密货币的风险检测系统和可疑用户警报系统等15个区块链技术的相关专利，并正在起草另外20份专利申请给美国专利和商标局	全球共享金融100人论坛发起成立“中国区块链研究联盟”
货币支付	Visa正在努力通过一个全新的区块链技术APP来改变汽车购买流程	
结算清算	芝加哥商品交易所、伦敦证券交易所、欧洲清算银行、伦敦清算所等在2015年联合成立了交易后分布式总账工作组，探索区块链技术应用于证券交易的清算和结算方式	
金融监管	英国央行发布比特币报告称，探索区块链是维护数字记录安全应用 日本金融厅多次讨论金融市场的区块链应用策略	中国人民银行在北京召开数字货币研讨会，表示高度重视区块链等技术对于支付方式的影响和变革

① 林晓轩：《区块链技术在金融业的应用》，《中国金融》2016年第8期，第17页。

续表

领　域	国外代表机构/团队	国内代表机构/团队
金融科技企业	IBM 宣布加入由 Linux 基金会推出的全新开放式账本项目，并将加入 Hyper Ledger，贡献重要资源开发区块链使用标准	万向集团发起成立万向区块链实验室，还将设立一只 5000 万美元的区块链应用技术项目投资基金 阿里巴巴金融宣布可能在其新的云服务平台使用区块链，并通科技和海航开展供应链上的区块链技术研究
会计审计	德勤尝试将区块链技术应用到客户端的自动审核及众包公司在应用程序上的咨询服务。普华永道、安永也宣布进军区块链应用研究	
医疗教育	索尼已经成功开发适用于教育领域的区块链技术，未来全球教育行业公司都可以使用分布式分类记账协议 飞利浦医疗保健集团和区块链技术公司 Tierion 开展合作，研究区块链用于患者信息保存技术	
知识产权	美国知识产权律师事务所正在研发 Monegraph 应用程序，用于证明数码信息所有权，并可以在应用上进行所有权的交易	

资料来源：课题组根据公开资料整理。

（二）全球区块链技术发展趋势

从区块链技术的演进路径来看，区块链正在从数字货币为核心的区块链 1.0 版本（可编程货币）拓展到基于智能合约的区块链 2.0 版本（可编程金融），并逐渐走向推动人类社会协作的区块链 3.0 版本（可编程社会）[①]（见表 2）。

① 梅兰妮·斯万：《区块链：新经济蓝图及导读》，龚鸣译，新星出版社，2016，第 5 页。

表2　区块链1.0、区块链2.0和区块链3.0应用一览

分类	主要应用领域
区块链1.0	货币领域，包括货币的发行机制、分配机制、币值调节机制等
区块链2.0	股权、债权、证券与金融合约、互助保险、防伪、产权登记、知识产权保护和登记等
区块链3.0	公证认证、民主选举、司法仲裁、人工智能、健康管理、去中心化自治组织等

资料来源：课题组根据公开资料整理。

从区块链应用场景看，其应用未来将从单一的数字货币应用，向文化娱乐、智能制造、社会公益、教育就业、政府服务等经济社会的各个领域延伸。

从对区块链的预测来看，一方面，它将推动新一代信息技术产业的发展，为云计算、大数据、物联网、人工智能等新一代信息技术的发展创造新的机会。例如，万向、微众等重点企业不断推动BaaS平台的深入应用，必将带动云计算和大数据的发展；另一方面，将为社会管理和治理水平的提升提供技术手段，在公共管理、社会保障、知识产权管理和保护、土地所有权管理等领域将有效提升公众参与度，降低社会运营成本，提高社会管理的质量和效率①。例如，蚂蚁金服将区块链运用于公益捐款，为全社会提升公益活动的透明度和信任度树立了榜样，也为区块链技术应用于提升社会管理和治理水平提供了实践参考。

从区块链技术的全球分布来看，现阶段中国欧洲领跑全球，而美国发展则滞后。欧洲在许多方面都引领了区块链潮流，私人和公共实体都积极参与了区块链项目，区块链初创公司中心主要集中在伦敦、阿姆斯特丹、巴塞罗那、柏林和瑞士的“加密谷”；中国正在积极促进区块链应用，大力培育和引进相关人才并给予支持；美国在区块链创业方面不太活跃，这主要与监管问题有关，缺少开展健康、能源、保险、供应链和其他方面项目的区块链创业公司。就这一领域而言，中国和欧洲在未来仍有保持领先的趋势。

① 长铗、韩锋等：《区块链：从数字货币到信用社会》，中信出版社，2016，第15页

二　区块链技术推动数字经济多领域变革

伴随着数字化时代的发展，区块链技术能够建立一个可以在多节点间、多机构间、不同区域间进行资源共享的分布式账本，其发展与应用将进一步推动数字经济的多领域变革。

1. 经济新引擎

一是培育新的创业创新机会。国内外已有的应用实践证明，区块链技术作为一种大规模协作的工具，能推动不同经济体内交易的广度和深度迈上一个新的台阶，并能有效降低交易成本。例如，万向将结合“创新聚能城”建设，构建区块链的创业创新平台，既为个人和中小企业创业创新提供平台支撑，又为将来应用区块链技术奠定了基础。随着区块链技术的广泛运用，新的商业模式会大量涌现，为创新创业提供大量机遇。

二是加速经济社会转型升级。随着区块链技术广泛应用于金融服务、供应链管理、文化娱乐、智能制造、社会公益以及教育就业等经济社会各领域，各行业业务流程必将优化、降低运营成本、提升协同效率，进而为经济社会转型升级提供系统化的支撑。例如，区块链技术在版权交易和保护方面的应用不断成熟，将对文化娱乐行业的转型发展起到积极的推动作用。

2. 重塑新生态

一是提高数字经济运行效率。传统经济交易模式依赖中介信用中心的支持，例如，中国人民银行的征信中心以及支付宝等网络支付平台等。当区块链技术崛起时，在分布式账本网络中，仅有一套账本，所有的节点保留有同样的副本，且所有节点均参与账本的正确性检验，对于交易的信任来自所有参与者对共识机制的认同。区块链最主要的特点是让信息可以作为资产非常方便地在没有中心的状态下快速转移，配合智能合约使数字化资产的管理使用更加便捷。相较传统运作模式来说，区块链能够节省大量的人力和物力①。

二是节约商务成本。埃森哲报告显示，通过对 8 家银行 50 多个运营成本指标进行对比分析，应用区块链的公司通过提供更完善及合理化的数据质量、透明度和内部控制，将节约 70% 的财务成本、50% 的集中运营成本、30% ~40% 的监管成本以及 50% 业务运营成本，8 家银行可在共计 300 亿美元的成本基础上初步节省 80 亿美元。

3. 信用新保障

一是提供战略支撑。区块链作为支撑技术已首先成功应用于以比特币为代表的数字代币。以区块链为核心构造出的加密数字货币技术体系，解决了互联网上的价值互认、重复支付等问题，并形成了互联网上的价值代币，逐步支撑起一个以数字代币为价值流通媒介的包含支付、结算、汇兑、金融和资产转移等功能的产业体系。未来将进一步推动法定数字货币的建立。由于区块链技术能使金融资产交易更加可信任、高效率和低成本，已被应用于数字化金融资产领域。区块链的发展与应用将进一步推动各类资产数字化和数字资产证券化，区块链技术成为数字资产高效流通的重要技术支撑。

二是促进可信安全和开放共享。区块链用加密和共识算法建立了信任机制，使抵赖、篡改和欺诈行为的成本高昂，保证了数据的不可篡改和不可伪造，实现了数据的完整性、真实性和一致性②。区块链有助于建立起可信安全的数字经济规则与秩序，为主权经济体参与全球数字经济营造更加可信安全的环境，促进不同国家、不同地区、不同经营单位和不同个体间开展更加紧密的数字经济合作。基于区块链技术构建起的数字经济系统是一个点对点协作系统，它对所有参与者开放，每个参与者都享有知情权，都可以分享经济价值，都可以验证交易行为。这将实现跨机构、跨组织、跨个体、跨智能体的平等开放的经济协作系统，促进共享经济发展。区块链将进一步构建平等

---

① 林小驰，胡叶倩雯：《关于区块链技术的研究综述》，《金融市场研究》2016 年第 2 期，第 107 页。

② 张波：《国外区块链技术的运用情况及相关启示》，《金融科技时代》2016 年第 5 期，第 37 页。

开放的网络经济空间，促使不同国家、不同地区之间进行平等合作，形成紧密的合作伙伴关系，更好地分享数字技术和数字经济发展成果。

三　区块链技术对数字经济提出更高要求

作为一项快速发展的新兴技术，区块链尽管在经济、金融和社会等各领域都有广泛的应用前景和变革现行模式的巨大潜力，但总体上仍然处于起步阶段，其发展对数字经济提出更多挑战。

1. 技术面临新风险

一是，安全风险难以根除。区块链技术采用密码学的非对称加密算法来保证安全性，目前来看相对安全，但随着数学、密码学和计算技术的快速发展（如量子计算机等新技术迅速发展带来的算力大幅提高），不排除在未来非对称加密算法有被破解的可能性。随着区块链技术在金融和社会领域中的广泛应用和链上资产价值不断攀升，黑客完全可能受利益驱动进而发起攻击，危及区块链的信任度。此外，基于区块链系统的程序设计同样可能因为存在漏洞而遭到攻击。近期发生的一系列安全事件已经告诉我们，区块链技术仍然面临安全方面的风险和隐患。例如，2016 年 6 月，以太坊的区块链众筹项目 DAO 因其上层智能合约存在漏洞而遭到黑客攻击，导致价值约 6000 万美元的 360 万以太币被转移。8 月，比特币交易所 Bitfinex 也出现安全漏洞，导致近 12 万个比特币被盗，总价值约为 7500 万美元。

二是，能源和资源消耗过高。区块链是一种不可篡改的、全历史的数据库存储技术，巨大的区块数据集合包含每一笔交易的全部历史，随着应用不断推进，数据规模将会越来越大①，每笔记录都在全网广播和所有节点复制，将给存储容量和带宽资源带来极大挑战。以比特币为例，全部交易数据目前已经接近 80G，对于普通电脑存储而言是不小的负担。

① 蒋润祥、魏长江：《区块链的应用进展与价值探讨》，《甘肃金融》2016 年第 2 期，第 21 页。

三是，运行效率难以适应高频要求[①]。交易吞吐量和时延是决定商业应用的关键性能指标。通过算法的不断创新改进，部分私链和联盟链的性能已经达到万笔/秒，延时也大幅降低，预计区块链技术短期内在低频、场外交易或交易后清算结算等场景或环节具有一定的应用潜力。但是，目前的区块链技术无法满足金融市场高频交易需求。比如比特币区块链的交易频率仅为6.67笔/秒（tps），每次交易需要6个区块确认，10分钟才能产生一个区块，全网确认一次交易需要1个小时，远远不如现有中心化的支付清算系统高效，如美国存管信托和结算公司（DTCC）的处理能力可达到1万笔/秒，VISA的峰值处理能力可达到5.6万笔/秒，支付宝的峰值处理能力甚至高达8.59万笔/秒。

2. 制度存在新冲突

一是，技术标准难以统一。近年来，国内外纷纷成立了多个区块链技术研究联盟，均试图构建自己的区块链行业技术标准，抢占行业发展制高点和主导权。但由于各个联盟的研究方向、目标场景和考量出发点不同，目前尚未形成统一的标准规则，存在“乱象”。例如，基于市场化原则还是国家金融利益和安全原则，基于软件标准还是硬件标准，基于商业化原则还是公共性原则，基于区块链技术底层还是应用层，标准的不同可能会导致后续应用环节产生成本高昂的兼容性问题。

二是，法律规范存在空白[②]。区块链技术和应用与很多国家的现有法律存在明显摩擦和冲突。比如，运行在区块链上的智能合约是按照事先设定的规则和触发条件自发运行、自动执行合约条款的电脑程序，一旦执行无法撤销，这种特点有违法理和传统契约精神。另外，区块链技术可以实现全球网上自发运行和交易，“跨国界化”和“无物理边界”的技术特点，一旦发生纠纷，如果法律适用性及司法管辖权不能明确界定，法律救济将难以实施，金融消费者的合法权益也无法得到保障。以数字货币为

---

① 陈一稀：《区块链技术的“不可能三角”及需要注意的问题研究》，《浙江金融》2016年第2期，第18页。

② 孙建钢：《区块链技术发展前瞻》，《中国金融》2016年第8期，第24页。

例，目前各国对数字货币的概念认识、属性认定和法律法规都不一样，也缺乏国际协调和应对机制。一旦发生商业纠纷，如果连签名使用的算法都不被一国法律认可，则这类官司没法打。

3. 社会待解新难题

一是，个人隐私保护不易。在网络信息技术时代，个人隐私保护是个难题。在区块链公有链上，所有参与者能获得完整的数据备份，所有历史交易数据公开透明，可追溯性与隐私保护如何兼顾是一个难题。尽管区块链通过加密算法进行了加密保护和身份认证，通过隔断交易地址和地址持有人真实身份的关联来达到匿名效果，但通过观察和跟踪区块链信息仍然可能利用ID、IP信息追查到账户和交易的关联性，给用户账户隐私和交易信息安全造成一定的风险隐患。另外，在连接网络世界与现实世界时区块链若使用生物特征识别技术（如人的指纹、虹膜或视网膜图案的数字表示），意味着个人生物特征信息将被存储在各个网络节点上，可能造成个人隐私数据遭到窃取。个人隐私保护会阻碍区块链技术的推广应用。

二是，用户便利化不足。区块链的基础设施服务必须让人用起来非常方便，要能够提供可配置的企业级的区块链云服务。区块链技术的不足是：在需求端，社会大众对区块链的认知能力和接受程度目前还很有限，对如何使用区块链、在哪些场合使用、使用区块链有何好处等都还不太清楚；在供给端，目前市场上也缺乏相应的“杀手级”应用产品，无法提供良好、便捷的操作界面和入口。同时，在去中介和无第三方参与的情况下，区块链技术给每个用户生成私钥作为身份证明并交由用户自行保管，但私钥一旦丢失，或者由于私钥存储在计算机中，被黑客攻击并以受害者身份进行不法活动，则缺乏相应补救措施，账户资金也可能石沉大海。

三是，转换成本高昂。传统中心化的网络基础设施与基于区块链的解决方案不兼容，不同的区块链解决方案也难兼容。这也意味着区块链技术一旦进入实际应用，将会引发基础设施的再造和业务流程的重构。尤其是金融基础设施（如支付清算系统）投资建设成本高昂，一旦废弃，沉没成本很高。可见，区块链对传统模式的更替将是一个同时共存、逐步替代的漫长过程。

四 抓住区块链技术发展机遇，加快数字经济发展的若干建议

1. 提升区块链技术研发的影响力和话语权

国际标准化组织（ISO）正在着手区块链技术全球统一标准的制定，一些国际金融巨头已涉足其中。我国的区块链技术与国外基本同步，后劲充足，应该把握区块链标准化“窗口期”，抢占产业和技术发展制高点。政府相关机构应积极支持国内举办区块链相关高端会议，并争取使其成为常规化机制，支持国内企业参与国际区块链开源社区合作和区块链技术标准规则的制定，提升中国在全球区块链版图中的影响力和话语权。同时，支持举办其他各类区块链论坛、沙龙和多种形式的民间交流合作机制，支持设立我国区块链发展联盟、行业协会及其他自律合作组织，推广和普及区块链知识，营造区块链发展的良好生态环境。

2. 探索区块链技术领域监管沙盒模式

创新监管方式，引入“监管沙盒”机制，打造小型“区块链技术应用特区”，鼓励试点企业放开手脚探索行业内的各种新业态和新商业模式，允许区块链企业在事先报备的情况下，自由开展经济社会领域中的应用创新，在小范围对小样本群体进行内部测试和验证，经过评估成功之后再复制、推广。支持产业园区、众创空间打造区块链技术研发和产业化基地，开展区块链应用示范，形成区块链产业集群。加强区块链技术人才培育和引进，鼓励本市高校和科研机构与区块链企业合作培养人才，开设区块链专业课程，打造区块链人才高地。

3. 率先探索用区块链技术解决政府监管难题

区块链技术具有可追溯性和不可篡改性，有利于规范数据使用，突破信息孤岛，建立数据横向流通机制，这为以事中事后监管为核心的政府职能转变和以打破部门信息壁垒为前提的跨部门综合监管提供了一条切实可行的技术路径。支持区块链企业与政府部门合作，在食品监管、安全管理以及知识

产权保护等领域，探索基于区块链技术的新型行业监管模式和监管手段，运用区块链技术提高政府监管效率。对于经营效益不显著但对社会有益的区块链应用，政府可以通过购买公共服务的方式支持其创新，如将区块链技术先行应用于爱心捐赠、网络借贷等领域，解决政府监管难题，将其作为提高透明度和信任度的可选择手段。

B.13
全球政府开放数据在数字经济中的贡献评估研究

范佳佳*

摘　要：　本研究采用经典“全评价”中的形式、内容与效用评估方法，从政府开放数据利用的深度、广度和影响力 3 个维度评估全球 53 个国家的政府开放数据在数字经济中的贡献，并进行排名。排名在前十位的国家依次是美国、英国、乌拉圭、韩国、法国、奥地利、西班牙、挪威、新西兰、澳大利亚。

关键词：　政府开放数据应用　数字经济　大数据

一　研究目的与背景概述

（一）研究目的

数字经济的参与主体包括传统互联网企业、大数据企业、信息技术企业（如物联网、人工智能）。三类企业作用于产业（融合）、城市治理和民生服务领域，参与数字经济，带来经济与社会发展。另外，根据麦肯锡的最新研究，大数据的运用提高了美国医疗保健领域的效率和质量，为其节省了 3000 多亿美元的成本。在欧洲的几个发达经济体中，单单是在运营效率的提高方面，

* 范佳佳，博士，上海社会科学院信息研究所助理研究员，主要研究方向为政府开放数据的应用。

大数据就为政府节省了超过1000亿欧元的成本（约合1490亿美元），这还不包括在减少欺诈和差错以及增加税收方面的节约①。所以，节约成本也是数字经济的一部分。政府开放数据作为重要的数据基础，成为数字经济的生产要素。本报告考察全球政府开放数据在节约成本以及作为上述三类企业的基础数据服务于产业发展、城市治理与民生方向的贡献情况，并进行排名。

（二）背景概述

联合国经济和社会事务部发布的《2014联合国电子政务调查报告——电子政务成就我们希望和未来》涉及六个主题，首次将开放政府数据纳入其中，并对各国开放政府数据评估。《2016联合国电子政务调查报告——电子政务促进可持续发展》第2章的主题又与政府开放数据有关，名为“推进政务数据开放，提升行政透明度”。报告提到：“和2014年相比，2016年建立政务数据开放的国家数量翻了一番，193个国家中有106个国家都建立了政务数据开放目录，2014年建立目录的只有46个国家。”② 可见，政府开放数据已成为联合国评估成员国电子政务发展情况的一个维度，政务数据开放目录是观察重点。

世界开放知识基金会的《全球开放数据指数（2016年版）》对94个地区，1410个数据项、149个开放资料组进行分析，并根据15种关键数据集的存在性和可访问性对94个地区进行比较排名。这15种关键数据集是：政府预算、国家统计数据、采购、国家法律文本、行政区界限、立法草案、空气质量、国家地图、天气预报、企业登记、政府开支、选举结果、地址数据库、水质量、土地所有权。从排名来看，澳大利亚、中国台湾、法国、英国、加拿大、丹麦、巴西、新西兰、北爱尔兰、美国、拉脱维亚、哥伦比亚、日本、挪威、乌拉圭排在前15位（从前到后排）。排在后10位的是缅

① 工业和信息化部赛迪研究院：《大数据：下一个创新、竞争和生产力的前沿》，《赛迪译丛》2012年第75期。

② 《2016联合国电子政务调查报告——电子政务促进可持续发展》，http：//www.chinacio.org/art/2016/8/2/art_ 1035_ 4882.html，2017－11－9。

甸、巴巴多斯、安提瓜和巴布达、圣基茨和尼维斯、马拉维、圣文森特和格林纳丁斯、喀麦隆、博茨瓦纳、阿富汗、津巴布韦（从后到前排）。2016 年的统计数据中没有出现中国大陆，而中国在 2013 ~ 2015 年的排名也比较靠后，如 2015 年，在 122 个地区中，中国综合排名为第 93 名，总体开放度为 18%。万维网基金会和开放数据研究所编制的《开放数据晴雨表：全球报告》第 4 版（2017 年 5 月发布）对全球 115 个国家（地区）政府开放数据情况进行评估，中国排在第 71 位。预计，中国将在 2018 年建立国家政府开放数据平台。

可以看到，世界各国正在逐步开放政府数据。对全球政府数据开放程度的评估较为成熟，但对政府开放数据的应用，及对本国数字经济的贡献和影响的研究与评估很少。本报告即为一次探索性的尝试。

二 综合排名与研究结论

（一）综合排名

表 1 为本报告的最终研究结果——全球 53 个国家政府开放数据在数字经济中的贡献排名。表 1 中列出了各国国家级政府开放数据门户网站的域名、3 个维度的评估得分和综合得分。

3 个评估维度分别是政府开放数据利用深度、政府开放数据利用广度、政府开放数据利用影响力。排在前十位的国家是美国、英国、乌拉圭、韩国、法国、奥地利、西班牙、挪威、新西兰、澳大利亚。

表 1 全球 53 个国家政府开放数据在数字经济中的贡献排名

排名	国家/地区	国家级政府开放数据门户网站域名	政府开放数据利用深度	政府开放数据利用广度	政府开放数据利用影响力	综合得分
1	美国	www. data. gov	0. 36	15. 79	104. 80	120. 95
2	英国	data. gov. uk	2. 11	20	88. 87	110. 98

续表

排名	国家/地区	国家级政府开放数据门户网站域名	政府开放数据利用深度	政府开放数据利用广度	政府开放数据利用影响力	综合得分
3	乌拉圭	catalogodatos. gub. uy	40. 00	7. 37	20. 91	68. 28
4	韩国	www. data. go. kr	11. 55	12. 63	42. 08	66. 26
5	法国	www. data. gouv. fr	3. 40	11. 37	40. 48	55. 25
6	奥地利	data. gv. at	25. 94	12. 63	15. 60	54. 17
7	西班牙	datos. gob. es	2. 61	11. 48	40. 00	54. 09
8	挪威	data. norge. no	19. 29	10. 69	23. 20	53. 18
9	新西兰	www. data. govt. nz	1. 82	9. 47	36. 51	47. 80
10	澳大利亚	www. data. gov. au	0. 19	4. 74	38. 91	43. 84
11	日本	www. data. go. jp	0. 10	4. 46	34. 91	39. 47
12	印度	data. gov. in	0. 04	4. 59	29. 32	33. 95
13	墨西哥	datos. gob. mx	0	0	33. 73	33. 73
14	德国	www. govdata. de	0. 23	9. 92	22	32. 15
15	荷兰	data. overheid. nl	0	0	32. 13	32. 13
16	乌克兰	data. gov. ua	9. 76	11. 79	6. 40	27. 95
17	瑞士	opendata. swiss	2. 80	7. 37	15. 60	25. 77
18	摩尔多瓦	www. data. gov. md	3. 40	19. 51	2. 80	25. 71
19	爱沙尼亚	opendata. riik. ee	11. 91	3. 44	8	23. 35
20	丹麦	data. digitaliser. dk	0	0	23. 20	23. 20
21	克罗地亚	data. gov. hr	8. 20	11. 37	3. 20	22. 77
22	南非	data. gov. za	5. 09	7. 02	8	20. 11
23	芬兰	www. avoindata. fi	0	0	18. 80	18. 80
23	以色列	data. gov. il	0	0	18. 80	18. 80
25	比利时	data. gov. be	0. 25	5. 41	12. 80	18. 46
26	智利	datos. gob. cl	0	0	17. 73	17. 73
27	坦桑尼亚	opendata. go. tz	0	0	17. 31	17. 31
28	俄罗斯	data. gov. ru	0	0	15. 60	15. 60
29	瑞典	oppnadata. se	0	0	15. 15	15. 15
30	阿根廷	datar. noip. me	1. 65	0. 53	12. 40	14. 58
31	波兰	danepubliczne. gov. pl	1. 15	4. 21	9. 20	14. 56
32	爱尔兰	data. gov. ie	0. 40	6. 32	7. 60	14. 32
33	肯尼亚	opendata. go. ke	0	0	13. 58	13. 58
34	意大利	dati. gov. it	0	0	12. 80	12. 80
35	新加坡	data. gov. sg	0	0	12. 40	12. 40

续表

排名	国家/地区	国家级政府开放数据门户网站域名	政府开放数据利用深度	政府开放数据利用广度	政府开放数据利用影响力	综合得分
36	马来西亚	www. data. gov. my	2. 06	7. 02	1. 60	10. 68
37	斯洛伐克	data. gov. sk	0. 36	0. 97	8	9. 33
38	加纳	data. gov. gh	0	0	9. 20	9. 20
39	巴西	dados. gov. br	0. 62	1. 99	6. 40	9. 01
40	葡萄牙	www. dados. gov. pt	1. 60	4. 86	1. 60	8. 06
41	哈萨克斯坦	data. egov. kz	2. 06	3. 92	1. 60	7. 58
42	巴林	www. data. gov. bh	5. 34	1. 81	0	7. 15
43	哥伦比亚	www. datos. gov. co	0	0	6. 40	6. 40
44	突尼斯	www. data. gov. tn	1. 48	1. 15	3. 20	5. 83
45	印度尼西亚	data. go. id	0. 30	2. 11	3. 20	5. 61
46	泰国	data. go. th	0. 46	1. 81	3. 20	5. 47
47	希腊	data. gov. gr	0	0	4. 80	4. 80
48	保加利亚	opendata. government. bg	0	0	2. 80	2. 80
48	摩洛哥	data. gov. ma	0	0	2. 80	2. 80
50	孟加拉	data. gov. bd	0	0	1. 60	1. 60
50	匈牙利	www. opendata. hu	0	0	1. 60	1. 60
52	乌干达	www. data. ug	0	0	1. 18	1. 18
53	科特迪瓦	data. gouv. ci	0	0	0	0

（二）研究结论

排在前十位的国家中，除韩国在政府开放数据利用深度、广度和影响力3个维度的得分都普遍较高外，其他9个国家单凭1个或2个指标跻身前列。比如美国、英国、法国、西班牙的政府开放数据利用深度得分均在5分以下，其他两个指标较高，说明门户网站披露的政府开放数据应用有限，并不能单纯依靠政府开放数据利用深度评估一国的数据开放利用水平。政府开放数据利用广度反映应用主题（领域）的覆盖度，政府开放数据的影响力反映数据利用对数字经济的影响。乌拉圭名列第3位，在预设之外，也在意料之中。当然，作为小国能跻身前三名实属不易，但也绝非偶然。首先，看数据利用深度。乌拉圭的数据利用深度得分为40.00分，单指标排名第1。由此可知，该国政府开放数据应用数量很多，至少在门户网站披露的应用占数据集的比例很高。其他两个指标得分虽没有达到10分和30分的水平，但也不低。其次，看数据开放程度，乌拉圭在《全球开放数据指数（2016年版）》的94个地区中排名第15位，如果一个国家政府数据开放程度高，那么其政府开放数据应用水平不会低（对该国数字经济的贡献大）。最后，看其他相关排名，从本书其他报告反映的数据来看，乌拉圭在数字治理水平、数字经济发展水平上的排名也比较靠前，可见该国的数字化产业转型相当成功。虽然排名第6位的奥地利在政府开放数据利用影响力的得分没有超过30，拉低了其整体水平，但其他2个指标尤其是政府开放数据利用深度指标得分相当高，说明其门户网站非常重视数据应用的上传和呈现。挪威的各指标得分比较平均，排名第8。而新西兰和澳大利亚单凭政府开放数据利用影响力的较高得分位居前十。这说明，虽然两国的数据应用没有在门户网站充分体现，但具有较高的国际声誉。

表1中一些国家的前两个指标得分为0，而第3个指标有得分，有的甚至得分较高，原因在于该国没有在政府开放数据门户网站开通数据开发应用专栏，而由于其部分政府开放数据应用具有较大的国际影响力，被权威机构披露，并做出较高评价。

排在后10位的国家除突尼斯、印度尼西亚、泰国在其门户网站列出政府开放数据应用外，其他7个国家均没有数据应用呈现。相对应的，政府开放数据应用国际影响力也较低。53个国家中，只有科特迪瓦的3项指标得分均为0，列第53位。

三　研究方法

从表1可见，本报告的研究方法并没有采用从庞大的数字经济市场中抽丝剥茧，找到数据源头、析出政府开放数据的内容分析法。显然这是一项繁杂的工程。政府开放数据是通过应用产品实现其经济与社会价值，参与数字经济，做出贡献的。可以将复杂的问题简单化处理，本报告综合运用政府开放数据利用的深度、广度和影响力，即数据利用率排名（形式评价法）、政府开放数据应用主题的覆盖程度（内容评价法）、示范项目与典型案例、政府开放数据对经济的影响（效用评价法）作为代替指标进行考察。通过计算各国政府开放数据应用项目数量与政府开放数据集数量的比值、应用项目主题类与数据集主题类的比值，梳理全球政府开放数据应用示范项目和典型案例，以及利用各国政府开放数据对经济的影响排名，分析各国政府开放数据在数字经济中的作用和贡献。其中，数据利用深度（形式评价）、广度（内容评价）、影响力（效用评价）的全评价指标权重分别为40%、20%、40%①。

如何确定研究标的？本报告没有将联合国 193 个成员国都纳为评估对象。万维网基金会和开放数据研究所编制的《开放数据晴雨表：全球报告》（简称“晴雨表”）第 4 版（2017 年 5 月发布）在对全球 115 个国家（地区）政府开放数据情况进行评估时采用的一个评估维度名为“对经济的影响”，其反映了政府开放数据对该国经济的影响程度。要用这一指标作为本报告中“影响力”评估的指标之一，就需要将 115 个国家（地区）作为初始标的。同时，为了体现建立政府开放数据门户网站的重要性，也考虑到研究的方便，本报告只将拥有国家级政府开放数据门户网站的国家作为研究标的，也就是标的网站必须是国家政府主办的开放数据门户网站。而国家门户网站下级站点如捷克的 https：//portal. gov. cz/portal/obcan/rejstriky/data/97898/、加拿大的 http：//open. canada. ca/data、菲律宾的 https：//www. gov. ph/data，国家级统计数据网站如阿曼的 http：//data. gov. om 和沙特阿拉伯的 http：//www. saudi. gov. sa，非政府网站如拉脱维亚的 http：//data. opendata. lv 都不属于政府开放数据门户网站范畴，不作为评估对象。这里，虽然加拿大的政府开放数据项目可作为全球标杆，但由于其网站是国

① 叶继元：《“全评价”体系分析框架及其应用与意义》，《云梦学刊》2013 年第 4 期。

家信息公开网站的下级，不属于门户网站。与该国情况相似的国家很多，有的数据开放做得并不好，像菲律宾只开放了7个数据集。鉴于设定的评估标的纳入标准，本研究没有将加拿大纳入其中。

将上述“晴雨表”中115个国家（地区）与开放知识基金会网站www.dataportals.org列出的500多个开放数据网站进行比对，最后梳理出53个政府开放数据门户网站作为评估对象。此外，全球有63个国家（地区）拥有国家（地区）级政府开放数据门户网站（见表2）。

四 研究流程与分指标排名

（一）数据利用深度排名

表2呈现了全球63个国家（地区）政府开放数据资源总量、API数量、资源发布机构数量、Applications数量、数据利用率（利用深度）、数据利用率排名得分、53个“晴雨表”评估标的的数据利用深度加权得分和排名（权重为40%），以及另外10个非“晴雨表”国家的数据利用深度加权得分和排名（权重为40%）。其中，API是政府开放数据平台向用户提供的供开发和利用的数据接口，其数量体现了平台数据的可开发程度。Applications是用户对平台上的政府开放数据进行开发后上传至平台的移动和web应用，其数目反映了政府开放数据的应用程度。

用户通过API上传到政府开放数据门户网站的Applications数量占数据集的比例（数据利用率）可以从数据利用深度这一维度反映政府开放数据对该国数字经济的影响程度。从表2的统计结果来看，数据利用加权得分超过10的国家依次是：乌拉圭、奥地利、挪威、爱沙尼亚、韩国。得分在0~1分的国家是：巴西、泰国、爱尔兰、美国、斯洛伐克、印度尼西亚、比利时、德国、澳大利亚、日本、印度。53个国家中有21个国家由于没有在门户网站开通Applications栏目而得分为0，其中加纳、肯尼亚、摩洛哥3国因缺乏API而无法提供Applications上传功能。表2同时也列出了未纳入“晴雨表”的10个国家。

表 2　全球各地区政府开放数据平台资源数量及利用深度得分与排名

排名/"晴雨表"（对经济的影响）排名得分	国家/地区	域名	资源总量（数据集）	API 数量	资源发布机构数量	Applications 数量	数据利用率（%）	数据利用率排名得分	加权得分
1/16	乌拉圭	catalogodatos. gub. uy	146	统一	31	28	19. 18	100	40. 00
2/39	奥地利	data. gv. at	2379	统一	39	296	12. 44	64. 86	25. 94
3/58	挪威	data. norge. no	854	统一	89	79	9. 25	48. 23	19. 29
4/20	爱沙尼亚	opendata. riik. ee	70	未提供	70	4	5. 71	29. 77	11. 91
5/66	韩国	www. data. go. kr	23214	2349	684	1286	5. 54	28. 88	11. 55
6/16	乌克兰	data. gov. ua	18555	统一	1577	868	4. 68	24. 4	9. 76
7/8	克罗地亚	data. gov. hr	484	未提供	64	19	3. 93	20. 49	8. 20
8/0	巴林	www. data. gov. bh	156	统一	未提供	4	2. 56	13. 35	5. 34
9/20	南非	data. gov. za	409	未提供	未提供	10	2. 44	12. 72	5. 09
10/62	法国	www. data. gouv. fr	27605	统一	1261	451	1. 63	8. 5	3. 40
10/7	摩尔多瓦	www. data. gov. md	982	未提供	47	16	1. 63	8. 5	3. 40
12/39	瑞士	opendata. swiss	2308	统一	35	31	1. 34	6. 99	2. 80
13/100	西班牙	datos. gob. es	15081	统一	153	189	1. 25	6. 52	2. 61
14/81	英国	data. gov. uk	41473	20	1411	418	1. 01	5. 27	2. 11
15/4	马来西亚	www. data. gov. my	2128	未提供	108	21	0. 99	5. 16	2. 06
15/4	哈萨克斯坦	data. egov. kz	2335	统一	13	23	0. 99	5. 16	2. 06
17/55	新西兰	www. data. govt. nz	5043	统一	134	44	0. 87	4. 54	1. 82
18/31	阿根廷	datar. noip. me	127	统一	27	1	0. 79	4. 12	1. 65
19/4	葡萄牙	www. dados. gov. pt	784	未提供	27	6	0. 77	4. 01	1. 60
20/8	突尼斯	www. data. gov. tn	283	统一	30	2	0. 71	3. 7	1. 48

续表

排名/“晴雨表”（对经济的影响）排名得分	国家/地区	域名	资源总量（数据集）	API 数量	资源发布机构数量	Applications 数量	数据利用率（%）	数据利用率排名得分	加权得分
21/23	波兰	danepubliczne. gov. pl	730	96	95	4	0. 55	2. 87	1. 15
22/16	巴西	dados. gov. br	2982	统一	71	9	0. 30	1. 56	0. 62
23/8	泰国	data. go. th	893	未提供	102	2	0. 22	1. 15	0. 46
24/19	爱尔兰	data. gov. ie	5324	12	97	10	0. 19	0. 99	0. 40
25/62	美国	www. data. gov	196501	15802	186	330	0. 17	0. 89	0. 36
25/20	斯洛伐克	data. gov. sk	1145	统一	45	2	0. 17	0. 89	0. 36
27/8	印度尼西亚	data. go. id	2152	统一	35	3	0. 14	0. 73	0. 30
28/32	比利时	data. gov. be	9816	统一	121	12	0. 12	0. 63	0. 25
29/55	德国	www. govdata. de	20051	未提供	32	22	0. 11	0. 57	0. 23
30/61	澳大利亚	www. data. gov. au	30344	9053	519	27	0. 09	0. 47	0. 19
31/51	日本	www. data. go. jp	19368	统一	22	10	0. 05	0. 26	0. 10
32/40	印度	data. gov. in	102034	446	105	23	0. 02	0. 1	0. 04
33/51	墨西哥	datos. gob. mx	25745	统一	227	未提供	0	0	0
33/47	荷兰	data. overheid. nl	10501	统一	131	未提供	0	0	0
33/47	芬兰	www. avoindata. fi	1743	统一	50	未提供	0	0	0
33/47	以色列	data. gov. il	380	统一	42	未提供	0	0	0
33/39	俄罗斯	data. gov. ru	13850	统一	826	未提供	0	0	0
33/32	瑞典	oppnadata. se	213	统一	17	未提供	0	0	0
33/32	意大利	dati. gov. it	17568	统一	317	未提供	0	0	0
33/31	新加坡	data. gov. sg	1059	统一	70	未提供	0	0	0
33/31	肯尼亚	opendata. go. ke	604	未提供	未提供	未提供	0	0	0
33/23	加纳	data. gov. gh	15	未提供	4	未提供	0	0	0

续表

排名/“晴雨表”（对经济的影响）排名得分	国家/地区	域名	资源总量（数据集）	API 数量	资源发布机构数量	Applications 数量	数据利用率（%）	数据利用率排名得分	加权得分
33/16	哥伦比亚	www. datos. gov. co	4918	统一	32	未提供	0	0	0
33/12	希腊	data. gov. gr	5476	统一	243	未提供	0	0	0
33/11	智利	datos. gob. cl	2906	统一	210	未提供	0	0	0
33/7	坦桑尼亚	opendata. go. tz	163	统一	8	未提供	0	0	0
33/7	摩洛哥	data. gov. ma	134	未提供	16	未提供	0	0	0
33/4	匈牙利	www. opendata. hu	53	统一	5	未提供	0	0	0
33/4	孟加拉	data. gov. bd	44	统一	未提供	未提供	0	0	0
33/0	乌干达	www. data. ug	391	统一	23	未提供	0	0	0
33/0	科特迪瓦	data. gouv. ci	76	统一	12	未提供	0	0	0
33/7	保加利亚	opendata. government. bg	2265	统一	430	未提供	0	0	0
33/58	丹麦	data. digitaliser. dk	765	统一	未提供	未提供	0	0	0
1/无	卢森堡	data. public. lu	483	统一	65	23	4. 76	24. 82	9. 93
2/无	塞浦路斯	www. data. gov. cy	1305	未提供	未提供	22	1. 69	8. 81	3. 52
3/无	斯洛文尼亚	podatki. gov. si	557	未提供	10	4	0. 72	3. 75	1. 50
4/无	罗马尼亚	data. gov. ro	986	统一	80	6	0. 61	3. 18	1. 27
5/无	布基纳法索	data. gov. bf	263	未提供	33	1	0. 38	1. 98	0. 79
6/无	中国香港	data. gov. hk	7566	1000	152	25	0. 33	1. 72	0. 69
7/无	中国台湾	data. gov. tw	27596	152	581	71	0. 26	1. 36	0. 54
8/无	乌兹别克斯坦	data. gov. uz	2789	统一	125	4	0. 14	0. 73	0. 29
9/无	斯里兰卡	data. gov. lk	86	未提供	9	未提供	0	0	0
9/无	立陶宛	opendata. gov. lt	772	未提供	127	未提供	0	0	0

说明：本表统计时间为 2017 年 7 月 18 日。

（二）数据利用广度排名

本研究通过研究世界各国（53 个评估标的中有 32 个国家的政府开放数据门户网站提供 Applications 专栏）门户网站上传 Applications 的应用领域与数据集主题的关系（应用主题分布广度），分析政府开放数据利用的广度，从这一层面剖析政府开放数据在数字经济中的贡献。如表3 所示，英国、摩尔多瓦和美国的应用主题分布广度大于 100%，原因在于三国的 Applications 主题类型多于数据集主题类型，这是开发者利用多维（多主题）数据开发应用，产生超出原数据集主题类型的新的应用主题所造成的，这也是目前开发数据应用的一个趋势。英国、摩尔多瓦、美国、奥地利、韩国、乌克兰、西班牙、法国、克罗地亚、挪威的政府开放数据门户网站数据利用广度加权得分（权重为20%）在 10 分以上，排名前十。这 10 个国家的政府开放数据利用比较充分，Applications 应用领域分布较为广泛，能满足多领域用户的需求。

表 3　政府开放数据利用广度得分与排名

排名	国家/地区	域　　名	数据集主题种类	应用主题种类	应用主题分布广度（%）	排名得分	加权得分
1	英　国	data. gov. uk	12	19	158. 33	100	20. 00
2	摩尔多瓦	www. data. gov. md	11	17	154. 55	97. 54	19. 51
3	美　国	www. data. gov	20	25	125	78. 95	15. 79
4	奥地利	data. gv. at	14	14	100	63. 16	12. 63
4	韩　国	www. data. go. kr	16	16	100	63. 16	12. 63
6	乌克兰	data. gov. ua	15	14	93. 33	58. 95	11. 79
7	西班牙	datos. gob. es	22	20	90. 91	57. 42	11. 48
8	法　国	www. data. gouv. fr	10	9	90	56. 84	11. 37
8	克罗地亚	data. gov. hr	10	9	90	56. 84	11. 37
10	挪　威	data. norge. no	13	11	84. 62	53. 45	10. 69
11	德　国	www. govdata. de	14	11	78. 57	49. 62	9. 92
12	新西兰	www. data. govt. nz	20	15	75	47. 37	9. 47
13	乌拉圭	catalogodatos. gub. uy	12	7	58. 33	36. 84	7. 37
13	瑞　士	opendata. swiss	24	14	58. 33	36. 84	7. 37

续表

排名	国家/地区	域　名	数据集主题种类	应用主题种类	应用主题分布广度（%）	排名得分	加权得分
15	南　非	data. gov. za	9	5	55. 56	35. 09	7. 02
15	马来西亚	www. data. gov. my	18	10	55. 56	35. 09	7. 02
17	爱尔兰	data. gov. ie	14	7	50	31. 58	6. 32
18	比利时	data. gov. be	14	6	42. 86	27. 07	5. 41
19	葡萄牙	www. dados. gov. pt	13	5	38. 46	24. 29	4. 86
20	澳大利亚	www. data. gov. au	32	12	37. 50	23. 68	4. 74
21	印　度	data. gov. in	33	12	36. 36	22. 96	4. 59
22	日　本	www. data. go. jp	17	6	35. 29	22. 29	4. 46
23	波　兰	danepubliczne. gov. pl	9	3	33. 33	21. 05	4. 21
24	哈萨克斯坦	data. egov. kz	29	9	31. 03	19. 6	3. 92
25	爱沙尼亚	opendata. riik. ee	11	3	27. 27	17. 22	3. 44
26	印度尼西亚	data. go. id	18	3	16. 67	10. 53	2. 11
27	巴　西	dados. gov. br	38	6	15. 79	9. 97	1. 99
28	巴　林	www. data. gov. bh	21	3	14. 29	9. 03	1. 81
28	泰　国	data. go. th	14	2	14. 29	9. 03	1. 81
30	突尼斯	www. data. gov. tn	11	1	9. 10	5. 75	1. 15
31	斯洛伐克	data. gov. sk	26	2	7. 69	4. 86	0. 97
32	阿根廷	datar. noip. me	24	1	4. 17	2. 63	0. 53

（三）数据利用影响力排名

下文从效用的维度考察53个国家政府开放数据应用对数字经济的贡献。笔者无法直接辨别陈列在政府开放数据门户网站的Applications对国家经济和社会的影响程度。例如，一项由个人用户开发、没有投入市场的小程序上传到政府开放数据门户网站，与被广泛利用并产生巨大经济价值的国家级应用并列展示在Applications橱窗，这两个应用的影响力的量级不可同日而语，如果不在评估中利用效用评估方法加以区别，会产生严重的错误。但将数据应用的影响力这一定性指标进行量化又是一件很难的事情。这里，本报告借鉴《全球网络与信息安全企业竞争力评价研究》依据“利用是否进入知名榜单”来对企业商誉进行评估的方法①，辨析某国政府开放数据应用是否被权威报告正面披露，来给该国的数据利用效率加分。《2016 联合国电子政务调查报告——电子政务促进可持续发展》正面点评了一些国家的政府开放数据应用，并将这些项目作为全球示范加以褒扬。本报告将这一示范项目名录作为一项加分源。同时，笔者也考察了开放数据研究所的 Open Data Stories（网址：https：//theodi. org/stories）、开放数据中国的 INSPIRE 案例库（网址 http：//inspire. opendatachina. com）等权威案例库，作为典型案例加分源。加分方式采用 1 国 1 项应用加 1 分，取最高分作为标杆，再进行百分制排名的方式。由于很难辨别示范项目与典型案例孰重孰轻，本报告暂不对这两种类型区别对待。如表 4 和表 5 所示，表中列出了 53 个评估标的中的示范项目和典型案例。其中包括国别、项目名称、应用（案例）领域、项目类型和百分制排名得分。这里有两个明显的特征：一是拥有政府开放数据示范项目和典型案例的国家比较集中，二是美国和英国的应用在全球具有无可匹敌的影响力。

表 6 为政府开放数据利用影响力得分与排名。本报告将“晴雨表”（对经济的影响）、示范项目与典型案例作为加分项目进行相加及加权取值（权重为 40%）。其中，美国、英国、韩国、法国、西班牙、澳大利亚、新西兰、日本、墨西哥、荷兰的政府开放数据利用影响力排在前十位。不可否认，这几个国家的政府开放数据与信息化水平也相对较高，政府开放数据应用的国际影响力排名靠前实至名归。53 个评估标的中只有巴林和科特迪瓦两国的数据利用影响力加权得分为 0，其他 51 个国家的应用都具有不同程度的影响作用。

---

① 王滢波、范佳佳：《全球网络与信息安全企业竞争力评价研究》，《中国网络空间安全发展报告（2016）》，社会科学文献出版社，2016。

表 4 各国政府开放数据应用示范项目及排名得分

国家	项目名称	应用领域	项目类型	排名得分
澳大利亚	政府编程马拉松	政务	示范项目	33.33
法　国	开放型议会行动计划	议会	示范项目	33.33
韩　国	国家灾害管理信息系统	自然灾害	示范项目	33.33
荷　兰	能源地图行动计划	能源	示范项目	33.33
美　国	法院利用新媒体开放政务数据	司法	示范项目	100
	有关气候数据使用的全国推广计划	气候	示范项目	
	波士顿绩效评估行动计划	自然灾害	示范项目	
墨西哥	开放型议会行动计划	议会	示范项目	33.33
日　本	"临近预报"地震信息系统	自然灾害	示范项目	33.33
坦桑尼亚	可持续的公众采购计划	消费与生产模式	示范项目	33.33
乌拉圭	ATuServicio. uy 网站	健康	示范项目	33.33
新西兰	拉瓦项目	环境	示范项目	33.33
印　度	金融包容性实验室的低收入家庭和企业金融数据	金融、扶贫	示范项目	33.33
英　国	网上立法之家	议会	示范项目	100
	网上申请系统	议会	示范项目	
	碳文化倡议	消费与生产模式	示范项目	
智　利	开放型议会行动计划	议会	示范项目	33.33

表 5 政府开放数据应用典型案例及排名得分

国家	项目内容	案例领域	项目类型	排名得分
英　国	基于开放的交通数据，开发专注于出行规划业务的 Citymapper	交通	典型案例	41.18
	Fasterute 公司利用开放数据为乘客提供铁路路线规划服务	交通	典型案例	
	数字设计工作室 M/A 利用开放数据帮助心理问题人士使其重新就业	心理	典型案例	
	Check that Bike 以开放数据打击自行车犯罪	治安	典型案例	
	用开放数据改善药物处方	医疗	典型案例	
	The Great British Public Toilet Map 帮助找到公厕	民生服务	典型案例	
	MCE 保险公司发现摩托车事故发生规律	交通	典型案例	
	Bude Cleaner Seas Project 开放海滨浴场水质数据招揽顾客	水安全	典型案例	
	基于开放数据的社区能源团购 Community Energy Manager	能源	典型案例	

续表

国家	项目内容	案例领域	项目类型	排名得分
英　国	Mastodon C 帮助医疗机构在对的时候选用对的抗生素	医疗	典型案例	41.18
	英国开放数据研究院研究如何确定消防站设定的地理位置	消防	典型案例	
	开放水位数据带来的洪灾预警应用 Gaugemap	自然灾害	典型案例	
	Skills Route 帮助做好就业还是读书的人生决定	教育	典型案例	
	MoveMaker 让社会福利房得到高效利用	住房	典型案例	
美　国	2011 年纽约州锡拉丘兹市利用其开放数据及其他数据与 IBM 合作开展智慧城市项目，以提高住宅利用率	住房	典型案例	100
	美国国税局利用其税务信息和纳税人信息，在其返回程序中集成了大数据分析能力	税务	典型案例	
	纽约消防局开发建筑火灾危险指数	消防	典型案例	
	密歇根州根据居民相关信息建设数据库，以便提供更好的服务	民生服务	典型案例	
	EarthRisk 公司利用政府数据开发新的极端天气预报系统	气象	典型案例	
	伊利诺伊州使用孕妇群体历史数据、医疗数据和地区经济社会数据来寻找最需要帮助的年轻孕妇，提高社会福利并改善生育率	妇婴	典型案例	
	波士顿的交通大数据	交通	典型案例	
	旧金山、洛杉矶等地通过分析水、电、垃圾和投诉等生活数据与居住行为的关联性来排查建筑非法改装和群租行为	住房	典型案例	
	芝加哥公共健康部门利用餐厅的历史记录、商业数据、市民投诉、周边环境等数据来排查餐厅的食品安全	食品安全	典型案例	
	新奥尔良利用开放数据开发 BlightStat 让城市重获生机	城市建设	典型案例	
	Yelp 利用旧金山开放数据保护食客食品安全	食品安全	典型案例	
	路易斯维尔与企业合作绘制喷雾器使用热点地图，了解空气治理重点	环境	典型案例	
	Hackcessible 整合西雅图政府的人行道状态数据，为残障人士规划路线	交通	典型案例	
	NYC Hired 结合纽约开放数据，提供针对低收入人群的就业岗位查询	劳动就业	典型案例	

续表

国家	项目内容	案例领域	项目类型	排名得分
美国	基于开放数据的语言教学 app—openwords	教育	典型案例	100
	RentCheck 用开放数据带来透明化的租房市场	住房	典型案例	
	Placellive 让你了解你的居住环境	住房	典型案例	
	Ourdcschools 了解学区变更	教育	典型案例	
	adopt the hydrant 领取消防栓	消防	典型案例	
	个性化的农业保险 Climate Corp	农业	典型案例	
	用 ProPublic 选择急诊接收医院	医疗	典型案例	
	基于开放数据选校 DiscoverBPS	教育	典型案例	
	DC KIDS 帮助孩子健康成长	教育	典型案例	
	Ben Wellington 推动政府明确标示不可停车区域，为纽约市民节省罚单	交通	典型案例	
	Laborsight 帮助找到守法雇主	劳动就业	典型案例	
	2nd City Zoning 帮助理解土地规划	住房	典型案例	
	Range 帮助青少年找到身边的社会福利	社区建设	典型案例	
	芝加哥开放罪案可视化	治安	典型案例	
	用 BuildingEye 了解城市建设状况	城市建设	典型案例	
	OpenTreeMap 帮助城市可视化现有树木资源，从而为城市提供一套环境受益指数	环境	典型案例	
	Porch 帮助更好挑选工程队	消费	典型案例	
	HDScores 探索开放餐厅卫生数据的统筹分析	食品安全	典型案例	
	we make it safer 可查产品召回记录	消费	典型案例	
	Nearby Explorer 用开放建筑数据为盲人提供出门地图	交通	典型案例	
法国	里昂交通大数据	交通	典型案例	5.88
	GitLaw 带来立法透明化	司法	典型案例	
瑞典	瑞典火车运行情况应用	交通	典型案例	5.88
	瑞典斯德哥尔摩的智慧交通系统	交通	典型案例	
日本	日本开发应用区域性的社会大数据链接平台——旅游目的地管理系统（DMO 或 DMS）。该系统可以实现实时旅游与人口预测、实时服务管理、灾害恢复政策制定决策支持、收集 SNS 主观数据等	旅游	典型案例	2.94
韩国	韩国生物信息中心开发并运营国家 DNA 管理系统，提供个人定制的诊断和治疗	医疗	典型案例	5.88
	韩国预防手足口病综合系统	医疗	典型案例	
乌干达	开放众包数据，应对乌干达香蕉树枯萎症	农业	典型案例	2.94

续表

国家	项目内容	案例领域	项目类型	排名得分
乌拉圭	A Tu Serivcio 将政府开放的医疗服务绩效指标可视化，带来透明医疗市场	医疗	典型案例	2.94
坦桑尼亚	开放教育数据，挽救坦桑尼亚教育系统 Shule. info	教育	典型案例	2.94
新西兰	Anz 利用交通流量预测经济发展	经济	典型案例	2.94
澳大利亚	openbinmap 帮助居民了解倒垃圾的日程安排	民生服务	典型案例	2.94
肯尼亚	用开放数据描绘肯尼亚的教育现状 open schools kenya	教育	典型案例	2.94

表 6　政府开放数据利用影响力得分与排名

排名	国家	域　　名	"晴雨表"（对经济的影响）排名得分	示范项目排名得分	典型案例排名得分	加权得分
1	美国	www. data. gov	62	100	100	104. 80
2	英国	data. gov. uk	81	100	41. 18	88. 87
3	韩国	www. data. go. kr	66	33. 33	5. 88	42. 08
4	法国	www. data. gouv. fr	62	33. 33	5. 88	40. 48
5	西班牙	datos. gob. es	100	0	0	40. 00
6	澳大利亚	www. data. gov. au	61	33. 33	2. 94	38. 91
7	新西兰	www. data. govt. nz	55	33. 33	2. 94	36. 51
8	日本	www. data. go. jp	51	33. 33	2. 94	34. 91
9	墨西哥	datos. gob. mx	51	33. 33	0	33. 73
10	荷兰	data. overheid. nl	47	33. 33	0	32. 13
11	印度	data. gov. in	40	33. 33	0	29. 32
12	挪威	data. norge. no	58	0	0	23. 20
12	丹麦	data. digitaliser. dk	58	0	0	23. 20
14	德国	www. govdata. de	55	0	0	22. 00
15	乌拉圭	catalogodatos. gub. uy	16	33. 33	2. 94	20. 91
16	芬兰	www. avoindata. fi	47	0	0	18. 80
16	以色列	data. gov. il	47	0	0	18. 80
18	智利	datos. gob. cl	11	33. 33	0	17. 73
19	坦桑尼亚	opendata. go. tz	7	33. 33	2. 94	17. 31
20	奥地利	data. gv. at	39	0	0	15. 60
20	瑞士	opendata. swiss	39	0	0	15. 60
20	俄罗斯	data. gov. ru	39	0	0	15. 60

续表

排名	国家	域　　名	"晴雨表"(对经济的影响)排名得分	示范项目排名得分	典型案例排名得分	加权得分
23	瑞　　典	oppnadata. se	32	0	5. 88	15. 15
24	肯 尼 亚	opendata. go. ke	31	0	2. 94	13. 58
25	比 利 时	data. gov. be	32	0	0	12. 80
25	意 大 利	dati. gov. it	32	0	0	12. 80
27	阿 根 廷	datar. noip. me	31	0	0	12. 40
27	新 加 坡	data. gov. sg	31	0	0	12. 40
29	波　　兰	danepubliczne. gov. pl	23	0	0	9. 20
30	加　　纳	data. gov. gh	23	0	0	9. 20
31	爱沙尼亚	opendata. riik. ee	20	0	0	8. 00
31	南　　非	data. gov. za	20	0	0	8. 00
31	斯洛伐克	data. gov. sk	20	0	0	8. 00
34	爱 尔 兰	data. gov. ie	19	0	0	7. 60
35	乌 克 兰	data. gov. ua	16	0	0	6. 40
35	巴　　西	dados. gov. br	16	0	0	6. 40
35	哥伦比亚	www. datos. gov. co	16	0	0	6. 40
38	希　　腊	data. gov. gr	12	0	0	4. 80
39	克罗地亚	data. gov. hr	8	0	0	3. 20
39	突 尼 斯	www. data. gov. tn	8	0	0	3. 20
39	泰　　国	data. go. th	8	0	0	3. 20
39	印度尼西亚	data. go. id	8	0	0	3. 20
43	摩尔多瓦	www. data. gov. md	7	0	0	2. 80
43	摩 洛 哥	data. gov. ma	7	0	0	2. 80
43	保加利亚	opendata. government. bg	7	0	0	2. 80
46	马来西亚	www. data. gov. my	4	0	0	1. 60
46	哈萨克斯坦	data. egov. kz	4	0	0	1. 60
46	葡 萄 牙	www. dados. gov. pt	4	0	0	1. 60
46	匈 牙 利	www. opendata. hu	4	0	0	1. 60
46	孟 加 拉	data. gov. bd	4	0	0	1. 60
51	乌 干 达	www. data. ug	0	0	2. 94	1. 18
52	巴　　林	www. data. gov. bh	0	0	0	0
52	科特迪瓦	data. gouv. ci	0	0	0	0

五 研究展望

本报告梳理全球 63 个国家（地区）的政府开放数据门户网站和 Application 的基本情况。从政府开放数据应用的深度、广度和影响力三个维度对全球 53 个国家的政府开放数据应用进行评估和排名，具有一定的探索性参考价值。笔者相信随着政府开放数据门户的逐步打开，越来越多的应用将走进我们的生活，它们可能是跨国家、全球性的应用。越来越多的学者将研究政府开放数据应用这一领域。当然，笔者期望中国的应用在世界上名列前茅。期待 2018 年后的报告。

附　　录

Appendices

B.14

附录1：数字经济大事记

中　国

2014 年 2 月 27 日，中共中央网络安全和信息化领导小组成立。该领导小组将着眼国家安全和长远发展，统筹协调涉及经济、政治、文化、社会及军事等各个领域的网络安全和信息化重大问题，研究制定网络安全和信息化发展战略、宏观规划和重大政策，推动国家网络安全和信息化法治建设，不断增强安全保障能力。

2014 年 9 月 19 日，阿里巴巴集团正式在美国纽交所敲钟上市，这是美国历史上最大的一笔 IPO。上市当天，阿里巴巴以 2613 亿美元的市值超越亚马逊和 eBay 的总和，也超过了 Facebook，成为世界第二大市值的互联网公司，在世界排名仅次于 Google，这意味着中国也有了更多与世界互联网巨头比肩的公司。

2014 年 11 月 19 日，首届世界互联网大会在乌镇举办。这是中国举办的规模最大、层次最高的互联网大会。中方呼吁国际社会齐心协力，携手建立多边、民主、透明的国际互联网治理体系，共同构建和平、安全、开放、合作的网络空间，并提出九点倡议，具体包括促进网络空间互联互通、尊重各国网络主权、共同维护网络安全、联合开展网络反恐、推动网络技术发展、大力发展互联网经济、广泛传播正能量、关爱青少年健康成长和推动网络空间共享共治。

2015 年 2 月 14 日，快的和滴滴两大打车软件公司宣布合并。4 月 17 日，58 同城与赶集网宣布合并。10 月 8 日，美团、大众点评宣布合并。此后，携程与去哪儿宣布合并，世纪佳缘与百合网也达成合并协议。最引人注目的则是阿里巴巴宣布 56 亿美元收购合一集团（优酷土豆），创下中国互联网“第一并购”。

2015 年 3 月，在十二届全国人大三次会议上，李克强总理在政府工作报告中提出制定“互联网 +”行动计划，推动移动互联网、云计算、大数据、物联网等与现代制造业结合，促进电子商务、工业互联网和互联网金融健康发展，引导互联网企业拓展国际市场。7 月，国务院发布《关于积极推进“互联网 +”行动的指导意见》。12 月，工业和信息化部出台了 2015 ~ 2018 年的具体行动计划。“互联网 +”行动计划的正式提出，标志着我国工业化和信息化的深度融合进入了新阶段。

2015 年 5 月，国务院发布《中国制造 2025》，这是我国实施制造强国战略第一个十年的行动纲领，其核心是加快推进制造业创新发展、提质增效，实现从制造大国向制造强国转变。《中国制造 2025》的实施将坚持创新驱动、智能转型、强化基础、绿色发展，推动以智能制造为主攻方向的信息化与工业化深度融合。云计算、大数据、物联网等新一代信息技术未来在制造业中的应用，将有助于实现制造过程的自动化、智能化。

2015 年 5 月 7 日，上海市政府数据服务网 2.0 版完成建设并上线试运行，开放数据涵盖了经济建设、资源环境、教育科技、道路交通、社会发展、公共安全、文化休闲、卫生健康、民生服务、机构团体、城市建设等 11 个重点领域，累计开放数据资源共 470 项。上海是国内率先开放公共大数据的省份。

2015 年 9 月 23 日，第八届中美互联网论坛在西雅图召开。中国国家主席习近平出席并发言，指出中美要在相互尊重、相互信任的基础上，打造中美合作的亮点，让网络空间更好地造福两国人民和世界人民。中国倡导和平、安全、开放、合作的网络空间，主张各国制定符合自身国情的网络公共政策。

2015 年 10 月，中国共产党十八届五中全会审议通过了《中共中央关于制定国民经济和社会发展第十三个五年规划的建议》，提出实施网络强国战略，实施“互联网 +”行动计划，发展分享经济，实施国家大数据战略。

2015 年 12 月，工信部与三大运营商公布了最新运营数据。2015 年前 11 个月，我国 4G 用户总数已经达到 3.56 亿，仅 2015 年新增的 4G 用户数就接近美国的总人口。

2015 年 12 月 16 日，第二届世界互联网大会在浙江乌镇举办，主题为“互联互通 · 共享共治——构建网络空间命运共同体”。来自五大洲 120 多个国家和地区的政府代表、国际组织负责人、互联网企业领军人物、专家学者等共 2000 多名嘉宾参会。中国国家主席习近平出席开幕式并发表主旨演讲。在讲话中，习近平主席提出了推进全球互联网治理体系变革的“四项原则”，针对共同构建网络空间命运共同体提出了“五点主张”。

2016 年成为中国电子商务的二维码支付年。手机支付大普及，移动式无现金生活完全走入生活，已普及至二线城市。各类商户普遍使用微信和支付宝进行支付。中国的移动支付规模和人数均跃居全球首位。

2016 年 3 月 16 日，十二届全国人大四次会议表决通过了《关于国民经济和社会发展第十三个五年规划纲要的决议》，并专辟了“拓展网络经济空间”篇，提出宽带中国、物联网应用推广、云计算创新发展、“互联网 +”行动、大数据应用、国家政务信息化、电子商务和网络安全保障八项信息化重大工程，推进网络强国战略。

2016 年 3 月 21 日，阿里巴巴的商品交易总额数字定格在 3 万亿人民币，成为全球最大的零售商。全年营收超过沃尔玛公布的4821亿美元（收入）。

2016年4月，国务院办公厅转发国家发展和改革委员会、财政部、教育部等十部门《推进“互联网+政务服务”开展信息惠民试点实施方案》，提出要加快推进“互联网+政务服务”，深入实施信息惠民工程，构建方便快捷、公平普惠、优质高效的政务服务体系。

2016年6月，中国出现共享单车。摩拜单车和ofo共享单车出现在了上海与北京的街头。半年时间，摩拜宣布获得多轮融资，金额超过3亿美元，身后站着腾讯、高瓴资本、红杉资本等大鳄；而ofo也旗鼓相当，获得了滴滴、金沙江创投、真格基金、经纬中国等投资。很快，优拜单车、小鸣单车、Bluegogo、骑呗等新玩家也都带着资本入局。短短数月，共享单车企业从最初的两家迅速增至数十家。

2016年8月16日，人类历史上第一颗用于量子通信研究的量子科学实验卫星“墨子号”在酒泉发射升空，为建立覆盖全球、天地一体化的量子通信网络奠定了技术基础，也拉开了量子通信时代的帷幕。半个世纪前，物理学家基于量子理论，研制出了晶体管和激光器，催生了第一次信息革命，让计算机、智能手机和互联网重塑了人类世界；今天，量子信息技术的高速发展，则在催生第二次信息革命。以“量子密钥分发”和“量子态传输”为代表的量子通信技术，以超高计算能力为特征的量子计算机，必将在未来再次重塑人类世界。

2016年07月28日由中共中央办公厅、国务院办公厅印发的《国家信息化发展战略纲要》，提出“信息化驱动现代化”的新方针。1949年以来，中国现代化一直以工业化为发动机。更替发动机的决策源于中共十八大“到2020年，工业化基本实现”这一重要判断。

2016年8月1日，滴滴出行宣布与Uber全球达成战略协议，滴滴出行将收购优步中国的品牌、业务、数据等全部资产。双方达成战略协议后，Uber全球将持有滴滴5.89%的股权，相当于17.7%的经济权益。优步中国的其余中国股东将获得合计2.3%的经济权益。滴滴也因此成为唯一一家由腾讯、阿里巴巴和百度共同投资的企业。合并后滴滴基本垄断中国网约车市场，估值约为350亿美元。

2016年9月5日，G20杭州峰会通过《G20数字经济发展与合作倡议》。为了应对全球经济增速低缓、复苏乏力的挑战，中国作为2016年二十国集团（G20）主席国，首次将“数字经济”列为G20创新增长蓝图中的一项重要议题。在9月4~5日举行的杭州峰会上，通过了《G20数字经济发展与合作倡议》，这是全球首个由多国领导人共同签署的数字经济政策文件。该倡议敏锐地把握了数字化带来的历史性机遇，为世界经济摆脱低迷、重焕生机指明了新方向，提供了新方案，带来了新希望，其中中国提出的“电子WTO”游戏规则——e-WTP理念也被写入G20公报。

2016年11月7日上午，中国十二届全国人大常委会第二十四次会议通过《中华人民共和国网络安全法》，这是我国网络领域的基础性法律，将自2017年6月1日起施行。

2016年11月16~18日，第三届世界互联网大会在浙江乌镇举行，国家主席习近平在开幕式上通过视频方式发表重要讲话，提出网络空间发展的四个目标：平等尊重、创新发展、开放共享、安全有序。从首届大会发出的“九点倡议”，到第二届大会提出的“四项原则”“五点主张”，再到本届大会的“四个目标”，在全球互联网治理方面，中国不但描绘了一幅凝聚国际社会和各利益相关方最大共识的蓝图，也为全球互联网的未来发展探索了切实可行的实践路径。

2016年11月17日，在3GPP（第三代合作伙伴计划）RAN1（无线物理层）87次会议的5G短码方案讨论中，中国主导的Polar Code（极化码）方案成为5G控制信道eMBB场景编码最终方案。中国的三大电信运营商正在根据各自工作部署，有序推进5G网络前期的研发和实验工作，并均已制定2020年启动5G网络商用的计划。

国　际

2014年5月，白宫第二次发布了有关数据开放政策的进展和下一步计划。在这次总结当中，美国政府表示之前的数据开放工作已经在健康、能源、气候、教育、财政、公共安全和全球发展这几个主要领域展开。数据开放项目起到了良好成效。同时美国也与其他国家的数据开放工作进行交流。在上述基础上，白宫发布《美国数据开放行动计划》。

2014 年 5 月，美国发布《大数据：把握机遇，守护价值》白皮书，对美国大数据应用与管理的现状、政策框架和改进建议进行了集中阐述。该白皮书表示，在大数据发挥正面价值的同时，应该警惕大数据应用对隐私、公平等长远价值带来的负面影响。报告最后提出六点建议：推进消费者隐私法案，通过全国数据泄露立法，将隐私保护对象扩展到非美国公民，对在校学生的数据采集仅应用于教育目的，在反歧视方面投入更多专家资源，修订电子通信隐私法案。

2015 年 5 月 6 日，欧盟委员会发布最新数字化战略《数字化单一市场战略》，宣布将通过出台政策改革、版权法、消费者保护、云服务等一系列措施，推动欧盟跨境贸易。该战略确定了三大支柱和十六项具体行动措施，计划在 2016 年底完成，将每年为欧洲公民节约 110 亿欧元的开支。

2015 年 10 月 6 日，欧盟最高法院做出判决，因无法充分保证欧洲公民的数据隐私，欧盟与美国于 2000 年签订的“安全港”协议被裁定无效并予以撤销。包括 Google、Facebook、Microsoft 在内的超过 4500 家企业不得不面临重大挑战——除非得到其他保护，否则欧洲用户数据被禁止流向美国。跨境数据的自由流动是互联网全球化的基础，如何解决在此过程中的规制冲突是当务之急。更本质的问题还在于如何平衡发展需求与公民隐私权利保护的矛盾。

2016 年 2 月，SWIFT 黑客事件爆发，多家银行损失巨款。孟加拉国中央银行在美国纽约联邦储备银行开设的账户 2 月初遭黑客攻击，失窃 8100 万美元。据相关执法部门调查，赃款几经分批中转，最终流入菲律宾两家赌场和一名赌团中介商的账户，随后很可能变成一堆筹码，就此消失无踪。而孟加拉央行并非个案，2015 年 1 月，黑客攻击了厄瓜多尔南方银行，利用 SWIFT 系统转移了 1200 万美元。

2016年2月，FBI因为美国加利福尼亚州圣贝纳迪诺县的一起枪击案通过法院要求苹果提供关于一部手机的一切信息，但苹果回绝法院要求，表示自己的做法是在保护用户。最终FBI利用来自以色列移动软件开发商Cellebrite的方法破解了iPhone 5c，不再寻求通过法律手段要求苹果去解锁这部手机。这起事件使得个人隐私与国家安全之间的矛盾再次成为关注焦点。

2016年3月11日，美国商务部部长佩尼·普里兹克（Penny Pritzker）宣布，为应对全球数字贸易壁垒，保持美国经济的可持续增长，为美国企业和工人创造更多的机会，美国将启动“数字专员”（Digital Attaché）项目。“数字专员”项目的主要目标是向美国企业提供支持和援助，帮助美国企业成功降低其在外国市场遭受的数字政策和监管问题所带来的不利影响，扩大美国电子商务的出口。

2016年3月，举世瞩目的围棋人机世纪大战拉开序幕。但结果出乎大多数人的意料，谷歌人工智能系统AlphaGo（阿尔法围棋）挑战世界围棋冠军李世石，以4比1的总比分取得压倒性胜利。2017年初，AlphaGo化身神秘网络棋手Master击败包括聂卫平、柯洁、朴廷桓、井山裕太在内的数十位中日韩围棋高手，在30秒一手的快棋对决中无一落败，取得60连胜，在棋界和科技界引发剧震。

2016年5月，美国商务部发布了最新的《数字经济议程》，明确指出数字经济是实现繁荣和保持竞争力的关键。互联网和数字经济是经济增长的源泉，是全球贸易的驱动器，是保持美国竞争力的关键要素。互联网和ICT相关行业已经占到美国GDP的20%以上。

2016年6月，欧盟率先提出了人工智能立法动议，要求欧盟委员会把正在不断增长的最先进的自动化机器“工人”的身份定位为“电子人（electronic persons）”，并赋予这些机器人依法享有著作权、劳动权等“特定的权利与义务”。

2016年6月2日，经过五年的拉锯谈判，欧盟和美国在荷兰阿姆斯特丹正式签署了保护个人数据转移的“隐私盾”协议以应对犯罪和恐怖主义威胁。新的协议将为跨大西洋两岸数据传输中的个人隐私保护提供新的规范。

2016 年 10 月 1 日，美国商务部下属机构国家电信和信息局将互联网域名管理权正式移交给 ICANN（互联网名称与数字地址分配机构），从而结束了对互联网核心资源近 20 年的单边垄断。

2016 年 10 月，英国下议院的科学和技术委员会发布《机器人和人工智能》的报告，呼吁政府介入监管和建立领导体制。英国政府的科学办公室发布《人工智能对未来决策的机会和影响》报告，表示将利用独特的人工智能优势，增强英国国力。

2016 年 10 月 13 日，美国白宫科技政策办公室（OSTP）下属国家科学技术委员会（NSTC）发布了《为人工智能的未来做好准备》（*Preparing for the Future of Artificial Intelligence*）和《国家人工智能研究与发展战略计划》（*National Artificial Intelligence Research and Development Strategic Plan*）两份重要报告，其中明确指出，人工智能将扮演越发重要的角色，而联邦政府将会资助人工智能研发的战略规划。

2016 年 11 月，美国国土安全部发布《保护物联网安全的战略原则》报告，认为物联网安全已经成为国土安全问题。随着越来越多国家关键基础设施的联网，曾经需要手动执行的重要流程面临着网络威胁。物联网生态系统带来了风险，包括恶意行为者修改网络设备信息或篡改设备本身，这可能导致敏感数据和消费者隐私丢失、业务运营中断、通过大规模分布式拒绝服务攻击停滞网络功能以及关键基础设施中断。物联网安全已经成为国土安全问题。

B.15
附录2：数字经济相关重要学术成果

一　国外部分

1. OECD（2014），*Measuring the Digital Economy: A New Perspective*，*OECD Publishing*

经济合作与发展组织（OECD），成立于1961年，目前成员国总数为34个，总部设在巴黎。它是由全球30多个发达国家组成的政府间国际经济组织，旨在共同应对全球化带来的经济、社会和政府治理等方面的挑战，并把握全球化带来的机遇。本书是OECD对各成员国年度教育体系、科技政策或环境业绩的定期评估报告。

本书提出，随着互联网渗透率进一步提高，数字经济触发了经济和社会深刻变革，度量数字经济需要新的统计工具。

图1

数字经济超越了商业和市场，它将个人、社群和社会都包括在内，包含了一些新的主题，诸如社交网络的快速增长、社交媒体的免费和快速访问以及其他用户创造的内容。这就催生了广泛的政策议题，包括网络霸权、被遗忘权和互联网“上瘾”，以及在线儿童保护和数字鸿沟。

现有的数字经济统计工具无法跟上技术的快速发展和新技术的涌现，具体表现为当前指标主要关注商业表现，在量度数字经济的社会产出和社会影响方面有所欠缺。此外，需重新测算商品和服务价格的下跌的影响以反映数字经济带来的质量和生产效率改善，借此来评估ICT对于整体经济的贡献度。

为了理解ICT的结构性影响以及数字经济对竞争性质的改变，需要考虑通过在线和离线方式提供的商品和服务之间的价格差异，以及不同生产商之间的价格差异。为了评估ICT对于服务行业的影响，也需要对产出进行量度和估值。

本书提出，应当围绕以下六个领域建立新的测量标准：

1. 提高对ICT投资及其与宏观经济表现之间关系的度量能力；
2. 定义和度量数字经济的技术需求；
3. 制定度量安全、隐私和消费者保护的相关指标；
4. 提高对ICT社会目标及数字经济对社会影响力的度量能力；
5. 通过建立综合性和高质量的数据基础设施来提高度量能力；
6. 构建一个可将互联网作为数据源使用的统计质量框架。

OECD建议，数字经济指标应当划分为以下四类：智能基础设施投资、社会赋能、创新潜力释放、增长和就业。

2. 世界银行：《世界发展报告：数字红利（2016年）》，清华大学出版社，2017。

该书从“包容”“创新”“效率”等方面重点阐释了互联网如何推动经济和社会发展，并针对各国如何进一步普及互联网及实现数字红利给出了建议。

该书指出，增长、就业和服务是数字投资最重要的收益。前三章论述数字技术如何帮助企业提高生产力、如何帮助民众找到就业及其他机会、如何帮助政府为所有人提供更优质的公共服务。

数字技术如何促进发展、产生数字红利？数字技术降低信息成本，从而大幅降低公司、个人与公共部门的经济社会交易成本。凭借数字技术，交易成本降到基本为0，创新得以蓬勃发展；凭借数字技术，现有的活动、服务更便宜迅速，且更便利，效率得以提高；凭借数字技术，人们得到以前难以获得的服务，包容性得以扩大。

该书认为，当前世界数字红利实现的速度不够快。一方面，全球近60%的人口还不能上网，不能充分参与数字经济。各国国内由于性别、地理区域、年龄和收入水平的差异，人们之间的数字鸿沟长期存在。另一方面，互联网的一些预期收益被新风险抵消。既得商业利益、监管不确定性、以及数字平台有限的竞争，可能导致许多行业出现有害的集中。快速推广自动化，甚至包括中级水平的办公室工作，可能导致劳动力市场的空心化，使不平等情况更加严重。已经开展的许多电子政务项目记录不佳，不仅 ICT 项目的失败率很高，而且还有国家和公司利用数字技术控制公民的风险。

该书建议，为了降低这些风险，各国应该在以下方面做出努力。一是连通性至关重要，但还不足以实现全部发展效益。二是数字投资需要“非数字配套机制”的支持，包括法规监管，便于企业利用互联网展开竞争，进行创新。三是提高人员技能，这样人们可以充分把握数字机会。四是建立问责制度，政府对公民的需求需要做出响应。数字技术能补充强化这些配套机制，从而加快发展的步伐。

该书的主要结论是：对数字发展战略的需要比 ICT 战略更为迫切。实现所有人互联互通是重要目标，也是一个巨大挑战，各国需要营造让技术发挥成效的有利条件。没有非数字配套机制，发展影响不会令人满意。一旦建立健全的非数字基础，各国就可以收获丰厚的数字红利，包括更快速的增长、更多的就业和更好的服务。

3. 唐·泰普斯科特（Don Tapscott）:《数据时代的经济学:对网络智能时代机遇和风险的再思考》，毕崇毅译，机械工业出版社，2016。

唐·泰普斯科特是全球著名的新经济学家和商业策略大师，被誉为“数字经济之父”。他于1992年创办了新范式（New Paradigm）智库，研究突破性技术在生产率、商业效能、竞争力等方面的商业应用。他在《思想家50》评选出全球最有影响力的管理思想家中排名第四，也是世界最受追捧的商业演讲人之一。其著作包括畅销书《数据时代的经济学》《维基经济学》等。目前是多伦多大学罗德曼管理学院的客座教授，特伦特大学校长。

图 2

该书第 1 版成书于 1995 年，是作者的成名作。作者在互联网经济与商业模式都尚未形成的时候，开创性地预言了互联网将给人们的经济生活带来哪些改变。在 20 周年纪念版中，作者增加了 1/3 的新内容，主要是对自己 20 年前的诸多预测做了一次复盘，并且还对未来移动网络的发展做了许多预测。

该书尝试回答这样一个问题：数字经济对企业意味着什么？尽管企业管理者每天都能接触大量有关新技术和新组织形式的信息、观念和理论，以及不断变化的商业环境和发展战略，但很少有人能够综合这些因素形成全面深入的管理思想。数字经济关注的是新经济、新企业和新技术，以及这三者之间的互动方式。

网络智能时代是一个充满希望的时代，它不仅指技术的网络化，更重要的是技术使用者的网络化。这个时代不仅是智能机器的时代，同时也是人们通过网络汇聚智力、知识和创意，以创新方式创造财富和推动社会发展的时代。它不仅是计算机互联的时代，更是人类创新思想互联的时代。简而言之，这是一个充满各种希望和难以想象的巨大机遇的时代。

该书介绍了几个主要观点，其中一些观点已成为众所周知的概念，还有些观点有待于企业和政府的努力实施。

罗纳德·科斯的思想。该书介绍了诺贝尔经济学奖获得者罗纳德·科斯的作品，他的思想是了解互联网时代的重要依据。科斯认为，开放市场的交易成本会使企业把商业职能局限在企业范围之内。

数字经济的主题。该书首次阐述了一些相关主题，其中影响至今的主题包括生产性消费、即时性、分子化、不调和性、去中间化及其对立面“再中间化”等。

网络智能概念。网络智能时代是一个充满希望的时代，它不仅指技术的网络化，更重要的是技术使用者的网络化。

分类学研究和语言。在互联网出现的早期阶段，并没有专门的分类学研究或术语来讨论这种新兴的数字化革命。用于描述 Net 技术对企业影响力的“层递结构”比较适合该书的说明。根据这种结构，我们先介绍最底层的高效能个体，其次升级到高绩效团队，一体化组织，再然后是延伸性企业，最后是互联式商业，更准确地说应当是整个商业生态系统。

行业影响。对技术本身的讨论虽然有趣但毕竟脱离不了历史意义，从这个意义上说，所有的趋势无论在当时多么具有革命性，究其本质来说不过是对旧技术的绞杀。这些趋势包括数字化微处理器系统、网络计算、高带宽通信、智能信息设备、多媒体、开放系统、智能网络和高级面向对象程序设计语言的兴起。

领导变革是贯穿该书的重要主题。作者有以下几个观点：领导活动在企业中无处不在，新经济时代的领导即学习型领导，集体领导开始形成，数字化网络互联领导，首席执行官必须参与网络互联领导活动。

个人隐私。在社交媒体和大数据尚未出现的那个年代，我也不知道为什么会用整整一章的笔墨讨论这个话题，但如今个人隐私已经成为迫切需要解决的热门问题。在网络化时代如何保护个人隐私，我对于这个问题的结论难免会受到近期技术发展的影响。

不利影响。虽然该书长篇大论的是新时代带来的机遇，但我并没有忽视数字化可能带来的风险。数字化革命能否最大限度地发挥潜力？抑或会使我们当前遇到的问题变得更加严峻？是一个非常值得思考的问题。

作者认为，这个时代充满希望也暗藏风险，可能出现的问题包括严重的社会阶层分化、对个人隐私和其他权利的大量侵犯、结构性失业，以及大规模的社会混乱和冲突。说到底，世界未来的走向取决于企业和国家的具体做法，取决于它们会做出怎样的决策和行动。

行动呼唤。最后，作者在书中呼吁企业发挥更加积极的影响，数字经济需要新时代的商业经营者，他们充满好奇又坚定自信，敢于抛开旧的思想和模式；他们既能满足企业的增长和盈利，同时又能满足员工、顾客和社会对个人隐私、公平公正和财富共享的要求；他们善于描绘社会愿景，有勇气付诸行动，即使面对冷漠讥讽也能坚持自己的领导方式。数字经济要求昔日的管理者转变成明日的管理者。

在新版中，作者专门总结了需要每个人都认真思考的几个问题，包括就业市场，个人隐私，“贫富两极分化”的危险，数字经济会对生活质量产生什么影响，新媒体会对家庭造成什么影响，政府在理解接受数字化变革方面行动缓慢，怎样才能改变民主状态，教育体系是否会发生变革。

4. 基思·威利茨（Keith Willetts）:《数字经济大趋势:正在到来的商业机遇》,徐俊杰、裴文斌译,人民邮电出版社，2013。

基思·威利茨是电信管理论坛（TM Forum）的创始人和董事会主席，同时担任多家公司的独立董事和顾问。他被业界公认为数字业务和网络管理方面的权威专家之一。基思先生多次入选“全球电信业最具影响力前100人”，还曾两次入选Communications Week杂志评选的行业最具远见专家前25名，并获得Global Telecoms Business杂志的终身成就奖，以及“英国计算机学会（British Computer Society）创新金奖”和“英国电信创新金奖”。

作者积累了15年数字经济的观察与感悟，创造性地提出了“数字生态系统”的概念，这一生态系统由以下十个部分构成：技术提供商（网络和数据处理的基础设施）、基础设施提供商、网络服务提供商、网络接入服务提供商、云计算和存储服务提供商、数字服务使能者、数字服务提供商、物联网服务、数字服务零售商（包括数字商店、信息中介和服务集成商）和终端设备提供商。

作者在书中详细分析了这个生态系统的过去、现状与未来的发展趋势，生动展示了大数据处理、云服务、物联网和移动终端应用程序等新兴市场的商业模式，这些新技术带来的冲击和影响，以及企业如何通过强大的领导力、变革、创新、协作去应对这一系列冲击。

5. 美国商务部数字经济咨询委员会：《数字经济的度量》①

数字经济正在快速发展，但当前的度量方式显然无法跟上其发展的步伐。如何正确测度数字经济，衡量数字经济对于整体经济的推动作用是我们当前面临的主要挑战。随着数字经济日益确定其主导地位，决策者和商业领袖需要更多的数据来了解数字经济，以便制定合理的政策和投资决策。

对此，美国商务部数字经济咨询委员会提出了一个框架，用于测度数字经济。该框架的四个部分包括：（1）诸如公司、行业和家庭等经济不同领域的数字化程度；（2）数字化的效果或产出，诸如搜索成本、消费者盈余和供应链效率；（3）对于诸如实际 GDP 和生产率等经济指标的综合影响；（4）监控新出现的数字化领域。

该报告提出以下十条建议。

（1）美国经济分析局（BEA）应当将其当前对企业数字支出和投资的度量扩展到更广泛的科技领域。

（2）美国商务部应当将其当前对企业数字支出和投资的度量范围扩展到两个新的类别：数据资产和联网的物理资产。

（3）商务部应当和外部伙伴合作测量，美国企业应如何以及在何种程度上在商业交易或非商业活动中使用数字科技。

（4）商务部应当制定追踪企业如何在其商业流程中使用数字工具，以及这些技术如何影响劳动力的指标体系。

（5）商务部应当收集更多有关消费者使用新科技、在线服务和其他数字商品的直接信息。

（6）商务部应当搜集有关数字经济规模的信息。该信息需要测量诸如数字消费和数字工作等不同类型的数字活动。

---

① 本处内容节选自王滢波所编译《美国商务部数字经济咨询委员会：数字经济的度量》一文，发表在公众号“网络空间治理创新”（CGi）（2017－7－31）上。

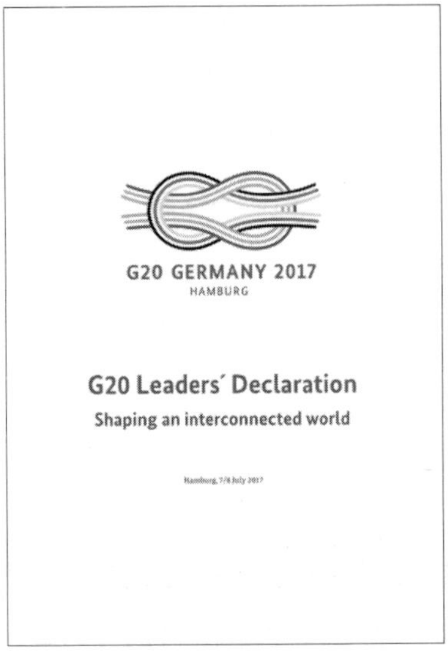

图 3

（7）美国商务部应该继续搜集有关ICT 行业价格、生产率以及数字经济对GDP 贡献率的数据和开展相关研究。

（8）就“科技分类法”达成一致，建立分类法更新框架，以确认经济活动的新领域。

（9）制定数据子行业新活动的指标体系，并利用该指标体系创建跟踪这些活动影响经济的指数。

（10）调查数字经济的下行效应，以便更准确地预测数字经济的净效用。

6.《G20领导人宣言－塑造互联世界》

2017 年 7 月 7～8 日，G20 国家元首在德国汉堡发布《G20 领导人宣言－塑造互联世界》，提出 G20 的共同目标是：将强大的、可持续的、平衡的和包容的增长作为最优先项。全球化和技术变革对经济增长和生活改善做出了巨大的贡献，但也带来了许多挑战。各国应该采取行动实现建构韧性、改进可持续能力和承担责任三个目标。

宣言分四个部分分别是：共享全球化的利益，建构韧性，改进可持续的生存方式和承担责任。第一部分专门提及掌控数字化，提到数字化转型是全球化、创新、内生和可持续发展的动力，有助于减少不平等现象和实现“2030 年可持续发展议程”的目标。为此，需要跨越包括收入、年龄、地理和性别在内的数字鸿沟。

G20 将努力确保到 2025 年所有的公民都能以数字方式相连，并热忱欢迎在低收入国家进行此类的基础设施建设。G20 将以各种形式的教育和终身学习来提升数字素养和数字技能。G20 的目标是培育促进数字经济发展的有利条件，并认识到需要通过确保有效的竞争来促进投资和创新。对数字科技的信赖需要有效的消费者保护、知识产权、透明度和安全性。G20 支持信息的自由流动，同时遵守隐私、数据保护和知识产权的适用法律框架，用 G20 数字化路线图将指导未来的工作。

7. 麦肯锡:《人工智能：下一个数字前沿》

2017 年 6 月份，麦肯锡发布了一份名为《人工智能：下一个数字前沿》的报告，对人工智能为企业创造价值的方式进行了全面的介绍和解读。该报告认为人工智能将带来颠覆性的影响。人工智能投资正在快速增长，诸如谷歌和百度等数字巨头是行业的主导者。2016 年科技巨头在人工智能上投入了 200 亿到 300 亿美元，其中 90% 花在了研发和部署上，另外 10% 则花在了人工智能并购上。

人工智能在科技行业之外的应用仍然非常有限，仅有少数公司进行了大规模部署。

图 4

人工智能加大了公司之间的差异，高科技和电信行业、金融服务行业是人工智能应用方面的领军者。人工智能提高了公司的效率，使得公司更加有利可图。早期人工智能用户具有明显的竞争优势。

人工智能虽然极大提高了效率，但也带来了挑战。劳动力需要通过训练掌握新技能，以便能利用人工智能，而不是与之竞争；城市和国家需要加入全球的竞争以吸引人工智能人才和投资；人工智能也在道德、伦理、法律和监管方面面临着一系列的问题。

8. 联合国贸易和发展会议：《2017全球投资报告——投资和数字经济》

2017 年 6 月 7 日，联合国贸发会议发布了《2017 全球投资报告——投资和数字经济》。报告指出，数字经济是增长和发展的主要动力。它可以提升所有行业的竞争力，为商业和创业活动提供新机会，帮助企业进入海外市场和参与全球电子价值链。它也为解决可持续发展问题提供了新的工具。然而，它面临着严峻的政策挑战，包括弥合数字鸿沟、尽可能减少潜在的负面的社会和发展影响以及处理复杂的互联网监管问题。数字经济面临的这些机遇与挑战对于发展中国家尤为重要。

图 5

数字经济对投资具有重要意义，而投资对于数字化发展至关重要。数字技术的应用将改变跨国企业的国际业务运营方式以及外国子公司对东道国的影响。所有国家的数字发展，特别是发展中国家参与全球数字经济需要制定针对性的投资政策。

信息通信技术（ICT）跨国企业在国际生产中的重要地位在过去五年中急剧上升。2010～2015 年，UNCTAD 排名前 100 位的跨国企业中，科技公司的数量翻了一番。这些公司的资产增加了 65%，其营业收入和员工增长了约 30%，而 100 家跨国企业中的其他企业则基本持平。数字跨国公司，包括互联网平台、电子商务和数字内容公司的重要性也在迅速上升。

数字跨国企业的海外销售占其销售额的 70%，但其资产只有 40% 位于本国之外。数字跨国公司对东道国的影响不太容易直接在实体投资和创造就业中看到，但其投资可能有重要的间接影响，能够促进生产力和数字化发展。数字技术在全球各行业供应链中的应用将会深刻影响国际生产。

投资促进政策和制度应考虑跨国企业跨国经营模式的演变。大多数国家都在积极追求数字经济的发展机会。全面的数字化发展战略应涵盖数字基础设施投资、数字公司以及所有行业中企业的数字化应用。

促进对当地数字内容和服务的投资对于加快数字化发展至关重要。这意味着为数字公司创造和维护一个有利的监管框架并提供积极的支持措施，比如包括技术或创新中心和孵化器，或者改善电子政务服务并配套风险投资等创新融资方式。与全球公司的合作有一些好处，但发展数字行业更多意味着支持当地企业发展，而不是促进数字跨国企业的投资。

投资决策者应采取更积极的态度来制定数字发展战略。他们不仅应该为自己的政策领域的关键变化做好准备，而且应该为数字产业政策的设计和实施做出重要贡献。数字化发展应纳入投资政策的框架中，而投资政策应嵌入整体的数字发展战略中。

二　国内部分

1. 马化腾等：《数字经济：中国创新增长新动能》，中信出版社，2017。

该书由马化腾领衔的腾讯研究院人员合著，主要分为5篇，共16章。

马化腾在为该书所写作的前言中，提出数字经济已经占到中国GDP30.6%的比重，带来280万新增就业人数，占中国年新增就业人数的21%。它在民生领域、催生新的商业模式、提高社会资源利用率、重塑各个行业的核心竞争力方面有着巨大的潜力。更重要的是，数字经济的发展改变着人们的生活观念和思维模式，用科技构建凝聚社会的基础要素——信任，是全球经济实现可持续发展的路径。数字经济造就了中国互联网企业发展的最好时代。

图6

“理论篇”作为开篇之作，主要从理论上对数字经济的内涵、特征及其对经济的影响进行了阐述。在其后的“基础篇”中，讨论了数字基础设施建设、数字素养、网络信息技术产业的发展。

第三篇“产业篇”，包含了制造业数字化、实体经济、公共服务和金融业的数字化转型。第四篇“政策篇”主要关注各地区数字经济政策，包括美国、欧盟、英国。第五篇“建议篇”，讨论如何积极应对数字经济革命，作者提出我们面临的几大问题包括数字鸿沟和数字质量，网络和信息案例问题，法律、法规滞后问题，就业结构变化问题，经济理论和组织管理机制适用问题。该书最后从企业、政府两个方面提出应对之策。

2. 李开复、王咏刚：《人工智能：李开复谈 AI 如何重塑个人、商业与社会的未来图谱》，文化发展出版社，2017。

该书回顾了人工智能的五种定义：让人觉得不可思议的计算机程序；与人类思考方式相似的计算机程序；与人类行为相似的计算机程序；会学习的计算机程序；根据对环境的感知做出合理的行动，并获得最大收益的计算机程序。最后提出“人工智能 = 深度学习 + 大数据”这一等式。

作者认为，人工智能的社会意义将超越个人电脑、互联网、移动互联网等特定的信息技术，甚至有极大的可能成为下一次工业革命的核心驱动力。但是如果我们仅仅将人工智能时代看作一次新的工业革命，那么，我们的论述将局限于科学与技术层面，而忽略因技术变革而造成的社会、经济、心理、人文等层面的巨大波动。

图 7

人工智能不仅是一次技术层面的革命。人工智能因为对生产效率的大幅改进，对人类劳动的部分替代、对生活方式的根本变革，而必然触及社会、经济、政治、文学、艺术等人类生活的方方面面。作者提出 AI 创业的五大基石，包括清晰的领域界限，闭环的、自动标注的数据，越大的计算能力，千万级的数据量，顶尖的 AI 科学家。而 AI 产业发展也面临六大挑战：前沿科研与产业实践尚未紧密衔接；人才缺口巨大，人才结构失衡；数据孤岛化和碎片化问题明显；可复用和标准化的技术框架、平台、工具、服务尚未成熟；一些领域存在超前发展、盲目投资等问题；创业难度相对较高，早期创业团队需要更多支持。

本书共分六章，首先对人工智能的涵义进行了解读，进一步讨论三次人工智能的热潮，面对AI，人类如何变革和发展，以及在AI时代的商机和创业机会，最后展望未来，讨论AI时代的教育和个人职业发展问题。

3. 中国信息化百人会：《信息经济崛起：区域发展模式、路径与动力》，电子工业出版社，2016。

中国信息化百人会是由关注中国信息化发展的一批中青年专家学者共同发起成立的非官方、非营利性的学术研究平台。中国信息化百人会致力于研判全球信息化趋势、挑战与机遇，研究中国信息化发展的重大前沿和战略问题，深度解析信息化发展对中国经济体制改革、发展方式转变、社会转型的支撑和引领作用，为探索信息化时代的中国实现现代化的新路径贡献智慧。

信息通信技术产业的发展史，是一部新技术不断挑战人类传统认知、理念、规律的发展史，是一部新产业加速重构全球经济、政治和军事格局的发展史，是一部新规则重新定义生产、生活、交易的发展史。

该书对国内外信息经济发展态势、国内信息经济省域发展模式及特征的分析，是基于对信息经济规模的测度而展开的。该书积极挖掘和探索着内在机理和规律，在中国信息化百人会《中国信息经济发展报告》的基础上，着眼于国际金融危机以来国际经济政治格局变迁，对全球信息经济发展态势及展望、国内信息经济省域发展模式、我国信息经济发展动力机制进行了理论和实证分析，力求为国家和地方各级政府的信息经济发展战略制定提供决策参考依据。

本书共分六个部分，主要内容如下。

1. 全球信息经济发展态势

跨界、融合、创新、转型成为信息时代产业发展的主旋律，全球信息经济正处于重塑发展理念、调整战略布局、重构竞争规则的新阶段。

2. 我国信息经济基本特征

（1）我国信息经济总量与增速呈现“双高”态势。中国信息经济延续了近年来快速增长的势头，2008～2014年期间增速由10.93%提高到14.32%，总体规模已达到2.73万亿美元，在全球范围内继续保持第二位。

（2）中国信息经济产值占GDP比重不断攀升，于2014年首次超过GDP的四分之一，对于GDP增长的贡献率高达58.35%，逐渐接近甚至超越了部分发达国家，逐渐成为国家经济发展的重要引擎。

（3）2008～2014年期间融合型信息经济占比逐步上升，融合型信息经济对信息经济增长的贡献大幅上升，2014年贡献高达92.30%，信息经济增长的动力以融合型信息经济为主。

（4）基础型、融合型、新生型信息经济发展呈现不同态势。2014年，基础型信息经济增速创历年最低，软件业和互联网行业的逆势崛起，推动基础型信息经济呈现软化发展态势。各传统产业中信息经济占比不断攀升，融合型信息经济极大地促进了传统产业生产经营管理的优化变革。以互联网为代表的新生型、福利型信息经济蓬勃发展，依托互联网的“双创”为我国经济发展注入原动力。

（5）全国各省信息经济规模呈现自东向西逐级递减趋势，按规模大小可分为四个梯队。

（6）全国各省信息经济增速整体呈现“枣核形”结构，绝大多数省份信息经济增速都集中在10%～25%。

（7）全国各省信息经济GDP占比整体呈现“枣核形”结构，除部分东部沿海省份与西北省份外，其余大量的省份信息经济产值占GDP比重均在20%～30%。

3. 我国信息经济发展动力机制

结合我国国民经济、产业结构、区域结构等诸多特征，该书对我国信息经济发展传导机制及动因机制进行理论和实证分析，力求从全新角度审视我国信息经济发展路径、驱动力量、发展方向和演进规律，继续推动信息经济研究迈上新的台阶。

4. 区域信息经济发展水平评价

根据传导机制及动因模型实证分析结果，按照信息经济驱动要素的差异，我国不同省份可以分为创新要素驱动型地区、综合要素驱动型地区和投入要素驱动型地区。

5. 全球信息经济发展展望

随着信息技术、大数据和智能制造等技术进步，基础型和融合型信息经济将继续呈现快速发展态势，在此基础上新生型和福利型信息经济也将进入大规模拓展阶段，对信息经济的体制机制需求愈加迫切。

6. 政策建议部分主要从正确的经济发展观、治理体系、产业治理、信息经济创新和资本市场五个方面提出。

4. 阿里巴巴：《数字经济2.0》

该报告为阿里研究院所推出系列报告的首篇。该报告认为，1998 年美国商业部发布的《浮现中的数字经济》一文，对从工业经济走向数字经济的发展趋势，做出了极富预见性的轮廓描述。这个时期可以称为数字经济 1.0 时代。经过近 20 年的技术进步、应用渗透、商业创新和生态演化，数字经济的发展进一步升级，迈入了以互联网平台为载体、以数据为驱动的 2.0 时代，呈现出平台化、数据化、普惠化的发展特征。在可以预见的未来，线上线下逐步融合、智能化和智慧化将逐步成为数字经济的新特征，平台经济体会成为最重要的经济组织形式之一。

该报告认为数字经济可以分为四层架构：支撑层，包括基础设施和基础技术；数据层，是整个经济体系的数据引擎；商业层，是基于支撑层和数据层的经济活动；治理层，是整个体系的治理规则和制度安排。

5. CNNIC：《国家信息化发展评价报告》

在中国国家互联网信息办公室信息化发展局的指导下，中国互联网络信息中心（CNNIC）联合中国信息通信研究院、中国电子信息产业发展研究院等单位，借鉴国际知名信息化评价指数，密切关注各国信息化测评领域的最新发展动态和实践成果。通过对各评价体系的侧重点、共同点、差异性进行深入剖析，力求从多层面、多视角反映我国信息化发展的真实水平，为制定科学合理的信息化发展评价体系奠定坚实的基础。

根据信息化发展的特征和趋势情况，该报告提出网络基础设施就绪度、产业与技术创新、信息化应用效益、网络安全保障、信息化可持续发展等五个一级指标和九个二级指标。这些指标既包括网络基础设施、产业规模这样的“硬性指标”，又包括信息化法律政策、信息化人才培养等“软性指标”。

该报告显示，中国信息化全球排名大幅度提升，排第 25 位，超过 G20 平均水平。

从国内各省（区、市）信息化发展状况看，该报告发现信息化与经济发展存在较高相关性，我国各省份可分创新引领型、成熟应用型、变革驱动型、基础潜力型四种类型。报告还总结出了中国信息化发展十大特点。

报告从网络基础设施建设、终端普及率、关键核心信息技术创新、信息化人力资源储备等方面为中国信息化发展下一步策略提出了建议。

Abstract

Nowadays, with a set of new technologies-such as Internet, big data, cloud computing, Internet of things, artificial intelligence, block chain—spreading across the world and adopted in economic, social, cultural and other fields rapidly, a new paradigm of global economic development led by digital economy ensued.

As the world's most active and promising digital economy, China serves as one of the twin engine of global digital economy development with the United States. Reports of the 19th National Congress of the Communist Party of China specifically mentioned to speed up the strategic initiative of building "cyber superpower" and "digital China". The development of digital economy has become a milestone of China entering the new era of socialism with Chinese characteristics.

In order to better promote the healthy development of China's digital economy, we need to review the situation and trend of global digital economy development systematically, evaluating the level of development, achievements, and problems of our national digital economy objectively. To this end, professional researchers from the Institute of Information and the Institute of Applied Economy of the Shanghai Academy of Social Sciences formed a digital economy research group, conducted research on the global digital economy from a social science perspective, and presented their research in the form of annual report. This report established a global digital economy competitiveness analysis model based on the national competitive theory. It also conducted a comprehensive and multi-angle analysis, evaluation, and prediction over the world's major countries' digital economy development. The report is China's first report on global digital economy development, it offers a comprehensive digital economy picture and aims at aiding policy decisions in building China into a national power in cyberspace.

As the first blue book that focuses on the development of digital economy, the 2017 Global Digital Economy Development Report reviewed the 2016's global digital economy development from a historical and global prospective. The book is divided into 5 parts, including general report, themes, regional, innovation, and appendix. The general report defined the basic notion of digital economy, comparison of a set of evaluation methods of digital economy development, competitiveness evaluation model, global digital economy competitiveness ranking, structural analysis of digital economy national competitiveness, and the outlook of global digital economy development; The themes part evaluated the development of global digital economy from aspects such as infrastructure, industrial development, innovative applications, and governance based on the digital economy competitiveness framework set by the general report; The regional part constituted studies of digital economy development of important regions around the world, including One Belt And One Road region, EU, the USA, and China; The Innovation part highlighted researches on new technologies and models of digital economy, included digital economy hot topics like artificial intelligence, block chain and open data. The appendix documented a series of important academic achievements of digital economy in recent years.

This annual report finds that the development of digital economy, consistent with the innovation and spreading of the Internet information technologies, has so far experienced four stages——digitization, networking, datafication, and intellectualization. The competitiveness of a country's digital economy depends on the interactions among its digital infrastructure, digital industry, digital innovation, and digital governance. The evaluation of 2016 global digital economy development revealed a twin-engine development pattern. The US, with its overall advantage, and China, with its industry momentum, are leading the digital economy development, leaving other counties far behind. In the near future, the competitive advantages and twin-engine status of China and US will remain while the digital economy sustaining a fast growth, digital economy will promote the global economy transformation and public governance reform, overturn the existing employment structure, and bring about security threat.

The Global Digital Economy Blue Book Series are compiled by the Institute of Information of the Shanghai Academy of Social Sciences. It aims at reviewing the situation and the trend of global digital economy development from a social science perspective, using the form of annual report to provide a full picture of and aid policy decisions for China's digital economy development.

Contents

I General Report

This annual report finds that the development of digital economy, consistent with the innovation and spreading of the Internet information technologies, has so far experienced four stages—— digitization, networking, datafication, and intellectualization. The competitiveness of a country's digital economy depends on the interactions among its digital infrastructure, digital industry, digital innovation, and digital governance. The evaluation of 2016 global digital economy development revealed a twin-engine development pattern. The US, with its overall advantage, and China, with its industry momentum, are leading the digital economy development, leaving other counties far behind. In the near future, the competitive advantages and twin-engine status of China and US will remain while the digital economy sustaining a fast growth, digital economy will promote the global economy transformation and public governance reform, overturn the existing employment structure, and bring about security threat.

Keywords: Digital Economy; Network Information Technology; National Competitiveness

Ⅱ Topical Reports

Abstract: The economic development of contemporary society is inseparable from the perfect infrastructure, the digital economy also depends on the reliable digital infrastructure, but how to measure the development of digital infrastructure is still the stage of research and discussion. This paper mainly combs the evolution from the communication infrastructure to the information infrastructure, and then to the digital infrastructure, grasp the inherent development trend, design the measurement model, through the definition of "cloud, channel, endpoints" three dimensions of a total of six indicators, combined Collect and collate data on the status of digital infrastructure development in major countries around the world and found the "one superpower and many" phenomenon in the development of digital infrastructure, but more countries are lagging behind, in order to better understand how digital infrastructure will serve and insight the future, in the developed model derived from the current and future-oriented indicators for infrastructure assessment found that differences in national digital base facilities development stage is large, traits are not the same, and then put forward the development trend of digital infrastructure.

Keywords: Digital Infrastructure; Cloud、Channel、Endpoints; Digital Economy

Abstract: The digital economy is in the ascendant and the new digital industrial revolution represented by mass data and artificial intelligence has just began to develop. On the one hand, the development of the digital economy will make the social welfare greatly improved and greatly reducing the human working time and improve human freedom. On the other hand, the digital economy will also increase the differences between human beings, resulting in more severe social stratification. The development of digital economy will also increase the difference between countries. The density of data will lead to industrial convergence and technological progress, which will bring an irreplaceable competitive advantage for the country. This paper will try to analyze the competitiveness of digital industries in various countries based on the digital economic data of various countries, and describe the current development of the global digital industry.

Keywords: Digital economy; Industrial Competitiveness; Evaluation System; Artifical Intelligence

B. 4 Development Report of Global Digital Innovation

Abstract: Digitalization has become the tendency of the era, which is creating and will create a smart, information-based, efficient and inter-connected world. All kinds of product innovation, process innovation, innovation method and principle appear vigorous prosperity. These factors are influencing and shaping our work, life and social activities. The paper will evaluate the digital innovation of the world from three aspects, including digital technology R &D, digital talent supply, and digital innovation transfer, which results in the country rankings. It reveals that while the high-income countries remain absolute leading, the potential of digital innovation capability of some mid and low income countries are significant. It is possible for them to catch up. Also some high-income countries cannot keep up with the pace of digital transformation.

Keywords: Digital Innovation; Innovation Systems; Technology Revolution; R &D Expenditure

B. 5 Development Report of Global Digital Regulation, 2017

Abstract: In today's global digital economy age when Internet of Things, cloud computing, big data and artificial intelligence technology are constantly implemented and very popular, the government online service and open data have become an important way to improve government management efficiency and social governance ability and enhance people's well-being. The perfect degree of digital regulation system plays an important role in the healthy and orderly development of the digital economy. The cyber-security industry and the configuration of the security server are the solid foundation of the sustainable development of the digital economy. This article constructs the global evaluation model of digital regulation competitiveness from the three dimensions of government public service, digital regulation system and basic security guarantee. It evaluates the digital regulation situation around the world and finds that there is a positive correlation between the competitiveness of national digital regulation and the of national economic development level. The 前 20 countries are the traditional economically developed countries. The United States ranked first, 12 countries selected are in Europe, Asia has four countries selected, and the BRIC countries have not yet entered the 前 20. After several years of development, the global digital regulation system is increasingly perfect. Relevant laws and policies have been introduced, relevant agencies have been set up, but there is a big gap in the country's cyber-security industry and the digital regulation gap will exist for a long time.

Keywords: Digital Economy; Digital Regulation; Open Data; Data Protection; Cyberspace Security

Ⅲ Regional Reports

B. 6 Digital Economy Competitiveness Development Report of the Belt and Road

Zhao Fuchun / 141

Abstract: The development of digital economies in the countries along "The Belt and Road" remains unbalanced. Three typical countries, i. e. , Estonia, Israel, and Malaysia, are illustrated the development. 57 countries are ranked and grouped by three major indicators and divided into three groups, i. e. , leading group, following group and laggard group. It is revealed that the level of digital economies in general tend to descend from west to east, from north to south. The two groups, East and mid-Europe, West Asia & North Africa are stronger than the others significantly. The practices of some firms of China which implement "The Belt and Road" initiative boldly are examined. Challenges and prospects of "The Belt and Road" initiative driven by the national digital strategy are proposed finally.

Keywords: "The Belt & Road" Initiative; Digital economy; Competitiveness

B. 7 EU Digital Economy Development Report

Hui Zhibin, *Ye Xuefeng* / 162

Abstract: The development of digital economy in EU is relatively earlier and higher. However. In recent years, EU digital economy has not been fully developed. In June 2015, EU released the digital single market strategy as one of the EU 10 political priorities, which will be a new driver to the development of EU digital economy.

Keywords: EU; Digital Economy; Competitiveness; Digital Single Market

B. 8 US Digital Economy Report

Wang Yingbo / 180

Abstract: US plays the leading role in the global digital economy area for many years. The entire industry chain, edging business modes and high technologies are the main advantages of US digital economy. In recent years, as the unprecedently rising of China digital economy, the leading status of US digital economy is facing severe challenges. Especially in consumer internet field, China has outperformed US with the increasing gap. Overall, at present, China has no ability to compete US in fundamental technologies. The industry policy plays critical role in the development of US digital economy. The national power is used in the early phase of high-technology R&D. Once the products are ripe for the market, the government will quit to avoid intervening the fair competition principles of the Market. The technology giants, such as Apple, Tesla, Google are all benefited from the US government subsidies and support.

Keywords: Industrial Policy; Artificial Intelligence; Big Data

B. 9 China Digital Economy Report

Hu Wen / 201

Abstract: Since the official access to the Internet in 1994, China has experienced the budding and rapid development period. With the slowdown in the growth of internet users, the advent of the mobile internet era, as well as the repaid emerging of new formats, China's digital economy has entered a mature period. According to the results of authorities, the overall size of China's digital economy is about 10.7 – 22.7 trillion Yuan. In particular, the online retail industry in the digital economy occupies a large proportion. Meanwhile, the intelligent manufacturing industry is still in its infancy. From the perspective of spatial distribution, the development of the eastern region is better than the western region, while the inland cities have great potential. From the global situation, the "dual-core" pattern of the United States and China has been formed already. However China's digital economic development still faces many challenges.

Keywords: Digital Economy; Internet Industry; Artificial Intelligence; Big Data

Ⅳ Innovation Reports

Abstract: The digital economy is sweeping over almost all of the world's industries: the new business model is emergingand the traditional industry is also adjusting the existing mode of operation and service. The disruptive changes in the market drive entrepreneurs and researchers to look at business changes and market trends with new perspectives. This paper introduces the trend of five major business changes driven by digital economy: sharing economy, open innovation, cross-border competition, "precision +" mode and win-win business mode. This paper analyzes the best commercial practice under the five changing trends, and finally looks forward to technological changes in the next 5-year evolution of digital economy.

Keywords: Sharing Economy; Open Innovation; Cross-border Competition; "Precision +" Mode; Win-win Business Mode

Abstract: 2016 is a year of rapid development of artificial intelligence, China, US, Britain, Japan, European Union and other countries had announced policies to promote the development of artificial intelligence, the size of the artificial intelligence industry has rapidly expanded, especially China's industrial growth rate in 2016 more than 40% . Many of the leading applications of artificial intelligence are gradually penetrating into reality and have a profound impact on the development of digital economy.

Keywords: Artificial Intelligence; Digital Economy; Big Data

Abstract: Block-chain is more and more widely used in the global economic and social development, and will have a significant impact on the digital economy. This report starts with the connotation of block-chain, analyzes its positive impact on the digital economy and puts forward some suggestions to seize the opportunity to develop block-chain technology.

Keywords: Block-chain; Digital Economy; Digital Cash

Abstract: This study uses the form, content, and efficacy evaluation methods in the classic "full evaluation", three dimensions, including utilization depth, breadth, and influence of OGD, are used to evaluate the contributions of the OGD of 53 countries to the digital economy. Rankings are made accordingly. The 前 10 countries in the ranking are the United States, the United Kingdom, Uruguay, South Korea, France, Austria, Spain, Norway, New Zealand, and Australia.

Keywords: Open government data (OGD) Application; Digital Economy; Big Data

V Appendices

皮书起源

“皮书”起源于十七、十八世纪的英国，主要指官方或社会组织正式发表的重要文件或报告，多以“白皮书”命名。在中国，“皮书”这一概念被社会广泛接受，并被成功运作、发展成为一种全新的出版形态，则源于中国社会科学院社会科学文献出版社。

皮书定义

皮书是对中国与世界发展状况和热点问题进行年度监测，以专业的角度、专家的视野和实证研究方法，针对某一领域或区域现状与发展态势展开分析和预测，具备原创性、实证性、专业性、连续性、前沿性、时效性等特点的公开出版物，由一系列权威研究报告组成。

皮书作者

皮书系列的作者以中国社会科学院、著名高校、地方社会科学院的研究人员为主，多为国内一流研究机构的权威专家学者，他们的看法和观点代表了学界对中国与世界的现实和未来最高水平的解读与分析。

皮书荣誉

皮书系列已成为社会科学文献出版社的著名图书品牌和中国社会科学院的知名学术品牌。2016 年，皮书系列正式列入“十三五”国家重点出版规划项目；2012~2016 年，重点皮书列入中国社会科学院承担的国家哲学社会科学创新工程项目;2017 年,55 种院外皮书使用“中国社会科学院创新工程学术出版项目”标识。

中国皮书网

发布皮书研创资讯，传播皮书精彩内容
引领皮书出版潮流，打造皮书服务平台

栏目设置

关于皮书：何谓皮书、皮书分类、皮书大事记、皮书荣誉、
皮书出版第一人、皮书编辑部

最新资讯：通知公告、新闻动态、媒体聚焦、网站专题、视频直播、下载专区

皮书研创：皮书规范、皮书选题、皮书出版、皮书研究、研创团队

皮书评奖评价：指标体系、皮书评价、皮书评奖

互动专区：皮书说、皮书智库、皮书微博、数据库微博

所获荣誉

2008 年、2011 年，中国皮书网均在全国新闻出版业网站荣誉评选中获得“最具商业价值网站”称号；

2012 年,获得“出版业网站百强”称号。

网库合一

2014 年，中国皮书网与皮书数据库端口合一，实现资源共享。更多详情请登录 www.pishu.cn。

S 子库介绍
Sub-Database Introduction

中国经济发展数据库

涵盖宏观经济、农业经济、工业经济、产业经济、财政金融、交通旅游、商业贸易、劳动经济、企业经济、房地产经济、城市经济、区域经济等领域，为用户实时了解经济运行态势、 把握经济发展规律、 洞察经济形势、 做出经济决策提供参考和依据。

中国社会发展数据库

全面整合国内外有关中国社会发展的统计数据、 深度分析报告、 专家解读和热点资讯构建而成的专业学术数据库。涉及宗教、社会、人口、政治、外交、法律、文化、教育、体育、文学艺术、医药卫生、资源环境等多个领域。

中国行业发展数据库

以中国国民经济行业分类为依据，跟踪分析国民经济各行业市场运行状况和政策导向，提供行业发展最前沿的资讯，为用户投资、从业及各种经济决策提供理论基础和实践指导。内容涵盖农业，能源与矿产业，交通运输业，制造业，金融业，房地产业，租赁和商务服务业，科学研究，环境和公共设施管理，居民服务业，教育，卫生和社会保障，文化、体育和娱乐业等 100 余个行业。

中国区域发展数据库

对特定区域内的经济、社会、文化、法治、资源环境等领域的现状与发展情况进行分析和预测。涵盖中部、西部、东北、西北等地区，长三角、珠三角、黄三角、京津冀、环渤海、合肥经济圈、长株潭城市群、关中—天水经济区、海峡经济区等区域经济体和城市圈，北京、上海、浙江、河南、陕西等 34 个省份及中国台湾地区 。

中国文化传媒数据库

包括文化事业、文化产业、宗教、群众文化、图书馆事业、博物馆事业、档案事业、语言文字、文学、历史地理、新闻传播、广播电视、出版事业、艺术、电影、娱乐等多个子库。

世界经济与国际关系数据库

以皮书系列中涉及世界经济与国际关系的研究成果为基础，全面整合国内外有关世界经济与国际关系的统计数据、深度分析报告、专家解读和热点资讯构建而成的专业学术数据库。包括世界经济、国际政治、世界文化与科技、全球性问题、国际组织与国际法、区域研究等多个子库。

1997~2017

皮书品牌20年

YEAR BOOKS

皮书系列

2017年

智 库 成 果 出 版 与 传 播 平 台

社会科学文献出版社
SOCIAL SCIENCES ACADEMIC PRESS (CHINA)

社长致辞

2017年正值皮书品牌专业化二十周年之际，世界每天都在发生着让人眼花缭乱的变化，而唯一不变的，是面向未来无数的可能性。作为个体，如何获取专业信息以备不时之需？作为行政主体或企事业主体，如何提高决策的科学性让这个世界变得更好而不是更糟？原创、实证、专业、前沿、及时、持续，这是1997年“皮书系列”品牌创立的初衷。

1997～2017，从最初一个出版社的学术产品名称到媒体和公众使用频率极高的热点词语，从专业术语到大众话语，从官方文件到独特的出版型态，作为重要的智库成果，“皮书”始终致力于成为海量信息时代的信息过滤器，成为经济社会发展的记录仪，成为政策制定、评估、调整的智力源，社会科学研究的资料集成库。“皮书”的概念不断延展，“皮书”的种类更加丰富，“皮书”的功能日渐完善。

1997～2017，皮书及皮书数据库已成为中国新型智库建设不可或缺的抓手与平台，成为政府、企业和各类社会组织决策的利器，成为人文社科研究最基本的资料库，成为世界系统完整及时认知当代中国的窗口和通道！“皮书”所具有的凝聚力正在形成一种无形的力量，吸引着社会各界关注中国的发展，参与中国的发展。

二十年的“皮书”正值青春，愿每一位皮书人付出的年华与智慧不辜负这个时代！

社会科学文献出版社社长
中国社会学会秘书长

2016年11月

社会科学文献出版社简介

社会科学文献出版社成立于1985年，是直属于中国社会科学院的人文社会科学学术出版机构。成立以来，社科文献出版社依托于中国社会科学院和国内外人文社会科学界丰厚的学术出版和专家学者资源，始终坚持“创社科经典，出传世文献”的出版理念、“权威、前沿、原创”的产品定位以及学术成果和智库成果出版的专业化、数字化、国际化、市场化的经营道路。

社科文献出版社是中国新闻出版业转型与文化体制改革的先行者。积极探索文化体制改革的先进方向和现代企业经营决策机制，社科文献出版社先后荣获“全国文化体制改革工作先进单位”、中国出版政府奖·先进出版单位奖，中国社会科学院先进集体、全国科普工作先进集体等荣誉称号。多人次荣获“第十届韬奋出版奖”“全国新闻出版行业领军人才”“数字出版先进人物”“北京市新闻出版广电行业领军人才”等称号。

社科文献出版社是中国人文社会科学学术出版的大社名社，也是以皮书为代表的智库成果出版的专业强社。年出版图书2000余种，其中皮书350余种，出版新书字数5.5亿字，承印与发行中国社科院院属期刊72种，先后创立了皮书系列、列国志、中国史话、社科文献学术译库、社科文献学术文库、甲骨文书系等一大批既有学术影响又有市场价值的品牌，确立了在社会学、近代史、苏东问题研究等专业学科及领域出版的领先地位。图书多次荣获中国出版政府奖、“三个一百”原创图书出版工程、“五个‘一’工程奖”、“大众喜爱的50种图书”等奖项，在中央国家机关“强素质·做表率”读书活动中，入选图书品种数位居各大出版社之首。

社科文献出版社是中国学术出版规范与标准的倡议者与制定者，代表全国50多家出版社发起实施学术著作出版规范的倡议，承担学术著作规范国家标准的起草工作，率先编撰完成《皮书手册》对皮书品牌进行规范化管理，并在此基础上推出中国版芝加哥手册——《SSAP学术出版手册》。

社科文献出版社是中国数字出版的引领者，拥有皮书数据库、列国志数据库、“一带一路”数据库、减贫数据库、集刊数据库等4大产品线11个数据库产品，机构用户达1300余家，海外用户百余家，荣获“数字出版转型示范单位”“新闻出版标准化先进单位”“专业数字内容资源知识服务模式试点企业标准化示范单位”等称号。

社科文献出版社是中国学术出版走出去的践行者。社科文献出版社海外图书出版与学术合作业务遍及全球40余个国家和地区并于2016年成立俄罗斯分社，累计输出图书500余种，涉及近20个语种，累计获得国家社科基金中华学术外译项目资助76种、“丝路书香工程”项目资助60种、中国图书对外推广计划项目资助71种以及经典中国国际出版工程资助28种，被商务部认定为“2015-2016年度国家文化出口重点企业”。

如今，社科文献出版社拥有固定资产3.6亿元，年收入近3亿元，设置了七大出版分社、六大专业部门，成立了皮书研究院和博士后科研工作站，培养了一支近400人的高素质与高效率的编辑、出版、营销和国际推广队伍，为未来成为学术出版的大社、名社、强社，成为文化体制改革与文化企业转型发展的排头兵奠定了坚实的基础。

经 济 类

经济类皮书涵盖宏观经济、城市经济、大区域经济，
提供权威、前沿的分析与预测

经济蓝皮书

2017 年中国经济形势分析与预测

李扬 / 主编　2017 年 1 月出版　定价：89.00 元

◆　本书为总理基金项目，由著名经济学家李扬领衔，联合中国社会科学院等数十家科研机构、国家部委和高等院校的专家共同撰写，系统分析了 2016 年的中国经济形势并预测 2017 年中国经济运行情况。

中国省域竞争力蓝皮书

中国省域经济综合竞争力发展报告（2015 ~ 2016）

李建平　李闽榕　高燕京 / 主编　2017 年 5 月出版　定价：198.00 元

◆　本书融多学科的理论为一体，深入追踪研究了省域经济发展与中国国家竞争力的内在关系，为提升中国省域经济综合竞争力提供有价值的决策依据。

城市蓝皮书

中国城市发展报告 No.10

潘家华　单菁菁 / 主编　2017 年 9 月出版　估价：89.00 元

◆　本书是由中国社会科学院城市发展与环境研究中心编著的，多角度、全方位地立体展示了中国城市的发展状况，并对中国城市的未来发展提出了许多建议。该书有强烈的时代感，对中国城市发展实践有重要的参考价值。

人口与劳动绿皮书

中国人口与劳动问题报告 No.18

蔡昉　张车伟 / 主编　2017 年 10 月出版　估价：89.00 元

◆　本书为中国社会科学院人口与劳动经济研究所主编的年度报告，对当前中国人口与劳动形势做了比较全面和系统的深入讨论，为研究中国人口与劳动问题提供了一个专业性的视角。

世界经济黄皮书

2017 年世界经济形势分析与预测

张宇燕 / 主编　2017 年 1 月出版　定价：89.00 元

◆　本书由中国社会科学院世界经济与政治研究所的研究团队撰写，2016 年世界经济增速进一步放缓，就业增长放慢。世界经济面临许多重大挑战同时，地缘政治风险、难民危机、大国政治周期、恐怖主义等问题也仍然在影响世界经济的稳定与发展。预计 2017 年按 PPP 计算的世界 GDP 增长率约为 3.0%。

国际城市蓝皮书

国际城市发展报告（2017）

屠启宇 / 主编　2017 年 2 月出版　定价：79.00 元

◆　本书作者以上海社会科学院从事国际城市研究的学者团队为核心，汇集同济大学、华东师范大学、复旦大学、上海交通大学、南京大学、浙江大学相关城市研究专业学者。立足动态跟踪介绍国际城市发展时间中，最新出现的重大战略、重大理念、重大项目、重大报告和最佳案例。

金融蓝皮书

中国金融发展报告（2017）

王国刚 / 主编　2017 年 2 月出版　定价：79.00 元

◆　本书由中国社会科学院金融研究所组织编写，概括和分析了 2016 年中国金融发展和运行中的各方面情况，研讨和评论了 2016 年发生的主要金融事件，有利于读者了解掌握 2016 年中国的金融状况，把握 2017 年中国金融的走势。

农村绿皮书

中国农村经济形势分析与预测（2016 ~ 2017）

魏后凯　黄秉信 / 主编　2017 年 4 月出版　定价：79.00 元

◆　本书描述了 2016 年中国农业农村经济发展的一些主要指标和变化，并对 2017 年中国农业农村经济形势的一些展望和预测，提出相应的政策建议。

西部蓝皮书

中国西部发展报告（2017）

徐璋勇 / 主编　2017 年 8 月出版　定价：89.00 元

◆　本书由西北大学中国西部经济发展研究中心主编，汇集了源自西部本土以及国内研究西部问题的权威专家的第一手资料，对国家实施西部大开发战略进行年度动态跟踪，并对 2017 年西部经济、社会发展态势进行预测和展望。

经济蓝皮书 · 夏季号

中国经济增长报告（2016 ~ 2017）

李扬 / 主编　2017 年 5 月出版　定价：98.00 元

◆　中国经济增长报告主要探讨 2016~2017 年中国经济增长问题，以专业视角解读中国经济增长，力求将其打造成一个研究中国经济增长、服务宏微观各级决策的周期性、权威性读物。

就业蓝皮书

2017 年中国本科生就业报告

麦可思研究院 / 编著　2017 年 6 月出版　定价：98.00 元

◆　本书基于大量的数据和调研，内容翔实，调查独到，分析到位，用数据说话，对中国大学生就业及学校专业设置起到了很好的建言献策作用。

社会政法类

社会政法类皮书聚焦社会发展领域的热点、难点问题，
提供权威、原创的资讯与视点

社会蓝皮书

2017年中国社会形势分析与预测

李培林　陈光金　张翼 / 主编　2016年12月出版　定价：89.00元

◆　本书由中国社会科学院社会学研究所组织研究机构专家、高校学者和政府研究人员撰写，聚焦当下社会热点，对2016年中国社会发展的各个方面内容进行了权威解读，同时对2017年社会形势发展趋势进行了预测。

法治蓝皮书

中国法治发展报告 No.15（2017）

李林　田禾 / 主编　2017年3月出版　定价：118.00元

◆　本年度法治蓝皮书回顾总结了2016年度中国法治发展取得的成就和存在的不足，对中国政府、司法、检务透明度进行了跟踪调研，并对2017年中国法治发展形势进行了预测和展望。

社会体制蓝皮书

中国社会体制改革报告 No.5（2017）

龚维斌 / 主编　2017年3月出版　定价：89.00元

◆　本书由国家行政学院社会治理研究中心和北京师范大学中国社会管理研究院共同组织编写，主要对2016年社会体制改革情况进行回顾和总结，对2017年的改革走向进行分析，提出相关政策建议。

社会心态蓝皮书

中国社会心态研究报告（2017）

王俊秀　杨宜音 / 主编　2017 年 12 月出版　估价：89.00 元

◆　本书是中国社会科学院社会学研究所社会心理研究中心“社会心态蓝皮书课题组”的年度研究成果，运用社会心理学、社会学、经济学、传播学等多种学科的方法进行了调查和研究，对于目前中国社会心态状况有较广泛和深入的揭示。

生态城市绿皮书

中国生态城市建设发展报告（2017）

刘举科　孙伟平　胡文臻 / 主编　2017 年 10 月出版　估价：118.00 元

◆　报告以绿色发展、循环经济、低碳生活、民生宜居为理念，以更新民众观念、提供决策咨询、指导工程实践、引领绿色发展为宗旨，试图探索一条具有中国特色的城市生态文明建设新路。

城市生活质量蓝皮书

中国城市生活质量报告（2017）

中国经济实验研究院 / 主编　2018 年 2 月出版　估价：89.00 元

◆　本书对全国 35 个城市居民的生活质量主观满意度进行了电话调查，同时对 35 个城市居民的客观生活质量指数进行了计算，为中国城市居民生活质量的提升，提出了针对性的政策建议。

公共服务蓝皮书

中国城市基本公共服务力评价（2017）

钟君　刘志昌　吴正杲 / 主编　2017 年 12 月出版　估价：89.00 元

◆　中国社会科学院经济与社会建设研究室与华图政信调查组成联合课题组，从 2010 年开始对基本公共服务力进行研究，研创了基本公共服务力评价指标体系，为政府考核公共服务与社会管理工作提供了理论工具。

行业报告类

行业报告类皮书立足重点行业、新兴行业领域，
提供及时、前瞻的数据与信息

企业社会责任蓝皮书

中国企业社会责任研究报告（2017）

黄群慧　钟宏武　张蒽　翟利峰 / 著　2017 年 10 月出版　估价：89.00 元

◆　本书剖析了中国企业社会责任在 2016 ~ 2017 年度的最新发展特征，详细解读了省域国有企业在社会责任方面的阶段性特征，生动呈现了国内外优秀企业的社会责任实践。 对了解中国企业社会责任履行现状、未来发展，以及推动社会责任建设有重要的参考价值。

新能源汽车蓝皮书

中国新能源汽车产业发展报告（2017）

中国汽车技术研究中心　日产（中国）投资有限公司
东风汽车有限公司 / 编著　2017 年 8 月出版　定价：98.00 元

◆　本书对中国 2016 年新能源汽车产业发展进行了全面系统的分析，并介绍了国外的发展经验。有助于相关机构、行业和社会公众等了解中国新能源汽车产业发展的最新动态，为政府部门出台新能源汽车产业相关政策法规、企业制定相关战略规划，提供必要的借鉴和参考。

杜仲产业绿皮书

中国杜仲橡胶资源与产业发展报告（2016 ~ 2017）

杜红岩　胡文臻　俞锐 / 主编　2017 年 11 月出版　估价：85.00 元

◆　本书对 2016 年杜仲产业的发展情况、研究团队在杜仲研究方面取得的重要成果、部分地区杜仲产业发展的具体情况、杜仲新标准的制定情况等进行了较为详细的分析与介绍，使广大关心杜仲产业发展的读者能够及时跟踪产业最新进展。

企业蓝皮书

中国企业绿色发展报告 No.2（2017）

李红玉　朱光辉 / 主编　　2017 年 11 月出版　　估价：89.00 元

◆　本书深入分析中国企业能源消费、资源利用、绿色金融、绿色产品、绿色管理、信息化、绿色发展政策及绿色文化方面的现状，并对目前存在的问题进行研究，剖析因果，谋划对策，为企业绿色发展提供借鉴，为中国生态文明建设提供支撑。

中国上市公司蓝皮书

中国上市公司发展报告（2017）

张平　王宏淼 / 主编　　2017 年 9 月出版　　定价：98.00 元

◆　本书由中国社会科学院上市公司研究中心组织编写的，着力于全面、真实、客观反映当前中国上市公司财务状况和价值评估的综合性年度报告。本书详尽分析了 2016 年中国上市公司情况，特别是现实中暴露出的制度性、基础性问题，并对资本市场改革进行了探讨。

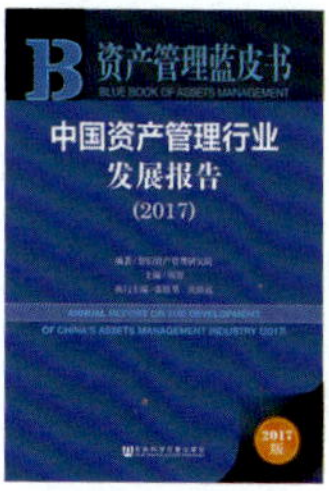

资产管理蓝皮书

中国资产管理行业发展报告（2017）

智信资产管理研究院 / 编著　　2017 年 7 月出版　　定价：98.00 元

◆　中国资产管理行业刚刚兴起，未来将成为中国金融市场最有看点的行业。本书主要分析了 2016 年度资产管理行业的发展情况，同时对资产管理行业的未来发展做出科学的预测。

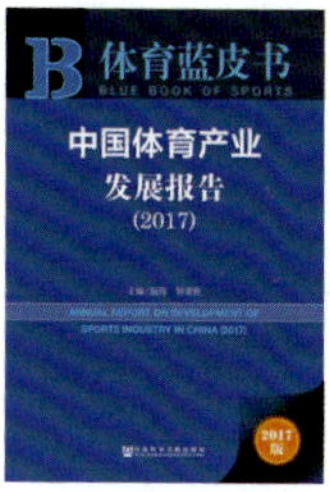

体育蓝皮书

中国体育产业发展报告（2017）

阮伟　钟秉枢 / 主编　　2017 年 12 月出版　　估价：89.00 元

◆　本书运用多种研究方法，在体育竞赛业、体育用品业、体育场馆业、体育传媒业等传统产业研究的基础上，并对 2016 年体育领域内的各种热点事件进行研究和梳理，进一步拓宽了研究的广度、提升了研究的高度、挖掘了研究的深度。

国际问题类

国际问题类皮书关注全球重点国家与地区，
提供全面、独特的解读与研究

美国蓝皮书

美国研究报告（2017）

郑秉文　黄平 / 主编　2017 年 5 月出版　定价：89.00 元

◆　本书是由中国社会科学院美国研究所主持完成的研究成果，它回顾了美国 2016 年的经济、政治形势与外交战略，对 2017 年以来美国内政外交发生的重大事件及重要政策进行了较为全面的回顾和梳理。

日本蓝皮书

日本研究报告（2017）

杨伯江 / 主编　2017 年 6 月出版　定价：89.00 元

◆　本书对 2016 年日本的政治、经济、社会、外交等方面的发展情况做了系统介绍，对日本的热点及焦点问题进行了总结和分析，并在此基础上对该国 2017 年的发展前景做出预测。

亚太蓝皮书

亚太地区发展报告（2017）

李向阳 / 主编　2017 年 5 月出版　定价：79.00 元

◆　本书是中国社会科学院亚太与全球战略研究院的集体研究成果。2017 年的“亚太蓝皮书”继续关注中国周边环境的变化。该书盘点了 2016 年亚太地区的焦点和热点问题，为深入了解 2016 年及未来中国与周边环境的复杂形势提供了重要参考。

德国蓝皮书

德国发展报告（2017）

郑春荣 / 主编　2017 年 6 月出版　定价：79.00 元

◆　本报告由同济大学德国研究所组织编撰，由该领域的专家学者对德国的政治、经济、社会文化、外交等方面的形势发展情况，进行全面的阐述与分析。

日本经济蓝皮书

日本经济与中日经贸关系研究报告（2017）

张季风 / 编著　2017 年 6 月出版　定价：89.00 元

◆　本书系统、详细地介绍了 2016 年日本经济以及中日经贸关系发展情况，在进行了大量数据分析的基础上，对 2017 年日本经济以及中日经贸关系的大致发展趋势进行了分析与预测。

俄罗斯黄皮书

俄罗斯发展报告（2017）

李永全 / 编著　2017 年 6 月出版　定价：89.00 元

◆　本书系统介绍了 2016 年俄罗斯经济政治情况，并对 2016 年该地区发生的焦点、热点问题进行了分析与回顾；在此基础上，对该地区 2017 年的发展前景进行了预测。

非洲黄皮书

非洲发展报告 No.19（2016 ~ 2017）

张宏明 / 主编　2017 年 7 月出版　定价：89.00 元

◆　本书是由中国社会科学院西亚非洲研究所组织编撰的非洲形势年度报告，比较全面、系统地分析了 2016 年非洲政治形势和热点问题，探讨了非洲经济形势和市场走向，剖析了大国对非洲关系的新动向；此外，还介绍了国内非洲研究的新成果。

地方发展类

地方发展类皮书关注中国各省份、经济区域，
提供科学、多元的预判与资政信息

北京蓝皮书

北京公共服务发展报告（2016~ 2017）

施昌奎 / 主编　2017 年 3 月出版　定价：79.00 元

◆　本书是由北京市政府职能部门的领导、首都著名高校的教授、知名研究机构的专家共同完成的关于北京市公共服务发展与创新的研究成果。

河南蓝皮书

河南经济发展报告（2017）

张占仓　完世伟 / 主编　2017 年 4 月出版　定价：79.00 元

◆　本书以国内外经济发展环境和走向为背景，主要分析当前河南经济形势，预测未来发展趋势，全面反映河南经济发展的最新动态、热点和问题，为地方经济发展和领导决策提供参考。

广州蓝皮书

2017 年中国广州经济形势分析与预测

魏明海　谢博能　李华 / 主编　2017 年 6 月出版　定价：85.00 元

◆　本书由广州大学与广州市委政策研究室、广州市统计局联合主编，汇集了广州科研团体、高等院校和政府部门诸多经济问题研究专家、学者和实际部门工作者的最新研究成果，是关于广州经济运行情况和相关专题分析、预测的重要参考资料。

文化传媒类

文化传媒类皮书透视文化领域、文化产业，
探索文化大繁荣、大发展的路径

新媒体蓝皮书

中国新媒体发展报告 No.8（2017）

唐绪军 / 主编　2017 年 6 月出版　定价：79.00 元

◆　本书是由中国社会科学院新闻与传播研究所组织编写的关于新媒体发展的最新年度报告，旨在全面分析中国新媒体的发展现状，解读新媒体的发展趋势，探析新媒体的深刻影响。

移动互联网蓝皮书

中国移动互联网发展报告（2017）

余清楚 / 主编　2017 年 6 月出版　定价：98.00 元

◆　本书着眼于对 2016 年度中国移动互联网的发展情况做深入解析，对未来发展趋势进行预测，力求从不同视角、不同层面全面剖析中国移动互联网发展的现状、年度突破及热点趋势等。

传媒蓝皮书

中国传媒产业发展报告（2017）

崔保国 / 主编　2017 年 5 月出版　定价：98.00 元

◆　“传媒蓝皮书”连续十多年跟踪观察和系统研究中国传媒产业发展。本报告在对传媒产业总体以及各细分行业发展状况与趋势进行深入分析基础上，对年度发展热点进行跟踪，剖析新技术引领下的商业模式，对传媒各领域发展趋势、内体经营、传媒投资进行解析，为中国传媒产业正在发生的变革提供前瞻行参考。

经济类

“三农”互联网金融蓝皮书
中国“三农”互联网金融发展报告（2017）
著(编)者：李勇坚 王弢　2017年8月出版 / 估价：98.00元
PSN B-2016-561-1/1

“一带一路”投资安全蓝皮书
中国“一带一路”投资与安全研究报告（2017）
著(编)者：邹统钎 梁昊光　2017年4月出版 / 定价：89.00元
PSN B-2017-612-1/1

G20国家创新竞争力黄皮书
二十国集团（G20）国家创新竞争力发展报告（2016~2017）
著(编)者：李建平 李闽榕 赵新力 周天勇
2017年8月出版 / 估价：158.00元
PSN Y-2011-229-1/1

产业蓝皮书
中国产业竞争力报告（2017）No.7
著(编)者：张其仔　2017年12月出版 / 估价：98.00元
PSN B-2010-175-1/1

城市创新蓝皮书
中国城市创新报告（2017）
著(编)者：周天勇 旷建伟　2017年11月出版 / 估价：89.00元
PSN B-2013-340-1/1

城市蓝皮书
中国城市发展报告 No.10
著(编)者：潘家华 单菁菁　2017年9月出版 / 估价：89.00元
PSN B-2007-091-1/1

城乡一体化蓝皮书
中国城乡一体化发展报告（2016~2017）
著(编)者：汝信 付崇兰　2017年7月出版 / 估价：85.00元
PSN B-2011-226-1/2

城镇化蓝皮书
中国新型城镇化健康发展报告（2017）
著(编)者：张占斌　2017年11月出版 / 估价：89.00元
PSN B-2014-396-1/1

创新蓝皮书
创新型国家建设报告（2016~2017）
著(编)者：詹正茂　2017年12月出版 / 估价：89.00元
PSN B-2009-140-1/1

创业蓝皮书
中国创业发展报告（2016~2017）
著(编)者：黄群慧 赵卫星 钟宏武等
2017年11月出版 / 估价：89.00元
PSN B-2016-578-1/1

低碳发展蓝皮书
中国低碳发展报告（2017）
著(编)者：张希良 齐晔　2017年6月出版 / 定价：79.00元
PSN B-2011-223-1/1

低碳经济蓝皮书
中国低碳经济发展报告（2017）
著(编)者：薛进军 赵忠秀　2017年7月出版 / 估价：85.00元
PSN B-2011-194-1/1

东北蓝皮书
中国东北地区发展报告（2017）
著(编)者：姜晓秋　2017年2月出版 / 定价：79.00元
PSN B-2006-067-1/1

发展与改革蓝皮书
中国经济发展和体制改革报告No.8
著(编)者：邹东涛 王再文　2017年7月出版 / 估价：98.00元
PSN B-2008-122-1/1

工业化蓝皮书
中国工业化进程报告（1999~2015）
著(编)者：黄群慧 李芳芳 等
2017年5月出版 / 定价：158.00元
PSN B-2007-095-1/1

管理蓝皮书
中国管理发展报告（2017）
著(编)者：张晓东　2017年10月出版 / 估价：98.00元
PSN B-2014-416-1/1

国际城市蓝皮书
国际城市发展报告（2017）
著(编)者：屠启宇　2017年2月出版 / 定价：79.00元
PSN B-2012-260-1/1

国家创新蓝皮书
中国创新发展报告（2017）
著(编)者：陈劲　2018年3月出版 / 估价：89.00元
PSN B-2014-370-1/1

金融蓝皮书
中国金融发展报告（2017）
著(编)者：王国刚　2017年2月出版 / 定价：79.00元
PSN B-2004-031-1/6

京津冀金融蓝皮书
京津冀金融发展报告（2017）
著(编)者：王爱俭 李向前
2017年7月出版 / 估价：89.00元
PSN B-2016-528-1/1

京津冀蓝皮书
京津冀发展报告（2017）
著(编)者：祝合良 叶堂林 张贵祥 等
2017年4月出版 / 估价：89.00元
PSN B-2012-262-1/1

经济蓝皮书
2017年中国经济形势分析与预测
著(编)者：李扬　2017年1月出版 / 定价：89.00元
PSN B-1996-001-1/1

经济蓝皮书·春季号
2017年中国经济前景分析
著(编)者：李扬　2017年5月出版 / 定价：79.00元
PSN B-1999-008-1/1

经济蓝皮书·夏季号
中国经济增长报告（2016~2017）
著(编)者：李扬　2017年9月出版 / 估价：98.00元
PSN B-2010-176-1/1

经济信息绿皮书
中国与世界经济发展报告（2017）
著(编)者：杜平　2017年12月出版 / 定价：89.00元
PSN G-2003-023-1/1

就业蓝皮书
2017年中国本科生就业报告
著(编)者：麦可思研究院　2017年6月出版 / 定价：98.00元
PSN B-2009-146-1/2

就业蓝皮书
2017年中国高职高专生就业报告
著(编)者：麦可思研究院　2017年6月出版 / 定价：98.00元
PSN B-2015-472-2/2

科普能力蓝皮书
中国科普能力评价报告（2017）
著(编)者：李富 强李群　2017年8月出版 / 估价：89.00元
PSN B-2016-556-1/1

临空经济蓝皮书
中国临空经济发展报告（2017）
著(编)者：连玉明　2017年9月出版 / 估价：89.00元
PSN B-2014-421-1/1

农村绿皮书
中国农村经济形势分析与预测（2016～2017）
著(编)者：魏后凯 黄秉信
2017年4月出版 / 定价：79.00元
PSN G-1998-003-1/1

农业应对气候变化蓝皮书
气候变化对中国农业影响评估报告 No.3
著(编)者：矫梅燕　2017年8月出版 / 估价：98.00元
PSN B-2014-413-1/1

气候变化绿皮书
应对气候变化报告（2017）
著(编)者：王伟光 郑国光　2017年11月出版 / 估价：89.00元
PSN G-2009-144-1/1

区域蓝皮书
中国区域经济发展报告（2016～2017）
著(编)者：赵弘　2017年5月出版 / 定价：79.00元
PSN B-2004-034-1/1

全球环境竞争力绿皮书
全球环境竞争力报告（2017）
著(编)者：李建平 李闽榕 王金南
2017年12月出版 / 估价：198.00元
PSN G-2013-363-1/1

人口与劳动绿皮书
中国人口与劳动问题报告 No.18
著(编)者：蔡昉 张车伟　2017年11月出版 / 估价：89.00元
PSN G-2000-012-1/1

商务中心区蓝皮书
中国商务中心区发展报告 No.3（2016）
著(编)者：李国红 单菁菁　2017年9月出版 / 估价：98.00元
PSN B-2015-444-1/1

世界经济黄皮书
2017年世界经济形势分析与预测
著(编)者：张宇燕　2017年1月出版 / 定价：89.00元
PSN Y-1999-006-1/1

世界旅游城市绿皮书
世界旅游城市发展报告（2017）
著(编)者：宋宇　2017年7月出版 / 估价：128.00元
PSN G-2014-400-1/1

土地市场蓝皮书
中国农村土地市场发展报告（2016～2017）
著(编)者：李光荣　2017年7月出版 / 估价：89.00元
PSN B-2016-527-1/1

西北蓝皮书
中国西北发展报告（2017）
著(编)者：任宗哲 白宽犁 王建康
2017年4月出版 / 定价：88.00元
PSN B-2012-261-1/1

西部蓝皮书
中国西部发展报告（2017）
著(编)者：徐璋勇　2017年8月出版 / 定价：89.00元
PSN B-2005-039-1/1

新型城镇化蓝皮书
新型城镇化发展报告（2017）
著(编)者：李伟 宋敏 沈体雁　2018年7月出版 / 估价：98.00元
PSN B-2014-431-1/1

新兴经济体蓝皮书
金砖国家发展报告（2017）
著(编)者：林跃勤 周文　2017年12月出版 / 估价：89.00元
PSN B-2011-195-1/1

长三角蓝皮书
2017年创新融合发展的长三角
著(编)者：王庆五　2018年3月出版 / 估价：88.00元
PSN B-2005-038-1/1

中部竞争力蓝皮书
中国中部经济社会竞争力报告（2017）
著(编)者：教育部人文社会科学重点研究基地
南昌大学中国中部经济社会发展研究中心
2017年12月出版 / 估价：89.00元
PSN B-2012-276-1/1

中部蓝皮书
中国中部地区发展报告（2017）
著(编)者：宋亚平　2017年12月出版 / 估价：88.00元
PSN B-2007-089-1/1

中国省域竞争力蓝皮书
中国省域经济综合竞争力发展报告（2017）
著(编)者：李建平 李闽榕 高燕京
2017年2月出版 / 定价：198.00元
PSN B-2007-088-1/1

中三角蓝皮书
长江中游城市群发展报告（2017）
著(编)者：秦尊文　2017年9月出版 / 估价：89.00元
PSN B-2014-417-1/1

中小城市绿皮书
中国中小城市发展报告（2017）
著(编)者：中国城市经济学会中小城市经济发展委员会
中国城镇化促进会中小城市发展委员会
《中国中小城市发展报告》编纂委员会
中小城市发展战略研究院
2017年11月出版 / 估价：128.00元
PSN G-2010-161-1/1

中原蓝皮书
中原经济区发展报告（2017）
著(编)者：李英杰　2017年7月出版 / 估价：88.00元
PSN B-2011-192-1/1

自贸区蓝皮书
中国自贸区发展报告（2017）
著(编)者：王力 黄育华　2017年6月出版 / 定价：89.00元
PSN B-2016-559-1/1

社会政法类

北京蓝皮书
中国社区发展报告（2017）
著(编)者：于燕燕　　2018年4月出版 / 估价：89.00元
PSN B-2007-083-5/8

殡葬绿皮书
中国殡葬事业发展报告（2017）
著(编)者：李伯森　　2017年11月出版 / 估价：158.00元
PSN G-2010-180-1/1

城市管理蓝皮书
中国城市管理报告（2016~2017）
著(编)者：刘林　刘承水　2017年7月出版 / 估价：158.00元
PSN B-2013-336-1/1

城市生活质量蓝皮书
中国城市生活质量报告（2017）
著(编)者：中国经济实验研究院
2018年2月出版 / 估价：89.00元
PSN B-2013-326-1/1

城市政府能力蓝皮书
中国城市政府公共服务能力评估报告（2017）
著(编)者：何艳玲　　2017年7月出版 / 估价：89.00元
PSN B-2013-338-1/1

慈善蓝皮书
中国慈善发展报告（2017）
著(编)者：杨团　　2017年6月出版 / 定价：98.00元
PSN B-2009-142-1/1

党建蓝皮书
党的建设研究报告 No.2（2017）
著(编)者：崔建民　陈东平　　2017年7月出版 / 估价：89.00元
PSN B-2016-524-1/1

地方法治蓝皮书
中国地方法治发展报告 No.3（2017）
著(编)者：李林　田禾　　2017年7出版 / 估价：108.00元
PSN B-2015-442-1/1

法治蓝皮书
中国法治发展报告 No.15（2017）
著(编)者：李林 田禾　　2017年3月出版 / 定价：118.00元
PSN B-2004-027-1/1

法治政府蓝皮书
中国法治政府发展报告（2017）
著(编)者：中国政法大学法治政府研究院
2018年4月出版 / 估价：98.00元
PSN B-2015-502-1/2

法治政府蓝皮书
中国法治政府评估报告（2017）
著(编)者：中国政法大学法治政府研究院
2017年11月出版 / 估价：98.00元
PSN B-2016-577-2/2

法治蓝皮书
中国法院信息化发展报告 No.1（2017）
著(编)者：李林 田禾　　2017年2月出版 / 定价：108.00元
PSN B-2017-604-3/3

反腐倡廉蓝皮书
中国反腐倡廉建设报告 No.7
著(编)者：张英伟　　2017年12月出版 / 估价：89.00元
PSN B-2012-259-1/1

非传统安全蓝皮书
中国非传统安全研究报告（2016~2017）
著(编)者：余潇枫 魏志江　　2017年7月出版 / 估价：89.00元
PSN B-2012-273-1/1

妇女发展蓝皮书
中国妇女发展报告 No.7
著(编)者：王金玲　　2017年9月出版 / 估价：148.00元
PSN B-2006-069-1/1

妇女教育蓝皮书
中国妇女教育发展报告 No.4
著(编)者：张李玺　　2017年10月出版 / 估价：78.00元
PSN B-2008-121-1/1

妇女绿皮书
中国性别平等与妇女发展报告（2017）
著(编)者：谭琳　　2017年12月出版 / 估价：99.00元
PSN G-2006-073-1/1

公共服务蓝皮书
中国城市基本公共服务力评价（2017）
著(编)者：钟君 刘志昌 吴正杲　　2017年12月出版 / 估价：89.
PSN B-2011-214-1/1

公民科学素质蓝皮书
中国公民科学素质报告（2016~2017）
著(编)者：李群　陈雄　马宗文
2017年7月出版 / 估价：89.00元
PSN B-2014-379-1/1

公共关系蓝皮书
中国公共关系发展报告（2017）
著(编)者：柳斌杰　　2017年11月出版 / 估价：89.00元
PSN B-2016-580-1/1

公益蓝皮书
中国公益慈善发展报告（2017）
著(编)者：朱健刚　　2018年4月出版 / 估价：118.00元
PSN B-2012-283-1/1

国际人才蓝皮书
中国国际移民报告（2017）
著(编)者：王辉耀　　2017年7月出版 / 估价：89.00元
PSN B-2012-304-3/4

国际人才蓝皮书
中国留学发展报告（2017）No.5
著(编)者：王辉耀 苗绿　　2017年10月出版 / 估价：89.00元
PSN B-2012-244-2/4

海关发展蓝皮书
中国海关发展前沿报告
著(编)者：干春晖　　2017年6月出版 / 定价：89.00元
PSN B-2017-616-1/1

海洋社会蓝皮书
中国海洋社会发展报告（2017）
著(编)者：崔凤 宋宁而 2018年3月出版 / 估价：89.00元
PSN B-2015-478-1/1

行政改革蓝皮书
中国行政体制改革报告（2017）No.6
著(编)者：魏礼群 2017年7月出版 / 估价：98.00元
PSN B-2011-231-1/1

华侨华人蓝皮书
华侨华人研究报告（2017）
著(编)者：贾益民 2017年12月出版 / 估价：128.00元
PSN B-2011-204-1/1

环境竞争力绿皮书
中国省域环境竞争力发展报告（2017）
著(编)者：李建平 李闽榕 王金南
2017年11月出版 / 估价：198.00元
PSN G-2010-165-1/1

环境绿皮书
中国环境发展报告（2016~2017）
著(编)者：李波 2017年4月出版 / 定价：89.00元
PSN G-2006-048-1/1

基金会蓝皮书
中国基金会发展报告（2016~2017）
著(编)者：中国基金会发展报告课题组
2017年7月出版 / 估价：85.00元
PSN B-2013-368-1/1

基金会绿皮书
中国基金会发展独立研究报告（2017）
著(编)者：基金会中心网 中央民族大学基金会研究中心
2017年7月出版 / 估价：88.00元
PSN G-2011-213-1/1

基金会透明度蓝皮书
中国基金会透明度发展研究报告（2017）
著(编)者：基金会中心网 清华大学廉政与治理研究中心
2017年12月出版 / 估价：89.00元
PSN B-2015-509-1/1

家庭蓝皮书
中国“创建幸福家庭活动”评估报告（2017）
国务院发展研究中心“创建幸福家庭活动评估”课题组著
2017年8月出版 / 估价：89.00元
PSN B-2015-508-1/1

健康城市蓝皮书
中国健康城市建设研究报告（2017）
著(编)者：王鸿春 解树江 盛继洪
2017年9月出版 / 估价：89.00元
PSN B-2016-565-2/2

健康中国蓝皮书
社区首诊与健康中国分析报告（2017）
著(编)者：高和荣 杨叔禹 姜杰
2017年4月出版 / 定价：99.00元
PSN B-2017-611-1/1

教师蓝皮书
中国中小学教师发展报告（2017）
著(编)者：曾晓东 鱼霞 2017年7月出版 / 估价：89.00元
PSN B-2012-289-1/1

教育蓝皮书
中国教育发展报告（2017）
著(编)者：杨东平 2017年4月出版 / 定价：89.00元
PSN B-2006-047-1/1

京津冀教育蓝皮书
京津冀教育发展研究报告（2016~2017）
著(编)者：方中雄 2017年4月出版 / 定价：98.00元
PSN B-2017-608-1/1

科普蓝皮书
国家科普能力发展报告（2016~2017）
著(编)者：王康友 2017年5月出版 / 定价：128.00元
PSN B-2017-631-1/1

科普蓝皮书
中国基层科普发展报告（2016~2017）
著(编)者：赵立 新陈玲 2017年9月出版 / 估价：89.00元
PSN B-2016-569-3/3

科普蓝皮书
中国科普基础设施发展报告（2017）
著(编)者：任福君 2017年7月出版 / 估价：89.00元
PSN B-2010-174-1/3

科普蓝皮书
中国科普人才发展报告（2017）
著(编)者：郑念 任嵘嵘 2017年7月出版 / 估价：98.00元
PSN B-2015-512-2/3

科学教育蓝皮书
中国科学教育发展报告（2017）
著(编)者：罗晖 王康友 2017年10月出版 / 估价：89.00元
PSN B-2015-487-1/1

劳动保障蓝皮书
中国劳动保障发展报告（2017）
著(编)者：刘燕斌 2017年9月出版 / 估价：188.00元
PSN B-2014-415-1/1

老龄蓝皮书
中国老年宜居环境发展报告（2017）
著(编)者：党俊武 周燕珉 2017年11月出版 / 估价：89.00元
PSN B-2013-320-1/1

连片特困区蓝皮书
中国连片特困区发展报告（2016~2017）
著(编)者：游俊 冷志明 丁建军
2017年4月出版 / 定价：98.00元
PSN B-2013-321-1/1

流动儿童蓝皮书
中国流动儿童教育发展报告（2016）
著(编)者：杨东平 2017年1月出版 / 定价：79.00元
PSN B-2017-600-1/1

民调蓝皮书
中国民生调查报告（2017）
著(编)者：谢耘耕　　2017年12月出版 / 估价：98.00元
PSN B-2014-398-1/1

民族发展蓝皮书
中国民族发展报告（2017）
著(编)者：郝时远 王延中 王希恩
2017年4月出版 / 估价：98.00元
PSN B-2006-070-1/1

女性生活蓝皮书
中国女性生活状况报告 No.11（2017）
著(编)者：韩湘景　　2017年10月出版 / 估价：98.00元
PSN B-2006-071-1/1

汽车社会蓝皮书
中国汽车社会发展报告（2017）
著(编)者：王俊秀　　2017年12月出版 / 估价：89.00元
PSN B-2011-224-1/1

青年蓝皮书
中国青年发展报告（2017）No.3
著(编)者：廉思 等　　2017年12月出版 / 估价：89.00元
PSN B-2013-333-1/1

青少年蓝皮书
中国未成年人互联网运用报告（2017）
著(编)者：李文革 沈洁 季为民
2017年11月出版 / 估价：89.00元
PSN B-2010-165-1/1

青少年体育蓝皮书
中国青少年体育发展报告（2017）
著(编)者：郭建军 戴健　　2017年9月出版 / 估价：89.00元
PSN B-2015-482-1/1

群众体育蓝皮书
中国群众体育发展报告（2017）
著(编)者：刘国永 杨桦　　2017年12月出版 / 估价：89.00元
PSN B-2016-519-2/3

人权蓝皮书
中国人权事业发展报告 No.7（2017）
著(编)者：李君如　　2017年9月出版 / 估价：98.00元
PSN B-2011-215-1/1

社会保障绿皮书
中国社会保障发展报告（2017）No.8
著(编)者：王延中　　2017年7月出版 / 估价：98.00元
PSN G-2001-014-1/1

社会风险评估蓝皮书
风险评估与危机预警评估报告（2017）
著(编)者：唐钧　　2017年11月出版 / 估价：85.00元
PSN B-2016-521-1/1

社会管理蓝皮书
中国社会管理创新报告 No.5
著(编)者：连玉明　　2017年11月出版 / 估价：89.00元
PSN B-2012-300-1/1

社会蓝皮书
2017年中国社会形势分析与预测
著(编)者：李培林　陈光金　张翼
2016年12月出版 / 定价：89.00元
PSN B-1998-002-1/1

社会体制蓝皮书
中国社会体制改革报告No.5（2017）
著(编)者：龚维斌　　2017年3月出版 / 定价：89.00元
PSN B-2013-330-1/1

社会心态蓝皮书
中国社会心态研究报告（2017）
著(编)者：王俊秀 杨宜音　　2017年12月出版 / 估价：89.00元
PSN B-2011-199-1/1

社会组织蓝皮书
中国社会组织发展报告（2016~2017）
著(编)者：黄晓勇　　2017年1月出版 / 定价：89.00元
PSN B-2008-118-1/2

社会组织蓝皮书
中国社会组织评估发展报告（2017）
著(编)者：徐家良 廖鸿　　2017年12月出版 / 估价：89.00元
PSN B-2013-366-1/1

生态城市绿皮书
中国生态城市建设发展报告（2017）
著(编)者：刘举科 孙伟平 胡文臻
2017年9月出版 / 估价：118.00元
PSN G-2012-269-1/1

生态文明绿皮书
中国省域生态文明建设评价报告（ECI 2017）
著(编)者：严耕　　2017年12月出版 / 估价：98.00元
PSN G-2010-170-1/1

土地整治蓝皮书
中国土地整治发展研究报告 No.4
著(编)者：国土资源部土地整治中心
2017年7月出版 / 定价：89.00元
PSN B-2014-401-1/1

土地政策蓝皮书
中国土地政策研究报告（2017）
著(编)者：高延利 李宪文
2017年12月出版 / 定价：89.00元
PSN B-2015-506-1/1

退休生活蓝皮书
中国城市居民退休生活质量指数报告（2016）
著(编)者：杨一凡　　2017年5月出版 / 定价：79.00元
PSN B-2017-618-1/1

遥感监测绿皮书
中国可持续发展遥感监测报告（2016）
著(编)者：顾行发 李闽榕 徐东华
2017年6月出版 / 定价：298.00元
PSN B-2017-629-1/1

医改蓝皮书
中国医药卫生体制改革报告（2017）
著(编)者：文学国　房志武　2017年11月出版 / 估价：98.00元
PSN B-2014-432-1/1

医疗卫生绿皮书
中国医疗卫生发展报告 No.7（2017）
著(编)者：申宝忠 韩玉珍　2017年11月出版 / 估价：85.00元
PSN G-2004-033-1/1

应急管理蓝皮书
中国应急管理报告（2017）
著(编)者：宋英华　2017年9月出版 / 估价：98.00元
PSN B-2016-563-1/1

政治参与蓝皮书
中国政治参与报告（2017）
著(编)者：房宁　2017年8月出版 / 定价：118.00元
PSN B-2011-200-1/1

宗教蓝皮书
中国宗教报告（2016）
著(编)者：邱永辉　2017年8月出版 / 定价：79.00元
PSN B-2008-117-1/1

行业报告类

SUV蓝皮书
中国SUV市场发展报告（2016~2017）
著(编)者：靳军　2017年9月出版 / 估价：89.00元
PSN B-2016-572-1/1

保健蓝皮书
中国保健服务产业发展报告 No.2
著(编)者：中国保健协会 中共中央党校
2017年7月出版 / 估价：198.00元
PSN B-2012-272-3/3

保健蓝皮书
中国保健食品产业发展报告 No.2
著(编)者：中国保健协会
中国社会科学院食品药品产业发展与监管研究中心
2017年7月出版 / 估价：198.00元
PSN B-2012-271-2/3

保健蓝皮书
中国保健用品产业发展报告 No.2
著(编)者：中国保健协会
国务院国有资产监督管理委员会研究中心
2017年7月出版 / 估价：198.00元
PSN B-2012-270-1/3

保险蓝皮书
中国保险业竞争力报告（2017）
著(编)者：保监会　2017年12月出版 / 估价：99.00元
PSN B-2013-311-1/1

冰雪蓝皮书
中国滑雪产业发展报告（2017）
著(编)者：孙承华 伍斌 魏庆华 张鸿俊
2017年9月出版 / 定价：79.00元
PSN B-2016-560-1/1

彩票蓝皮书
中国彩票发展报告（2017）
著(编)者：益彩基金　2017年7月出版 / 估价：98.00元
PSN B-2015-462-1/1

餐饮产业蓝皮书
中国餐饮产业发展报告（2017）
著(编)者：邢颖　2017年6月出版 / 定价：98.00元
PSN B-2009-151-1/1

测绘地理信息蓝皮书
新常态下的测绘地理信息研究报告（2017）
著(编)者：库热西・买合苏提
2017年12月出版 / 估价：118.00元
PSN B-2009-145-1/1

茶业蓝皮书
中国茶产业发展报告（2017）
著(编)者：杨江帆 李闽榕　2017年10月出版 / 估价：88.00元
PSN B-2010-164-1/1

产权市场蓝皮书
中国产权市场发展报告（2016~2017）
著(编)者：曹和平　2017年5月出版 / 估价：89.00元
PSN B-2009-147-1/1

产业安全蓝皮书
中国出版传媒产业安全报告（2016~2017）
著(编)者：北京印刷学院文化产业安全研究院
2017年7月出版 / 估价：89.00元
PSN B-2014-384-13/14

产业安全蓝皮书
中国文化产业安全报告（2017）
著(编)者：北京印刷学院文化产业安全研究院
2017年12月出版 / 估价：89.00元
PSN B-2014-378-12/14

产业安全蓝皮书
中国新媒体产业安全报告（2017）
著(编)者：肖丽
2018年6月出版 / 估价：89.00元
PSN B-2015-500-14/14

城投蓝皮书
中国城投行业发展报告（2017）
著(编)者：王晨艳 丁伯康 2017年9月出版 / 定价：300.00元
PSN B-2016-514-1/1

电子政务蓝皮书
中国电子政务发展报告（2016~2017）
著(编)者：李季 杜平 2017年7月出版 / 估价：89.00元
PSN B-2003-022-1/1

大数据蓝皮书
中国大数据发展报告No.1
著(编)者：连玉明 2017年5月出版 / 定价：79.00元
PSN B-2017-620-1/1

杜仲产业绿皮书
中国杜仲橡胶资源与产业发展报告（2016~2017）
著(编)者：杜红岩 胡文臻 俞锐
2017年11月出版 / 估价：85.00元
PSN G-2013-350-1/1

对外投资与风险蓝皮书
中国对外直接投资与国家风险报告（2017）
著(编)者：中债资信评估有限公司
中国社科院世界经济与政治研究所
2017年4月出版 / 定价：189.00元
PSN B-2017-606-1/1

房地产蓝皮书
中国房地产发展报告 No.14（2017）
著(编)者：李春华 王业强 2017年5月出版 / 定价：89.00元
PSN B-2004-028-1/1

服务外包蓝皮书
中国服务外包产业发展报告（2017）
著(编)者：王晓红 刘德军
2017年7月出版 / 估价：89.00元
PSN B-2013-331-2/2

服务外包蓝皮书
中国服务外包竞争力报告（2017）
著(编)者：王力 刘春生 黄育华
2017年11月出版 / 估价：85.00元
PSN B-2011-216-1/2

工业和信息化蓝皮书
世界网络安全发展报告（2016~2017）
著(编)者：尹丽波 2017年6月出版 / 定价：89.00元
PSN B-2015-452-5/6

工业和信息化蓝皮书
世界信息化发展报告（2016~2017）
著(编)者：尹丽波 2017年6月出版 / 定价：89.00元
PSN B-2015-451-4/6

工业和信息化蓝皮书
世界信息技术产业发展报告（2016~2017）
著(编)者：尹丽波 2017年6月出版 / 定价：89.00元
PSN B-2015-449-2/6

工业和信息化蓝皮书
移动互联网产业发展报告（2016~2017）
著(编)者：尹丽波 2017年6月出版 / 定价：89.00元
PSN B-2015-448-1/6

工业和信息化蓝皮书
战略性新兴产业发展报告（2016~2017）
著(编)者：尹丽波 2017年6月出版 / 定价：89.00元
PSN B-2015-450-3/6

工业和信息化蓝皮书
世界智慧城市发展报告（2016~2017）
著(编)者：尹丽波 2017年6月出版 / 定价：89.00元
PSN B-2017-624-6/6

工业和信息化蓝皮书
人工智能发展报告（2016~2017）
著(编)者：尹丽波 2017年6月出版 / 定价：89.00元
PSN B-2015-448-1/6

工业设计蓝皮书
中国工业设计发展报告（2017）
著(编)者：王晓红 于炜 张立群
2017年9月出版 / 估价：138.00元
PSN B-2014-420-1/1

黄金市场蓝皮书
中国商业银行黄金业务发展报告（2016~2017）
著(编)者：平安银行 2017年7月出版 / 估价：98.00元
PSN B-2016-525-1/1

互联网金融蓝皮书
中国互联网金融发展报告（2017）
著(编)者：李东荣 2017年9月出版 / 定价：128.00元
PSN B-2014-374-1/1

互联网医疗蓝皮书
中国互联网健康医疗发展报告（2017）
著(编)者：芮晓武 2017年6月出版 / 定价：89.00元
PSN B-2016-568-1/1

会展蓝皮书
中外会展业动态评估年度报告（2017）
著(编)者：张敏 2017年7月出版 / 估价：88.00元
PSN B-2013-327-1/1

金融监管蓝皮书
中国金融监管报告（2017）
著(编)者：胡滨 2017年5月出版 / 定价：89.00元
PSN B-2012-281-1/1

金融信息服务蓝皮书
中国金融信息服务发展报告（2017）
著(编)者：李平 2017年5月出版 / 定价：79.00元
PSN B-2017-621-1/1

金融蓝皮书
中国金融中心发展报告（2017）
著(编)者：王力 黄育华 2017年11月出版 / 估价：85.00元
PSN B-2011-186-6/6

建筑装饰蓝皮书
中国建筑装饰行业发展报告（2017）
著(编)者：刘晓一 葛道顺 2017年11月出版 / 估价：198.00
PSN B-2016-554-1/1

客车蓝皮书
中国客车产业发展报告（2016~2017）
著(编)者：姚蔚　2017年10月出版 / 估价：85.00元
PSN B-2013-361-1/1

旅游安全蓝皮书
中国旅游安全报告（2017）
著(编)者：郑向敏 谢朝武　2017年5月出版 / 定价：128.00元
PSN B-2012-280-1/1

旅游绿皮书
2016～2017年中国旅游发展分析与预测
著(编)者：宋瑞　2017年2月出版 / 定价：89.00元
PSN G-2002-018-1/1

煤炭蓝皮书
中国煤炭工业发展报告（2017）
著(编)者：岳福斌　2017年12月出版 / 估价：85.00元
PSN B-2008-123-1/1

民营企业社会责任蓝皮书
中国民营企业社会责任报告（2017）
著(编)者：中华全国工商业联合会
2017年12月出版 / 估价：89.00元
PSN B-2015-510-1/1

民营医院蓝皮书
中国民营医院发展报告（2017）
著(编)者：庄一强　2017年10月出版 / 估价：85.00元
PSN B-2012-299-1/1

闽商蓝皮书
闽商发展报告（2017）
著(编)者：李闽榕 王日根 林琛
2017年12月出版 / 估价：89.00元
PSN B-2012-298-1/1

能源蓝皮书
中国能源发展报告（2017）
著(编)者：崔民选 王军生 陈义和
2017年10月出版 / 估价：98.00元
PSN B-2006-049-1/1

农产品流通蓝皮书
中国农产品流通产业发展报告（2017）
著(编)者：贾敬敦 张东科 张玉玺 张鹏毅 周伟
2017年7月出版 / 估价：89.00元
PSN B-2012-288-1/1

企业公益蓝皮书
中国企业公益研究报告（2017）
著(编)者：钟宏武 汪杰 顾一 黄晓娟 等
2017年12月出版 / 估价：89.00元
PSN B-2015-501-1/1

企业国际化蓝皮书
中国企业国际化报告（2017）
著(编)者：王辉耀　2017年11月出版 / 估价：98.00元
PSN B-2014-427-1/1

企业蓝皮书
中国企业绿色发展报告 No.2（2017）
著(编)者：李红玉 朱光辉　2017年11月出版 / 估价：89.00元
PSN B-2015-481-2/2

企业社会责任蓝皮书
中国企业社会责任研究报告（2017）
著(编)者：黄群慧 钟宏武 张蒽 翟利峰
2017年11月出版 / 估价：89.00元
PSN B-2009-149-1/1

企业社会责任蓝皮书
中资企业海外社会责任研究报告（2016~2017）
著(编)者：钟宏武 叶柳红 张蒽
2017年1月出版 / 定价：79.00元
PSN B-2017-603-2/2

汽车安全蓝皮书
中国汽车安全发展报告（2017）
著(编)者：中国汽车技术研究中心
2017年7月出版 / 估价：89.00元
PSN B-2014-385-1/1

汽车电子商务蓝皮书
中国汽车电子商务发展报告（2017）
著(编)者：中华全国工商业联合会汽车经销商商会
北京易观智库网络科技有限公司
2017年10月出版 / 估价：128.00元
PSN B-2015-485-1/1

汽车工业蓝皮书
中国汽车工业发展年度报告（2017）
著(编)者：中国汽车工业协会 中国汽车技术研究中心
丰田汽车（中国）投资有限公司
2017年5月出版 / 定价：128.00元
PSN B-2015-463-1/2

汽车工业蓝皮书
中国汽车零部件产业发展报告（2017）
著(编)者：中国汽车工业协会 中国汽车工程研究院
2017年月出版 / 估价：98.00元
PSN B-2016-515-2/2

汽车蓝皮书
中国汽车产业发展报告（2017）
著(编)者：国务院发展研究中心产业经济研究部
中国汽车工程学会 大众汽车集团（中国）
2017年8月出版 / 估价：98.00元
PSN B-2008-124-1/1

人力资源蓝皮书
中国人力资源发展报告（2017）
著(编)者：余兴安　2017年11月出版 / 估价：89.00元
PSN B-2012-287-1/1

融资租赁蓝皮书
中国融资租赁业发展报告（2016～2017）
著(编)者：李光荣 王力　2017年11月出版 / 估价：89.00元
PSN B-2015-443-1/1

商会蓝皮书
中国商会发展报告No.5（2017）
著(编)者：王钦敏　2017年7月出版 / 估价：89.00元
PSN B-2008-125-1/1

输血服务蓝皮书
中国输血行业发展报告（2017）
著(编)者：朱永明 耿鸿武　2016年12月出版 / 估价：89.00元
PSN B-2016-583-1/1

社会责任管理蓝皮书
中国上市公司社会责任能力成熟度报告（2017）No.2
著(编)者：肖红军 王晓光 李伟阳
2017年12月出版 / 估价：98.00元
PSN B-2015-507-2/2

社会责任管理蓝皮书
中国企业公众透明度报告(2017)No.3
著(编)者：黄速建 熊梦 王晓光 肖红军
2017年4月出版 / 估价：98.00元
PSN B-2015-440-1/2

食品药品蓝皮书
食品药品安全与监管政策研究报告（2016～2017）
著(编)者：唐民皓 2017年7月出版 / 估价：89.00元
PSN B-2009-129-1/1

世界茶业蓝皮书
世界茶业发展报告（2017）
著(编)者：李闽榕 冯廷栓 2017年5月出版 / 定价：118.00元
PSN B-2017-619-1/1

世界能源蓝皮书
世界能源发展报告（2017）
著(编)者：黄晓勇 2017年6月出版 / 定价：99.00元
PSN B-2013-349-1/1

水利风景区蓝皮书
中国水利风景区发展报告（2017）
著(编)者：谢婵才 兰思仁 2017年7月出版 / 估价：89.00元
PSN B-2015-480-1/1

碳市场蓝皮书
中国碳市场报告（2017）
著(编)者：定金彪 2017年11月出版 / 估价：89.00元
PSN B-2014-430-1/1

体育蓝皮书
中国体育产业发展报告（2017）
著(编)者：阮伟 钟秉枢 2017年12月出版 / 估价：89.00元
PSN B-2010-179-1/5

体育蓝皮书
中国体育产业基地发展报告（2015～2016）
著(编)者：李颖川 2017年4月出版 / 定价：89.00元
PSN B-2017-609-5/5

网络空间安全蓝皮书
中国网络空间安全发展报告（2017）
著(编)者：惠志斌 唐涛 2017年7月出版 / 估价：89.00元
PSN B-2015-466-1/1

西部金融蓝皮书
中国西部金融发展报告（2017）
著(编)者：李忠民 2017年8月出版 / 估价：85.00元
PSN B-2010-160-1/1

协会商会蓝皮书
中国行业协会商会发展报告（2017）
著(编)者：景朝阳 李勇 2017年7月出版 / 估价：99.00元
PSN B-2015-461-1/1

新能源汽车蓝皮书
中国新能源汽车产业发展报告（2017）
著(编)者：中国汽车技术研究中心
日产（中国）投资有限公司 东风汽车有限公司
2017年7月出版 / 估价：98.00元
PSN B-2013-347-1/1

新三板蓝皮书
中国新三板市场发展报告（2017）
著(编)者：王力 2017年7月出版 / 估价：89.00元
PSN B-2016-534-1/1

信托市场蓝皮书
中国信托业市场报告（2016～2017）
著(编)者：用益信托研究院
2017年1月出版 / 定价：198.00元
PSN B-2014-371-1/1

信息化蓝皮书
中国信息化形势分析与预测（2016~2017）
著(编)者：周宏仁 2017年8月出版 / 估价：98.00元
PSN B-2010-168-1/1

信用蓝皮书
中国信用发展报告（2017）
著(编)者：章政 田侃 2017年7月出版 / 估价：99.00元
PSN B-2013-328-1/1

休闲绿皮书
2017年中国休闲发展报告
著(编)者：宋瑞 2017年10月出版 / 估价：89.00元
PSN G-2010-158-1/1

休闲体育蓝皮书
中国休闲体育发展报告（2016～2017）
著(编)者：李相如 钟炳枢 2017年10月出版 / 估价：89.0
PSN G-2016-516-1/1

养老金融蓝皮书
中国养老金融发展报告（2017）
著(编)者：董克用 姚余栋
2017年9月出版 / 定价：89.00元
PSN B-2016-584-1/1

药品流通蓝皮书
中国药品流通行业发展报告（2017）
著(编)者：佘鲁林 温再兴 2017年8月出版 / 估价：158.00
PSN B-2014-429-1/1

医院蓝皮书
中国医院竞争力报告（2017）
著(编)者：庄一强 曾益新 2017年3月出版 / 定价：108.0
PSN B-2016-529-1/1

瑜伽蓝皮书
中国瑜伽业发展报告（2016~2017）
著(编)者：张永建 徐华锋 朱泰余
2017年3月出版 / 定价：108.00元
PSN B-2017-675-1/1

邮轮绿皮书
中国邮轮产业发展报告（2017）
著(编)者：汪泓　2017年10月出版 / 估价：89.00元
PSN G-2014-419-1/1

智能养老蓝皮书
中国智能养老产业发展报告（2017）
著(编)者：朱勇　2017年10月出版 / 估价：89.00元
PSN B-2015-488-1/1

债券市场蓝皮书
中国债券市场发展报告（2016~2017）
著(编)者：杨农　2017年10月出版 / 估价：89.00元
PSN B-2016-573-1/1

中国节能汽车蓝皮书
中国节能汽车发展报告（2016~2017）
著(编)者：中国汽车工程研究院股份有限公司
2017年9月出版 / 估价：98.00元
PSN B-2016-566-1/1

中国上市公司蓝皮书
中国上市公司发展报告（2017）
著(编)者：张平 王宏淼
2017年9月出版 / 定价：98.00元
PSN B-2014-414-1/1

中国陶瓷产业蓝皮书
中国陶瓷产业发展报告（2017）
著(编)者：左和平 黄速建　2017年10月出版 / 估价：98.00元
PSN B-2016-574-1/1

中医药蓝皮书
中国中医药知识产权发展报告No.1
著(编)者：汪红 屠志涛　2017年4月出版 / 定价：158.00元
PSN B-2016-574-1/1

中国总部经济蓝皮书
中国总部经济发展报告（2016~2017）
著(编)者：赵弘　2017年9月出版 / 估价：89.00元
PSN B-2005-036-1/1

中医文化蓝皮书
中国中医药文化传播发展报告（2017）
著(编)者：毛嘉陵　2017年7月出版 / 估价：89.00元
PSN B-2015-468-1/1

装备制造业蓝皮书
中国装备制造业发展报告（2017）
著(编)者：徐东华　2017年12月出版 / 估价：148.00元
PSN B-2015-505-1/1

资本市场蓝皮书
中国场外交易市场发展报告（2016~2017）
著(编)者：高峦　2017年7月出版 / 估价：89.00元
PSN B-2009-153-1/1

资产管理蓝皮书
中国资产管理行业发展报告（2017）
著(编)者：智信资产管理研究院
2017年7月出版 / 定价：98.00元
PSN B-2014-407-2/2

文化传媒类

传媒竞争力蓝皮书
中国传媒国际竞争力研究报告（2017）
著(编)者：李本乾 刘强
2017年11月出版 / 估价：148.00元
PSN B-2013-356-1/1

传媒蓝皮书
中国传媒产业发展报告（2017）
著(编)者：崔保国　2017年5月出版 / 定价：98.00元
PSN B-2005-035-1/1

传媒投资蓝皮书
中国传媒投资发展报告（2017）
著(编)者：张向东 谭云明
2017年7月出版 / 估价：128.00元
PSN B-2015-474-1/1

动漫蓝皮书
中国动漫产业发展报告（2017）
著(编)者：卢斌 郑玉明 牛兴侦
2017年9月出版 / 估价：89.00元
PSN B-2011-198-1/1

非物质文化遗产蓝皮书
中国非物质文化遗产发展报告（2017）
著(编)者：陈平　2017年7月出版 / 估价：98.00元
PSN B-2015-469-1/1

广电蓝皮书
中国广播电影电视发展报告（2017）
著(编)者：国家新闻出版广电总局发展研究中心
2017年7月出版 / 估价：98.00元
PSN B-2006-072-1/1

广告主蓝皮书
中国广告主营销传播趋势报告 No.9
著(编)者：黄升民 杜国清 邵华冬 等
2017年10月出版 / 估价：148.00元
PSN B-2005-041-1/1

国际传播蓝皮书
中国国际传播发展报告（2017）
著(编)者：胡正荣 李继东 姬德强
2017年11月出版 / 估价：89.00元
PSN B-2014-408-1/1

国家形象蓝皮书
中国国家形象传播报告（2016）
著(编)者：张昆　2017年3月出版 / 定价：98.00元
PSN B-2017-605-1/1

纪录片蓝皮书
中国纪录片发展报告（2017）
著(编)者：何苏六　2017年9月出版 / 估价：89.00元
PSN B-2011-222-1/1

科学传播蓝皮书
中国科学传播报告（2017）
著(编)者：詹正茂　2017年7月出版 / 估价：89.00元
PSN B-2008-120-1/1

两岸创意经济蓝皮书
两岸创意经济研究报告（2017）
著(编)者：罗昌智 林咏能
2017年10月出版 / 估价：98.00元
PSN B-2014-437-1/1

媒介与女性蓝皮书
中国媒介与女性发展报告(2016~2017)
著(编)者：刘利群　2018年5月出版 / 估价：118.00元
PSN B-2013-345-1/1

媒体融合蓝皮书
中国媒体融合发展报告（2017）
著(编)者：梅宁华 宋建武　2017年7月出版 / 估价：89.00元
PSN B-2015-479-1/1

全球传媒蓝皮书
全球传媒发展报告（2016~2017）
著(编)者：胡正荣 李继东
2017年6月出版 / 定价：89.00元
PSN B-2012-237-1/1

少数民族非遗蓝皮书
中国少数民族非物质文化遗产发展报告（2017）
著(编)者：肖远平（彝） 柴立（满）
2017年8月出版 / 估价：98.00元
PSN B-2015-467-1/1

视听新媒体蓝皮书
中国视听新媒体发展报告（2017）
著(编)者：国家新闻出版广电总局发展研究中心
2017年11月出版 / 估价：98.00元
PSN B-2011-184-1/1

文化创新蓝皮书
中国文化创新报告（2016）No.7
著(编)者：于平 傅才武　2017年4月出版 / 定价：89.00元
PSN B-2009-143-1/1

文化建设蓝皮书
中国文化发展报告（2017）
著(编)者：江畅 孙伟平 戴茂堂
2017年5月出版 / 定价：98.00元
PSN B-2014-392-1/1

文化金融蓝皮书
中国文化金融发展报告（2017）
著(编)者：杨涛 余巍　2017年5月出版 / 定价：98.00元
PSN B-2017-610-1/1

文化科技蓝皮书
文化科技创新发展报告（2017）
著(编)者：于平 李凤亮　2017年11月出版 / 估价：89.00元
PSN B-2013-342-1/1

文化蓝皮书
中国公共文化服务发展报告（2017）
著(编)者：刘新成 张永新 张旭
2017年12月出版 / 估价：98.00元
PSN B-2007-093-2/10

文化蓝皮书
中国公共文化投入增长测评报告（2017）
著(编)者：王亚南　2017年2月出版 / 定价：79.00元
PSN B-2014-435-10/10

文化蓝皮书
中国少数民族文化发展报告（2016~2017）
著(编)者：武翠英 张晓明 任乌晶
2017年9月出版 / 估价：89.00元
PSN B-2013-369-9/10

文化蓝皮书
中国文化产业发展报告（2016~2017）
著(编)者：张晓明 王家新 章建刚
2017年7月出版 / 估价：89.00元
PSN B-2002-019-1/10

文化蓝皮书
中国文化产业供需协调检测报告（2017）
著(编)者：王亚南　2017年2月出版 / 定价：79.00元
PSN B-2013-323-8/10

文化蓝皮书
中国文化消费需求景气评价报告（2017）
著(编)者：王亚南　2017年2月出版 / 定价：79.00元
PSN B-2011-236-4/10

文化品牌蓝皮书
中国文化品牌发展报告（2017）
著(编)者：欧阳友权　2017年7月出版 / 估价：98.00元
PSN B-2012-277-1/1

文化遗产蓝皮书
中国文化遗产事业发展报告（2017）
著(编)者：苏杨 张颖岚 王宇飞
2017年8月出版 / 估价：98.00元
PSN B-2008-119-1/1

文学蓝皮书
中国文情报告（2016～2017）
著(编)者：白烨　2017年5月出版 / 定价：69.00元
PSN B-2011-221-1/1

新媒体蓝皮书
中国新媒体发展报告No.8（2017）
著(编)者：唐绪军　2017年7月出版 / 定价：79.00元
PSN B-2010-169-1/1

新媒体社会责任蓝皮书
中国新媒体社会责任研究报告（2017）
著(编)者：钟瑛　2017年11月出版 / 估价：89.00元
PSN B-2014-423-1/1

移动互联网蓝皮书
中国移动互联网发展报告（2017）
著(编)者：余清楚　2017年6月出版 / 定价：98.00元
PSN B-2012-282-1/1

舆情蓝皮书
中国社会舆情与危机管理报告（2017）
著(编)者：谢耘耕　2017年9月出版 / 估价：128.00元
PSN B-2011-235-1/1

影视蓝皮书
中国影视产业发展报告（2017）
著(编)者：司若　2017年4月出版 / 定价：98.00元
PSN B-2016-530-1/1

地方发展类

安徽经济蓝皮书
合芜蚌国家自主创新综合示范区研究报告（2016～2017）
著(编)者：黄家海 王开玉 蔡宪
2017年7月出版 / 估价：89.00元
PSN B-2014-383-1/1

安徽蓝皮书
安徽社会发展报告（2017）
著(编)者：程桦　2017年5月出版 / 定价：89.00元
PSN B-2013-325-1/1

澳门蓝皮书
澳门经济社会发展报告（2016～2017）
著(编)者：吴志良 郝雨凡　2017年7月出版 / 定价：98.00元
PSN B-2009-138-1/1

澳门绿皮书
澳门旅游休闲发展报告（2016～2017）
著(编)者：郝雨凡 林广志　2017年5月出版 / 定价：88.00元
PSN G-2017-617-1/1

北京蓝皮书
北京公共服务发展报告（2016～2017）
著(编)者：施昌奎　2017年3月出版 / 定价：79.00元
PSN B-2008-103-7/8

北京蓝皮书
北京经济发展报告（2016～2017）
著(编)者：杨松　2017年6月出版 / 定价：89.00元
PSN B-2006-054-2/8

北京蓝皮书
北京社会发展报告（2016～2017）
著(编)者：李伟东　2017年7月出版 / 定价：79.00元
PSN B-2006-055-3/8

北京蓝皮书
北京社会治理发展报告（2016～2017）
著(编)者：殷星辰　2017年7月出版 / 定价：79.00元
PSN B-2014-391-8/8

北京蓝皮书
北京文化发展报告（2016～2017）
著(编)者：李建盛　2017年5月出版 / 定价：79.00元
PSN B-2007-082-4/8

北京律师绿皮书
北京律师发展报告No.3（2017）
著(编)者：王隽　2017年7月出版 / 估价：88.00元
PSN G-2012-301-1/1

北京旅游绿皮书
北京旅游发展报告（2017）
著(编)者：北京旅游学会　2017年7月出版 / 定价：88.00元
PSN B-2011-217-1/1

北京人才蓝皮书
北京人才发展报告（2017）
著(编)者：于淼　2017年12月出版 / 估价：128.00元
PSN B-2011-201-1/1

北京社会心态蓝皮书
北京社会心态分析报告（2016～2017）
著(编)者：北京社会心理研究所
2017年11月出版 / 估价：89.00元
PSN B-2014-422-1/1

北京社会组织管理蓝皮书
北京社会组织发展与管理（2016～2017）
著(编)者：黄江松　2017年7月出版 / 估价：88.00元
PSN B-2015-446-1/1

北京体育蓝皮书
北京体育产业发展报告（2016～2017）
著(编)者：钟秉枢 陈杰 杨铁黎
2017年9月出版 / 估价：89.00元
PSN B-2015-475-1/1

北京养老产业蓝皮书
北京养老产业发展报告（2017）
著(编)者：周明明 冯喜良　2017年11月出版 / 估价：89.00元
PSN B-2015-465-1/1

非公有制企业社会责任蓝皮书
北京非公有制企业社会责任报告（2017）
著(编)者：宗贵伦 冯培　2017年6月出版 / 定价：89.00元
PSN B-2017-613-1/1

滨海金融蓝皮书
滨海新区金融发展报告（2017）
著(编)者：王爱俭 张锐钢　2018年4月出版 / 估价：89.00元
PSN B-2014-424-1/1

城乡一体化蓝皮书
北京城乡一体化发展报告（2016~2017）
著(编)者：吴宝新 张宝秀 黄序
2017年5月出版 / 定价：85.00元
PSN B-2012-258-2/2

创意城市蓝皮书
北京文化创意产业发展报告（2017）
著(编)者：张京成 王国华 2017年10月出版 / 估价：89.00元
PSN B-2012-263-1/7

创意城市蓝皮书
天津文化创意产业发展报告（2016~2017）
著(编)者：谢思全 2017年11月出版 / 估价：89.00元
PSN B-2016-537-7/7

创意城市蓝皮书
武汉文化创意产业发展报告（2017）
著(编)者：黄永林 陈汉桥 2017年11月出版 / 估价：99.00元
PSN B-2013-354-4/7

创意上海蓝皮书
上海文化创意产业发展报告（2016~2017）
著(编)者：王慧敏 王兴全 2017年11月出版 / 估价：89.00元
PSN B-2016-562-1/1

福建妇女发展蓝皮书
福建省妇女发展报告（2017）
著(编)者：刘群英 2017年11月出版 / 估价：88.00元
PSN B-2011-220-1/1

福建自贸区蓝皮书
中国（福建）自由贸易实验区发展报告（2016~2017）
著(编)者：黄茂兴 2017年4月出版 / 定价：108.00元
PSN B-2017-532-1/1

甘肃蓝皮书
甘肃经济发展分析与预测（2017）
著(编)者：安文华 罗哲 2017年1月出版 / 定价：79.00元
PSN B-2013-312-1/6

甘肃蓝皮书
甘肃社会发展分析与预测（2017）
著(编)者：安文华 包晓霞 谢增虎
2017年1月出版 / 定价：79.00元
PSN B-2013-313-2/6

甘肃蓝皮书
甘肃文化发展分析与预测（2017）
著(编)者：王俊莲 周小华 2017年1月出版 / 定价：79.00元
PSN B-2013-314-3/6

甘肃蓝皮书
甘肃县域和农村发展报告（2017）
著(编)者：朱智文 包东红 王建兵
2017年1月出版 / 定价：79.00元
PSN B-2013-316-5/6

甘肃蓝皮书
甘肃舆情分析与预测（2017）
著(编)者：陈双梅 张谦元 2017年1月出版 / 定价：79.00元
PSN B-2013-315-4/6

甘肃蓝皮书
甘肃商贸流通发展报告（2017）
著(编)者：张应华 王福生 王晓芳
2017年1月出版 / 定价：79.00元
PSN B-2016-523-6/6

广东蓝皮书
广东全面深化改革发展报告（2017）
著(编)者：周林生 涂成林 2017年12月出版 / 估价：89.00元
PSN B-2015-504-3/3

广东蓝皮书
广东社会工作发展报告（2017）
著(编)者：罗观翠 2017年7月出版 / 估价：89.00元
PSN B-2014-402-2/3

广东外经贸蓝皮书
广东对外经济贸易发展研究报告（2016~2017）
著(编)者：陈万灵 2017年6月出版 / 定价：89.00元
PSN B-2012-286-1/1

广西北部湾经济区蓝皮书
广西北部湾经济区开放开发报告（2017）
著(编)者：广西北部湾经济区规划建设管理委员会办公室
广西社会科学院广西北部湾发展研究院
2017年7月出版 / 估价：89.00元
PSN B-2010-181-1/1

巩义蓝皮书
巩义经济社会发展报告（2017）
著(编)者：丁同民 朱军 2017年7月出版 / 估价：58.00元
PSN B-2016-533-1/1

广州蓝皮书
2017年中国广州经济形势分析与预测
著(编)者：魏明海 谢博能 李华
2017年6月出版 / 定价：85.00元
PSN B-2011-185-9/14

广州蓝皮书
2017年中国广州社会形势分析与预测
著(编)者：张强 何镜清
2017年6月出版 / 定价：88.00元
PSN B-2008-110-5/14

广州蓝皮书
广州城市国际化发展报告（2017）
著(编)者：朱名宏 2017年8月出版 / 估价：79.00元
PSN B-2012-246-11/14

广州蓝皮书
广州创新型城市发展报告（2017）
著(编)者：尹涛 2017年6月出版 / 定价：79.00元
PSN B-2012-247-12/14

广州蓝皮书
广州经济发展报告（2017）
著(编)者：朱名宏 2017年7月出版 / 估价：79.00元
PSN B-2005-040-1/14

广州蓝皮书
广州农村发展报告（2017）
著(编)者：朱名宏 2017年8月出版 / 估价：79.00元
PSN B-2010-167-8/14

广州蓝皮书
广州汽车产业发展报告（2017）
著(编)者：杨再高 冯兴亚　2017年7月出版 / 估价：79.00元
PSN B-2006-066-3/14

广州蓝皮书
广州青年发展报告（2016～2017）
著(编)者：徐柳 张强　2017年9月出版 / 估价：79.00元
PSN B-2013-352-13/14

广州蓝皮书
广州商贸业发展报告（2017）
著(编)者：李江涛 肖振宇 荀振英
2017年7月出版 / 定价：79.00元
PSN B-2012-245-10/14

广州蓝皮书
广州社会保障发展报告（2017）
著(编)者：蔡国萱　2017年8月出版 / 定价：79.00元
PSN B-2014-425-14/14

广州蓝皮书
广州文化创意产业发展报告（2017）
著(编)者：徐咏虹　2017年7月出版 / 定价：79.00元
PSN B-2008-111-6/14

广州蓝皮书
中国广州城市建设与管理发展报告（2017）
著(编)者：董皞 陈小钢 李江涛
2017年11月出版 / 估价：85.00元
PSN B-2007-087-4/14

广州蓝皮书
中国广州科技创新发展报告（2017）
著(编)者：邹采荣 马正勇 陈爽
2017年8月出版 / 定价：85.00元
PSN B-2006-065-2/14

广州蓝皮书
中国广州文化发展报告（2017）
著(编)者：屈哨兵 陆志强
2017年6月出版 / 定价：79.00元
PSN B-2009-134-7/14

贵阳蓝皮书
贵阳城市创新发展报告No.2（白云篇）
著(编)者：连玉明　2017年5月出版 / 定价：98.00元
PSN B-2015-491-3/10

贵阳蓝皮书
贵阳城市创新发展报告No.2（观山湖篇）
著(编)者：连玉明　2017年5月出版 / 定价：98.00元
PSN B-2011-235-1/1

贵阳蓝皮书
贵阳城市创新发展报告No.2（花溪篇）
著(编)者：连玉明　2017年5月出版 / 定价：98.00元
PSN B-2015-490-2/10

贵阳蓝皮书
贵阳城市创新发展报告No.2（开阳篇）
著(编)者：连玉明　2017年5月出版 / 定价：98.00元
PSN B-2015-492-4/10

贵阳蓝皮书
贵阳城市创新发展报告No.2（南明篇）
著(编)者：连玉明　2017年5月出版 / 定价：98.00元
PSN B-2015-496-8/10

贵阳蓝皮书
贵阳城市创新发展报告No.2（清镇篇）
著(编)者：连玉明　2017年5月出版 / 定价：98.00元
PSN B-2015-489-1/10

贵阳蓝皮书
贵阳城市创新发展报告No.2（乌当篇）
著(编)者：连玉明　2017年5月出版 / 定价：98.00元
PSN B-2015-495-7/10

贵阳蓝皮书
贵阳城市创新发展报告No.2（息烽篇）
著(编)者：连玉明　2017年5月出版 / 定价：98.00元
PSN B-2015-493-5/10

贵阳蓝皮书
贵阳城市创新发展报告No.2（修文篇）
著(编)者：连玉明　2017年5月出版 / 定价：98.00元
PSN B-2015-494-6/10

贵阳蓝皮书
贵阳城市创新发展报告No.2（云岩篇）
著(编)者：连玉明　2017年5月出版 / 定价：98.00元
PSN B-2015-498-10/10

贵州房地产蓝皮书
贵州房地产发展报告No.4（2017）
著(编)者：武廷方　2017年7月出版 / 定价：89.00元
PSN B-2014-426-1/1

贵州蓝皮书
贵州册亨经济社会发展报告(2017)
著(编)者：黄德林　2017年11月出版 / 估价：89.00元
PSN B-2016-526-8/9

贵州蓝皮书
贵安新区发展报告（2016~2017）
著(编)者：马长青 吴大华　2017年11月出版 / 估价：89.00元
PSN B-2015-459-4/9

贵州蓝皮书
贵州法治发展报告（2017）
著(编)者：吴大华　2017年5月出版 / 定价：89.00元
PSN B-2012-254-2/9

贵州蓝皮书
贵州国有企业社会责任发展报告（2016～2017）
著(编)者：郭丽 周航 万强
2017年12月出版 / 估价：89.00元
PSN B-2015-511-6/9

贵州蓝皮书
贵州民航业发展报告（2017）
著(编)者：申振东 吴大华　2017年10月出版 / 估价：89.00元
PSN B-2015-471-5/9

贵州蓝皮书
贵州民营经济发展报告（2017）
著(编)者：杨静 吴大华　2017年11月出版 / 估价：89.00元
PSN B-2016-531-9/9

贵州蓝皮书
贵州人才发展报告（2017）
著(编)者：于杰 吴大华 2017年11月出版 / 估价：89.00元
PSN B-2014-382-3/9

贵州蓝皮书
贵州社会发展报告（2017）
著(编)者：王兴骥 2017年3月出版 / 定价：98.00元
PSN B-2010-166-1/9

贵州蓝皮书
贵州国家级开放创新平台发展报告（2017）
著(编)者：申晓庆 吴大华 李泓
2017年7月出版 / 估价：89.00元
PSN B-2016-518-1/9

海淀蓝皮书
海淀区文化和科技融合发展报告（2017）
著(编)者：陈名杰 孟景伟 2017年11月出版 / 估价：85.00元
PSN B-2013-329-1/1

杭州都市圈蓝皮书
杭州都市圈发展报告（2017）
著(编)者：沈翔 戚建国 2017年11月出版 / 估价：128.00元
PSN B-2012-302-1/1

杭州蓝皮书
杭州妇女发展报告（2017）
著(编)者：魏颖 2017年11月出版 / 估价：89.00元
PSN B-2014-403-1/1

河北经济蓝皮书
河北省经济发展报告（2017）
著(编)者：马树强 金浩 张贵
2017年7月出版 / 估价：89.00元
PSN B-2014-380-1/1

河北蓝皮书
河北经济社会发展报告（2017）
著(编)者：郭金平 2017年1月出版 / 定价：79.00元
PSN B-2014-372-1/3

河北蓝皮书
河北法治发展报告（2017）
著(编)者：郭金平 李永君 2017年1月出版 / 定价：79.00元
PSN B-2017-622-3/3

河北蓝皮书
京津冀协同发展报告（2017）
著(编)者：陈路 2017年1月出版 / 定价：79.00元
PSN B-2017-601-2/3

河北食品药品安全蓝皮书
河北食品药品安全研究报告（2017）
著(编)者：丁锦霞 2017年11月出版 / 估价：89.00元
PSN B-2015-473-1/1

河南经济蓝皮书
2017年河南经济形势分析与预测
著(编)者：王世炎 2017年3月出版 / 定价：79.00元
PSN B-2007-086-1/1

河南蓝皮书
2017年河南社会形势分析与预测
著(编)者：牛苏林 2017年5月出版 / 定价：79.00元
PSN B-2005-043-1/9

河南蓝皮书
河南城市发展报告（2017）
著(编)者：张占仓 王建国 2017年5月出版 / 定价：79.00元
PSN B-2009-131-3/9

河南蓝皮书
河南法治发展报告（2017）
著(编)者：丁同民 张林海 2017年7月出版 / 估价：89.00元
PSN B-2014-376-6/9

河南蓝皮书
河南工业发展报告（2017）
著(编)者：张占仓 2017年5月出版 / 定价：89.00元
PSN B-2013-317-5/9

河南蓝皮书
河南金融发展报告（2017）
著(编)者：河南省社会科学院
2017年7月出版 / 估价：89.00元
PSN B-2014-390-7/9

河南蓝皮书
河南经济发展报告（2017）
著(编)者：张占仓 完世伟 2017年4月出版 / 定价：79.00元
PSN B-2010-157-4/9

河南蓝皮书
河南能源发展报告（2017）
著(编)者：魏胜民 袁凯声 2017年3月出版 / 定价：79.00元
PSN B-2017-607-9/9

河南蓝皮书
河南农业农村发展报告（2017）
著(编)者：吴海峰 2017年11月出版 / 估价：89.00元
PSN B-2015-445-8/9

河南蓝皮书
河南文化发展报告（2017）
著(编)者：卫绍生 2017年7月出版 / 定价：78.00元
PSN B-2008-106-2/9

河南商务蓝皮书
河南商务发展报告（2017）
著(编)者：焦锦淼 穆荣国 2017年5月出版 / 定价：88.00元
PSN B-2014-399-1/1

黑龙江蓝皮书
黑龙江经济发展报告（2017）
著(编)者：朱宇 2017年1月出版 / 定价：79.00元
PSN B-2011-190-2/2

黑龙江蓝皮书
黑龙江社会发展报告（2017）
著(编)者：谢宝禄 2017年1月出版 / 定价：79.00元
PSN B-2011-189-1/2

湖北文化蓝皮书
湖北文化发展报告（2017）
著(编)者：吴成国 2017年10月出版 / 估价：95.00元
PSN B-2016-567-1/1

湖南城市蓝皮书
区域城市群整合
著(编)者：童中贤 韩未名
2017年12月出版 / 估价：89.00元
PSN B-2006-064-1/1

湖南蓝皮书
2017年湖南产业发展报告
著(编)者：梁志峰 2017年7月出版 / 估价：128.00元
PSN B-2011-207-2/8

湖南蓝皮书
2017年湖南电子政务发展报告
著(编)者：梁志峰 2017年7月出版 / 估价：128.00元
PSN B-2014-394-6/8

湖南蓝皮书
2017年湖南经济发展报告
著(编)者：卞鹰 2017年5月出版 / 定价：128.00元
PSN B-2011-206-1/8

湖南蓝皮书
2017年湖南两型社会与生态文明发展报告
著(编)者：卞鹰 2017年5月出版 / 定价：128.00元
PSN B-2011-208-3/8

湖南蓝皮书
2017年湖南社会发展报告
著(编)者：卞鹰 2017年5月出版 / 定价：128.00元
PSN B-2014-393-5/8

湖南蓝皮书
2017年湖南县域经济社会发展报告
著(编)者：梁志峰 2017年7月出版 / 估价：128.00元
PSN B-2014-395-7/8

湖南蓝皮书
湖南城乡一体化发展报告（2017）
著(编)者：陈文胜 王文强 陆福兴 邝奕轩
2017年8月出版 / 定价：89.00元
PSN B-2015-477-8/8

湖南县域绿皮书
湖南县域发展报告 No.3
著(编)者：袁准 周小毛 黎仁寅
2017年3月出版 / 定价：79.00元
PSN G-2012-274-1/1

沪港蓝皮书
沪港发展报告（2017）
著(编)者：尤安山 2017年9月出版 / 估价：89.00元
PSN B-2013-362-1/1

吉林蓝皮书
2017年吉林经济社会形势分析与预测
著(编)者：邵汉明 2016年12月出版 / 定价：79.00元
PSN B-2013-319-1/1

吉林省城市竞争力蓝皮书
吉林省城市竞争力报告（2016~2017）
著(编)者：崔岳春 张磊 2016年12月出版 / 定价：79.00元
PSN B-2015-513-1/1

济源蓝皮书
济源经济社会发展报告（2017）
著(编)者：喻新安 2017年7月出版 / 估价：89.00元
PSN B-2014-387-1/1

健康城市蓝皮书
北京健康城市建设研究报告（2017）
著(编)者：王鸿春 2017年8月出版 / 估价：89.00元
PSN B-2015-460-1/2

江苏法治蓝皮书
江苏法治发展报告 No.6（2017）
著(编)者：蔡道通 龚廷泰 2017年8月出版 / 估价：98.00元
PSN B-2012-290-1/1

江西蓝皮书
江西经济社会发展报告（2017）
著(编)者：张勇 姜玮 梁勇 2017年6月出版 / 估价：128.00元
PSN B-2015-484-1/2

江西蓝皮书
江西设区市发展报告（2017）
著(编)者：姜玮 梁勇 2017年10月出版 / 估价：79.00元
PSN B-2016-517-2/2

江西文化蓝皮书
江西文化产业发展报告（2017）
著(编)者：张圣才 汪春翔
2017年10月出版 / 估价：128.00元
PSN B-2015-499-1/1

经济特区蓝皮书
中国经济特区发展报告（2017）
著(编)者：陶一桃 2017年12月出版 / 估价：98.00元
PSN B-2009-139-1/1

辽宁蓝皮书
2017年辽宁经济社会形势分析与预测
著(编)者：梁启东
2017年6月出版 / 定价：89.00元
PSN B-2006-053-1/1

洛阳蓝皮书
洛阳文化发展报告（2017）
著(编)者：刘福兴 陈启明 2017年10月出版 / 估价：89.00元
PSN B-2015-476-1/1

南京蓝皮书
南京文化发展报告（2017）
著(编)者：徐宁 2017年10月出版 / 估价：89.00元
PSN B-2014-439-1/1

南宁蓝皮书
南宁法治发展报告（2017）
著(编)者：杨维超 2017年12月出版 / 估价：79.00元
PSN B-2015-509-1/3

南宁蓝皮书
南宁经济发展报告（2017）
著(编)者：胡建华 2017年9月出版 / 估价：79.00元
PSN B-2016-570-2/3

地方发展类

南宁蓝皮书
南宁社会发展报告（2017）
著(编)者：胡建华　2017年9月出版 / 估价：79.00元
PSN B-2016-571-3/3

内蒙古蓝皮书
内蒙古反腐倡廉建设报告 No.2
著(编)者：张志华 无极　2017年12月出版 / 估价：79.00元
PSN B-2013-365-1/1

浦东新区蓝皮书
上海浦东经济发展报告（2017）
著(编)者：沈开艳 周奇　2017年2月出版 / 定价：79.00元
PSN B-2011-225-1/1

青海蓝皮书
2017年青海经济社会形势分析与预测
著(编)者：陈玮　2016年12月出版 / 定价：79.00元
PSN B-2012-275-1/1

人口与健康蓝皮书
深圳人口与健康发展报告（2017）
著(编)者：陆杰华 罗乐宣 苏杨
2017年11月出版 / 估价：89.00元
PSN B-2011-228-1/1

山东蓝皮书
山东经济形势分析与预测（2017）
著(编)者：李广杰　2017年7月出版 / 估价：89.00元
PSN B-2014-404-1/4

山东蓝皮书
山东社会形势分析与预测（2017）
著(编)者：张华 唐洲雁　2017年7月出版 / 估价：89.00元
PSN B-2014-405-2/4

山东蓝皮书
山东文化发展报告（2017）
著(编)者：涂可国　2017年5月出版 / 定价：98.00元
PSN B-2014-406-3/4

山西蓝皮书
山西资源型经济转型发展报告（2017）
著(编)者：李志强　2017年7月出版 / 估价：89.00元
PSN B-2011-197-1/1

陕西蓝皮书
陕西经济发展报告（2017）
著(编)者：任宗哲 白宽犁 裴成荣
2017年1月出版 / 定价：69.00元
PSN B-2009-135-1/6

陕西蓝皮书
陕西社会发展报告（2017）
著(编)者：任宗哲 白宽犁 牛昉
2017年1月出版 / 定价：69.00元
PSN B-2009-136-2/6

陕西蓝皮书
陕西文化发展报告（2017）
著(编)者：任宗哲 白宽犁 王长寿
2017年1月出版 / 定价：69.00元
PSN B-2009-137-3/6

陕西蓝皮书
陕西精准脱贫研究报告（2017）
著(编)者：任宗哲 白宽犁 王建康
2017年6月出版 / 定价：69.00元
PSN B-2017-623-6/6

上海蓝皮书
上海传媒发展报告（2017）
著(编)者：强荧 焦雨虹　2017年2月出版 / 定价：79.00元
PSN B-2012-295-5/7

上海蓝皮书
上海法治发展报告（2017）
著(编)者：叶青　2017年7月出版 / 估价：89.00元
PSN B-2012-296-6/7

上海蓝皮书
上海经济发展报告（2017）
著(编)者：沈开艳　2017年2月出版 / 定价：79.00元
PSN B-2006-057-1/7

上海蓝皮书
上海社会发展报告（2017）
著(编)者：杨雄 周海旺　2017年2月出版 / 定价：79.00元
PSN B-2006-058-2/7

上海蓝皮书
上海文化发展报告（2017）
著(编)者：荣跃明　2017年2月出版 / 定价：79.00元
PSN B-2006-059-3/7

上海蓝皮书
上海文学发展报告（2017）
著(编)者：陈圣来　2017年7月出版 / 估价：89.00元
PSN B-2012-297-7/7

上海蓝皮书
上海资源环境发展报告（2017）
著(编)者：周冯琦 汤庆合
2017年2月出版 / 定价：79.00元
PSN B-2006-060-4/7

社会建设蓝皮书
2017年北京社会建设分析报告
著(编)者：宋贵伦 冯虹　2017年10月出版 / 估价：89.00元
PSN B-2010-173-1/1

深圳蓝皮书
深圳法治发展报告（2017）
著(编)者：张骁儒　2017年6月出版 / 定价：79.00元
PSN B-2015-470-6/7

深圳蓝皮书
深圳经济发展报告（2017）
著(编)者：张骁儒　2017年6月出版 / 定价：79.00元
PSN B-2008-112-3/7

深圳蓝皮书
深圳劳动关系发展报告（2017）
著(编)者：汤庭芬　2017年7月出版 / 估价：89.00元
PSN B-2007-097-2/7

深圳蓝皮书
深圳社会治理与发展报告（2017）
著(编)者：张骁儒 邹从兵 2017年6月出版 / 定价：79.00元
PSN B-2008-113-4/7

深圳蓝皮书
深圳文化发展报告(2017)
著(编)者：张骁儒 2017年5月出版 / 定价：79.00元
PSN B-2016-555-7/7

丝绸之路蓝皮书
丝绸之路经济带发展报告（2017）
著(编)者：任宗哲 白宽犁 谷孟宾
2017年1月出版 / 定价：75.00元
PSN B-2014-410-1/1

法治蓝皮书
四川依法治省年度报告 No.3（2017）
著(编)者：李林 杨天宗 田禾
2017年3月出版 / 定价：118.00元
PSN B-2015-447-1/1

四川蓝皮书
2017年四川经济形势分析与预测
著(编)者：杨钢 2017年1月出版 / 定价：98.00元
PSN B-2007-098-2/7

四川蓝皮书
四川城镇化发展报告（2017）
著(编)者：侯水平 陈炜 2017年4月出版 / 定价：75.00元
PSN B-2015-456-7/7

四川蓝皮书
四川法治发展报告（2017）
著(编)者：郑泰安 2017年7月出版 / 估价：89.00元
PSN B-2015-441-5/7

四川蓝皮书
四川企业社会责任研究报告（2016～2017）
著(编)者：侯水平 盛毅
2017年5月出版 / 定价：79.00元
PSN B-2014-386-4/7

四川蓝皮书
四川社会发展报告（2017）
著(编)者：李羚 2017年6月出版 / 定价：79.00元
PSN B-2008-127-3/7

四川蓝皮书
四川生态建设报告（2017）
著(编)者：李晟之 2017年5月出版 / 定价：75.00元
PSN B-2015-455-6/7

四川蓝皮书
四川文化产业发展报告（2017）
著(编)者：向宝云 张立伟
2017年4月出版 / 定价：79.00元
PSN B-2006-074-1/7

体育蓝皮书
上海体育产业发展报告（2016～2017）
著(编)者：张林 黄海燕
2017年10月出版 / 估价：89.00元
PSN B-2015-454-4/4

体育蓝皮书
长三角地区体育产业发展报告（2016～2017）
著(编)者：张林 2017年7月出版 / 估价：89.00元
PSN B-2015-453-3/4

天津金融蓝皮书
天津金融发展报告（2017）
著(编)者：王爱俭 孔德昌
2018年3月出版 / 估价：98.00元
PSN B-2014-418-1/1

图们江区域合作蓝皮书
图们江区域合作发展报告（2017）
著(编)者：李铁 2017年11月出版 / 估价：98.00元
PSN B-2015-464-1/1

温州蓝皮书
2017年温州经济社会形势分析与预测
著(编)者：蒋儒林 王春光 金浩
2017年4月出版 / 定价：79.00元
PSN B-2008-105-1/1

西咸新区蓝皮书
西咸新区发展报告（2016~2017）
著(编)者：李扬 王军 2017年11月出版 / 估价：89.00
元
PSN B-2016-535-1/1

扬州蓝皮书
扬州经济社会发展报告（2017）
著(编)者：丁纯 2017年12月出版 / 估价：98.00元
PSN B-2011-191-1/1

云南社会治理蓝皮书
云南社会治理年度报告（2016）
著(编)者：晏雄 韩全芳
2017年5月出版 / 定价：99.00元
PSN B-2011-191-1/1

长株潭城市群蓝皮书
长株潭城市群发展报告（2017）
著(编)者：张萍 2017年12月出版 / 估价：89.00元
PSN B-2008-109-1/1

中医文化蓝皮书
北京中医文化传播发展报告（2017）
著(编)者：毛嘉陵 2017年7月出版 / 估价：79.00元
PSN B-2015-468-1/2

珠三角流通蓝皮书
珠三角商圈发展研究报告（2017）
著(编)者：王先庆 林至颖
2017年7月出版 / 估价：98.00元
PSN B-2012-292-1/1

遵义蓝皮书
遵义发展报告（2017）
著(编)者：曾征 龚永育 雍思强
2017年12月出版 / 估价：89.00元
PSN B-2014-433-1/1

国际问题类

"一带一路"跨境通道蓝皮书
"一带一路"跨境通道建设研究报告（2017）
著(编)者：郭业洲　2017年8月出版 / 估价：89.00元
PSN B-2016-558-1/1

"一带一路"蓝皮书
"一带一路"建设发展报告（2017）
著(编)者：李永全　2017年6月出版 / 定价：89.00元
PSN B-2016-553-1/1

阿拉伯黄皮书
阿拉伯发展报告（2016~2017）
著(编)者：罗林　2018年3月出版 / 估价：89.00元
PSN Y-2014-381-1/1

巴西黄皮书
巴西发展报告（2017）
著(编)者：刘国枝　2017年5月出版 / 定价：85.00元
PSN Y-2017-614-1/1

北部湾蓝皮书
泛北部湾合作发展报告（2017）
著(编)者：吕余生　2017年12月出版 / 估价：85.00元
PSN B-2008-114-1/1

大湄公河次区域蓝皮书
大湄公河次区域合作发展报告（2017）
著(编)者：刘稚　2017年11月出版 / 估价：89.00元
PSN B-2011-196-1/1

大洋洲蓝皮书
大洋洲发展报告（2017）
著(编)者：喻常森　2017年10月出版 / 估价：89.00元
PSN B-2013-341-1/1

德国蓝皮书
德国发展报告（2017）
著(编)者：郑春荣　2017年6月出版 / 定价：89.00元
PSN B-2012-278-1/1

东北亚区域合作蓝皮书
2016年"一带一路"倡议与东北亚区域合作
著(编)者：刘亚政 金美花
2017年5月出版 / 定价：89.00元
PSN B-2017-631-1/1

东盟黄皮书
东盟发展报告（2017）
著(编)者：杨晓强 庄国土
2017年7月出版 / 估价：89.00元
PSN Y-2012-303-1/1

东南亚蓝皮书
东南亚地区发展报告（2016~2017）
著(编)者：厦门大学东南亚研究中心　王勤
2017年12月出版 / 估价：89.00元
PSN B-2012-240-1/1

俄罗斯黄皮书
俄罗斯发展报告（2017）
著(编)者：李永全　2017年6月出版 / 定价：89.00元
PSN Y-2006-061-1/1

非洲黄皮书
非洲发展报告 No.19（2016~2017）
著(编)者：张宏明　2017年7月出版 / 定价：89.00元
PSN Y-2012-239-1/1

公共外交蓝皮书
中国公共外交发展报告（2017）
著(编)者：赵启正 雷蔚真　2017年11月出版 / 估价：89.00元
PSN B-2015-457-1/1

国际安全蓝皮书
中国国际安全研究报告(2017)
著(编)者：刘慧　2017年11月出版 / 估价：98.00元
PSN B-2016-522-1/1

国际形势黄皮书
全球政治与安全报告（2017）
著(编)者：张宇燕　2017年1月出版 / 定价：89.00元
PSN Y-2001-016-1/1

韩国蓝皮书
韩国发展报告（2017）
著(编)者：牛林杰 刘宝全　2017年11月出版 / 估价：89.00元
PSN B-2010-155-1/1

加拿大蓝皮书
加拿大发展报告（2017）
著(编)者：仲伟合　2017年11月出版 / 估价：89.00元
PSN B-2014-389-1/1

拉美黄皮书
拉丁美洲和加勒比发展报告（2016~2017）
著(编)者：吴白乙 袁东振　2017年6月出版 / 定价：89.00元
PSN Y-1999-007-1/1

美国蓝皮书
美国研究报告（2017）
著(编)者：郑秉文 黄平　2017年5月出版 / 定价：89.00元
PSN B-2011-210-1/1

缅甸蓝皮书
缅甸国情报告（2017）
著(编)者：李晨阳　2017年12月出版 / 估价：86.00元
PSN B-2013-343-1/1

欧洲蓝皮书
欧洲发展报告（2016~2017）
著(编)者：黄平 周弘 程卫东　2017年6月出版 / 定价：89.00
PSN B-1999-009-1/1

葡语国家蓝皮书
葡语国家发展报告（2017）
著(编)者：王成安 张敏 刘金兰
2017年12月出版 / 估价：89.00元
PSN B-2015-503-1/2

葡语国家蓝皮书
中国与葡语国家关系发展报告·巴西（2017）
著(编)者：张曙光　2017年8月出版 / 估价：89.00元
PSN B-2016-564-2/2

日本经济蓝皮书
日本经济与中日经贸关系研究报告（2017）
著(编)者：张季风　2017年6月出版 / 定价：89.00元
PSN B-2008-102-1/1

日本蓝皮书
日本研究报告（2017）
著(编)者：杨伯江　2017年6月出版 / 定价：89.00元
PSN B-2002-020-1/1

上海合作组织黄皮书
上海合作组织发展报告（2017）
著(编)者：李进峰
2017年6月出版 / 定价：98.00元
PSN Y-2009-130-1/1

世界创新竞争力黄皮书
世界创新竞争力发展报告（2017）
著(编)者：李闽榕 李建平 赵新力
2017年11月出版 / 估价：148.00元
PSN Y-2013-318-1/1

泰国蓝皮书
泰国研究报告（2017）
著(编)者：庄国土 张禹东
2017年11月出版 / 估价：118.00元
PSN B-2016-557-1/1

土耳其蓝皮书
土耳其发展报告（2017）
著(编)者：郭长刚 刘义
2017年11月出版 / 估价：89.00元
PSN B-2014-412-1/1

亚太蓝皮书
亚太地区发展报告（2017）
著(编)者：李向阳　2017年5月出版 / 定价：79.00元
PSN B-2001-015-1/1

印度蓝皮书
印度国情报告（2017）
著(编)者：吕昭义　2018年4月出版 / 估价：89.00元
PSN B-2012-241-1/1

印度洋地区蓝皮书
印度洋地区发展报告（2017）
著(编)者：汪戎　2017年6月出版 / 定价：98.00元
PSN B-2013-334-1/1

英国蓝皮书
英国发展报告（2016～2017）
著(编)者：王展鹏　2017年11月出版 / 估价：89.00元
PSN B-2015-486-1/1

越南蓝皮书
越南国情报告（2017）
著(编)者：谢林城
2017年12月出版 / 估价：89.00元
PSN B-2006-056-1/1

以色列蓝皮书
以色列发展报告（2017）
著(编)者：张倩红　2017年8月出版 / 定价：89.00元
PSN B-2015-483-1/1

伊朗蓝皮书
伊朗发展报告（2017）
著(编)者：冀开远　2017年10月出版 / 估价：89.00元
PSN B-2016-575-1/1

渝新欧蓝皮书
渝新欧沿线国家发展报告（2017）
著(编)者：杨柏 黄森　2017年6月出版 / 定价：88.00元
PSN B-2016-575-1/1

中东黄皮书
中东发展报告 No.19（2016～2017）
著(编)者：杨光　2017年10月出版 / 估价：89.00元
PSN Y-1998-004-1/1

中亚黄皮书
中亚国家发展报告（2017）
著(编)者：孙力　2017年6月出版 / 定价：98.00元
PSN Y-2012-238-1/1

皮书起源

"皮书"起源于十七、十八世纪的英国，主要指官方或社会组织正式发表的重要文件或报告，多以"白皮书"命名。在中国，"皮书"这一概念被社会广泛接受，并被成功运作、发展成为一种全新的出版形态，则源于中国社会科学院社会科学文献出版社。

皮书定义

皮书是对中国与世界发展状况和热点问题进行年度监测，以专业的角度、专家的视野和实证研究方法，针对某一领域或区域现状与发展态势展开分析和预测，具备原创性、实证性、专业性、连续性、前沿性、时效性等特点的公开出版物，由一系列权威研究报告组成。

皮书作者

皮书系列的作者以中国社会科学院、著名高校、地方社会科学院的研究人员为主，多为国内一流研究机构的权威专家学者，他们的看法和观点代表了学界对中国与世界的现实和未来最高水平的解读与分析。

皮书荣誉

皮书系列已成为社会科学文献出版社的著名图书品牌和中国社会科学院的知名学术品牌。2016 年，皮书系列正式列入"十三五"国家重点出版规划项目；2012~2016 年，重点皮书列入中国社会科学院承担的国家哲学社会科学创新工程项目；2017 年，55 种院外皮书使用"中国社会科学院创新工程学术出版项目"标识。

中国皮书网

www.pishu.cn

发布皮书研创资讯，传播皮书精彩内容
引领皮书出版潮流，打造皮书服务平台

栏目设置

关于皮书：何谓皮书、皮书分类、皮书大事记、皮书荣誉、
皮书出版第一人、皮书编辑部

最新资讯：通知公告、新闻动态、媒体聚焦、网站专题、视频直播、下载专区

皮书研创：皮书规范、皮书选题、皮书出版、皮书研究、研创团队

皮书评奖评价：指标体系、皮书评价、皮书评奖

互动专区：皮书说、皮书智库、皮书微博、数据库微博

所获荣誉

2008年、2011年，中国皮书网均在全国新闻出版业网站荣誉评选中获得“最具商业价值网站”称号；

2012年，获得“出版业网站百强”称号。

网库合一

2014年，中国皮书网与皮书数据库端口合一，实现资源共享。更多详情请登录www.pishu.cn。

1997~2017

皮书品牌20年

YEAR BOOKS

更多信息请登录

皮书数据库
http：//www.pishu.com.cn

中国皮书网
http：//www.pishu.cn

皮书微博
http：//weibo.com/pishu

皮书博客
http：//blog.sina.com.cn/pishu

皮书微信“皮书说”

请到当当、亚马逊、京东或各地书店购买，也可办理邮购

咨询/邮购电话： 010-59367028　59367070
邮　　箱： duzhe@ssap.cn
邮购地址： 北京市西城区北三环中路甲29号院3号楼
华龙大厦13层读者服务中心
邮　　编： 100029
银行户名： 社会科学文献出版社
开户银行： 中国工商银行北京北太平庄支行
账　　号： 0200010019200365434

法律声明

“皮书系列”（含蓝皮书、绿皮书、黄皮书）之品牌由社会科学文献出版社最早使用并持续至今，现已被中国图书市场所熟知。“皮书系列”的LOGO（）与“经济蓝皮书”“社会蓝皮书”均已在中华人民共和国国家工商行政管理总局商标局登记注册。“皮书系列”图书的注册商标专用权及封面设计、版式设计的著作权均为社会科学文献出版社所有。未经社会科学文献出版社书面授权许可，任何使用与“皮书系列”图书注册商标、封面设计、版式设计相同或者近似的文字、图形或其组合的行为均系侵权行为。

经作者授权，本书的专有出版权及信息网络传播权为社会科学文献出版社享有。未经社会科学文献出版社书面授权许可，任何就本书内容的复制、发行或以数字形式进行网络传播的行为均系侵权行为。

社会科学文献出版社将通过法律途径追究上述侵权行为的法律责任，维护自身合法权益。

欢迎社会各界人士对侵犯社会科学文献出版社上述权利的侵权行为进行举报。电话：010－59367121，电子邮箱：fawubu@ssap.cn。

社会科学文献出版社